前　　言

本书是根据教育部高等学校机械基础课程教学指导分委员会编写的《机械设计基础课程教学基本要求》等文件精神，在长期开展课程教学改革和课程资源建设的基础上，结合多年教学经验编写而成的。

“机械设计基础”课程是普通高等学校机械类及机械相关专业的一门重要的技术基础课程，该课程较好地体现了理论与实践的综合性，在培养学生创新意识和机械设计能力方面起着重要的作用。通过对本课程的学习，读者可了解与掌握机械工作的基本原理和机械设计的基本方法，拓宽知识面，增强对专业工作的适应性。本书在满足相关专业对课程要求的基础上，注重课程内容的更新，突出创新能力的培养。为了适应时代对创新人才的需求，我们对课程内容进行了改革与整合，对繁杂之处作了适当简化，重点突出，语言精练。本书具有以下主要特点。

（1）适应新经济和国家战略对创新人才的需求。本书在编写时注意引入现代科技发展的新知识、新技术，如在绪论部分引入现代设计方法简介、并行设计等概念，其他各章结合新材料、新机构、新结构等的介绍，例题尽可能与工程实际相结合，从而激发学习兴趣和创新意识。

（2）适应“互联网+”时代背景和在线教育的蓬勃发展。本书为新形态教材，配套MOOC课程，该课程在中国大学MOOC平台开课，网址https://www.icourse163.org/course/SWJTU-1460747165。

（3）在教材体系和内容安排上注重整合和顺序调整，使之更符合教学逻辑和认知规律，从机构章节→传动章节→连接章节→支承章节，过渡巧妙。

（4）本书注重采用新近颁布的国家标准、规范和资料，采用了国家标准规定的名词、术语和符号。

（5）简化了公式的演绎和推导。

（6）每章配有相应习题，便于帮助读者对课程内容的理解和掌握。

本书由西南交通大学吴鹿鸣、罗大兵、张祖涛、潘亚嘉主编，编写分工如下：吴鹿鸣（第1、2、3、12章），张祖涛（第4、5、11、14章），罗大兵（第6、7、10、13、15章），潘亚嘉（第8、9、16章）。

由于编者水平有限，书中难免有疏漏和不足之处，真诚希望广大读者给予批评指正。

编　者

2018年12月

国家精品课程配套教材
普通高等教育机械类特色专业系列教材

机械设计基础

吴鹿鸣　罗大兵　张祖涛　潘亚嘉　主编

科学出版社
北　京

内 容 简 介

本书由首届国家级教学名师牵头主编，以国家级教学成果奖、国家精品课程、国家级精品资源共享课和国家精品在线开放课程的相关内容和资源作为支撑，并力求反映当今最新专业技术成果。

本书采用最新颁布的国家标准、规范和资料，重点突出，语言精练，部分难点内容配有动画或视频。本书共16章，内容包括绪论、平面机构基础、连杆机构、凸轮机构、间歇运动机构、齿轮传动、蜗杆传动、轮系、带传动与链传动、螺纹连接与螺旋传动、轴与轴毂连接、滑动轴承、滚动轴承、联轴器和离合器、弹簧、机械的调速与平衡。

本书可作为普通高等学校“机械设计基础”课程的教材，也可作为高职高专相关课程的教材，以及供相关工程技术人员学习参考。

图书在版编目(CIP)数据

机械设计基础/吴鹿鸣等主编. —北京：科学出版社，2019.3

国家精品课程配套教材·普通高等教育机械类特色专业系列教材

ISBN 978-7-03-060775-1

Ⅰ. ①机… Ⅱ. ①吴… Ⅲ. ①机械设计-高等学校-教材 Ⅳ. ①TH122

中国版本图书馆CIP数据核字(2019)第043171号

责任编辑：朱晓颖 / 责任校对：郭瑞芝

责任印制：侯文娟 / 封面设计：迷底书装

科学出版社 出版

北京东黄城根北街16号

邮政编码：100717

http://www.sciencep.com

天津市新科印刷有限公司印刷

科学出版社发行 各地新华书店经销

*

2019年3月第 一 版 开本：787×1092 1/16

2025年6月第七次印刷 印张：16 1/4

字数：416 000

定价：59.00元

(如有印装质量问题，我社负责调换)

目　　录

第1章　绪　　论

1.1　机器的组成

人类在长期的生活和生产实践中，为了代替或减轻劳动、改善劳动条件、提高生产效率，设计和制造出了各种各样的机器。在工业生产和人们的衣、食、住、行等日常生活中，都离不开各种类型的机器。国民经济各部门使用机器的程度是衡量一个国家社会生产力发展水平的重要标志。

机器是执行机械运动的装置，用来变换或传递能量、物料或信息。比如电动机将电能转换为机械能，起重机用于起吊搬运物料，照相机用于变换和传递信息。

任何一台机器都是由许多机械零件组合而成的，即零件是组成机器的不可拆的基本单元。为实现某种功能而组合在一起进行协同工作的零件组合，称作部件，比如滚动轴承、联轴器、减速器等。根据使用情况，机械零部件可分为两大类：一是在各种机器中普遍使用的零部件，称为通用零部件，如齿轮、键、带、螺栓、螺母等；二是只在一定类型机器中使用的零部件，称为专用零部件，如内燃机的曲轴、汽轮机的叶片等。某些零件固连在一起构成没有相对运动的刚性组合，成为机器中独立的运动单元，称作构件。零件与构件的区别为：零件是制造的基本单元，构件是运动的基本单元。

从运动的角度来分析，可以认为机器是由若干机构组成的。每个机构包含若干构件，各构件之间具有确定的相对运动。比如图 1-1 所示的单缸内燃机，包括曲柄滑块机构(曲轴 1、连杆 2、活塞 3)、齿轮机构(齿轮 5 和齿轮 6)和凸轮机构(凸轮 7、挺杆 8)等机构。

按功能划分，一台完整的机器通常包括四个基本组成部分：动力部分、传动部分、执行部分和控制部分。动力部分又称作原动机，是机器工作的动力来源，应用最广的为电动机和内燃机。执行部分是机器直接从事工作的部分。通常，很少有机器将原动机和执行部分直接相连，而需要通过传动部分(又称传动装置)进行运动转换。传动装置的作用包括：①改变转速(如减速、增速、变速等)；②改变运动形式，原动机一般做等速回转运动，而执行部分可能做往复直线运动、摆动、间歇运动等；③实现动力分配，有的机器中可能包含多个执行部分，需要由传动装置实现各执行部分间的动力分配。近年来，随着物联网、人工智能等信息技术的飞速发展，控制部分在机器工作中起着越来越重要的作用。此外，为了使机器更好地工作，通常还需要增加润滑、照明、显示等辅助部分。

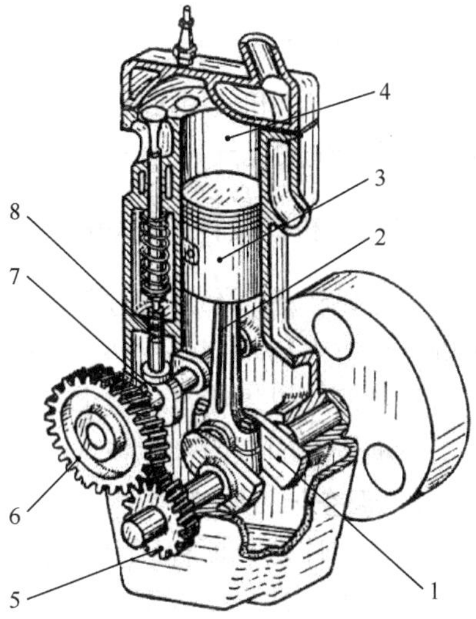

图 1-1　单缸内燃机

1-曲轴；2-连杆；3-活塞；4-气缸体；5-小齿轮；6-大齿轮；7-凸轮；8-挺杆

机械是机器和机构的总称。“机械设计基础”课程主要研究机械中的常用机构和通用零部件的工作原理、结构特点及设计计算方法。

1.2　机械应满足的基本要求及机械设计的一般程序

1.2.1　机械应满足的基本要求

除一些特殊机械外，大多数机械产品应满足以下几个方面的要求。

1. 使用功能要求

机器首先应满足其预期的使用功能要求，如其工作部分的运动形式、速度、运动精度和平稳性、需要传递的功率以及使用上的某些特定要求等。

2. 安全可靠性要求

机器在其设计寿命期内应可靠地工作，不发生各种损坏和失效(定期维护和更换易损件除外)。随着技术的发展，机器的功能越来越先进，结构越来越复杂，可能发生故障的环节越来越多。对于重要的机器，需要通过可靠性设计来确定其工作的可靠度。机器工作中应该有对操作人员的防护措施，以保证人身安全和身体健康。

3. 经济性要求

机器的经济性体现在三个方面：设计制造成本低、使用消耗小、维护费用低。提高经济性的具体措施主要如下。

(1)采用先进的现代设计方法，尽可能应用优化设计、并行设计、CAD 技术、虚拟样机技术等设计方法和技术，优化产品结构参数、提高设计效率、降低设计成本。

(2)机器设计过程中要注意“三化”，即零件标准化、部件通用化、产品系列化。“三化”可同时提高产品设计、制造和维护等方面的经济性。

(3)机器生产过程中尽可能采用自动化生产设备，以及新工艺、新技术和新材料。

(4)运用工业工程的相关理论和方法对机器的生产流程进行合理的组织规划。

(5)通过选用高效率的传动系统和摩擦学设计，降低机器的使用消耗。

4. 环境保护要求

机器在生产和使用过程中要确保不致造成环境污染，应当尽可能降低噪声水平和二氧化碳的排放，所产生的废气、废液、有害物质等必须进行有效治理，以满足环境保护法规的相关要求。

1.2.2　机械设计的一般程序

机械设计是一个创造过程，需要将创新与借鉴相结合。一个机械产品的设计要注意创新，否则，就难有市场竞争优势。同时，机械设计过程中应借助前人的设计经验，查阅相关设计资料和手册，以提高设计效率。

机械设计的一般程序包括：调查计划、研究设计、试制和批量投产等几个阶段。

1. 调查计划阶段

机械设计是一项有预定目标的活动，其设计任务往往来自于市场需求。开展研究设计之前，首先需要进行调查研究，收集市场上同类或近似机械产品的工作原理、技术经济指标、用户意见和要求、市场供销与竞争形势、技术发展趋势等信息，明确所设计机械产品的用途、功能、主要技术指标和参数范围、预期的成本范围等。然后在调查研究的基础上，拟定产品开发计划书，内容包括：调查结果分析、机器功能、新技术的应用与发展、经济性和环保性分析、计划安排等。

2. 研究设计阶段

研究设计分为总体设计和技术设计两步。

总体设计是根据开发计划书中提出的机器功能进行功能分析，确定出功能参数，然后提出解决方案，包括：执行部分的运动和阻力；原动机类型和功率；传动系统的选择，运动和动力计算，确定各级传动比和各轴的转速、转矩和功率等。上述各部分都会有多种选择，可得到技术上可行的若干方案。要从技术、经济及环保等方面进行综合评价，选出最佳方案。

技术设计的目的是通过结构设计绘制零件工作图、部件装配图和总装图，并编制设计说明书。设计时需根据总体设计的要求，通过强度、刚度、可靠性等方面的计算，确定机械系统中各零部件的材料、形状、参数尺寸、加工和装配等具体参数和要求。在技术设计过程中，要注意现代设计方法和工具的运用，比如优化设计、有限元分析、计算机辅助设计、可靠性设计、虚拟样机技术等，可大大提高设计效率和设计质量。

3. 试制阶段

试制阶段是根据设计图纸加工制造出物理样机，然后进行样机试验，测试各项性能指标是否达到设计要求，以及零部件强度、刚度、运转精度、振动稳定性、噪声等方面的性能，对设计错误和不妥之处进行修改。需要指出的是，样机试验和设计修改可能需要反复进行。特别是一些隐性设计问题，在短期试验中不会表现出来，比如某些汽车在销售一两年后，才暴露出安全隐患，而进行“召回”。

4. 批量投产阶段

批量投产阶段是在通过样机试验和设计修改后进行的正式生产，需要注意生产工艺、生产效率等方面的问题，以降低生产成本。在产品投放市场后，要做好售后服务，注意用户反馈和市场变化，为产品的进一步改进设计提供依据。

上述机械设计的一般程序为传统的产品开发模式，其设计过程逐步推进，是串行的。设计阶段，由于得不到制造、试验及售后服务所反馈的信息，或设计人员在设计零部件时没有充分考虑制造、装配过程中所必须处理的约束和软、硬件的资源限制，因此，常出现设计者设计出来的零部件虽能满足产品性能要求但却不能制造，或制造成本很高，使得在后续过程中不得不反复修改设计，导致产品的开发周期长、成本高、产品质量难以保证等问题。

基于上述原因，20 世纪 80 年代，美国提出了并行工程的思想，即要求产品开发人员在设计阶段就综合考虑产品全生命周期(从概念形成到产品报废)中制造、装配、检验、质量、维护、可靠度、环境、回收等各环节的影响，通过各环节的并行集成，缩短产品开发周期，降低产品成本，提高产品质量。并行工程的实施需要组织管理技术、过程重构技术、协调管理与协同工作环境、DFX(Design For X)技术、产品数据管理技术、质量功能配置技术等关键技术的支撑。

1.3 机械零件设计概述

1.3.1 机械零件的失效与设计准则

1. 机械零件的失效

机械零件在预定的时间内丧失正常工作能力的现象，称作失效。机械零件常见的失效形式有以下几种。

1）断裂

机械零件在受到外载荷作用时，如果危险截面的应力超过了强度极限就会发生过载断裂。当零件在交变应力下长期工作时，则可能发生疲劳断裂，比如齿轮轮齿根部的折断、滚动轴承保持架的破裂等。

2）塑性变形

当零件受到的应力超过材料的屈服极限时，零件会产生塑性变形，从而失去原有的几何尺寸和形状，使机器不能正常工作，比如在低速重载下工作的软齿面齿轮就可能发生齿面塑性变形失效。

3）零件表面破坏

零件的表面破坏有磨损、接触疲劳和腐蚀等形式。磨损是指两个接触表面在相对运动过程中表层材料不断丧失和转移的现象。在接触交变应力作用下长期工作的零件，其表面可能发生点状剥落，即接触疲劳破坏。在潮湿空气或其他腐蚀介质下工作的零件，其表面可能发生腐蚀现象。

4）破坏正常工作条件引起的失效

某些零件必须在特定条件下才能正常工作，如果破坏了这些必备条件，则将发生不同类型的失效。比如带传动传递载荷过大导致了打滑、螺纹连接工作中发生了松动、机床主轴弹性变形过大、高速回转零件出现剧烈振动等，这些情况下零件都没有被破坏，但机器却无法正常工作，故都属于失效。因此，零件的失效并不一定发生破坏。

2. 机械零件的设计准则

机械零件在工作中必然会受到一定的载荷作用，这些载荷欲使零件发生失效，同时零件可通过自身的材料、结构反抗失效。机械零件的设计需要按照一定的设计准则来进行，以确保零件反抗失效的能力大于载荷欲使零件失效的趋势。常用的设计准则有强度、刚度、可靠性、振动稳定性和耐热性准则。

1）强度准则

强度是机械零件抵抗断裂、塑性变形或表面疲劳破坏的能力。强度准则是指零件中的最大工作应力不超过许用应力，它是零件设计计算最基本的准则，其表达式为

$$\sigma \leqslant [\sigma] = \frac{\sigma_{\lim}}{s_\sigma} \tag{1-1}$$

或

$$\tau \leqslant [\tau] = \frac{\tau_{\lim}}{s_\tau} \tag{1-2}$$

式中，σ、τ 分别为零件工作时的正应力和切应力；$[\sigma]$、$[\tau]$分别为零件的许用正应力和许用切应力；$\sigma_{\lim}$、$\tau_{\lim}$ 分别为材料的极限正应力和极限切应力，其值与材料性质及受载情况有关（在静应力作用下工作的塑性材料零件，极限应力取屈服极限 σ_s、τ_s；在静应力作用下工作的脆性材料零件，极限应力取强度极限 σ_b、τ_b；在交变应力作用下工作的零件，许用应力取对应循环特性下的疲劳极限）；s_σ、s_τ 为保证零件工作时具有一定强度裕度而设定的安全系数，其取值可查相关手册。

运用理论力学知识，在理想状态下对零件进行受力分析所得到的载荷，称为零件所受的名义载荷。在进行强度计算时，必须考虑机器实际运转时其他附加载荷的影响，使用计算载

荷。计算载荷是名义载荷与载荷系数的乘积。

2) 刚度准则

刚度是指零件受载时抵抗弹性变形的能力。零件刚度不足，将改变零件的位置和形状，从而影响机器的正常工作。刚度准则要求零件工作时的弹性变形量不超过许用变形量，一般表达式为

$$y \leqslant [y] \tag{1-3}$$

$$\theta \leqslant [\theta] \tag{1-4}$$

或

$$\varphi \leqslant [\varphi] \tag{1-5}$$

式中，y、θ 和 φ 分别为零件工作时的挠度、偏转角和扭转角；$[y]$、$[\theta]$和$[\varphi]$分别为零件的许用挠度、许用偏转角和许用扭转角。

当零件刚度不足时，可从材料、结构及装配等角度采取措施来提高其刚度，但同类材料的弹性模量相差不大，故用昂贵的合金钢替代普通碳钢并不能有效提高零件的刚度。

3) 可靠性准则

一批满足强度和刚度要求的相同零件，即使在设计的工况条件下和设计寿命内工作，并非所有的零件都能完成设计的功能。零件失效的发生是随机的，很难准确地预测。根据大量实验数据的统计分析，零件的失效是符合一定的概率分布的。可靠性准则是指通过可靠性计算，将零件不发生失效的概率(即可靠度)控制在一定范围内。不同零件的可靠度要求是不同的，设计时应根据具体零件的重要程度选择适当的可靠度。

4) 振动稳定性准则

机器中存在很多周期性变化的激振源，当某一零件本身的固有频率与激振源的频率重合或成倍数关系时，零件就会产生共振，导致零件甚至整个机器损坏。振动稳定性准则就是在设计时使机器中受激振作用的各零件的固有频率与激振源的频率错开，避免产生共振。

5) 耐热性准则

机械零件的工作温度升高会降低其工作性能，比如降低材料的极限应力、引起热变形、产生附加热应力、破坏润滑条件等。在设计发热较大的摩擦副时，比如蜗杆传动和滑动轴承，常需要进行热平衡计算，以判定单位时间内的摩擦发热量与散热量达到平衡时，零件的工作温度 t 是否超过许用温度值$[t]$，防止零件出现高温工作条件。

1.3.2　机械零件的设计方法

1. 机械零件的常规设计方法

人类设计和使用机器已经有很长的历史，在长期设计经验基础上总结出来且现在仍然被广泛采用的设计方法称为常规设计方法，而近几十年发展起来的设计方法称为现代设计方法。常用的机械零件常规设计方法有三种类型。

1) 理论设计

根据长期总结出来的设计理论和实验数据所进行的设计，称为理论设计。理论设计用来计算机械零件重要的参数和结构尺寸，比如齿轮的模数和分度圆直径、轴危险截面的直径、螺栓的小径等。理论设计的具体计算有两种形式。

(1) 设计计算。已知零件的工况条件，根据相关设计准则，运用设计公式计算出零件的主

要结构尺寸。

(2) 校核计算。已知零件主要结构尺寸和工况条件，根据相关设计准则，运用校核公式验算零件结构尺寸是否满足工作要求。

2) 经验设计

根据同类零件已有设计总结出来的经验公式进行设计，或根据设计者本人的工作经验用类比法所进行的设计，称为经验设计。比如图 1-2 所示的 V 带轮结构中，除带轮基准直径 d、轮槽尺寸和个数由理论设计确定外，图中的其他结构和尺寸全部由经验设计获得，具体设计时可查阅相关手册的图例和经验公式。

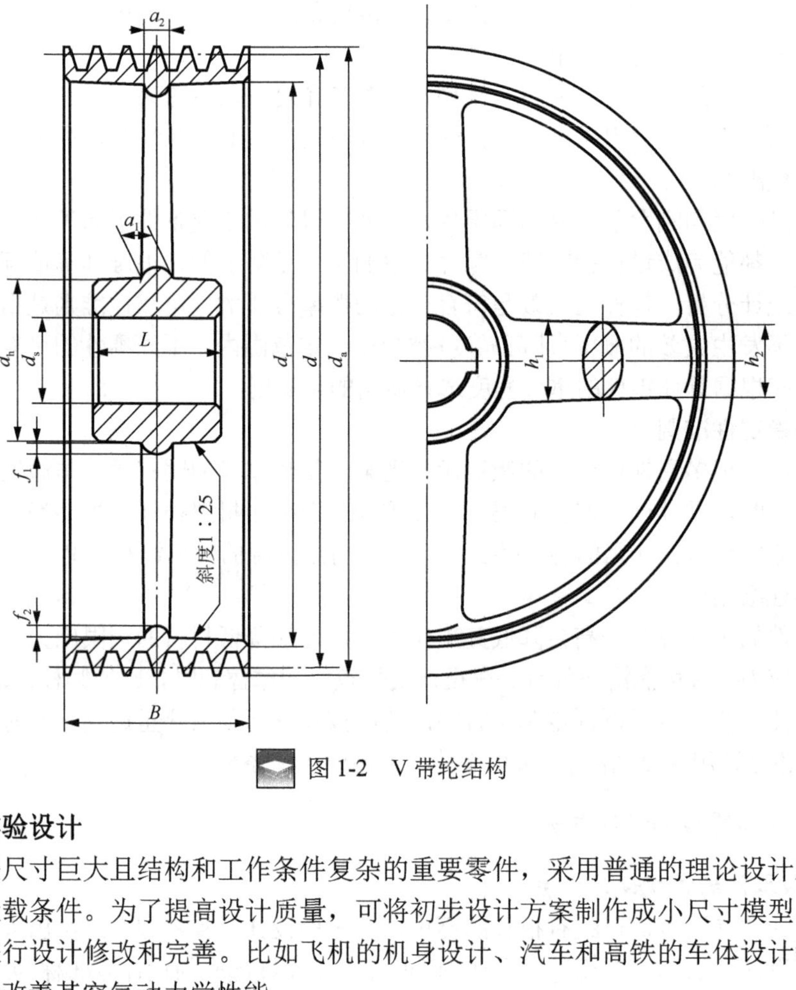

图 1-2　V 带轮结构

3) 模型实验设计

对于一些尺寸巨大且结构和工作条件复杂的重要零件，采用普通的理论设计难以分析其真实的工作受载条件。为了提高设计质量，可将初步设计方案制作成小尺寸模型，并通过模型模拟实验进行设计修改和完善。比如飞机的机身设计、汽车和高铁的车体设计等均可通过模型风洞实验改善其空气动力学性能。

2. 现代设计方法简介

随着科技进步和社会发展，一方面新材料、新技术、新工艺等不断涌现，另一方面人们对机器的工作条件提出了越来越高的要求，比如高速、高载、智能化、极端温度、极端尺寸等，常规设计方法已不能完全适应机械零件的设计需要，迫使机械设计理论和方法不断发展，从而产生了一系列现代设计方法。

1)优化设计

采用常规设计方法设计一个机械零部件时，很多参数都可在一定范围内凭经验选取。即使相同的已知条件，不同的设计人员会得到不同的设计结果，哪个结果是最优的呢？优化设计是借助最优化数值计算方法和计算机技术从工程问题的众多可行方案中求解最优设计方案的一种现代设计方法。进行优化设计时，首先必须将实际问题进行数学描述，建立数学模型；然后选择合适的优化方法，并编程在计算机上求解；最后，对求解结果进行分析判断，得到设计问题的最优设计方案。

优化设计的数学模型包括设计变量、目标函数和约束条件三个基本要素，通常可写成以下标准形式：

$$\begin{aligned} &\min f(\boldsymbol{X}),\ \boldsymbol{X}=[x_1,x_2,\cdots,x_n]^{\mathrm{T}} \\ &\text{s.t. } g_u(\boldsymbol{X})\leqslant 0 \quad (u=1,2,\cdots,m) \\ &\quad\ \ h_v(\boldsymbol{X})=0 \quad (v=1,2,\cdots,k) \end{aligned} \tag{1-6}$$

式中，设计变量 x_i 为一系列影响设计指标的相互独立的基本设计参数，一般用向量 $\boldsymbol{X}$ 表示；目标函数 $f(\boldsymbol{X})$是用来评价设计方案优劣的标准，通常将其表示为求极小值形式 $\min f(\boldsymbol{X})$；约束条件为设计变量应满足的条件，通常有不等式和等式两种类型。

优化设计的常用优化方法有黄金分割法、坐标轮换法、鲍威尔法、梯度法、牛顿法、惩罚函数法等，以及后来发展起来的遗传算法、粒子群算法、模拟退火算法、人工神经网络算法等智能优化方法。

2)计算机辅助设计

计算机辅助设计(CAD)是利用计算机软硬件系统辅助设计人员进行规划、绘图、分析计算、评价和编写技术文件等设计活动的方法和技术。CAD 技术可以将计算、绘图等复杂繁重的工作由计算机完成，从而更好地发挥设计人员的创造力，以提高产品设计质量和效率，缩短设计周期，降低产品成本。CAD 技术已经在机械产品设计领域得到广泛应用，产生了巨大的社会效率和经济效益。目前，CAD 技术的应用水平已经成为衡量一个企业和一个国家工业技术水平的重要标志。

目前，CAD 软件已由传统的二维绘图软件 AutoCAD 发展为集三维参数化建模、工程图纸自动生成、数据处理与图形交换、运动仿真与参数优化等功能于一身的集成化软件(如 Inventor、SolidWorks、UG、Creo、CATIA 等)。CAD 技术正在向集成化、智能化、可视化、网络化方向不断发展。

3)有限元法

有限元法是一种求解偏微分方程边值问题近似解的数值技术，是随着计算机技术的兴起而迅速发展起来的一种现代设计计算方法。其基本思想为：首先，把连续的几何结构离散成有限个单元，相邻单元之间通过若干节点相互连接；然后对单元体进行特性分析，即选择单元位移模式和建立单元刚度矩阵；接着，在单元分析基础上进行单元集成，建立整体平衡方程，并确定求解问题的边界条件；最后，对有限元方程求解。

有限元的求解过程较为复杂，采用有限元法分析计算工程设计问题时，必须编程并用计算机求解。目前，已有很多性能优良、功能强大的通用化商业软件，如 ANSYS、ABAQUS、NASTRAN、MARC、SAP 等。商业有限元软件一般由三部分组成：前置处理部分(节点生成、单元划分、边界条件设置等)、有限元分析部分(单元分析、单元集成、计算求解等)、后置处理部分(数据处理、图形化输出等)。

有限元法首先被用于飞机结构静、动态特性分析及其结构强度设计中，随后很快广泛地应用于求解热传导、电磁场、流体力学等连续性问题。目前，从常规机械到航天飞机的设计都离不开有限元分析计算，有限元法在工程设计和分析中得到越来越广泛的重视。

4)动态设计

传统的机械设计方法是将机械零部件从机器中抽取出来进行分析的静态设计，这种方法忽略了机器运转时各零部件间之间的动态耦合关系，不适合高速机器中零部件的设计。比如高速列车的设计就必须考虑列车与线路、接触网、气流等的耦合关系，通过建立大系统耦合模型进行动态设计(图 1-3)。

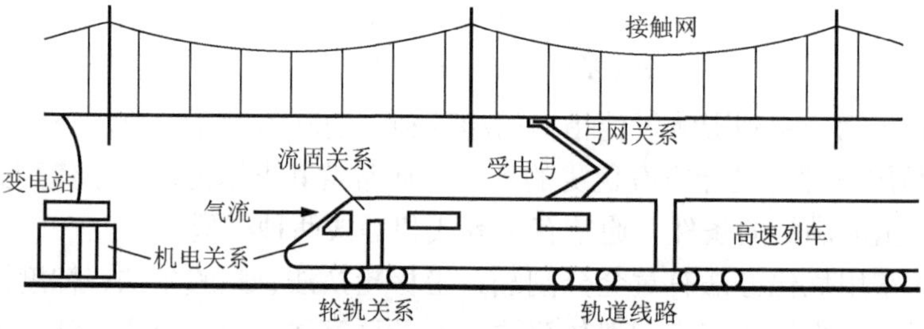

图 1-3　高速列车动态设计模型

动态设计就是在动态作用下，以结构件的动态响应为依据的设计。动态设计的内容主要包括两个方面：一是建立一个切合实际的机械系统动力学模型，二是选择有效的机械系统动态优化设计方法。动态设计的大体过程为：首先，建立动力学模型，并作动态特性分析；然后，根据实际工况条件，给出动态特性要求或预定的动态设计目标；最后，按动态优化方法求解满足设计目标的机械结构设计参数。

机械系统的动态特性是指机械系统本身的固有频率、阻尼特性和对应于各阶固有频率的振型，以及机械在动载荷作用下的响应。动态分析的主要理论基础是模态分析和模态综合理论，采用的主要方法有：有限元法、模型实验法及传递函数分析法。

5)摩擦学设计

任何机器的运转都依赖于其零部件之间的相对运动来实现的，相对运动必然产生摩擦和磨损，引起机器的发热、振动和噪声，降低传动效率，缩短机器寿命。据统计，世界上的能源约有 1/3 ～ 1/2 以各种形式消耗在摩擦上，并且大约 80 %机械零件的失效是由各种形式的磨损引起的。因此，摩擦学设计对国民经济具有十分重要的意义。

摩擦学是研究相互接触的摩擦表面之间的摩擦、磨损和润滑的相关科学和技术的一门交叉学科。摩擦学设计以摩擦、磨损和润滑的相关理论为基础，从系统工程角度进行摩擦副设计，使得机器中的运动副具有较好的摩擦学性能。目前，机械产品的摩擦学设计已得到广泛重视，本课程中齿轮传动、蜗杆传动、滑动轴承、滚动轴承等的设计都与摩擦学设计密切相关。

1.3.3 机械零件的常用材料和选择原则

1. 机械零件的常用材料

机械零件最常用的材料为钢和铸铁，其次为有色金属和非金属，各种常用材料的牌号和性能可查阅相关机械设计手册。

1) 钢

钢是指碳的质量分数小于 2 %的铁碳合金。钢具有较高的强度、韧性和塑性，并可通过热处理来改善其力学性能和切削性能。钢具有很好的加工工艺性，可通过锻造、铸造、冲压、焊接、轧制等方法获得零件毛坯，应用极其广泛。

钢的种类很多，按用途可分为结构钢、工具钢和特殊钢；按化学成分可分为碳素钢和合金钢；按碳的质量分数可分为低碳钢(碳的质量分数低于 0.25 %)、中碳钢(碳的质量分数 0.25 % ～ 0.5 %)和高碳钢(碳的质量分数高于 0.5 %)；按质量可分为普通钢和优质钢。

碳素钢在机械零件中应用最广。普通碳素钢(如 Q235 等)不保证化学成分，不适宜作热处理，一般只用于不太重要或不需要进行热处理的零件。优质碳素钢(如 20 钢、45 钢等)能同时保证机械性能和化学成分，用于需进行热处理的重要零件。碳素钢的性能主要取决于碳的质量分数，一般来说，碳的质量分数越低，钢的塑性和焊接性越好，但硬度和强度越低，淬透性越差。因此，中碳钢的淬透性和综合力学性能较好，如 35 钢、45 钢等被广泛用于制造齿轮、轴等重要零件。高碳钢淬透性好，热处理后具有较高的硬度和强度，主要用于制造弹簧、钢丝绳等高强度零件。

合金钢是由碳素钢加入某些合金元素冶炼而成，以改善钢的性能。但合金钢价格较高，且对应力集中较敏感，故只在碳素钢不满足工作要求时才使用。加入不同的合金元素能改善钢的不同性能，如：铬能提高钢的硬度和高温防锈耐酸性能，钼能提高钢的硬度、强度和耐热性，锰能改善钢的淬透性和耐磨性，镍能使钢具有很高的强度、塑性和韧性。合金钢的性能不仅取决于化学成分，还依赖于适当的热处理。

用浇铸方法得到的钢材毛坯称为铸钢，包括铸造碳钢和铸造合金钢。铸钢通常用于形状复杂、尺寸大、承受重载的零件，但浇铸时容易产生铸造缺陷，非必要时不建议采用。

2) 铸铁

铸铁为碳的质量分数大于 2 %的铁碳合金。根据碳在铸铁中的存在形式，铸铁可分为白口铸铁(渗碳体)、灰铸铁(石墨)和麻口铸铁(渗碳体和少量石墨)；根据石墨在铸铁中的形状，铸铁可分为灰铸铁(片状)、可锻铸铁(团絮状)、球墨铸铁(球状)和蠕墨铸铁(蠕虫状)。最常用的是灰铸铁，它具有适当的易熔性和良好的液体流动性，适合制造形状复杂的零件毛坯，价格便宜，对应力集中不敏感，且有很好的抗压性、减振性、耐磨性和切削加工性能，但抗拉强度、硬度和塑性差，不能碾压和锻造，不易焊接，通常广泛用于机床床身、工作台、箱体、底座等形状复杂或承压的零件。球墨铸铁是一种综合性能接近于钢的高强度铸铁，其应用仅次于灰铸铁，被用于铸造一些受力复杂，强度、韧性、耐磨性要求较高的零件(如曲轴、凸轮轴、连杆等)。

3) 有色金属合金

有色金属合金通常具有某些特殊的性能，如减摩性、导电性、抗腐蚀性、高比强度等，在机械零件中应用越来越广泛。常用的有色金属合金有铜合金、铝合金、钛合金等。

铜合金分为黄铜和青铜。黄铜是铜和锌的合金，黄铜耐腐蚀性好，且具有良好的塑性和流动性，可通过碾压或铸造成型。青铜分为锡青铜(铜和锡的合金)和无锡青铜(如铝青铜、铅青铜、铍青铜等)。锡青铜与黄铜相比，具有较高的减摩性和耐磨性，铸造性能和切削性能良好，常用于铸造承受摩擦的零件，如轴瓦、蜗轮等。铝青铜强度、硬度、耐磨性和耐腐蚀性比锡青铜好，但铸造性能和抗胶合性能比锡青铜差。

铝合金是在铝中加入 Si、Cu、Mg、Mn 等合金元素制成的轻合金，其密度小于 2.9 g/cm^3。铝合金具有较高的强度、塑性和耐腐蚀性，在工业上的应用仅次于钢铁，被广泛应用于航空、汽车、船舶等机械中要求重量轻、强度高的零件。钛合金是在钛中加入一定合金元素，以提高其强度、耐热性和耐腐蚀性。钛合金由于密度小、比强度（强度和密度的比值）高以及优良的耐腐蚀性能，广泛用于航空机械、化工设备及生物器械中。

4) 非金属材料

机械中使用的非金属材料有塑料、橡胶、陶瓷等。塑料是非金属材料中发展最快的，种类较多，包括热塑性塑料(如聚乙烯、聚氯乙烯、尼龙等)和热固性塑料(如酚醛树脂、环氧树脂等)两大类。塑料重量轻、绝缘、耐腐蚀、耐磨、耐冲击、易加工，还可通过加入填充剂提高机械强度，常用于制作某些受载不大的齿轮、滑动轴承轴瓦、滚动轴承保持架、联轴器等零部件。但塑料的热稳定性和热传导性较差，不适合高温场合，且容易老化而使性能退化。

橡胶具有很好的缓冲、减振、耐磨和绝缘性能，在机械中常用于密封圈、弹性联轴器和减振或隔振元件。

陶瓷具有硬度高、耐高温、耐磨、耐腐蚀、刚度大等优点，其缺点为脆性大、断裂韧度低、难加工，机械中常用作切削刀具、高温燃气轮机中的涡轮叶片等。

5) 复合材料

复合材料是由两种或两种以上物理和化学性质不同的材料复合而成的，其组成相一般分为两类：基体相和增强相。基体相起着胶黏剂的作用，是复合材料中的连续相；增强相起提高材料性能的作用，在复合材料中是相对分散的。从而使复合材料具备单一材料难以达到的优良综合性能。

复合材料的基体相通常为树脂、金属或陶瓷，增强相通常为各类纤维(如玻璃纤维、碳纤维、碳化硅纤维等)或颗粒(如碳化物、氧化物、氮化物颗粒等)。复合材料通常具有很高的比强度、比刚度，良好的耐高温性能、耐腐蚀性和减振性能等，近年来复合材料(特别是碳纤维复合材料)被广泛应用于航空设备、汽车、体育用品和医疗器械中。

2. 机械零件材料的选用原则

机械零件材料的选用应综合考虑以下三个方面的要求。

1) 使用要求

使用要求包括零件的受载情况、工作条件、尺寸与重量限制及重要程度等。当零件受冲击或拉伸载荷时，不宜选择铸铁或陶瓷等脆性材料。当零件工作在特殊的温度、腐蚀介质、摩擦条件等工况时，需要针对相应的工作条件进行材料选择：当机器空间对零件的尺寸有限制时，应选择高强度材料；当机器对零件的重量有要求时，应选择比强度大的材料；对于重要程度很高的零件，应保证其可靠性，不宜选用铸铁、铸钢等品质难控制的材料。

2) 工艺要求

在选择零件时必须考虑制造工艺的要求，具体需考虑零件尺寸大小、复杂程度、批量大小等。形状复杂、尺寸大的零件，可考虑铸造或焊接毛坯，铸造毛坯应选择适合铸造的材料，焊接毛坯则应选择焊接性能好的材料；形状简单、尺寸小、批量大的零件，可采用模锻毛坯，应选择塑性好的材料。

3) 经济性要求

经济性要求包括材料本身的价格和加工费用。在满足性能要求时，应优先选择价格低廉、储量丰富的材料。当需要使用昂贵的稀有材料时，可考虑对零件采用组合结构，减少稀有材料的用量，比如蜗轮的轮缘使用青铜改善其摩擦学性能，而轮芯则可使用铸铁或碳钢制造。选择材料时，除考虑材料本身价格外，还应根据生产批量的大小综合考虑毛坯制造费用。

1.4　本课程的性质、研究内容和任务

随着经济的快速发展，我国正逐步向制造强国迈进，许多在生产部门工作的工程技术人员都会接触到各种类型的通用机械或专用设备，都应该具备一定的机械基础知识。机械设计基础是机械相关专业的一门技术基础课，它以机械制图、工程材料、制造技术基础、理论力学、材料力学等先修课程的相关知识为基础，同时为进一步学习专业课程知识和今后从事机械设计工作奠定基础。课程的主要内容为：机械设计的基本原则和一般步骤，常用机构和通用机械零部件的工作原理、结构特点及设计计算方法。

本课程的学习任务为：①掌握机械中常用机构和通用机械零部件的工作原理、结构特点和设计计算方法；②具有设计简单机器或机械传动装置的能力；③了解使用、维护和管理机械设备的一些基础知识；④具有应用标准、手册、图册等相关资料的能力；⑤具有一定的实验技能和实践创新能力。

习　　题

1-1　试述机器与机构、零件与构件、零件与部件、通用零件与专用零件的区别。

1-2　一台机器由哪几个部分组成？试以汽车、火车、铣床、洗衣机等机器为例进行分析。

1-3　设计机器应满足哪些要求？

1-4　机械设计的一般程序分为哪几个阶段？并行设计与传统机械设计过程有什么区别？

1-5　什么是机械零件的失效？常见的失效形式有哪些？

1-6　机械零件的设计有哪些准则？设计准则的选用原则是什么？

1-7　机械零件的常规设计方法有哪些？设计计算与校核计算有何区别？

1-8　你知道的现代设计方法有哪些？

1-9　为什么有时需要进行有限元分析？

1-10　为什么高速运转机器中的零件需考虑动态设计？

1-11　机械零件常用的材料有哪些类别？说明下面这些材料的类别和牌号的意义：Q235、45、40Cr、ZG270-500、HT200、QT500-7。

1-12　机械零件材料的选择有哪些原则？

第 2 章　平面机构基础

任何机器都是由许多零件组合而成的。一些零件通过固连形成刚性结构，成为机器中运动的基本单元，即构件。若干构件通过动连接形成机构，而机构与机构之间通过协调配合构成机器。如图 2-1(a)所示内燃机中的连杆由连杆体、连杆盖、轴瓦、衬套等零件固连而成(图2-1(c))。内燃机工作时，组成连杆的这些零件之间没有相对运动，而连杆整体具有独立运动，故连杆为一个构件。连杆、曲轴、活塞与气缸体之间通过动连接形成具有确定相对运动的曲柄滑块机构。内燃机要正常工作还需要该曲柄滑块机构与进气机构、排气机构等协调配合。

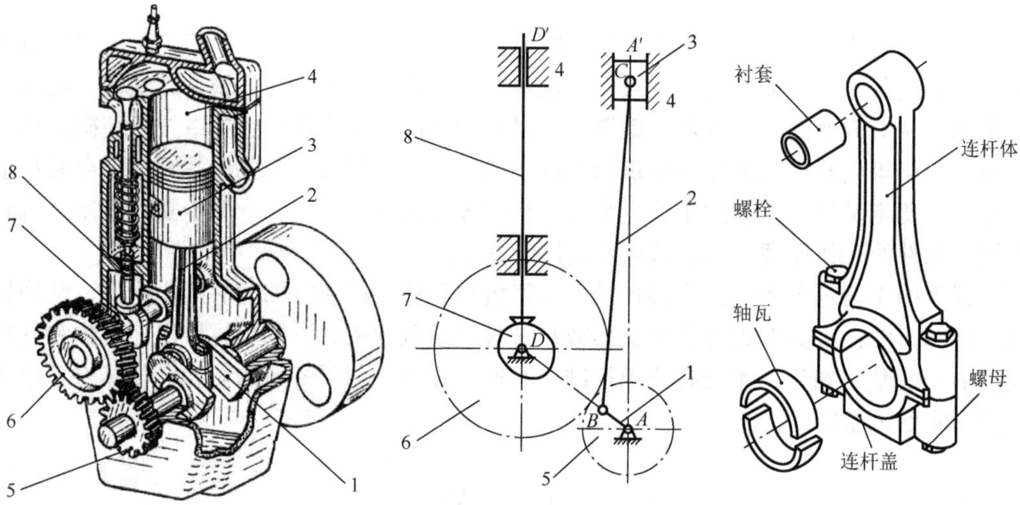

(a)内燃机　　(b)内燃机机构运动简图　　(c)连杆结构

图 2-1　机器的组成

1-曲轴；2-连杆；3-活塞；4-气缸体；5-小齿轮；6-大齿轮；7-凸轮；8-挺杆

若组成机构的所有构件均在同一平面或相互平行的平面内运动，则该机构称为平面机构，否则称为空间机构。在实际生产和生活中，平面机构应用最多，因此，本章只讨论平面机构的情况。

2.1　机构的组成

2.1.1　构件

机构中的构件按照其运动性质可分为三类。

1. 固定件或机架

支承活动构件的构件。研究机构中活动构件的运动时，常以固定件作为参考坐标系。固定件并不一定是绝对静止不动的，任何机构中必须有一个构件相对地视为固定件。比如在研究内燃机(图 2-1(a))中活塞、连杆、曲轴及气缸体之间的运动关系时，通常以气缸体为固定件。在内燃机工作时，气缸体就是随车辆一起运动的。

2. 原动件

运动规律已知的活动构件。一个机构中必须要有一个或几个原动件。

3. 从动件

机构中随原动件的运动而运动的其余活动构件。

2.1.2　运动副

如前所述，机构是由构件与构件通过动连接而形成的。两构件直接接触并能产生一定相对运动的连接称为运动副。两构件组成运动副，其接触形式有点、线、面。根据其接触特性，可分为低副和高副。

1. 低副

两构件通过面接触形成的运动副称为低副。根据两构件间的相对运动为转动或移动，又可分为回转副和移动副。

1) 回转副

如图 2-2(a)、(b) 所示，两构件之间只能绕同一轴线做相对转动，则两构件组成的运动副称为回转副，或称铰链。若其中一个构件为固定件，则称为固定铰链(图 2-2(a))。若两个构件均为活动件，则称为活动铰链(图 2-2(b))。轴与轴承之间的转动为机器中最常见的回转副，如图 2-1(a) 中曲轴 1 与连杆 2、连杆 2 与活塞 3 之间组成的运动副均为回转副。

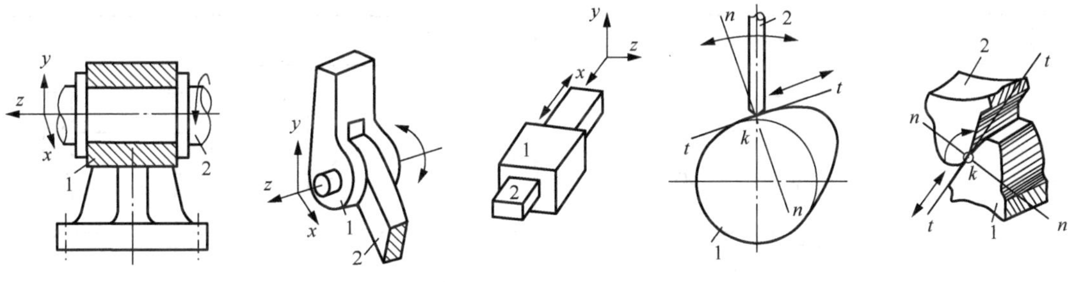

(a) 回转副 (1)　　(b) 回转副 (2)　　(c) 移动副　　(d) 高副 (1)　　(e) 高副 (2)

图 2-2　运动副

2) 移动副

如图 2-2(c) 所示，两构件组成只能沿某一直线做相对移动的运动副称为移动副。图 2-1(a) 中活塞 3 与气缸体 4 之间的运动副即为移动副。

2. 高副

两构件通过点或线接触组成的运动副称为高副。组成高副的两构件之间可以沿接触处公切线方向做相对移动和绕接触处做相对转动。图 2-2(d)、(e) 中凸轮 1 与从动件 2，齿轮 1 和齿轮 2 分别在接触处形成高副。图 2-1(a) 中齿轮 5 与齿轮 6、凸轮 7 与气门挺杆 8 之间组成的运动副均为高副。

除上述平面运动副之外，常见的运动副还有球面副和螺旋副(图 2-3)，这两种运动副为空间运动副。图 2-3(a) 中构件 1 和构件 2 可绕空间坐标系的 x、y、z 轴独立转动。图 2-3(b) 中两构件可做螺旋运动，及绕 x 轴转动和沿 x 轴移动的合成运动。

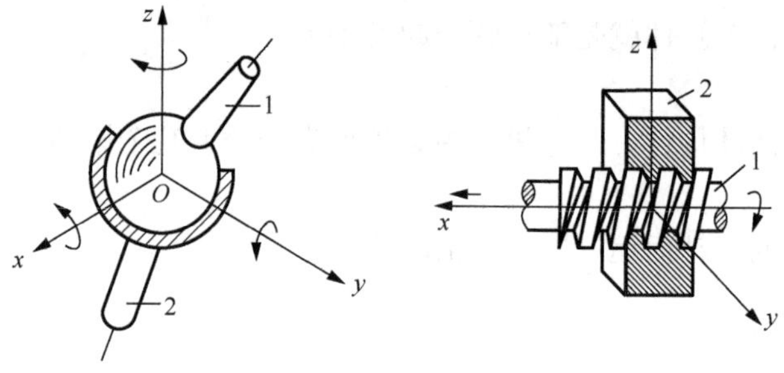

图 2-3　球面副和螺旋副

2.2　平面机构的运动简图

实际构件的外形和结构往往较为复杂，在设计新机器或对现有机器进行运动分析时，需要排除构件复杂外形和结构的干扰，而采用一些简单的线条和规定的符号来表示构件和运动副，并按照一定的比例确定出各个运动副的相对位置。这种表示机构运动特征的简单图形称为机构运动简图。

机构运动简图中常用的构件和运动副符号如表 2-1 所示。

表 2-1　机构运动简图中的常用符号

名称	符号	名称	符号
活动构件	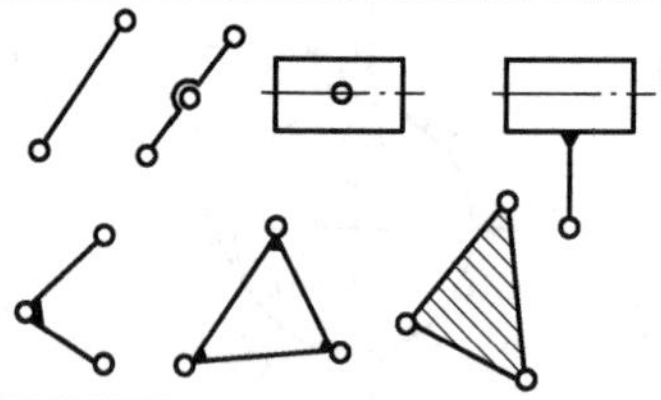	外啮合圆柱齿轮传动	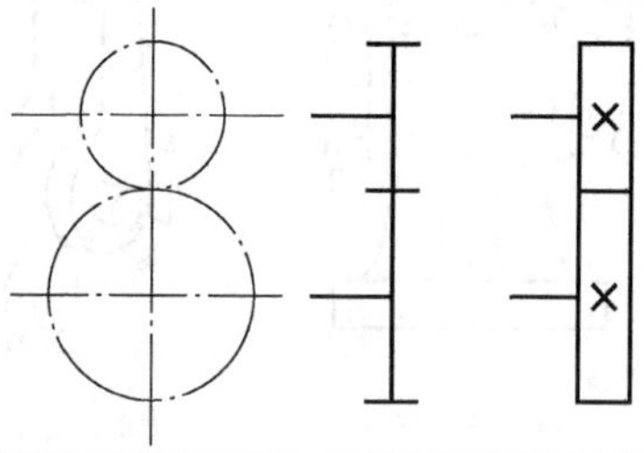
固定构件	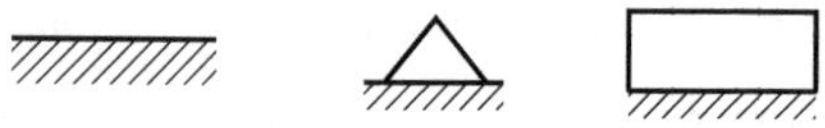	内啮合圆柱齿轮传动	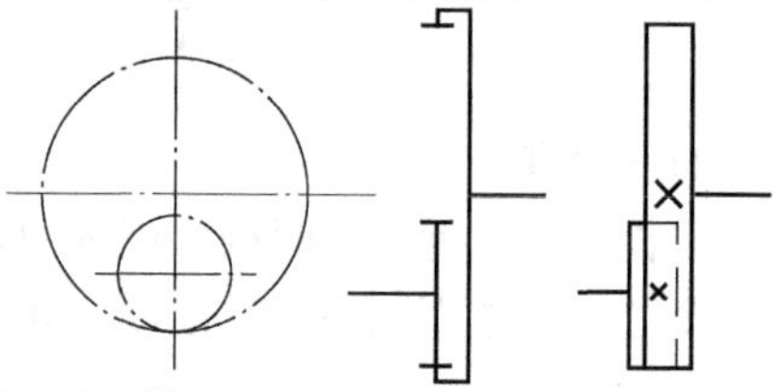
回转副	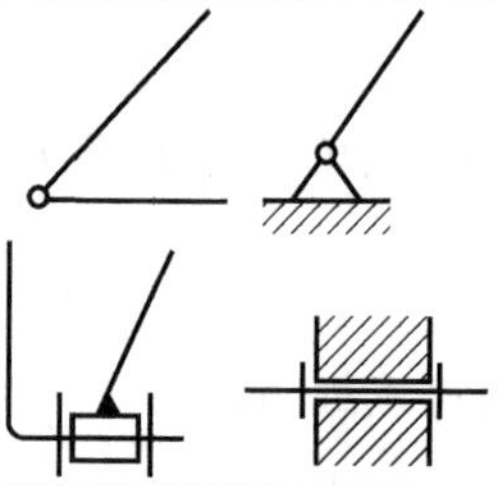	齿轮齿条传动	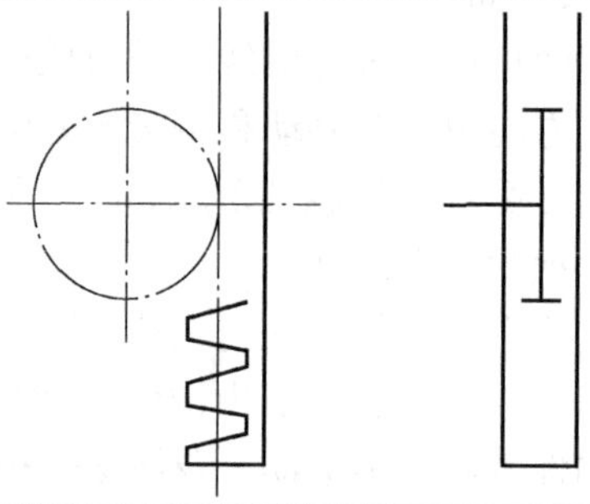
移动副	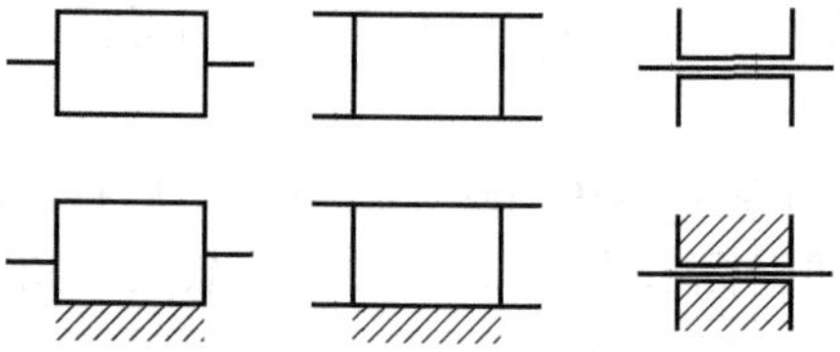		

续表

名称	符号	名称	符号
同一构件	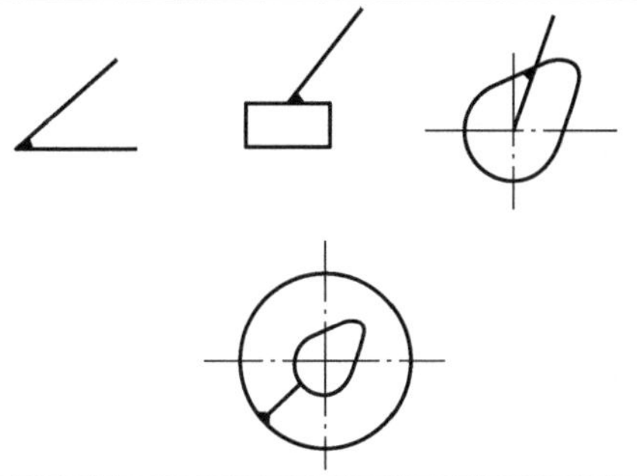	蜗杆传动	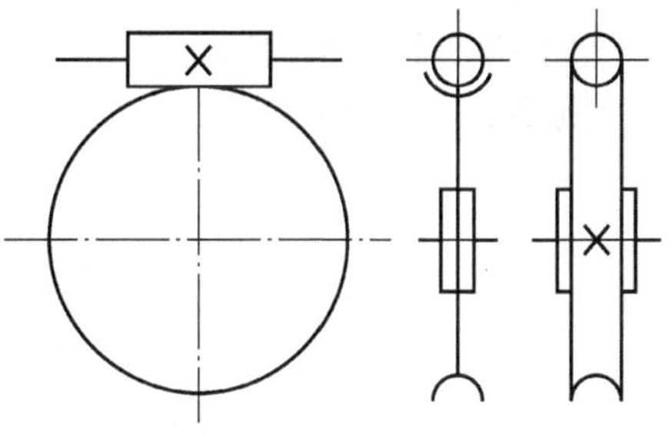
零件与轴固连	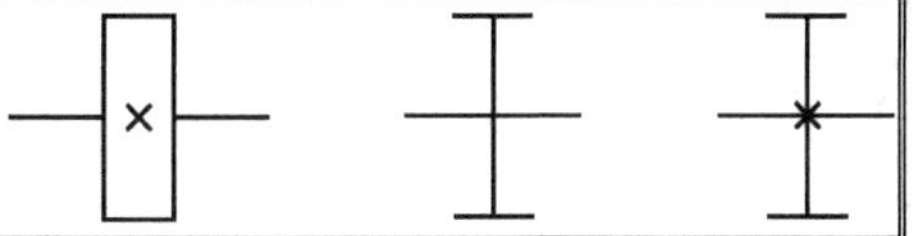	锥齿轮传动	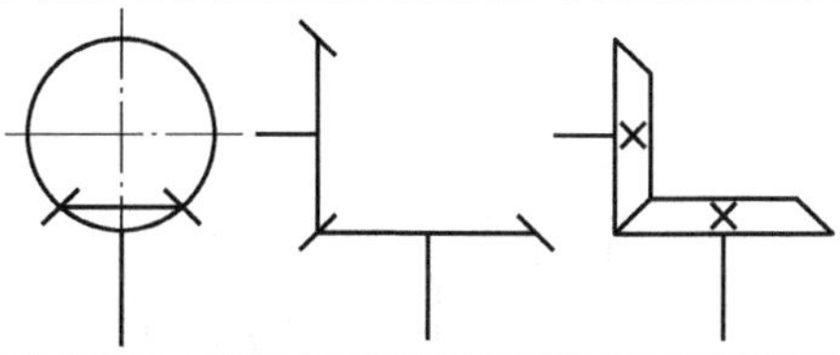
带传动与链传动	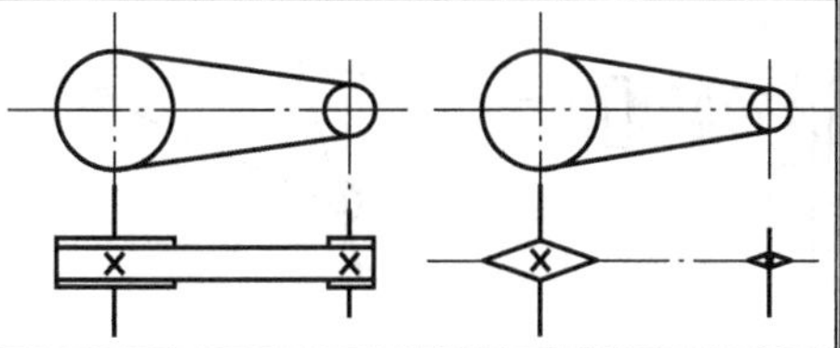	棘轮机构	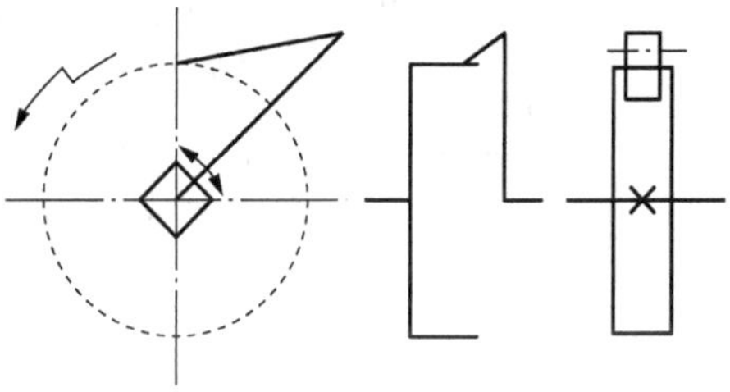
在支架上的电动机	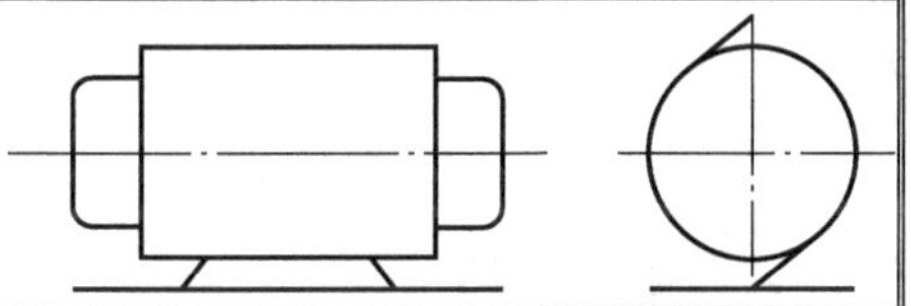		
联轴器	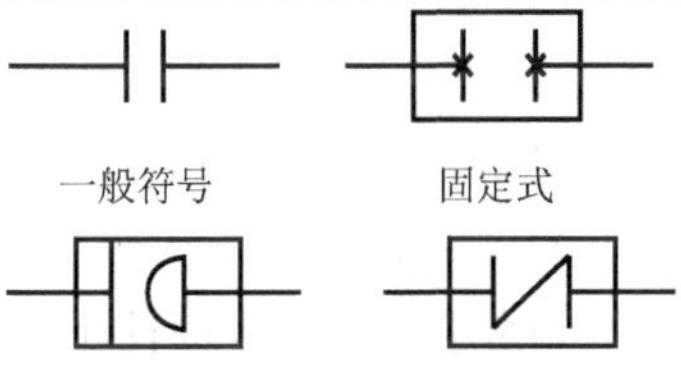	凸轮机构	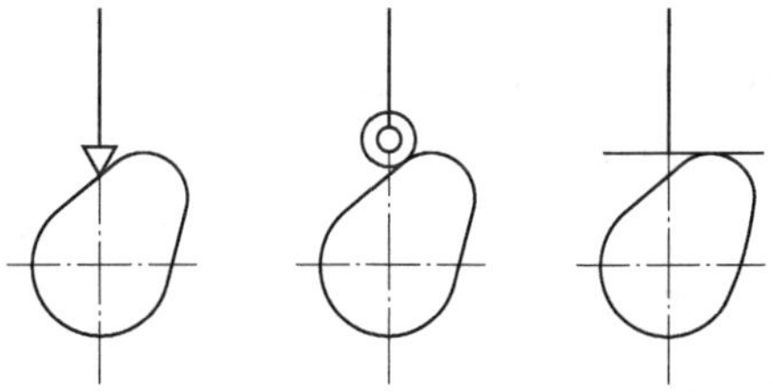
弹簧			

机构运动简图不仅简明地反映了与原机构完全相同的运动特征，而且可用来对机构进行运动分析和动力分析。若只是为了表达各构件间的运动关系，则可不按严格的比例绘制，这种图形称为机构示意图。

根据实际机器绘制其机构运动简图时，其一般步骤如下：

(1) 分析机构的运动，判别固定件、原动件和从动件，并确定构件的数目。

(2) 在固定件的基础上，从原动件开始按照运动的传递顺序，分析各个构件之间相对运动的性质、确定运动副的种类和数目。

(3) 选择合理视图。为了能清楚地表明各个构件之间的相对运动关系，通常选择平行于构件运动的平面作为视图平面(必要时可补充辅助视图)。

(4)选择适当的比例尺，定出各运动副之间的相对位置，用规定的构件和运动副符号绘制机构运动简图。

下面举例说明机构运动简图的具体绘制过程。

例 2-1　绘制图 2-4(a)所示颚式破碎机的机构运动简图。

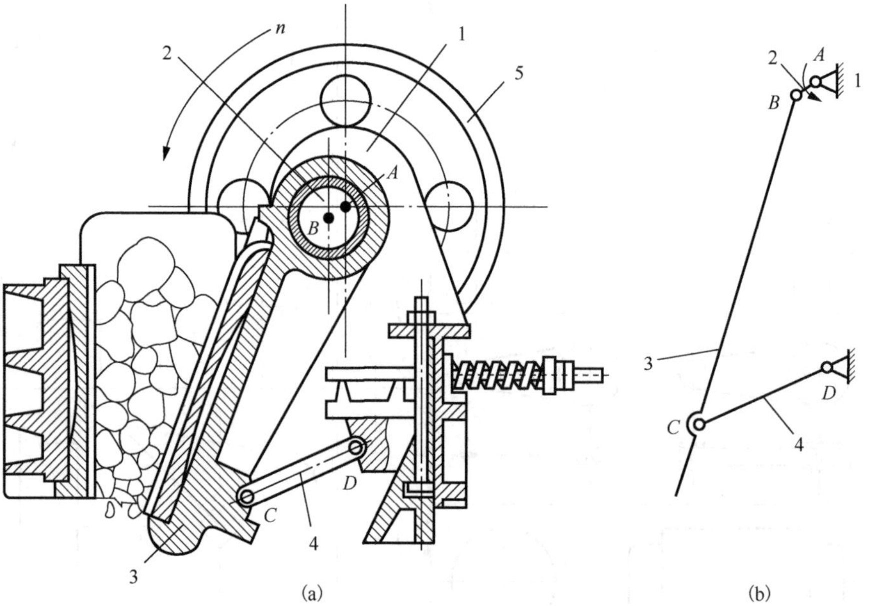

图 2-4　颚式破碎机及其机构运动简图

1-机架；2-偏心轴；3-动颚；4-肘板；5-飞轮

解：(1)判定构件类型及数目。机架 1 为固定件，偏心轴 2 为原动件，动颚 3 和肘板 4 为从动件。飞轮 5 与偏心轴 2 固连，不再计入，故共有 4 个构件。

(2)确定运动副类型。偏心轴 2 与机架 1 绕轴线 A 做相对转动，即构件 1、2 在 A 点形成回转副；动颚 3 与偏心轴 2 绕轴线 B 做相对转动，即构件 2、3 在 B 点形成回转副；肘板 4 与动颚 3 绕轴线 C 做相对转动，即构件 3、4 在 C 点形成回转副；肘板 4 与机架 1 绕轴线 D 做相对转动，即构件 4、1 在 D 点形成回转副。该机构共有 4 个回转副。

(3)合理选择视图。图 2-4(a)所在视图刚好能表达清楚各构件的运动关系，故选择该视图作图。

(4)定比例尺作图。根据实际机器大小和作图空间，选比例尺 μ = 实际长度 / 图示长度，按步骤(3)选定的视图开始作图。首先画出机架 1 与偏心轴 2 组成的回转副中心 A；其次按比例尺 μ 画出偏心轴 2 与动颚 3 组成的回转副中心 B；再按比例尺 μ 定出回转副中心 C、D 的位置；最后用机构运动简图的符号将各点连接起来，得到颚式破碎机的机构运动简图，如图 2-4(b)所示。将图中的机架画上斜线，在原动件 2 上标出指示运动方向的箭头。

例 2-2　绘制图 2-1(a)所示内燃机的机构运动简图。

解：(1)判定构件类型及数目。内燃机是由曲轴 1、连杆 2、活塞 3 和气缸体 4 组成的曲柄滑块机构，由齿轮 5(与曲轴 1 固连)、齿轮 6 和气缸体 4 组成的齿轮机构，由凸轮 7(与齿轮 6 固连)、气门挺杆 8 和气缸体 4 组成的凸轮机构共同组成的。曲轴 1 为原动件，气缸体 4 为固定件。

(2) 确定运动副类型。曲轴 1 与气缸体 4、连杆 2 与曲轴 1、活塞 3 与连杆 2、齿轮 6 与气缸体 4 组成回转副，活塞 3 与气缸体 4、气门挺杆 8 与气缸体 4 组成移动副，齿轮 5 与齿轮 6、凸轮 7 与气门挺杆 8 组成高副。

(3) 合理选择视图。根据步骤(2)，机构中有 2 个高副，在机构运动简图中要清楚表达高副接触处的曲线轮廓，故应选择垂直于曲轴的视图作图。

(4) 定比例尺作图。选定比例尺 μ，按所选视图确定出 4 个回转副 A、B、C、D 点的位置以及 2 个移动副的移动方位线 $A-A'$ 和 $D-D'$，再用机构运动简图的符号将各运动副连接起来(其中，高副齿轮的啮合用一对相切的点画线圆表示，高副凸轮机构的接触需画出凸轮的完整轮廓曲线)。完成的内燃机机构运动简图如图 2-1(b)所示。

2.3　平面机构的自由度

2.3.1　平面机构自由度计算公式

组成机构的各构件之间必须具有确定的相对运动，否则无相对运动或无规律的乱动使机构无法正常工作。为了使机构能够产生运动并具有运动的确定性，就需要研究机构的自由度和机构具有确定相对运动的条件。

一个做平面运动的自由构件具有三个独立运动的可能性。如图 2-5 所示，在 XOY 直角坐标系中，构件 S 可随其上任一点 A 沿 X 轴方向、Y 轴方向独立移动和绕 A 点独立转动。运动构件的这三种可能出现的独立的自由运动称为构件的自由度，即在做平面运动的自由构件具有三个自由度。当两构件组成运动副之后，它们的相对运动受到约束，自由度随之减少。不同类型的运动副引入的约束不同，所保留的自由度也不同。如图 2-2(a)、(b)所示的回转副约束了构件沿 X 轴方向和 Y 轴方向移动的两个自由度，只保留了在 XOY 平面内转动的一个自由度；如图 2-2(c)所示的移动副约束了构件沿 Y 轴方向移动和在 XOY 平面内转动的两个自由度，只保留了沿 X 轴方向移动的一个自由度；如图 2-2(d)、(e)所示的高副只约束沿接触处公法线 $n-n$ 方向移动的一个自由度，保留了沿接触处转动和沿接触处公切线 $t-t$ 方向移动的两个自由度。所以，在平面机构中，每个低副引入两个约束，使构件失去两个自由度；每个高副引入一个约束，使构件失去一个自由度。

若一个平面机构有 N 个构件，其中必有一个为固定件，则活动构件数为 $n=N-1$，共有 $3n$ 个自由度。为了传递运动，需要用运动副将构件连接起来，则活动构件的自由度受到运动副的约束而减少。设机构中低副数目为 P_L 个，高副数目为 P_H 个，则机构中的全部运动副引入的约束总数为 $2P_L+P_H$。活动构件的自由度总数减去运动副引入的约束总数就是机构的自由度总数，称为平面机构的自由度，用 F 表示，即

$$F=3n-2P_L-P_H \tag{2-1}$$

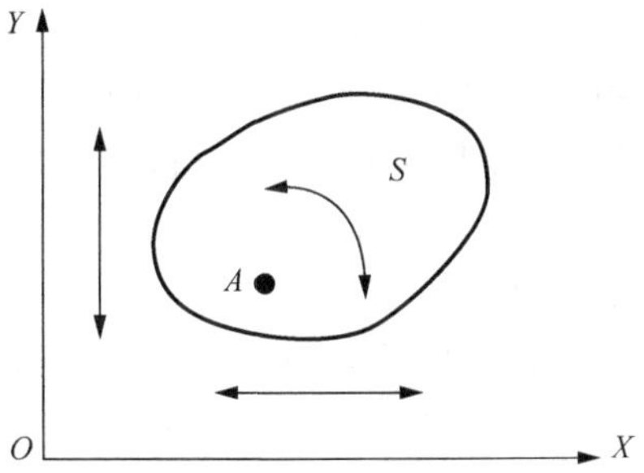

图 2-5　平面构件的自由度

这就是平面机构自由度的计算公式。由公式可知，机构的自由度 F 取决于活动构件的数目以及运动副的性质和数目。下面通过自由度计算示例分析机构存在确定相对运动的条件。

例 2-3　计算图 2-6 所示各机构的自由度。

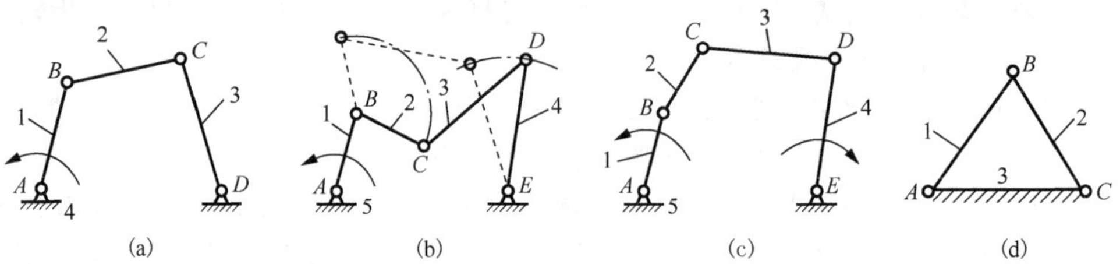

图 2-6　自由度计算公式的意义

解：图 2-6(a)所示的机构中，有 3 个活动构件，$n=3$；包含 4 个回转副，$P_L=4$；没有高副，$P_H=0$。根据自由度计算公式，得 $F=3n-2P_L-P_H=3\times3-2\times4-0=1$，若以构件 1 为原动件(原动件数目=自由度)，则活动构件 2、3 将随之做确定运动。

图 2-6(b)所示的机构中，有 4 个活动构件，$n=4$；包含 5 个回转副，$P_L=5$；没有高副，$P_H=0$。根据自由度计算公式，得 $F=3n-2P_L-P_H=3\times4-2\times5-0=2$，若以构件 1 为主动件(原动件数目 < 自由度)，则其余活动构件的运动是不确定的。若同时以构件 1 和构件 4 为原动件(原动件数目 = 自由度)，则活动构件 2、3 的运动是确定的，如图 2-6(c)所示。

图 2-6(d)所示的机构中，有 2 个活动构件，$n=2$；包含 3 个回转副，$P_L=3$；没有高副，$P_H=0$。根据自由度计算公式，得 $F=3n-2P_L-P_H=3\times2-2\times3-0=0$，即该机构没有独立的运动，是力学中的静定桁架。

根据例 2-3 可以得出机构具有确定相对运动的条件：

(1)自由度必须大于零；

(2)原动件数目与机构自由度相等。

2.3.2　计算平面机构自由度的注意事项

1. 复合铰链

两个以上构件在同一轴线上用回转副连接构成复合铰链。图 2-7 所示为三个构件组成的复合铰链，由俯视图可知它们组成了两个回转副。同理，当有 K 个构件用复合铰链连接时，组成 $K-1$ 个回转副。在自由度计算时，应注意是否存在复合铰链，以免漏算运动副数目。

例 2-4　试计算图 2-8 所示直线机构的自由度，并判断该机构是否有确定的相对运动。

解：如图 2-8 所示，机构中有 7 个活动构件，即 $n=7$；在 B、C、D、E 处均为三个构件组成的复合铰链，各有两个回转副，在 A 和 F 处各有 1 个回转副，总共 10 个回转副，$P_L=10$；没有高副，$P_H=0$。故机构自由度为 $F=3n-2P_L-P_H=3\times7-2\times10-0=1$，即该机构具有一个自由度。机构中只有构件 2 为原动件，原动件数目等于自由度，故该机构具有确定的相对运动。

当构件长度为 $l_{AB}=l_{AE}$，$l_{CE}=l_{DE}$，$l_{BC}=l_{BD}=l_{CF}=l_{DF}$ 时，F 点将沿 $m-m$ 做直线运动。若在 F 点安装一圆盘锯，则圆盘锯将沿直线锯物料。

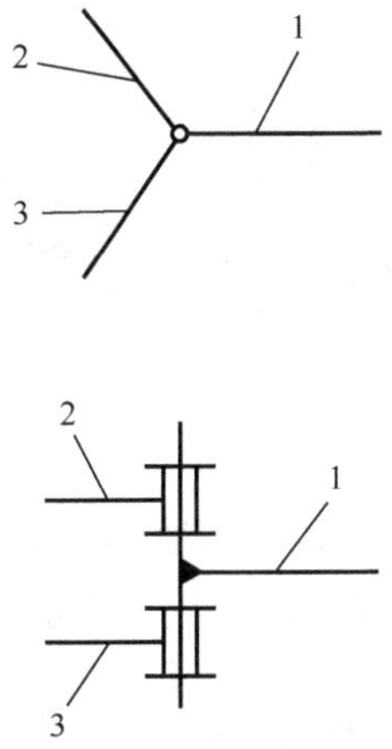

图 2-7　复合铰链

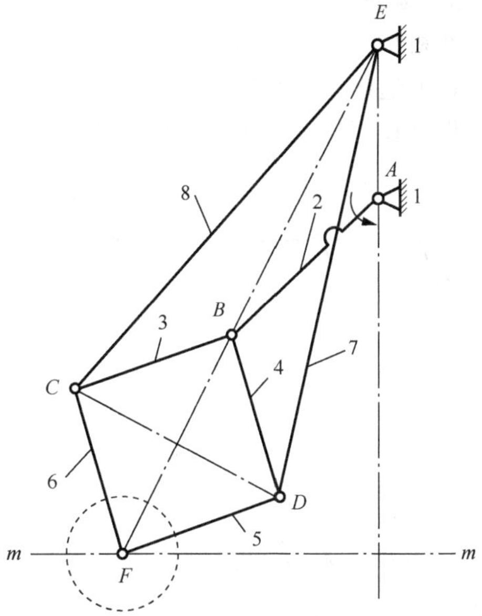

图 2-8　直线机构

2. 局部自由度

机构中若某些构件所具有的自由度仅与其自身的局部运动有关，并不影响整个机构的运动，则这种自由度称为局部自由度。在进行机构自由度计算时，应减去局部自由度。

例 2-5　试计算图 2-9(a)所示滚子从动件凸轮机构的自由度。

解：图 2-9(a)有凸轮 1、小滚子 2 和从动件 3 三个活动构件，在 A、C 点形成 2 个回转副，D 点形成 1 个移动副，在 B 点形成高副。按式(2-1)计算机构自由度为

$$F = 3n - 2P_L - P_H = 3 \times 3 - 2 \times 3 - 1 = 2$$

表明机构具有 2 个自由度，但这与实际情况不符，实际的凸轮机构只有凸轮一个原动件，从动件 3 即可做确定的运动。仔细分析，机构的 2 个自由度分别为从动件 3 的上下移动以及小滚子 2 绕其轴线 C 的自由转动，但是无论小滚子 2 正转或反转甚至不转都不会影响从动件 3 的运动，故回转副 C 为局部自由度，计算机构自由度时应不考虑该自由度。

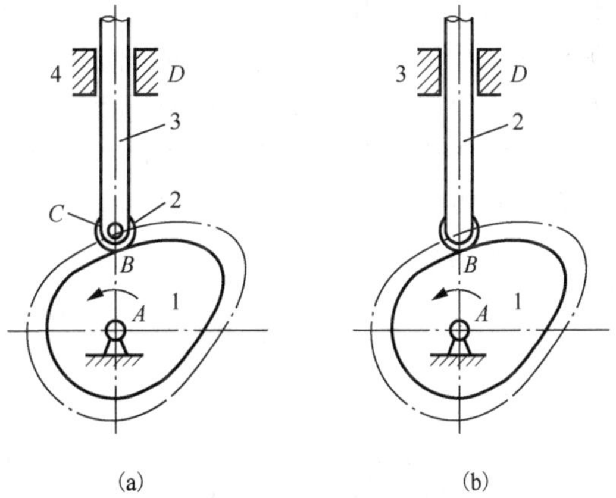

图 2-9　局部自由度

正确的计算方法应该是将小滚子 2 和从动件 3 看作固连在一起的一个构件，如图 2-9(b)所示。此时，$n = 2$，$P_L = 2$，$P_H = 1$，则机构自由度为 $F = 3n - 2P_L - P_H = 3 \times 2 - 2 \times 2 - 1 = 1$，这样就与实际情况相符了。

上述局部自由度虽然不影响整个机构的运动情况，但可改善局部的接触，将滑动摩擦变为滚动摩擦，减小摩擦磨损，提高传动效率，故实际机器中常常见到这类局部自由度。

3. 虚约束

在机构中某些运动副引入的约束与其他约束重复而对机构的运动不再起约束作用，这种对机构的运动不起约束作用的约束称为虚约束，在自由度计算时应将虚约束去除。

例 2-6　图 2-10(a)所示机构中构件 AB、CD、EF 平行且相等，试计算该机构的自由度。

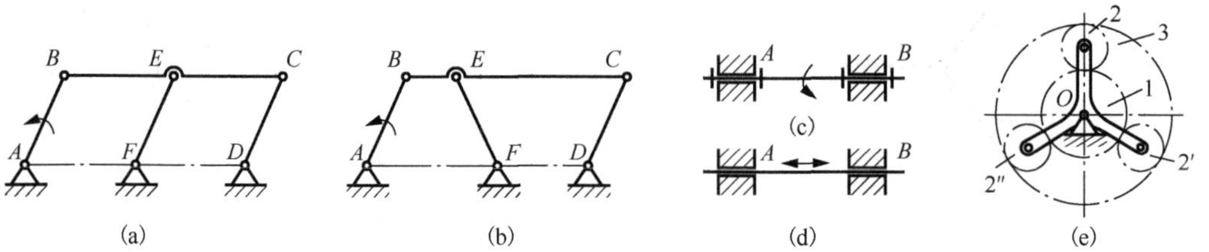

图 2-10　虚约束

解： 图 2-10(a)所示机构中，活构件数 $n=4$，低副数 $P_L=6$，高副数 $P_H=0$，则机构的自由度 $F=3n-2P_L-P_H=3\times4-2\times6-0=0$，机构自由度为零，即该机构不能运动。然而，事实上若以构件 AB 为原动件，则该机构是有确定的相对运动的，它就是蒸汽机车车轮的联动机构。之所以出现上述问题，是因为 AB、CD、EF 三个构件平行且相等，只需要其中 AB、CD 两个构件就可以保证构件 BC 做平动，构件 EF 即为虚约束，在自由度计算时应首先将虚约束去除掉后再计算。反之，如果构件 EF 不与 AB、CD 平行，如图 2-10(b)所示，则机构的自由度为零，确实不能运动。

虚约束常出现在一些对称结构中，图 2-10(c)中构件与机架形成两个回转副，其中一个为虚约束；图 2-10(d)中构件与机架形成两个移动副，其中一个也是虚约束；图 2-10(e)所示的行星轮系中，采用了 3 个对称布置的行星轮，事实上有一个行星轮 2 就可以实现相关运动，另外两个行星轮 2′、2″对运动情况没有影响，为虚约束。虚约束的存在虽然对机构的运动没有影响，但是它可以改善机构的受力情况，增强机构工作的稳定性。

综上所述，在计算平面机构自由度时，必须先检查机构中是否存在复合铰链、局部自由度和虚约束等特殊情况，并将局部自由度和虚约束去除掉，再根据活动构件数目和运动副数目计算机构自由度。

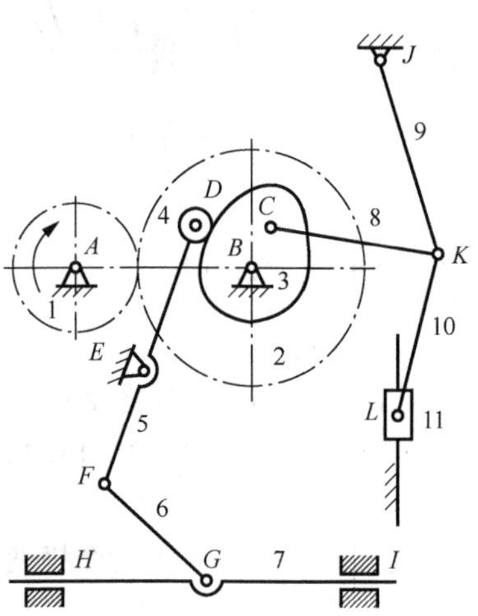

图 2-11　自由度计算

例 2-7　图 2-11 所示机构中，齿轮 2 与凸轮 3 固连在一起，试计算该机构的自由度，并判定其是否有确定的相对运动。

解： 首先分析该机构中是否存在复合铰链、局部自由度和虚约束。在 K 点 8、9、10 三个构件形成复合铰链，具有 2 个回转副。小滚子构件 4 与构件 5 在 D 点形成的回转副为局部自由度，计算时应将小滚子 4 和构件 5 视为固连。构件 7 与机架在 H 点和 I 点形成 2 个移动副，其中 1 个为虚约束。经上述分析，活动构件数为 $n=9$。在 A、B、C、E、F、G、J、K、L 点形成 10 个回转副，在 H、L 点形成 2 个移动副，即低副数 $P_L=12$。在齿轮 1 和齿轮 2 啮合处、凸轮 3 和小滚子 4 的接触处为高副，即高副数 $P_H=2$。于是机构的自由度为 $F=3n-2P_L-P_H=3\times9-2\times12-2=1$。机构中齿轮 1 为原动件，自由度与原动件数相等，故该机构有确定的相对运动。

例 2-8　汽车在直线行驶时，两侧车轮的转速应相同。汽车在转弯时，由于内外侧车轮对应的转弯半径不同，它们应以不同的转速旋转，以防止汽车转弯时车轮在地面打滑而造成严重磨损。图 2-12(a)所示差速器可使汽车两侧车轮以相同转速或不同转速转动，以实现汽车直线行驶或转弯。图 2-12(b)为差速器的传动原理，试计算其自由度，并分析该机构的运动情况。

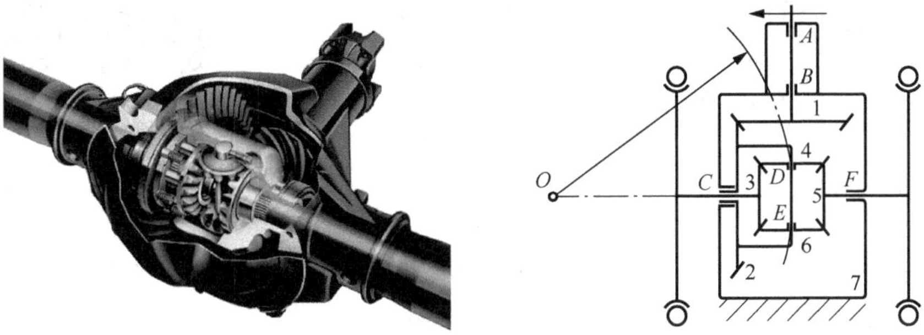

(a)　　(b)

图 2-12　汽车差速器的自由度计算

解：根据图 2-12(b)所示，左右两侧车轮分别与锥齿轮 3 和 5 固连，有 1、2、3、4、5、6 共六个活动构件，其中构件 4 和 6 为行星轮，此处有一个行星轮即可实现运动传递，故构件 6 及其相关运动副为虚约束，即活动构件数为 $n=5$。输入锥齿轮 1 与机架 7 在 A、B 两处形成回转副，其中一个回转副是多余的，可将回转副 B 视为虚约束。C 处为复合铰链，构件 2、3、7 之间构成了两个回转副。A、C、D、F 处共形成 5 个回转副，即低副数 $P_L=5$。齿轮 1 与齿轮 2、齿轮 3 与齿轮 4、齿轮 4 与齿轮 5 之间的啮合为高副，即 $P_H=3$。根据自由度计算公式，机构自由度为 $F=3n-2P_L-P_H=3\times5-2\times5-3=2$。差速器的自由度为 2，要实现确定的相对运动需要有两个原动件，而图 2-12(b)中只有输入齿轮 1 一个原动件。

事实上当汽车直线行驶时，两侧车轮转速相同，行星齿轮 4 和 6 不会自转，只有公转，即相当于齿轮 2、3、4、5、6 固结为一个构件，这样机构就只有该固结构件和齿轮 1 两个活动构件。两个活动构件与机架 7 形成两个回转副，两个活动构件之间的齿轮啮合为高副，故自由度为 $F=3n-2P_L-P_H=3\times2-2\times2-1=1$，自由度与原动件数相等，即汽车直线行驶时差速器机构有确定的相对运动。

当汽车转弯时，行星齿轮 4 和 6 同时发生自转和公转，根据上面计算机构自由度等于 2。转弯时受地面阻力作用，转弯内侧车轮首先发生运动变化，转速降低，故可将内侧车轮也视为原动件，这时原动件数和自由度相等，机构具有确定的相对运动，外侧车轮的运动就被自动确定。

习　　题

2-1　什么是运动副？常见的几种运动副之间有什么区别？

2-2　机构运动简图有什么作用？绘制机构运动简图的基本步骤是什么？试绘出图示机构的机构运动简图。

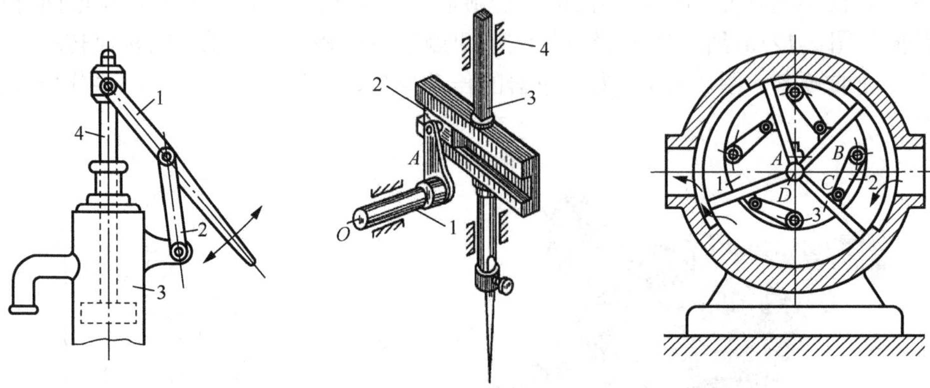

(a) 抽水唧筒　　(b) 缝纫机下针机构　　(c) 旋转式水泵

题 2-2 图

2-3　平面机构具有确定运动的条件是什么？

2-4　计算机构自由度时需要注意哪几个问题？

2-5　为什么实际平面机构的自由度通常等于 1？而大多数工业机器人通常有 6 个自由度？

2-6　试确定下列平面机构的自由度(图中绘有箭头的活动构件为原动件)，并判定其是否有确定的相对运动？

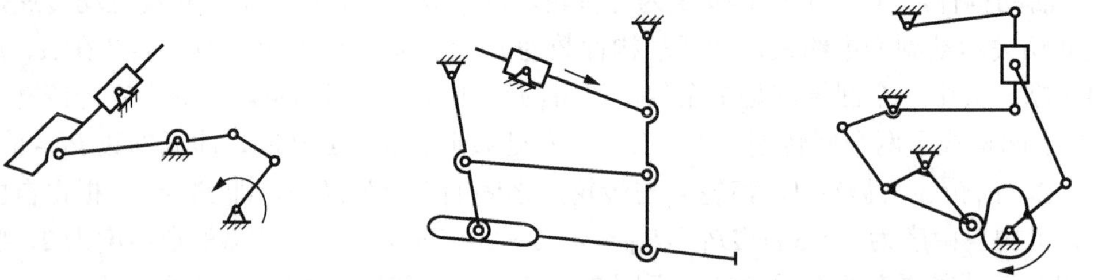

(a) 推土机推土机构　　(b) 渣口堵塞机构　　(c) 锯木机的锯木机构

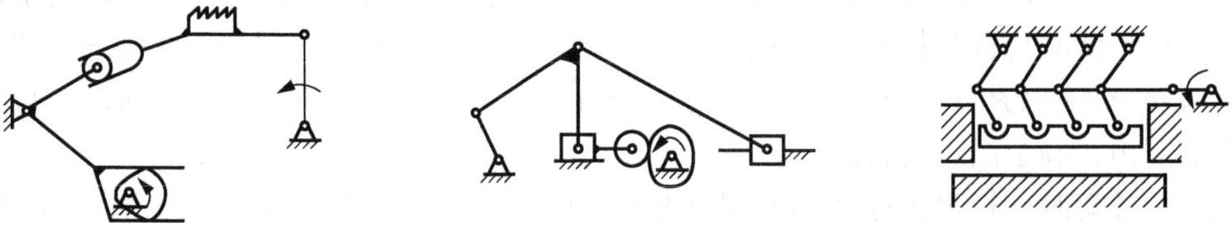

(d) 缝纫机送布机构　　(e) 筛料机的筛料机构　　(f) 压力机工作机构

题 2-6 图

第3章 连杆机构

连杆机构是由若干刚性构件用低副(回转副、移动副)连接组成的机构，其构件大多呈杆状。若连杆机构的所有活动构件在同一平面或平行平面内运动，则称为平面连杆机构，否则称为空间连杆机构。平面连杆机构最为常见，本章只讨论平面连杆机构。

由于低副是面接触，在接触表面容易形成润滑，并且压强小，故不易被磨损；又因构成低副的表面为圆柱面或平面，制造比较简单、成本低，且容易获得较高的加工精度，故平面连杆机构在各种机械和仪器中应用广泛。但是，由于低副内存在间隙，当构件数较多或精度较低时，运动累积误差较大。杆状构件做平面运动时，惯性力难以平衡，不适合高速，多用于各类机器的执行机构中。此外，连杆机构的设计比较复杂，难以精确实现较复杂的运动规律。由四个构件组成的连杆机构最为简单，它不仅应用十分广泛，而且是组成多杆机构的基础，本章将对平面四杆机构基本类型、特性和常用设计方法予以重点讨论。

3.1 铰链四杆机构的基本形式和特性

当平面四杆机构的运动副都是回转副时，称为铰链四杆机构，如图 3-1 所示。其中，固定不动的构件称为机架，用回转副与机架相连接的杆称为连架杆，不与机架直接相连的杆称为连杆。若连架杆能做整周转动，则称为曲柄；仅能在某一角度范围内摆动的连架杆，则称为摇杆。

根据两个连架杆的运动情况，可将铰链四杆机构分为三种基本形式：曲柄摇杆机构、双曲柄机构和双摇杆机构。

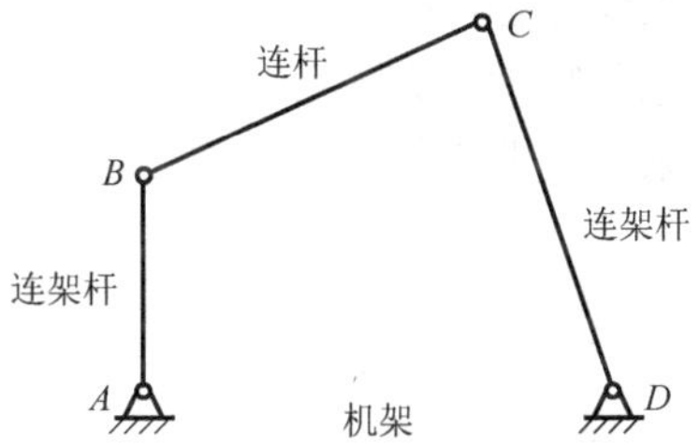

图 3-1 铰链四杆机构

3.1.1 曲柄摇杆机构

在铰链四杆机构中，若两个连架杆的一个为曲柄，另一个为摇杆，则此铰链四杆机构称为曲柄摇杆机构。一般以曲柄为原动件，匀速转动；而摇杆为从动件，做变速往复摆动。

图 3-2(a)所示为调整雷达天线俯仰角度的曲柄摇杆机构。曲柄 1 为原动件，做缓慢的等速运动，通过连杆 2 带动摇杆 3(雷达天线)在一定角度范围内摆动，从而实现对雷达天线俯仰角度的调整。图 3-2(b)所示为汽车雨刮器的驱动机构，当曲柄 1 连续回转时，通过连杆 2 带动连架杆 3 往复摆动，雨刮器与连架杆 3 固连，因此带动雨刮器往复摆动擦拭汽车挡风玻璃。图 3-2(c)所示为油田抽油机的传动机构，当曲柄 1 连续回转时，通过连杆 2 带动连架杆 3(游梁)绕 D 点摆动，挂在游梁上的悬绳器便带动抽油杆柱做往复运动实现抽油。

曲柄摇杆机构具有以下一些基本性质。

1. 急回特性

图 3-3 所示的曲柄摇杆机构，在曲柄 AB 转动一周的过程中，与连杆 BC 有两次共线，即在 AB_1 和 AB_2 位置，铰链中心 A 与 C 之间的距离 AC_1 与 AC_2 为最短和最长，使摇杆 CD 处在

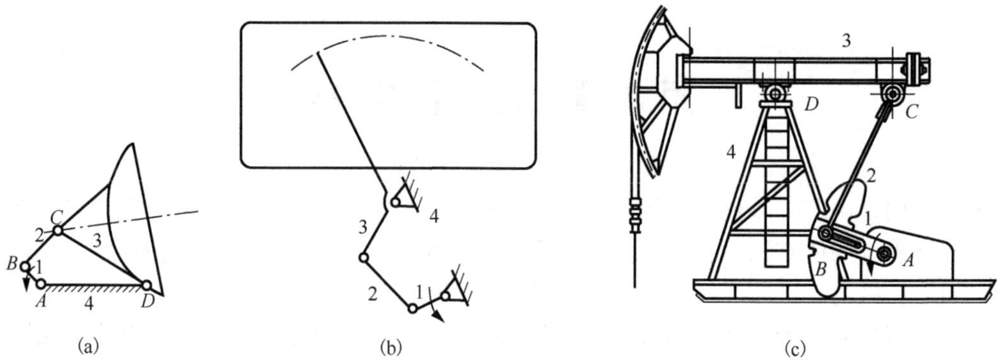

图 3-2　曲柄摇杆机构

最左和最右的两个极限位置 C_1D 和 C_2D。摇杆在两个极限位置间的夹角 ψ 称为摇杆的摆角。摇杆处于极限位置时，曲柄与连杆的两个共线位置间所夹的锐角 θ 称为极位夹角。

当曲柄由 AB_1 位置顺时针转过角度 $\varphi_1(\varphi_1=180°+\theta)$ 至 AB_2 时，摇杆由 C_1D 摆过角度 ψ 至 C_2D，对应的时间为 t_1，则 C 点的平均速度为 $v_1=\dfrac{\overset{\frown}{C_1C_2}}{t_1}$；当曲柄继续转过角度 $\varphi_2(\varphi_2=180°-\theta)$ 时，摇杆由 C_2D 摆回到 C_1D，对应的时间为 t_2，则 C 点的平均速度为 $v_2=\dfrac{\overset{\frown}{C_1C_2}}{t_2}$。由于 $\varphi_1>\varphi_2$，故 $t_1>t_2$，$v_1<v_2$，即摇杆往复摆动的平均速度不相等。若将摇杆由 C_1D 摆到 C_2D 用于机器的工作行程，C_2D 摆到 C_1D 为空回行程，则空回行程的速度大于工作行程的速度，即摇杆具有急回特性。在实际生产中，有许多机器(如往复式运输机、牛头刨床、插床等)利用急回特性来缩短非生产时间，提高生产率。

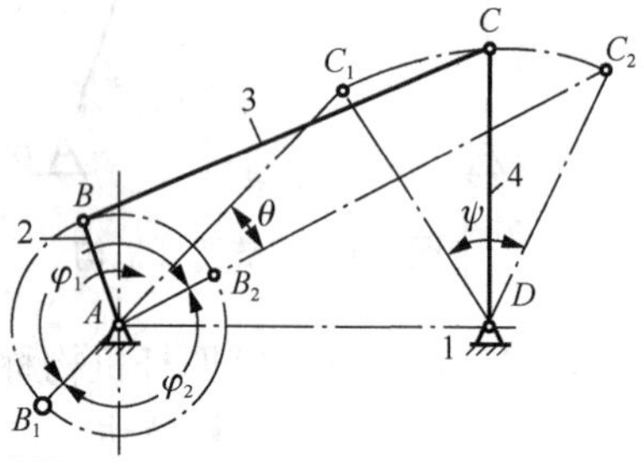

图 3-3　曲柄摇杆机构的急回特性

从动摇杆的急回特性一般用行程速比系数 K 表示，即

$$K=\frac{v_2}{v_1}=\frac{\overset{\frown}{C_1C_2}/t_2}{\overset{\frown}{C_1C_2}/t_1}=\frac{t_1}{t_2}=\frac{\varphi_1}{\varphi_2}=\frac{180°+\theta}{180°-\theta}\tag{3-1}$$

上式表明曲柄摇杆机构的急回特性取决于极位夹角 θ。θ 越大，K 越大，急回特性越明显。将式(3-1)整理后，可得极位夹角

$$\theta=180°\frac{K-1}{K+1}\tag{3-2}$$

在设计有急回特性要求的机械时，通常先根据所需要的 K 值，由式(3-2)计算出极位夹角 θ，然后再结合其他要求确定出各杆尺寸。

2. 压力角和传动角

在生产中，不仅要求连杆机构能实现预定的运动规律，而且希望其运转轻便，效率高。如图 3-4 所示的曲柄摇杆机构，如忽略各杆质量和运动副中的摩擦，则连杆 3 为二力杆，它作用在从动摇杆 4 上的力 $\boldsymbol{F}$ 沿 BC 方向，它与 C 点的绝对速度 $\boldsymbol{v}_c$ 之间所夹的锐角 α 称为压力角。力 $\boldsymbol{F}$ 在 $\boldsymbol{v}_c$ 方向作有效功的分力 $F_t=F\cdot\cos\alpha$；而沿摇杆 CD 方向的分力 $F_n=F\cdot\sin\alpha$，垂直于 $\boldsymbol{v}_c$ 方向，不做功，且该分力越大，铰链 C、D 处摩擦越大，效率越低，甚至使机构出现自锁现象。压力角 α 越小，$\boldsymbol{F}_t$ 越大，$\boldsymbol{F}_n$ 越小，有效功越大。因此，可用压力角的大小作为判

断连杆机构是否具有良好传力性能的标志。在实际应用中，为了便于度量，常用压力角的余角γ($\gamma=90^\circ-\alpha$，即连杆与从动摇杆之间所夹的锐角)来判断机构的传力性能，γ称为传动角。显然，γ越大，机构的传力性能越好。

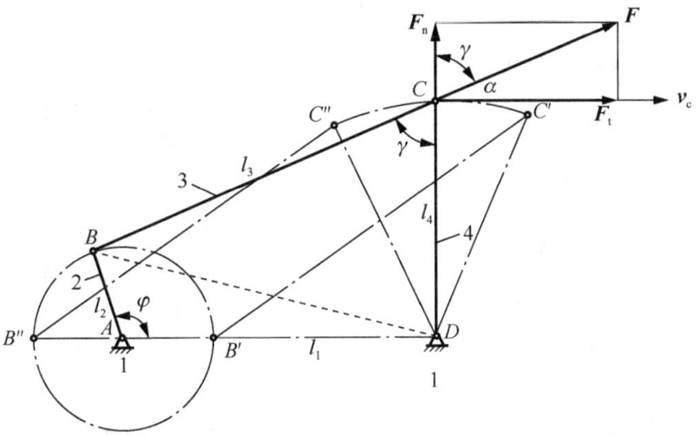

图 3-4 铰链四杆机构的压力角和传动角

机构在运转过程中，传动角是变化的。为了保证机构具有较好的传力性能，一般应使最小传动角$\gamma_{min}>40^\circ$。传动功率较大时，γ_{min}应取得大一些；而对一些控制机构或仪表机构，作用力小，γ_{min}可取得小一些。

机构出现最小传动角的位置，可通过图 3-4 中的$\triangle ABD$和$\triangle BCD$的边长关系来确定，即

$$\overline{BD}^2=l_1^2+l_2^2-2l_1l_2\cos\varphi$$

$$\overline{BD}^2=l_3^2+l_4^2-2l_3l_4\cos\angle BCD$$

求解两式可得

$$\cos\angle BCD=\frac{l_3^2+l_4^2-l_1^2-l_2^2+2l_1l_2\cos\varphi}{2l_3l_4} \tag{3-3}$$

当$\varphi=0^\circ$或180°时，$\cos\varphi=+1$或-1，$\angle BCD$分别为最小值和最大值。传动角γ是用锐角表示的，当$\angle BCD$为锐角时，$\gamma=\angle BCD$，$\angle BCD$最小值即为γ_{min}；当$\angle BCD$为钝角时，传动角表示为$\gamma=180^\circ-\angle BCD$，故$\angle BCD$的最大值对应另一个传动角的极小值。由此可知，曲柄摇杆机构的最小传动角γ_{min}将出现在曲柄与机架共线的位置AB'或AB''处。

3. 死点位置

在图 3-3 所示的曲柄摇杆机构中，若以摇杆 4 为原动件，曲柄 2 为从动件，当摇杆摆到极限位置C_1D和C_2D时，连杆 3 和曲柄 2 共线，若忽略运动副中的摩擦力和各杆件的质量，则摇杆通过连杆传递给曲柄的力将通过铰链中心A。该力对A点不产生力矩，不能使曲柄转动，机构的这种传动角为零的位置称为机构的死点位置。机构处在死点位置时，从动件将出现卡死或运动不确定的现象。为了消除死点位置的不良影响，可采用以下几个措施来保证机构顺利通过死点位置：利用构件本身和飞轮的惯性作用；对从动件施加额外的力；将死点错开的几个四杆机构组合在一起。

图 3-5 所示为缝纫机踏板机构，原动摇杆 2(踏板)做往复摆动时，通过连杆 3 使从动曲柄 4 和与其固连的带轮一起做整周转动，再由带传动驱动机头主轴转动。在使用缝纫机时，有时会出现踏板踏不动或带轮反转的现象，这就是由于机构正处在死点位置引起的。为了避免

这种现象，正常工作时借用机头主轴上飞轮的惯性力冲过死点位置，有时也可主动拨动飞轮使机构转过死点位置。在内燃机中，当活塞运动到气缸内最高点和最低点位置时，曲柄滑块机构处在死点位置。图 3-6 所示的四缸内燃机中，通过四个曲柄滑块机构的错开布置和曲轴右端飞轮的惯性力克服了机构的死点位置问题。

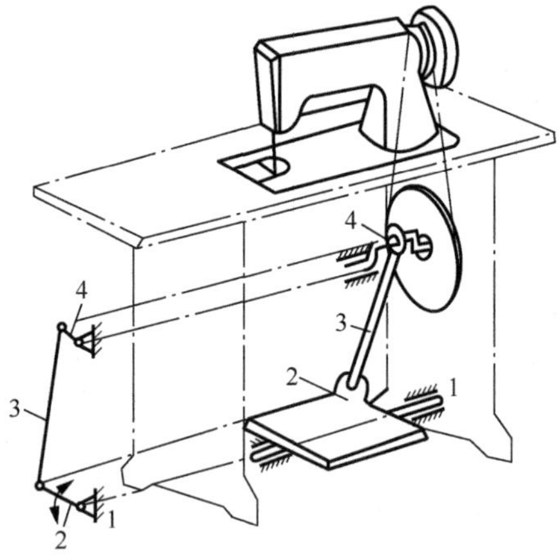

图 3-5　缝纫机踏板机构

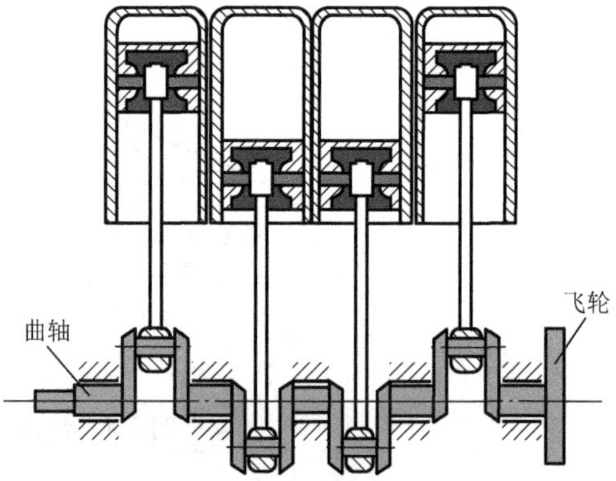

图 3-6　内燃机的曲柄滑块机构

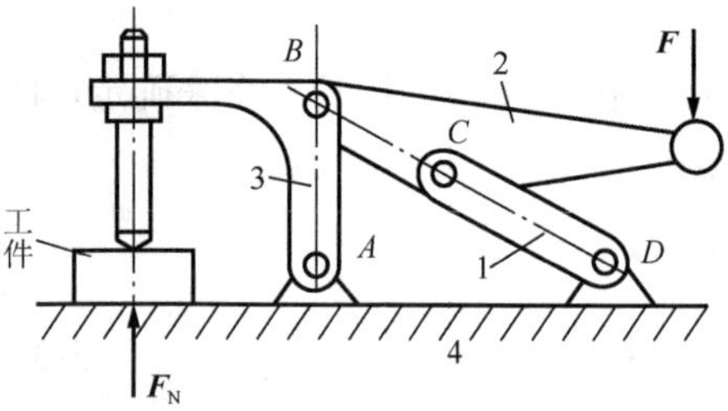

图 3-7　夹紧机构

工程中有时也利用死点位置来实现某些要求。如图 3-7 所示的工件夹紧装置，在手柄 2 上施加外力 $\boldsymbol{F}$ 将工件夹紧后，铰链中心 B、C、D 成一条直线。在去掉外力后，由工件经杆 3、杆 2 传给杆 1 的力刚好通过其铰链中心 D，故此力不能使杆 1 转动。保证了夹紧机构在去除外力 $\boldsymbol{F}$ 后，工件仍能被可靠地夹紧。当需要取出工件时，必须在手柄上施加一个反向载荷，才能使夹具松开。

3.1.2　双曲柄机构

若铰链四杆机构中的两个连架杆均为曲柄，则称为双曲柄机构。图 3-8(a)所示为旋转式水泵，它由相位依次相差 90° 的四个双曲柄机构组成，图 3-8(b)所示为其中一个双曲柄机构的运动简图。当原动曲柄 2 做等速运动时，连杆 3 带动从动曲柄 4(叶片)做周期性变速转动，使相邻两叶片间的夹角也周期性地变化。当转到右边时，相邻两叶片之间的夹角及容积逐渐增大，形成负压，水从进水口吸入；当转到左边时，相邻两叶片之间的夹角及容积逐渐减小，压力升高，水从出水口排出，起到泵水作用。

在双曲柄机构中，用得最多的是对边两杆长度分别相等的平行双曲柄机构。图 3-9(a)所示的四杆机构，其四杆形成一个平行四边形，称为正平行四边形机构。当 AB 杆做等速转动时，CD 杆也以相同角速度沿同一方向转动，连杆 BC 始终做平行移动，这种机构在机械中应用十分广泛。例如图 3-9(b)中的托盘天平采用正平行四边形机构，可以使托盘 1 和 2 始终保持水平，防止托盘内的物体倾倒。但当正平行四边形机构运转到四个铰链中心处于同一直线上时，将出现运动不确定状态，如图 3-9(c)所示。为了消除这种运动不确定性，可以错开一定角度再安装一组相同的正平行四边形机构，并且将两组固连，如图 3-9(d)所示。当其中一组处于运动不确定位置时，另一组则处于正常运转状态，故机构仍然保持确定运动。

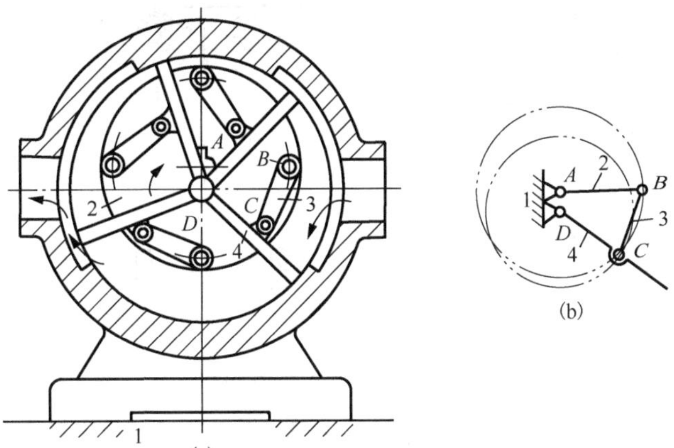

图 3-8　旋转式水泵

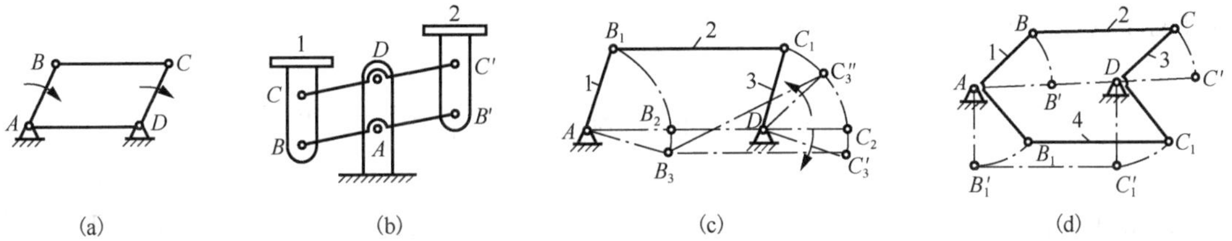

图 3-9　正平行四边形机构

图 3-10(a)所示的四杆机构，虽然对边的杆长相等，但不平行，称为反平行四边形机构。当 *AB* 杆做等速运动时，*CD* 杆做反向变速运动。图 3-10(b)中的门窗开闭机构就采用了反平行四边形机构，当主动曲柄 1 逆时针转动时，通过连杆 2 带动从动曲柄 3 顺时针转动，从而实现两扇门窗同时开启或关闭。

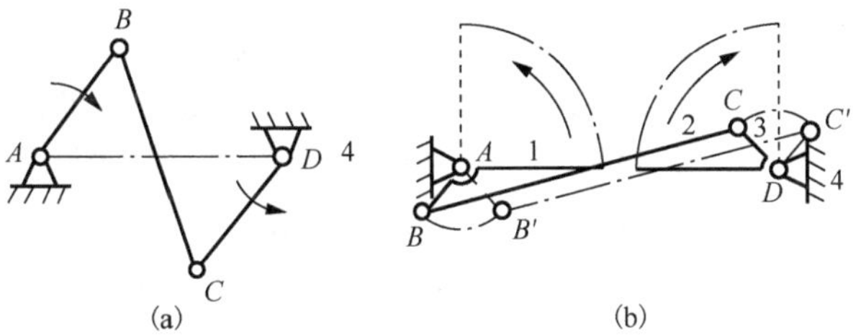

图 3-10　反平行四边形机构

3.1.3　双摇杆机构

若铰链四杆机构中的两个连架杆均为摇杆，则称为双摇杆机构。图 3-11(a)所示为飞机起落架的机构运动简图。飞机着陆前，需要将着陆轮从机翼中推放出来，且保持死点位置(图中实线所示)，防止地面的冲击使着陆轮自动收起。起飞后，为减小飞行中的空气阻力，又要将着陆轮收回机翼中(图中虚线位置)。这是由原动摇杆 1 通过连杆 2，带动从动摇杆 3 上的着陆轮来实现的。

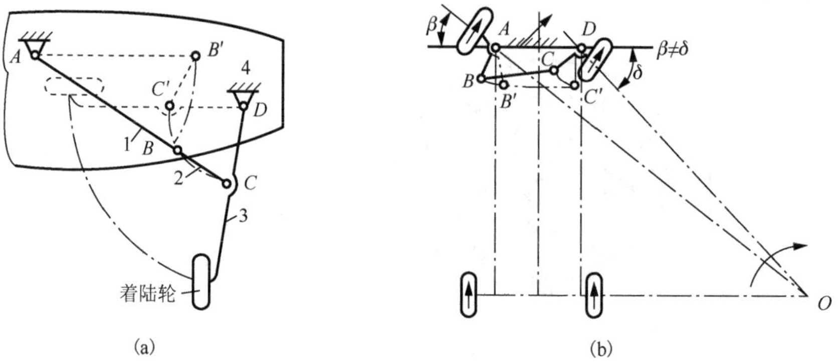

图 3-11　双摇杆机构

两摇杆长度相等的双摇杆机构，称为等腰梯形机构，图 3-11(b)所示的汽车前轮转向机构就使用了等腰梯形机构。当车辆转弯时，由于和前轮固连的两摇杆摆动的角度 β 和 δ 不相等，使两前轮轴线的交点 O 始终落在后轮轴线的延长线上，车辆整体绕 O 点转动，可保证各轮都相对地面近似做纯滚动，从而减小轮胎的磨损。

3.2　铰链四杆机构存在曲柄的条件

铰链四杆机构三种基本形式的差异在于是否存在曲柄及曲柄的个数，实质取决于各杆的相对长度以及选哪一根杆作为机架。首先，分析铰链四杆机构存在曲柄的条件。

在图 3-12 所示的铰链四杆机构中，若杆 1 为机架，杆 2 为曲柄，杆 3 为连杆，杆 4 为摇杆，各杆的长度分别为 l_1、l_2、l_3、l_4。因为曲柄 2 做整周回转，所以它能顺利通过与机架 1 处于一条直线上的两个特殊位置 AB' 或 AB''。下面分析曲柄在这两个特殊位置时各杆长度的相互关系。

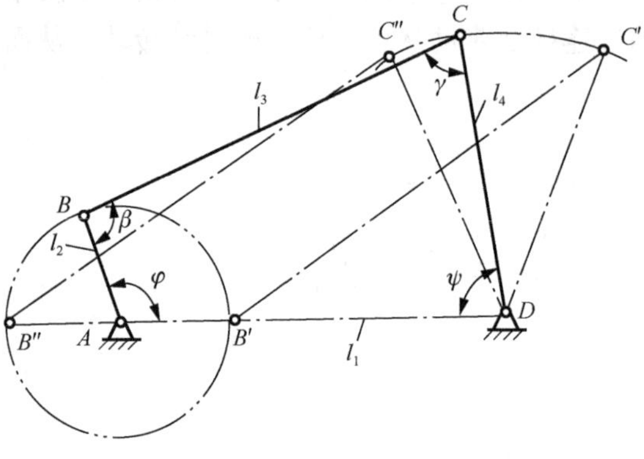

图 3-12　曲柄摇杆机构

当杆 2 处于 AB' 位置时，形成$\Delta B'C'D$。根据三角形任意两边之和必大于等于第三边，可得

$$l_3 \leqslant (l_1 - l_2) + l_4 \quad 或 \quad l_4 \leqslant (l_1 - l_2) + l_3$$

即

$$l_3 + l_2 \leqslant l_1 + l_4 \quad 或 \quad l_4 + l_2 \leqslant l_1 + l_3 \tag{3-4}$$

当杆 2 处于 AB'' 位置时，形成$\Delta B''C''D$，可得

$$l_1 + l_2 \leqslant l_3 + l_4 \tag{3-5}$$

由式(3-4)和式(3-5)可得　$l_2 \leqslant l_1$，$l_2 \leqslant l_3$，$l_2 \leqslant l_4$

由上述关系可知：铰链四杆机构存在一个曲柄的条件如下。

(1) 曲柄是最短杆；

(2) 最短杆与最长杆长度之和应小于或等于其余两杆长度之和。

当满足上述第(2)个条件时，若取不同杆为机架，则可得到不同类型的铰链四杆机构。取最短杆的邻杆为机架时，为曲柄摇杆机构，如图 3-13(a)、(b)所示；取最短杆为机架时，为双曲柄机构，如图 3-13(c)所示；取最短杆对面杆为机架时，为双摇杆机构，如图 3-13(d)所示。若不满足上述第(2)个条件，则无论取哪个杆为机架都不存在曲柄，均为双摇杆机构。

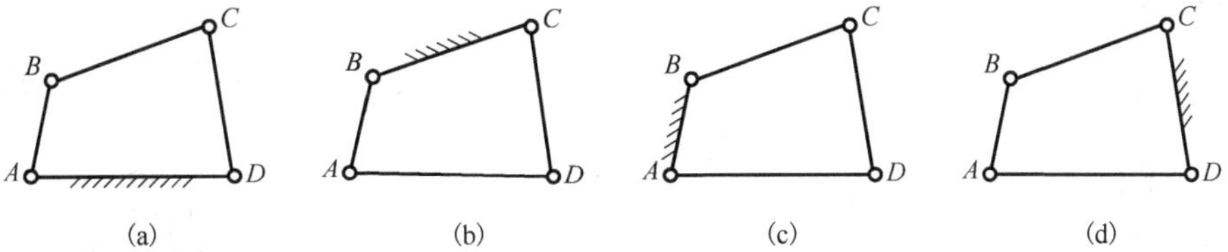

图 3-13 变化机架得到不同机构类型

3.3 铰链四杆机构的演化

通过改变某些构件的形状和相对尺寸、改变某些运动副的尺寸、选择不同构件作机架等方法，铰链四杆机构可演化为多种其他型式。四杆机构的演化，不仅是为了满足运动方面的要求，还是为了改善受力状况，以及满足结构设计上的需要等。各种演化机构的外形虽然各不相同，但是它们的运动性质以及分析和设计方法是相同或类似的。

3.3.1 回转副转化成移动副

图 3-14(a)所示的曲柄摇杆机构中，摇杆 3 上 C 点的运动轨迹在以 D 为圆心、CD 为半径的圆弧上。如果将机架 4 改为图 3-14(b)所示的以 D 为圆心、CD 为半径的弧形滑道，摇杆变成与弧形滑道相配的弧形块，则 C 点的运动轨迹与图 3-14(a)中完全相同。如果将弧形滑道半径增大到无穷大，即回转副中心 D 移到无穷远，则弧形滑道变为直滑道，回转副 D 变为移动副，摇杆 3 演化为滑块，原曲柄摇杆机构演化为曲柄滑块机构(图 3-14(c))。滑块上回转副中心 C 的移动轨迹与曲柄转动中心 A 的距离 e 称为偏距。$e=0$ 时称为对心曲柄滑块机构(图 3-14(d))，$e\neq 0$ 时称为偏置曲柄滑块机构(图 3-14(c))。曲柄滑块机构被广泛应用于活塞式内燃机、空气压缩机等机械中。

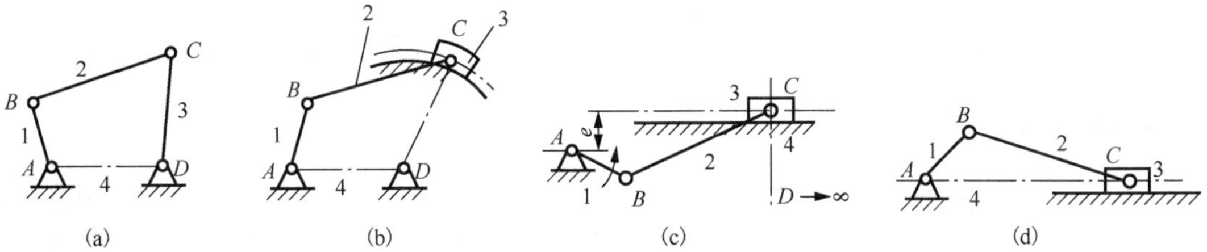

图 3-14 曲柄滑块机构的演化

3.3.2 取不同构件为机架

在曲柄滑块机构中取不同构件为机架，则机构的性质将发生变化，演化为几种新的机构。若取曲柄滑块机构中的曲柄为机架，则得到图 3-15(a)所示的导杆机构。杆 4 称为导杆，滑块

3 相对导杆 4 滑动并随导杆一起绕 A 点转动，一般取杆 2 为原动件。当 $l_1 \leqslant l_2$ 时，杆 2 和杆 4 均可做整周转动，称为转动导杆机构，图 3-15(b)所示为转动导杆机构在小型刨床中的应用实例。当 $l_1 > l_2$ 时，杆 4 只能在一定角度范围内摆动，称为摆动导杆机构。摆动导杆机构具有急回特性，传动角 γ 始终为 90°，传力性能很好。图 3-15(c)所示为摆动导杆机构在牛头刨床中的应用实例。

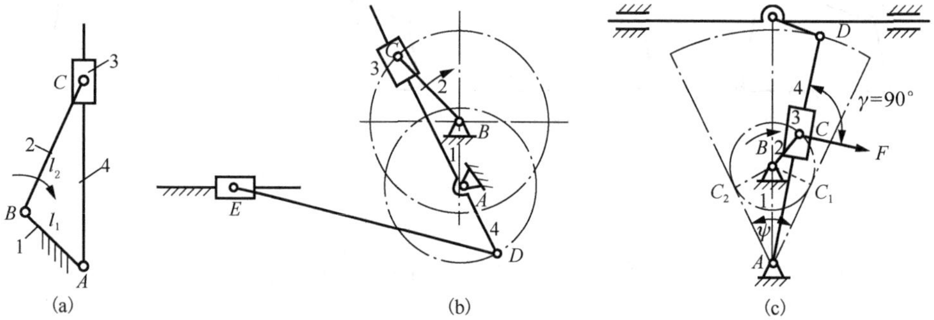

图 3-15　导杆机构

若取曲柄摇杆机构中的连杆为机架，则得到图 3-16(a)所示的摇块机构。图 3-16(b)所示自卸汽车车厢自动翻转卸料机构中，当油缸 3 中的压力油推动活塞 4 运动时，迫使杆 1(车厢)绕 B 点转动，当达到一定角度时，物料即可自动卸下。

若取曲柄摇杆机构中的滑块为机架，则得到图 3-17(a)所示的定块机构。图 3-17(b)所示的抽水唧筒，当上下摇动构件 1 时，活塞 4 在固定的水筒 3 中往复移动，实现抽水。

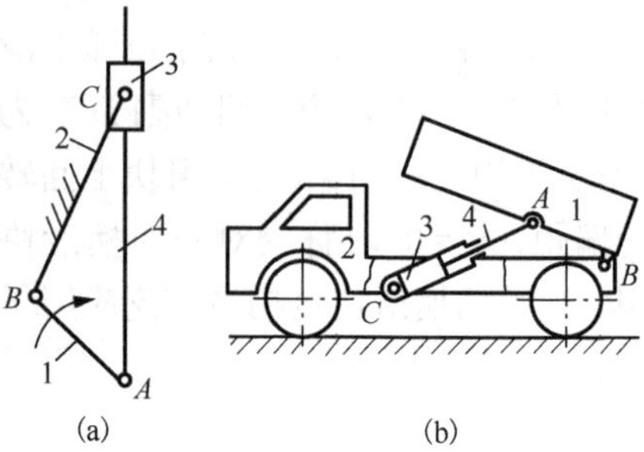

图 3-16　摇块机构

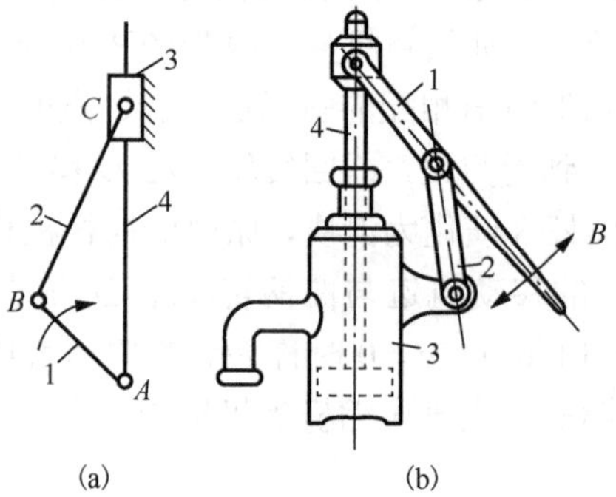

图 3-17　定块机构

3.3.3　双移动副四杆机构

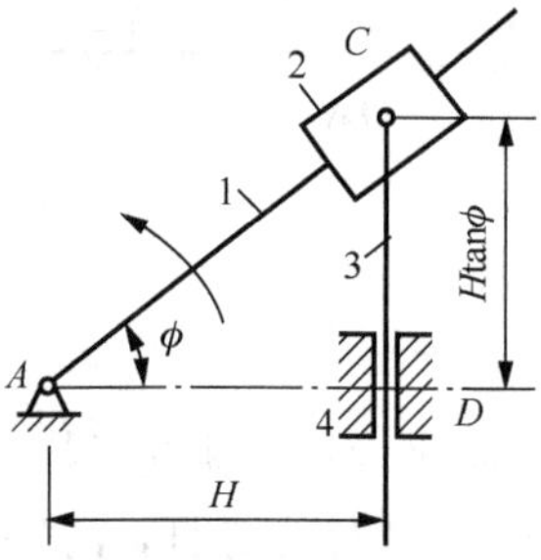

图 3-18　正切机构

按照 3.3.1 中的方法，将曲柄滑块机构中的另一个回转副 B 也转化为移动副，可得到具有两个移动副的四杆机构。当两个移动副不相邻时，所得机构称为正切机构，如图 3-18 所示。在该机构中，从动件 3 的位移与原动件转角的正切值成正比。

当两个移动副相邻时，取不同构件为机架，可得到 3 种不同的机构形式。若取某一个滑块为机架(图 3-19(a))，则得到正弦机构，从动件 3 的位移与原动件转角的正弦值成正比(图 3-19(b))。若取双移动副构件为机架，则得到双滑块机构(图 3-20(a))。图 3-20(b)中的椭圆规就属于双滑块机构，当滑块 2 和 4 沿十字槽 3 滑动时，连杆 1 上各点便可绘出长、短径不同的椭圆。若取双回转副构件为机架，则得到双转块机构(图 3-21(a))，其典型应用为图 3-21(b)所示的十字滑块联轴器。

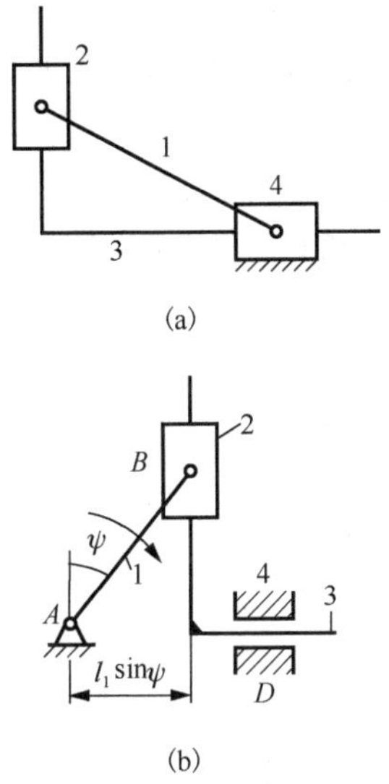

图 3-19　正弦机构

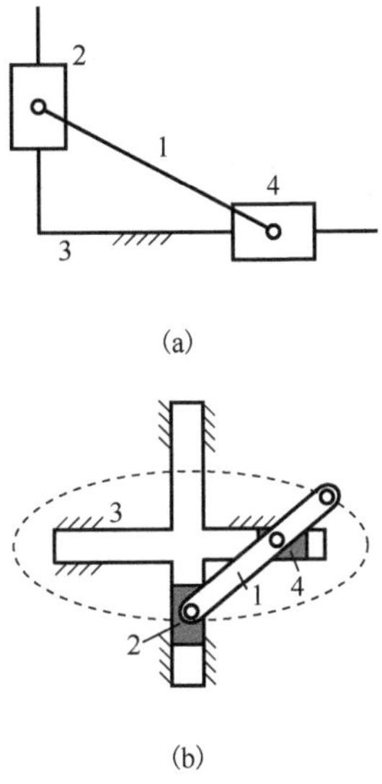

图 3-20　双滑块机构

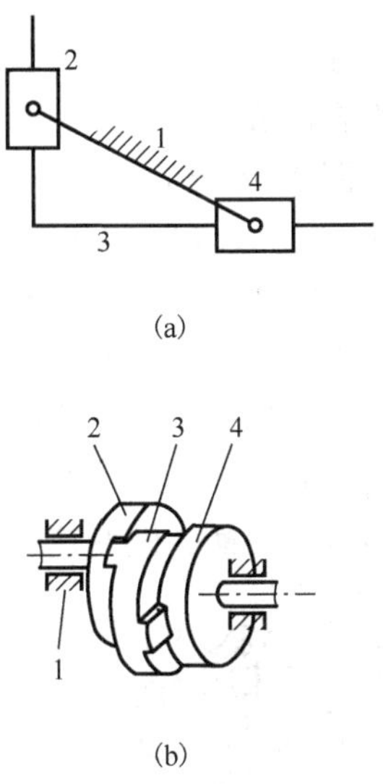

图 3-21　双转块机构

3.3.4　扩大回转副

将图 3-22(a)所示铰链四杆机构的回转副 B 扩大到包含回转副 A，使杆 2 变为回转轴线在 A 点的偏心轮，所得机构称为偏心轮机构(图 3-22(b))。在偏心轮机构中，各构件之间的相对运动与原铰链四杆机构相同，两个机构互为等效机构。同理，在图 3-22(c)所示的曲柄滑块机构中，扩大回转副 B 可得到等效偏心轮滑块机构(图 3-22(d))。

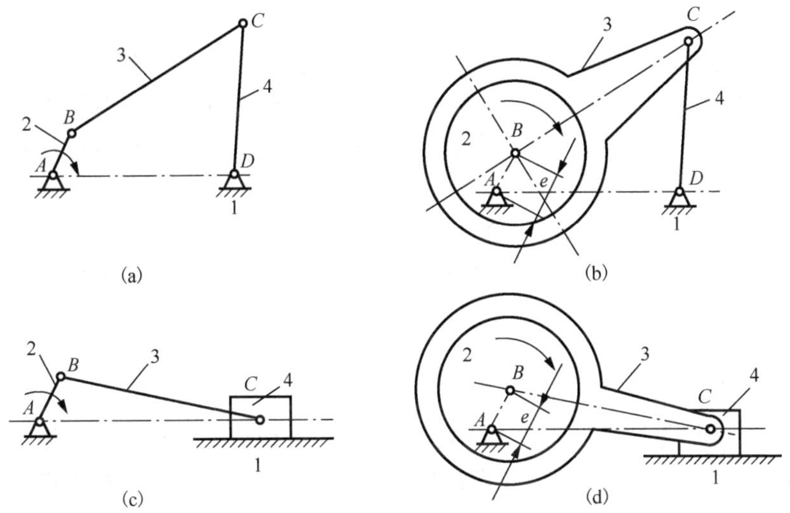

图 3-22　偏心轮机构

当曲柄长度很短时，将曲柄做成偏心轮，不仅可以增大轴径尺寸，提高偏心轴的强度和刚度，还可以使机构简化。偏心轮机构广泛用于剪床、冲床、颚式破碎机、内燃机等机械中。

3.3.5　四杆机构的组合

在实际机器中，有时会用到多于四杆的多杆机构，多数多杆机构可以看作由若干四杆机构组合而成。

图 3-23 所示为手动冲床的六杆机构，它可以看成由两个四杆机构组合而成。一个是由构件 1、2、3、4 组成的双摇杆机构，另一个是由构件 3、4、5、6 组成的摇杆滑块机构，两个四杆机构共用机架 4 和构件 3。根据杠杆原理，采用六杆机构后，作用在手柄 1 上的力经过构件 1 和构件 3 的两次放大，可以增大冲杆 6 上的冲压力。

图 3-24 所示为一筛料机的工作机构，它也是一个六杆机构。可以看作由一个双曲柄机构(包含构件 1、2、3、6)和一个曲柄滑块机构(包含构件 3、4、5、6)组合而成。当曲柄 1 匀速回转时，曲柄 3 做变速回转，可以使筛子(滑块 5)获得更好的筛料效果。

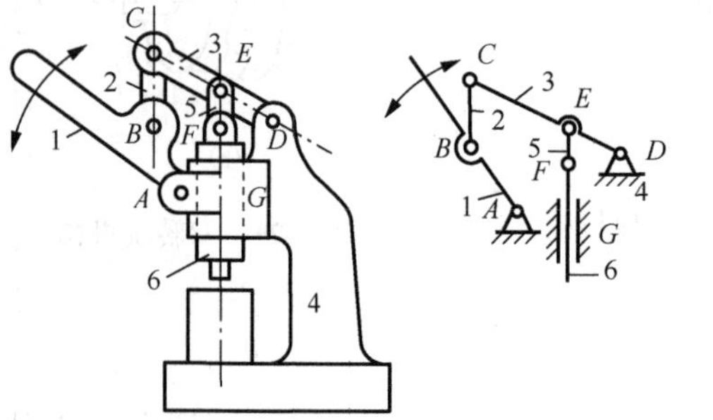

图 3-23　手动冲床

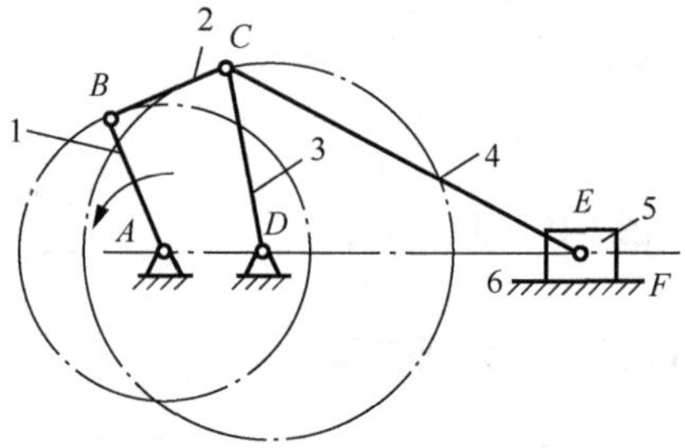

图 3-24　筛料机机构

3.4　平面四杆机构的设计

平面四杆机构的设计，主要是根据给定的运动条件、几何条件和动力条件，确定机构运动简图的尺寸参数。生产实际中的要求是多种多样的，给出的条件也各不相同，最常见的是以下两类问题：(1)按照给定的从动件位置要求或运动规律要求设计四杆机构；(2)按照给定的轨迹要求设计四杆机构。

设计机构的方法有作图法、解析法和实验法。采用哪种方法，取决于所给定的条件和实际工作要求。作图法比较直观，解析法比较精确，实验法常需要试凑。本节主要介绍作图法。

3.4.1　按照给定连杆位置设计四杆机构

图 3-25(a)所示加热炉在炉门关闭时处于竖直 B_1C_1 位置，开启时为了便于加料，且使受热面朝下，需处于水平 B_2C_2 位置。在设计炉门开闭机构时，可将 BC 视为连杆，设计问题即为按照给定连杆位置设计四杆机构。

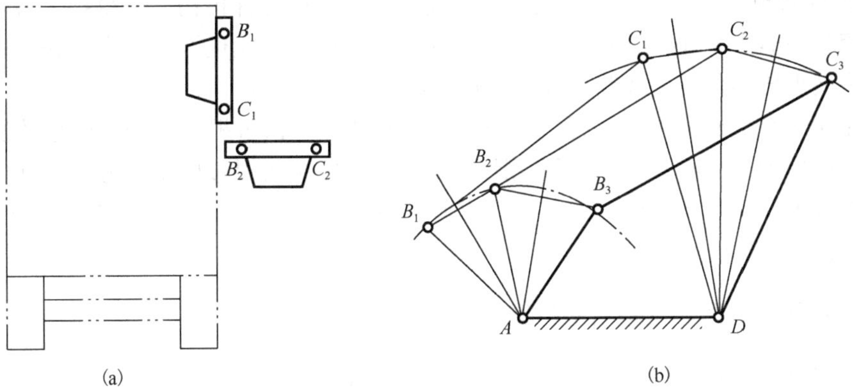

图 3-25　按给定连杆位置设计四杆机构

已知连杆长度 l_3 和它的 3 个位置 B_1C_1、B_2C_2、B_3C_3，如图 3-25(b)所示，设计该四杆机构。由于在铰链四杆机构中，连架杆 2 和 4 分别绕两个固定铰链 A 和 D 转动，所以连杆上点 B 的 3 个位置 B_1、B_2、B_3 应位于同一圆周上，其圆心处即为连架杆 1 的固定铰链中心 A。同理，可知铰链中心 D 的位置。具体步骤如下。

(1) 连接 B_1B_2 和 B_2B_3，分别作 B_1B_2 和 B_2B_3 的垂直平分线，两线交于 A 点。同理，连接 C_1C_2 和 C_2C_3，分别作其垂直平分线，两线交于 D 点。

(2) 连接 A 点和 D 点，得到机架长度。将 A 点和 D 点与任一已知连杆位置连接起来，即为所要求的铰链四杆机构。

对于图 3-25(a)所示的加热炉炉门开闭机构设计，由于只已知两个连杆位置，故有无穷多解。为了得到确定的解，需要增加辅助条件，比如要求打开炉门自动保持在水平位置。

3.4.2　按照给定的行程速比系数设计四杆机构

已知条件：摇杆长度 l_4，摆角 ψ 和行程速比系数 K，设计曲柄摇杆机构。具体步骤如下。

(1) 由给定的行程速比 K，按式(3-2)求出极位夹角 θ。

(2) 如图 3-26 所示，任选一点作为铰链中心 D 的位置，并根据摇杆长度 l_4 和摆角 ψ，作出摇杆的两个极限位置 C_1D 和 C_2D。

(3) 连接 C_1 和 C_2，并作与 C_1C_2 成 $90°-\theta$ 的两条直线，两线交于 O 点，显然 $\angle C_1OC_2=2\theta$。

(4) 以 O 为圆心，OC_1 的长度为半径画圆，在圆上任选一点 A 作为曲柄与机架组成的铰链中心。连接 AC_1、AC_2，根据圆周角与圆心角的关系，可知

$$\angle C_1AC_2=\angle C_1OC_2/2=\theta$$

(5) 由机构在极限位置处曲柄和连杆共线的关系可知，$AC_1=l_3-l_2$，$AC_2=l_3+l_2$，从而得到曲柄长度 $l_2=(AC_2-AC_1)/2$。

可按下面方法作图：以 A 为圆心、AC_1 为半径画弧，交 AC_2 于 M 点，作 MC_2 的垂直平分线，得到 N 点，MN 即为曲柄长度 l_2。以 A 为圆心、l_2 为半径画圆，交 AC_1 延长线和 AC_2 于 B_1 和 B_2。从而得到，$B_1C_1=B_2C_2=l_3$ 及 $AD=l_1$。

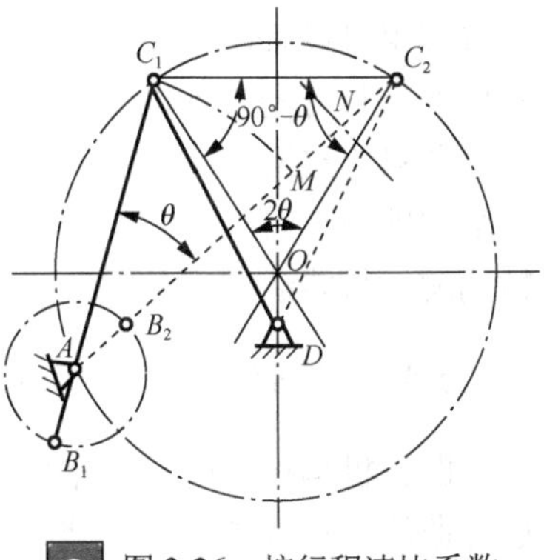

图 3-26　按行程速比系数设计四杆机构

由于 A 点为圆上任一点，因此仅按行程速比系数设计四杆机构，可得到无穷多铰链四杆机构。A 点的位置取得不同，则四杆机构尺寸不同，传力性能也不同。为了获得良好的传动性能，可按最小传动角要求或其他辅助条件来确定 A 点位置。

偏置曲柄滑块机构和摆动导杆机构也具有急回特性，都可根据行程速比系数进行设计。在已知滑块行程 H，偏心距 e 和行程速比系数 K 时，完全可以按照上述方法设计偏置曲柄滑块机构。而对于摆动导杆机构，在已知行程速比系数 K 的情况下，可由 K 计算出 θ，再按照图 3-15(c) 直观地设计出来。

3.4.3　按照给定两连架杆对应位置设计四杆机构

图 3-27 所示铰链四杆机构中，已知连架杆 AB 和 CD 的对应转角 φ_1、φ_2、φ_3 和 ψ_1、ψ_2、ψ_3，要求设计四杆机构。现用解析法来进行设计，设 l_1、l_2、l_3、l_4 分别代表各杆长度。此机构中各杆长度按一定比例增减时，各杆转角间的关系不变，故只需要确定出各杆的相对长度。取 $l_2=1$，则该机构的待求参数只有三个。

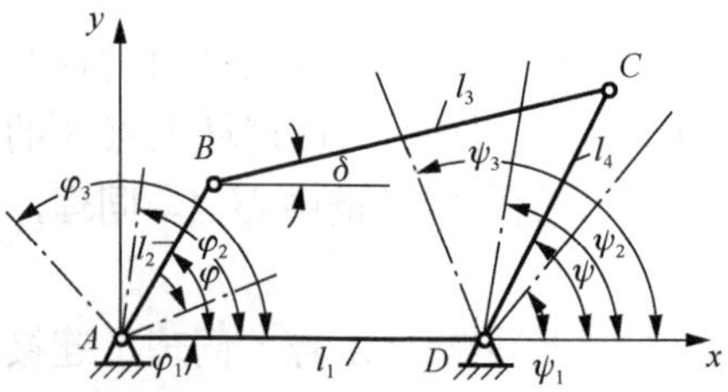

图 3-27　按给定连架杆位置设计四杆机构

当机构处在任意位置时，取各杆在坐标轴 x、y 上的投影，可得到关系式

$$\begin{cases}\cos\varphi + l_3\cos\delta = l_1 + l_4\cos\psi \\ \sin\varphi + l_3\sin\delta = l_4\sin\psi\end{cases} \tag{3-6}$$

整理上式，消除 δ 得

$$\cos\varphi = \frac{l_1^2 + l_4^2 + 1 - l_3^2}{2l_1} + l_4\cos\psi - \frac{l_4}{l_1}\cos(\psi - \varphi)$$

为化解上式，令

$$k_0 = l_4,\quad k_1 = -\frac{l_4}{l_1},\quad k_2 = \frac{l_1^2 + l_4^2 + 1 - l_3^2}{2l_1} \tag{3-7}$$

则有

$$\cos\varphi = k_0\cos\psi + k_1\cos(\psi - \varphi) + k_2 \tag{3-8}$$

上式即为两连架杆转角之间的关系。将已知的三对对应转角 φ_1、φ_2、φ_3 和 ψ_1、ψ_2、ψ_3 分别代入式(3-8)，可得到方程组

$$\begin{cases}\cos\varphi_1 = k_0\cos\psi_1 + k_1\cos(\psi_1 - \varphi_1) + k_2 \\ \cos\varphi_2 = k_0\cos\psi_2 + k_1\cos(\psi_2 - \varphi_2) + k_2 \\ \cos\varphi_3 = k_0\cos\psi_3 + k_1\cos(\psi_3 - \varphi_3) + k_2\end{cases} \tag{3-9}$$

由方程组可以解出三个未知数 k_0、k_1 和 k_2。将它们代入式(3-7)，即可求得 l_1、l_3 和 l_4。上面求出的杆长可同时乘以大于零的任意比例常数，所得机构都能实现对应的转角关系。

若只给定两连架杆的两组对应转角，方程组(3-9)中只能得到两个方程，k_0、k_1 和 k_2 三个参数中的一个可以任意给定，有无穷多解。若给定的连架杆对应转角超过三组，则不可能有精确解，只能通过优化计算或试凑的方法得到近似解。

3.4.4　按照给定点的运动轨迹设计四杆机构

四杆机构运动时，做平面运动的连杆上任一点都将在平面内描绘出一条封闭曲线，称为连杆曲线。连杆曲线的形状随连杆上点的位置以及各杆相对尺寸的不同而变化。由于连杆曲线的多样性，使其有可能用于各种机械上实现复杂的轨迹。

图3-28(a)所示鹤式起重机的工作机构，为了避免起吊的重物在平移时，由于不必要的升降而消耗能量，要求连杆上 E 点的连杆曲线 EE' 为近似水平直线。图3-28(b)所示的搅拌机传动装置，当曲柄1连续回转时，希望连杆2的端部 E 点能按预定轨迹运动，这样结合容器本身绕其自身轴线旋转，可使容器内物料被均匀搅拌。

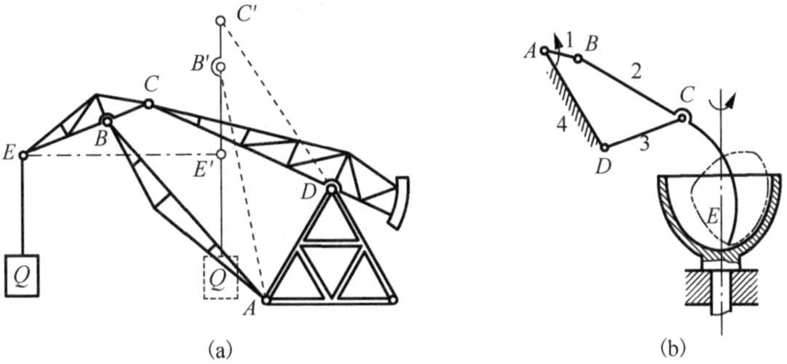

图3-28 连杆曲线

平面连杆曲线为高次曲线，难以用作图法和解析法求解，工程上常采用图谱法进行设计。这种方法需要有事先编制好的连杆曲线图谱，从图谱中查找与预定轨迹相同或相近的曲线，便可直接得到该四杆机构的各尺寸参数。

连杆曲线图谱的编制可采用图3-29所示的装置。这种装置的各杆长度可以调节，在杆3上固连了一块薄板，板上钻有一定数量的小孔，代表连杆平面上不同点的位置。机架1与感光纸 S 固连。转动曲柄1，薄板上每一个孔的运动轨迹都是一条连杆曲线，可利用光束照射的方法把这些曲线印在感光纸上，得到一组连杆曲线。依次改变各杆杆长，就可得到很多组连杆曲线，将其整理成册，即为连杆曲线图谱(图3-30)。

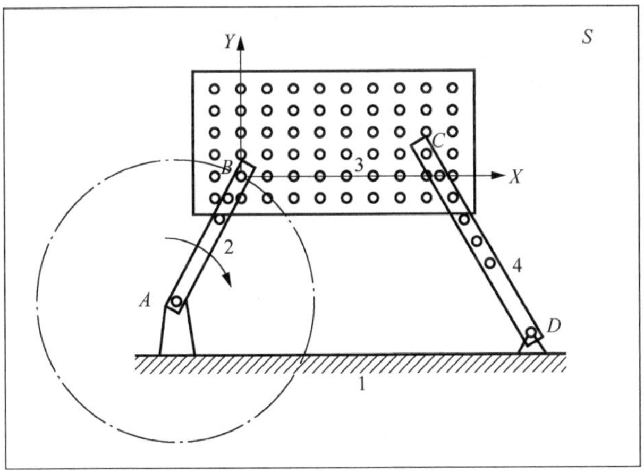

图3-29 连杆曲线绘制装置

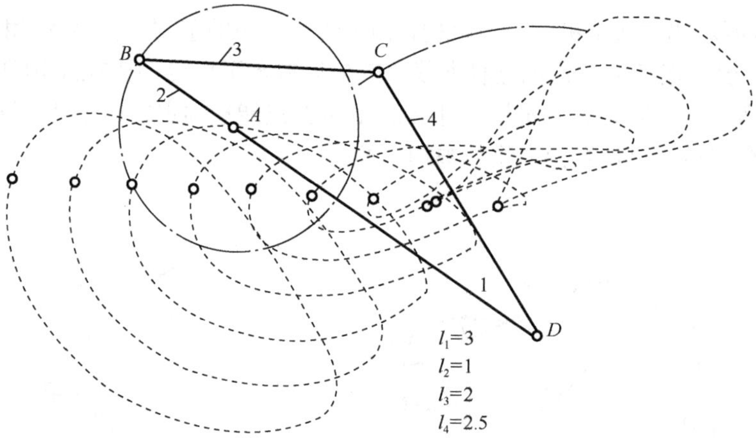

图 3-30　连杆曲线图谱

习　　题

3-1　铰链四杆机构有哪些基本性质？如何判定一个铰链四杆机构是否存在曲柄？

3-2　什么是铰链四杆机构的急回特性？急回特性用什么参数表示？是否任何一个铰链四杆机构都具有急回特性？

3-3　根据图示铰链四杆机构中所注尺寸，试问如何获得曲柄摇杆机构、双曲柄机构和双摇杆机构？

3-4　在图示铰链四杆机构中，已知 AB、BC、CD 三杆的长度，现以 AD 为机架。试问，若要获得曲柄摇杆机构，则 AD 杆的长度范围是多少？

3-5　已知曲柄摇杆机构中，曲柄长度 $l_{AB}=60$ mm，连杆长度 $l_{BC}=160$ mm，摇杆长度 $l_{CD}=120$ mm，机架长度 $l_{AD}=180$ mm。求：(1)摇杆 CD 的最大摆角 ψ；(2)机构的最小传动角$\gamma_{\min}$；(3)机构的极位夹角 θ 和行程速比系数 K。

3-6　已知一曲柄摇杆，当摇杆处于两个极限位置时与机架的夹角分别为45°和90°，机架长度为300 mm，摇杆长度为200 mm，试用作图法确定曲柄和连杆长度。

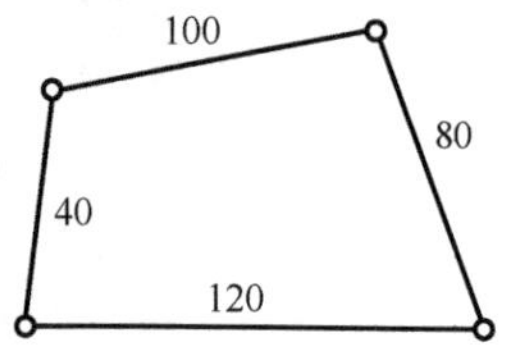

题 3-3 图

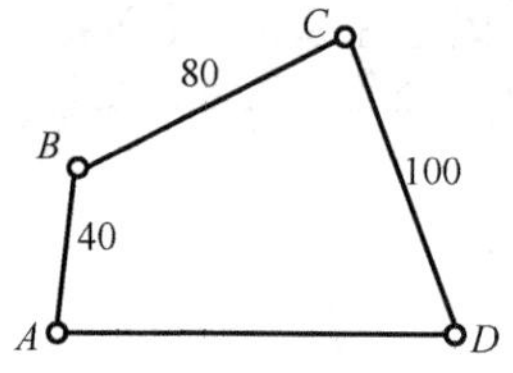

题 3-4 图

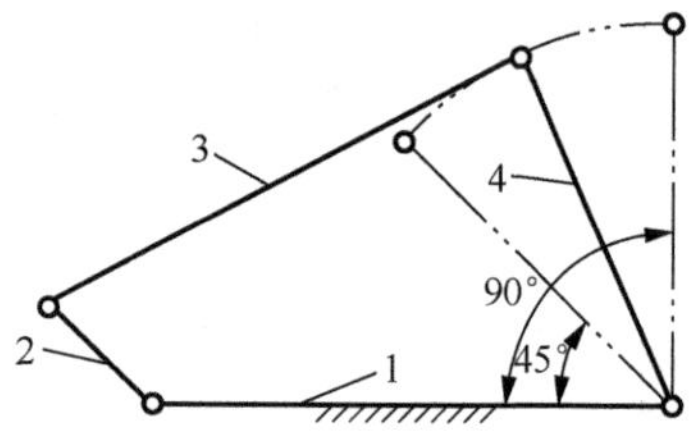

题 3-6 图

3-7　试设计一偏置曲柄滑块机构，已知滑块的行程 $H=50$ mm，导路偏距 $e=20$ mm，行程速比系数 $K=1.5$，试用作图法求曲柄 l_{AB} 和连杆 l_{BC} 的长度。

3-8　图示加热炉炉门两个铰链中心 BC 之间的距离为200 mm，炉门关闭时处于 B_1C_1 位置，炉门打开时处于 B_2C_2 位置，要求炉门处于关闭状态时，四个铰链 $ABCD$ 处在同一直线上，试用作图法设计该炉门开闭的铰链四杆机构。

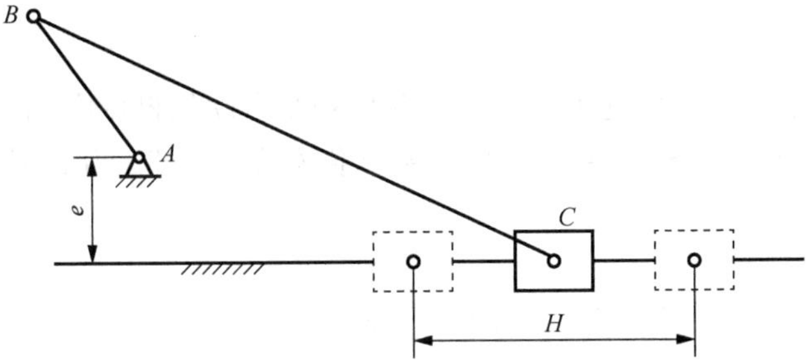

题 3-7 图

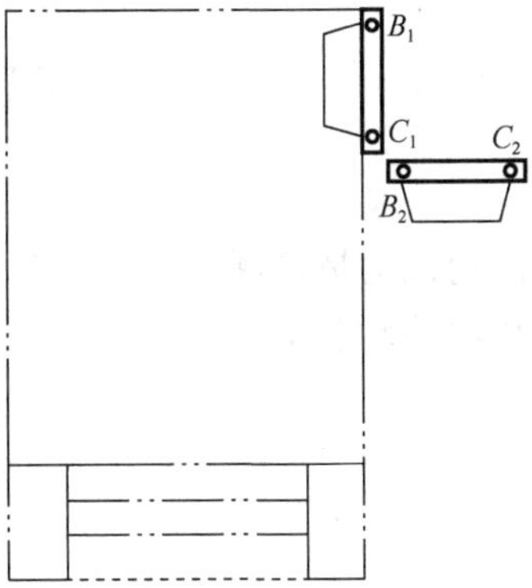

题 3-8 图

第4章 凸轮机构

凸轮机构是机械中的一种常用机构，它广泛用于各种自动化和半自动化机械中。凸轮机构可以将原动件等速的连续运动转换为位移、速度和加速度严格按预定规律变化的从动件运动。

4.1 凸轮机构的应用和分类

4.1.1 凸轮机构的应用

图 4-1(a)所示为内燃机配气凸轮机构。凸轮 1 以等角速度回转时，凸轮轮廓驱动从动件 2(气阀)沿机架 3 做往复直线运动，控制气阀按预期的运动规律开启或关闭。气阀的运动规律取决于凸轮轮廓曲线的形状。

图 4-1(b)所示为绕线机中用于排线的凸轮机构。当绕线轴 3 快速转动时，经蜗杆 4 和蜗轮 5 的传动，带动凸轮 1 缓慢地转动，通过凸轮轮廓与尖顶 *A* 之间的作用，驱动从动件 2 往复摆动，从而使线均匀地缠绕在绕线轴上。

图 4-1(c)所示为自动机床上控制刀架运动的凸轮机构。当圆柱凸轮 1 回转时，凸轮凹槽侧面迫使从动件 2 绕 *O* 点摆动，从动件 2 与刀架 3 之间通过齿轮齿条传动，驱使刀架做往复直线运动。凸轮凹槽的形状决定了刀架的运动规律。

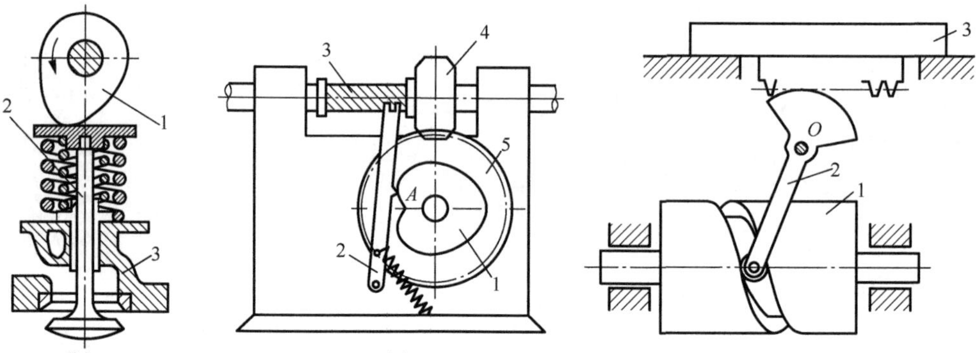

图 4-1 凸轮机构的应用

可见，凸轮机构是由凸轮、从动件和机架三个基本部分组成的。当凸轮等速回转时，从动件做往复移动或往复摆动。

凸轮机构结构简单、紧凑，只需要设计出适当的凸轮轮廓，便可使从动件按预定规律运动。但凸轮与从动件之间主要为点接触或线接触，易磨损，不宜承受重载或冲击载荷。

4.1.2 凸轮机构的分类

凸轮机构的类型很多，通常可作如下分类。

1. 按凸轮的形状分类

(1) 盘形凸轮。这种凸轮是绕固定轴向转动并具有变化向径的盘类零件，如图 4-1(a) 和图 4-1(b) 所示，它是凸轮的最基本形式。

(2) 移动凸轮。这种凸轮可以看作回转中心在无穷远处的盘形凸轮，它相对于机架做往复直线运动，如图 4-2(a) 所示。

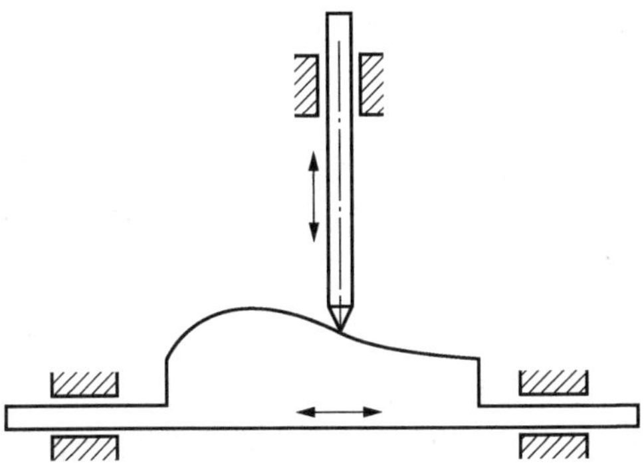

(a) 移动凸轮　(b) 圆柱凸轮

图 4-2　凸轮形式

(3) 圆柱凸轮。这种凸轮的轮廓曲线在圆柱体上，它可看成是将移动凸轮卷成圆柱体而得到的(图 4-2(b))，也可以在圆柱面上加工出凹槽形状(图 4-1(c))。凸轮做回转运动时，带动从动件往复移动或往复摆动。

2. 按从动件运动形式分类

(1) 直动从动件凸轮机构(图 4-2)。在该类凸轮机构中，从动件做往复直线运动。根据从动件的轴线是否通过凸轮的回转中心，可以分为对心直动从动件凸轮机构(图 4-3(a)、(b)、(c))和偏置直动从动件凸轮机构(图 4-3(d))。

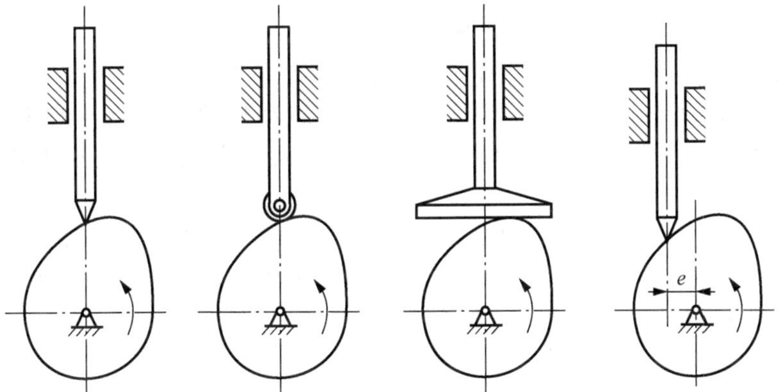

(a)　(b)　(c)　(d)

图 4-3　直动从动件凸轮机构

(2) 摆动从动件凸轮机构(图 4-4)。在该类凸轮机构中，从动件在一定角度范围内往复摆动。

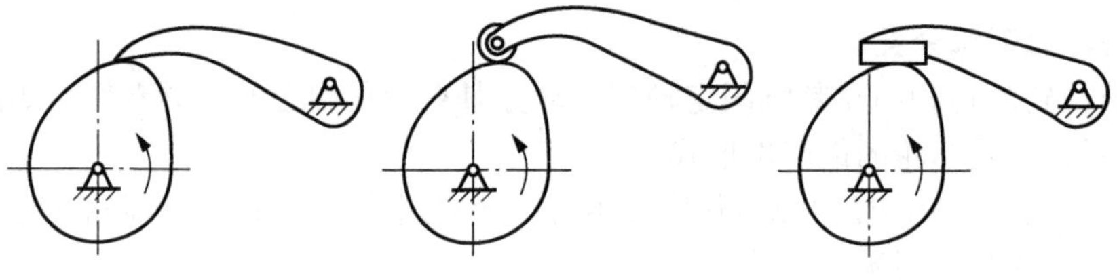

图 4-4　摆动从动件凸轮机构

3. 按从动件形状分类

(1)尖顶从动件(图 4-3(a)、图 4-3(d)、图 4-4(a))。尖顶能与复杂的凸轮轮廓保持接触，因而能实现任意预期的运动规律，但其尖顶易于磨损，故只适用于受力不大的低速场合，如仪器仪表中的凸轮机构。

(2)滚子从动件(图 4-3(b)、图 4-4(b))。这种从动件端部装有可自由转动的小滚子，滚子与凸轮轮廓之间为滚动摩擦，磨损较小，可承受较大的载荷，故应用广泛。

(3)平底从动件(图 4-3(c)、图 4-4(c))。这种从动件的优点是：在不计摩擦时，凸轮对从动件的作用力始终垂直于从动件的底部，而且凸轮轮廓与平底的接触面间易形成润滑油膜，润滑情况良好，故传动效率较高，常用于高速凸轮机构中。

为了使凸轮与从动件始终保持接触，可以利用重力(图 4-2、图 4-3)、弹簧力(图 4-1(a)、(b))或依靠凸轮上的凹槽(图 4-1(c))来实现。

4.2　从动件常用运动规律

4.2.1　凸轮机构的基本概念

从动件运动规律，是指从动件的运动参数(如位移 s、速度 v 和加速度 a)随时间 t 变化的规律。因绝大多数凸轮做等速转动，其转角δ与时间 t 成正比，所以从动件的运动规律常表示为从动件的上述运动参数随凸轮转角δ变化的规律。

在凸轮机构中，从动件的运动规律是受凸轮轮廓控制的，故设计凸轮机构时，首先需要根据工作要求确定从动件的运动规律，然后按此运动规律设计凸轮的轮廓曲线。现以图 4-5(a)所示的尖顶直动从动件盘形凸轮机构为例，说明从动件运动规律与凸轮轮廓曲线之间的关系。

以凸轮最小向径 r_b 为半径作的圆，称为凸轮的基圆，r_b 称为基圆半径。当凸轮以等角速度逆时针回转时，从动件的尖顶依次与凸轮轮廓各点接触。在凸轮回转一周的过程中，从动件一般有 4 个工作阶段。

1. 推程

当从动件尖顶与凸轮轮廓的 A 点接触时，从动件处于运动的起始位置。当凸轮转过角度 δ_t时，从动件尖顶由 A 点被推到距凸轮转动中心 O 点最远的位置 B'点，这个过程称为推程。推程中从动件移动的最大位移 h 称为从动件的行程，凸轮所转过的角度 δ_t 称为推程运动角。

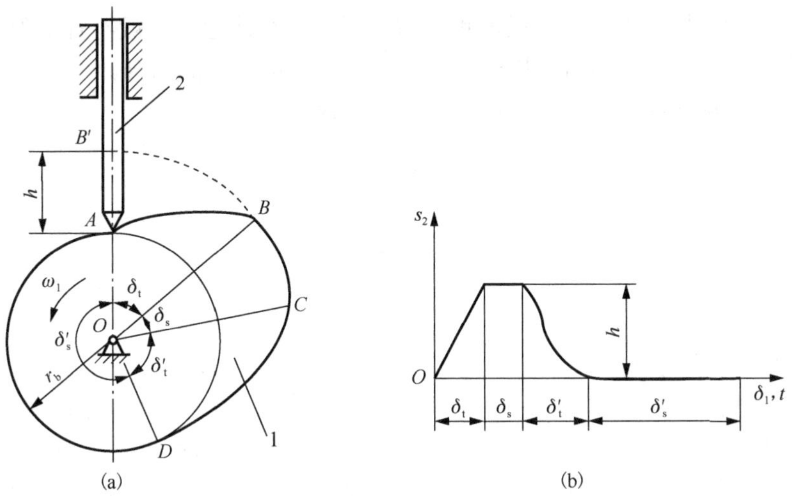

图 4-5 凸轮轮廓与从动件位移线图

2. 远休止

当凸轮继续转过角度 δ_s 时，从动件尖顶接触的凸轮轮廓为以 O 点为圆心、OB 长为半径的圆弧 $\overset{\frown}{BC}$，凸轮向径保持不变，因此从动件尖顶停留在最远位置 B'点，这一过程称为远休止，凸轮转角 δ_s 称为远休止角。

3. 回程

当凸轮继续转过角度 δ_t' 时，从动件在重力或弹簧力作用下由最远位置 B'点回到初始位置 A 点。从动件这一运动过程称为回程，对应的凸轮转角 δ_t'称为回程运动角。

4. 近休止

当凸轮继续转过角度 δ_s' 时，从动件尖顶接触的凸轮轮廓为以 O 点为圆心、OD 长为半径的圆弧 $\overset{\frown}{DA}$，凸轮向径保持不变，因此从动件尖顶停留在最近位置 A 点，这一过程称为近休止，凸轮转角 δ_s'称为近休止角。

当凸轮继续回转时，从动件将重复“推—停—回—停”的运动循环。以凸轮转角 δ_1 为横坐标，从动件位移 s_2 为纵坐标，则可得到从动件的位移线图，如图 4-5(b)所示。从动件的位移线图、速度线图、加速度线图统称为从动件的运动线图，它反映了从动件的运动规律。

4.2.2 从动件常用运动规律

1. 等速运动

图 4-6 为从动件在推程做等速运动时的位移、速度和加速度的运动线图，其位移线图为一斜直线，速度线图为一水平直线。由于速度为常数，故从动件加速度为零。但在运动开始时，速度由零突变为 v_0，理论上该处加速度达到 $+\infty$；在运动终止时，速度由 v_0 突变为零，理论上该处加速度达到 $-\infty$。由此产生的巨大惯性力导致强烈冲击，这种因加速度发生无穷大突变

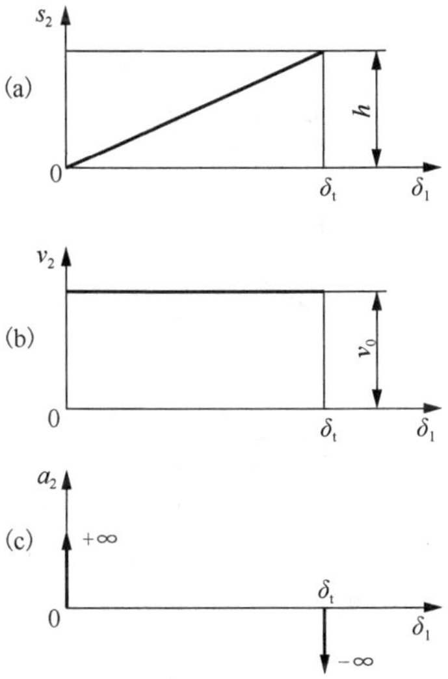

图 4-6 等速运动

而引起的冲击称为刚性冲击，会造成严重危害。因此，等速运动一般不宜单独使用，运动开始和终止段需要加以修正，通常只用于低速或从动件质量较小的场合。

等速运动用于从动件推程时，从动件的运动方程为

$$\begin{cases} s_2 = h\dfrac{\delta_1}{\delta_t} \\ v_2 = h\dfrac{\omega_1}{\delta_t} \\ a_2 = 0 \end{cases} \tag{4-1}$$

2. 等加速和等减速运动

图 4-7 为从动件在推程做等加速等减速运动时的位移、速度和加速度的运动线图。通常，从动件在推程的前半程用等加速运动，后半程用等减速运动，两部分加速度大小相等方向相反。加速度线图为平行于横坐标轴的直线；从动件的速度 $v_2 = a_2 t$，在速度线图上为斜直线；从动件的位移线图为抛物线。抛物线可如图 4-7(a)所示用作图法绘出：首先在位移线图中取横坐标 $\delta_t/2$ 和 δ_t，其对应的从动件位移分别为 $h/2$ 和 h；再将 $\delta_t/2$(等加速部分)等分为若干份(这里等分成 3 份)，得到等分点 1、2、3，并在各等分点处作横坐标的垂线；在横坐标 $\delta_t/2$ 对应的垂线上将纵坐标 $h/2$ 等分成相同份数，得到等分点 1′、2′、3′；分别连接坐标原点与等分点 1′、2′、3′，交横坐标等分点的垂线于点 1″、2″、3″；光滑连接坐标原点与点 1″、2″、3″，即得到等加速位移线图，同理可画出等减速位移线图。

由图 4-7(c)可知，这种运动规律虽然加速度为常数，但在 0、A、B 处加速度出现了有限值突变，导致从动件惯性力的有限突变，使机构产生冲击，这种冲击称为柔性冲击。因此，等加速等减速运动只适合于中速场合。

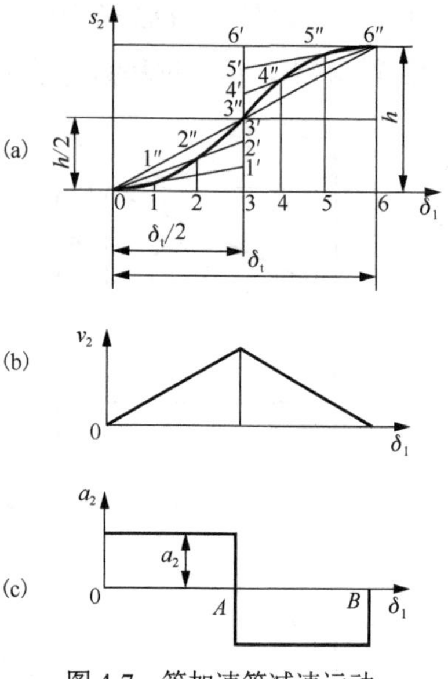

图 4-7　等加速等减速运动

推程中从动件等加速运动方程为

$$\begin{cases} s_2 = 2h\dfrac{\delta_1^2}{\delta_t^2} \\ v_2 = 4h\dfrac{\omega_1\delta_1}{\delta_t^2} \\ a_2 = 4h\dfrac{\omega_1^2}{\delta_t^2} \end{cases} \tag{4-2}$$

式中，$0 \leqslant \delta_1 \leqslant \delta_t/2$。而在推程的等减速部分 $\delta_t/2 \leqslant \delta_1 \leqslant \delta_t$，从动件的运动方程为

$$\begin{cases} s_2 = h - 2h\dfrac{(\delta_t - \delta_1)^2}{\delta_t^2} \\ v_2 = 4h\dfrac{\omega_1(\delta_t - \delta_1)}{\delta_t^2} \\ a_2 = -4h\dfrac{\omega_1^2}{\delta_t^2} \end{cases} \tag{4-3}$$

3. 简谐运动(余弦加速度运动)

简谐运动规律是指当一个质点沿直径为 h 的圆周上做等速圆周运动时，该点在直径上的

投影所做的运动。其加速度按余弦曲线变化，所以又称为余弦加速度运动规律。

简谐曲线的作图方法如图 4.8(a)所示：以从动件的行程 h 为直径作一半圆，并将此半圆分成若干等分(这里取 6 等分)，得点 1′、2′、3′、4′、5′和 6′；然后把横坐标对应的凸轮推程运动角 δ_t 也分为同样等分，并把圆周上的等分点纵坐标投影到在各对应的等分点 1、2、3、4、5 和 6 所作的纵向线上，分别得到点 1″、2″、3″、4″、5″和 6″；最后光滑连接各点，即得到从动件的位移线图。

由图 4-8(c)可知，在简谐运动中加速度是连续变化的，不会引起刚性冲击。但当从动件按“推—停—回—停”进行运动时，若在推程采用简谐运动规律，则在运动的始末 0、A 两处，从动件的加速度仍有较小的突变，即存在柔性冲击。因此，它也只适用于中速场合。当从动件的运动为连续的“升—降—升”时，加速度曲线始终保持连续(图 4-8(c)虚线所示)，避免了冲击，这时可用于高速场合。

从动件在推程采用简谐运动时的运动方程为

$$\begin{cases} s_2=\dfrac{h}{2}\left[1-\cos\left(\dfrac{\pi\delta_1}{\delta_t}\right)\right] \\ v_2=\dfrac{\pi h\omega_1}{2\delta_t}\sin\left(\dfrac{\pi\delta_1}{\delta_t}\right) \\ a_2=\dfrac{\pi^2 h\omega_1^2}{2\delta_t^2}\cos\left(\dfrac{\pi\delta_1}{\delta_t}\right) \end{cases} \tag{4-4}$$

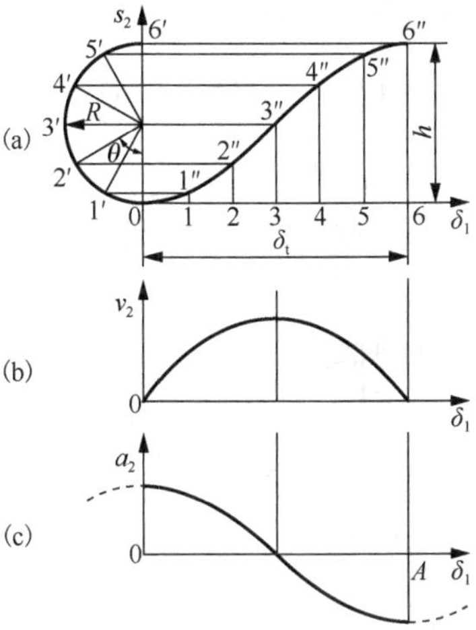

图 4-8　简谐运动

4. 正弦加速度运动(摆线运动)

如图 4-9(a)所示，取一个半径为 R 的圆，使该圆的周长刚好等于从动件的行程 h，使圆上某一点 A 与坐标系原点重合，并让圆沿纵坐标轴做纯滚动，圆上 A 点的运动轨迹为摆线。圆滚动过程中 A 点在纵坐标轴上的投影就构成了加速度为正弦曲线的运动，这种运动规律又称摆线运动。

由图 4-9 的速度线图和加速度线图可以看出，这种运动下速度和加速度均无突变，不会引起柔性冲击和刚性冲击，可用于高速。但其缺点为加速度的最大值较大，导致惯性力较大，对制造误差较敏感，加工精度要求高。

从动件在推程采用正弦加速度运动时的运动方程为

$$\begin{cases} s_2=h\left[\dfrac{\delta_1}{\delta_t}-\dfrac{1}{2\pi}\sin\left(\dfrac{2\pi\delta_1}{\delta_t}\right)\right] \\ v_2=\dfrac{h\omega}{\delta_t}\left[1-\cos\left(\dfrac{2\pi\delta_1}{\delta_t}\right)\right] \\ a_2=\dfrac{2\pi h\omega_1^2}{\delta_t^2}\sin\left(\dfrac{2\pi\delta_1}{\delta_t}\right) \end{cases} \tag{4-5}$$

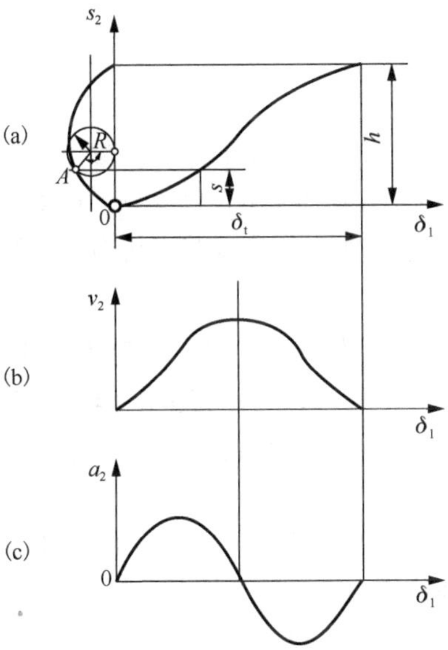

图 4-9　摆线运动

上述运动规律为从动件最基本的运动规律，各有其优点和缺点。在设计实际的凸轮机构时，可以根据具体要求将几种运动规律拼接起来，形成组合运动规律，以获得良好的运动和动力特性。

4.3　凸轮轮廓设计

当根据工作要求确定出从动件运动规律，以及从动件类型、凸轮转向、凸轮基圆半径、滚子半径等其他工作条件后，就可以进行凸轮轮廓曲线的设计。凸轮轮廓曲线的设计有图解法和解析法。图解法较为直观，且简便易行，但设计精度有限。解析法精度高，但计算工作量大，适合在计算机上进行。本节只介绍图解法设计凸轮轮廓的原理和几种常用盘形凸轮轮廓的绘制方法。

4.3.1　反转法原理

凸轮机构工作时，凸轮是转动的。用图解法设计凸轮轮廓时需要凸轮与图面相对静止。因此，作图时采用了相对运动原理，即“反转法”。反转法是给整个凸轮机构加一个反向转动，使凸轮保持静止，而各构件之间的相对运动并不会发生改变。

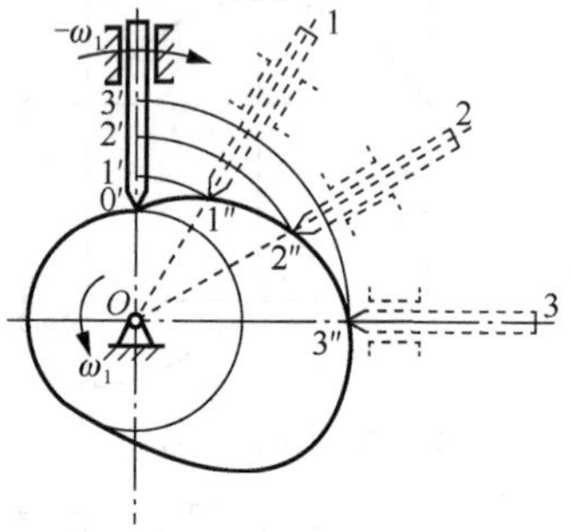

图 4-10　反转法原理

图 4-10 所示的对心尖顶直动从动件盘形凸轮机构中，当凸轮以等角速度 ω_1 绕轴心 O 转动时，从动件按一定规律在导路中往复移动。根据反转法原理，设想给整个凸轮机构加上一个绕轴心 O 的反向公共角速度 $-\omega_1$，则凸轮处于相对静止状态，从动件一方面随导路以等角速度 $-\omega_1$ 绕凸轮回转中心 O 转动，另一方面又按给定运动规律在导路中往复移动，而凸轮、从动件、导路之间的相对运动关系保持不变。在反转过程中，从动件尖顶始终与凸轮轮廓保持接触，因此从动件尖顶的运动轨迹即为要设计的凸轮轮廓曲线。

4.3.2　图解法设计凸轮轮廓

1. 对心尖顶直动从动件盘形凸轮

根据工作要求和空间条件给定凸轮从动件位移线图（图 4-11 (b)）、基圆半径 r_b、角速度 ω 逆时针旋转。根据反转原理，对心尖顶直动从动件盘形凸轮机构轮廓曲线的设计步骤如下。

(1) 在位移线图上，分别将横坐标的推程运动角 δ_t 和回程运动角 δ_t' 各分成若干等分，并绘制出各等分点的位移线段。

(2) 取适当比例尺，以 r_b 为半径作基圆。基圆与导路的交点 A_0 为从动件尖顶的起始位置。

(3) 自 OA_0 沿 $-\omega$ 方向，根据位移线图上横坐标各等分点 1、2、3、…，将基圆作相应的等分，得到 A_1、A_2、A_3、…。从 O 点作射线 OA_1、OA_2、OA_3、…，即为反转后从动件导路的一系列位置。

(4) 在从动件的各导路位置处，从基圆开始向外量取等分点处的位移量，即 $A_1A_1' = 11'$、$A_2A_2' = 22'$、$A_3A_3' = 33'$、…，得到反转后从动件尖顶的一系列位置 A_1'、A_2'、A_3'、…。

(5) 光滑连接 A_0、A_1'、A_2'、…，即得到所求的凸轮轮廓曲线（图 4-11 (a)）。

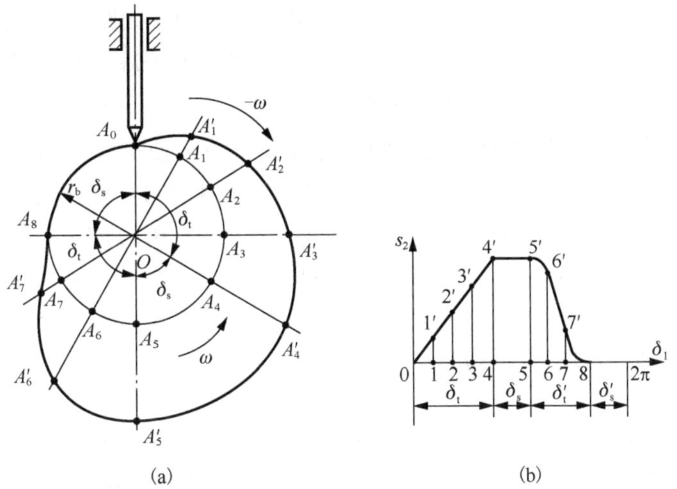

图 4-11 对心尖顶直动从动件盘形凸轮

2. 对心滚子直动从动件盘形凸轮

如图 4-12 所示，设计滚子直动从动件凸轮轮廓曲线时，首先将滚子中心看作尖顶从动件的尖顶，按上述尖顶从动件凸轮轮廓设计方法设计出轮廓曲线，该轮廓曲线称作理论轮廓曲线；然后以理论轮廓曲线上各点为圆心，以滚子半径 r_T 为半径画一系列圆；再作这些圆的内包络线，即得到滚子从动件盘形凸轮的实际轮廓曲线。

3. 对心平底直动从动件盘形凸轮

如图 4-13 所示，设计时，先将从动件导路中心线与从动件平底的交点看作尖顶从动件的尖顶，按上述尖顶从动件凸轮轮廓设计方法得到一系列点 A_1'、A_2'、A_3'、…；然后过这些点分别作导路的垂线以代表平底；再作这些垂线的包络线，即得到平底从动件盘形凸轮的实际轮廓曲线。

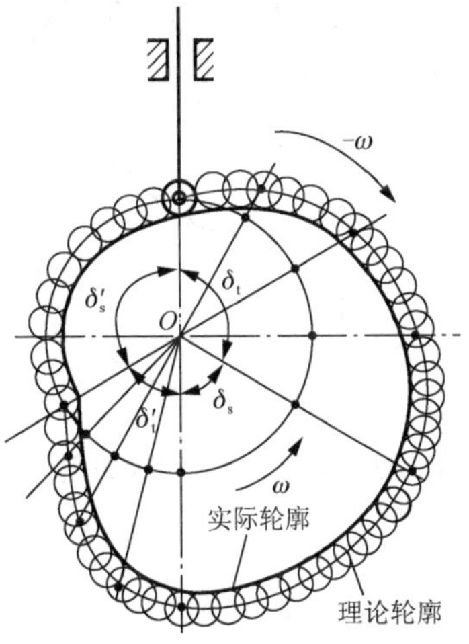

图 4-12 对心滚子直动从动件盘形凸轮

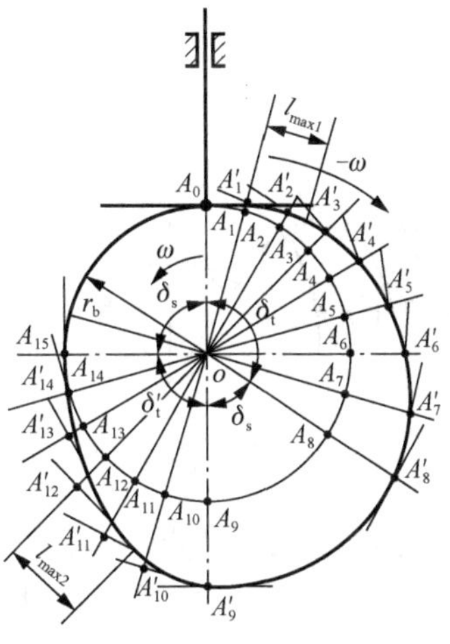

图 4-13 对心平底直动从动件盘形凸轮

从图 4-13 中可以看出，从动件平底上与凸轮轮廓线的切点在运动中是随机构位置不同而变化的，因此距导路中心线左右两侧平底的实际结构长度必须分别大于导路至左、右最远切点的距离 l_{max1} 和 l_{max2}，以保证平底与凸轮轮廓总是保持相切关系。通常，取 $l = 2l_{max}$+(5 ～

7) mm。若实际制作中，平底尺寸取短了，则会出现运动失真。如图 4-14 所示，平底位于 $B_1'E_1'$ 位置时，与凸轮轮廓的切点为 C 点，从动件位移为 $A_1'B_1'$。若平底变短，导路中心线处于 OA_1' 位置时，平底和凸轮只能在 D 点接触，则从动件的位移不再是 $A_1'B_1'$，而是 $A_1'B_1''$。

在设计平底从动件凸轮轮廓时，若基圆半径过小，也会使平底从动件运动失真。图 4-14 为不同基圆半径 r_b 和 r_b' 时所设计的两种凸轮轮廓。可以看出对于较小的基圆半径 r_b，从动件平底位于 B_1E_1 和 B_3E_3 两个位置时，两平底的交点处于位置 B_2E_2 的下方，凸轮轮廓不可能再与从动件相切于 B_2E_2，即 B_2E_2 所代表的从动件的位移将不能实现，从而使从动件运动失真。为使平底从动件保持与凸轮轮廓始终相切，凸轮实际轮廓线应全部为外凸曲线。

4. 偏置尖顶直动从动件盘形凸轮

如图 4-15 所示，这类凸轮机构的从动件导路不通过凸轮回转中心 O，而是与回转中心 O 有一段偏置距离 e。以 O 为圆心，e 为半径的圆，称为偏距圆。反转过程中，从动件各导路位置始终与偏距圆相切。因此，绘图时首先以 O 为圆心画出偏距圆和基圆，以导路与偏距圆相切的位置作为从动件的初始位置(尖顶位于导路与基圆的交点 A_0)；沿 $-\omega$ 方向将偏距圆按位移线图的等分方式进行等分，得到偏距圆上的一系列点 B_0、B_1、B_2、B_3、…；过这些点作偏距圆的一系列切线，与基圆分别交于点 A_0、A_1、A_2、A_3、…；在这些切线上，从点 A_0、A_1、A_2、A_3、…开始，分别量取从动件相应的位移量，得到一系列点 A_1'、A_2'、A_3'、…；光滑连接 A_0、A_1'、A_2'、A_3'、…，即得到偏置尖顶直动从动件盘形凸轮的轮廓曲线。

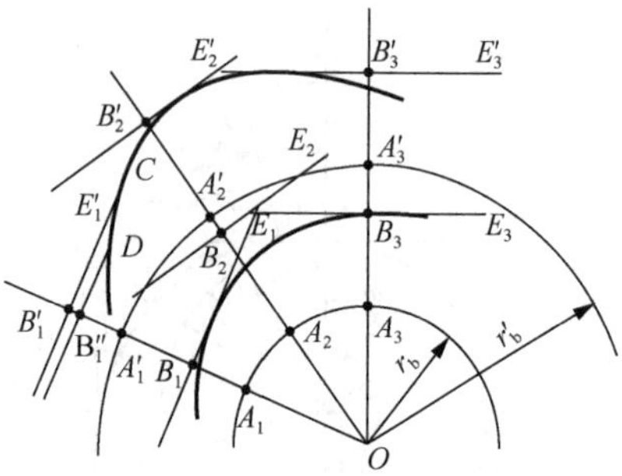

图 4-14　直动平底从动件盘形凸轮几何参数

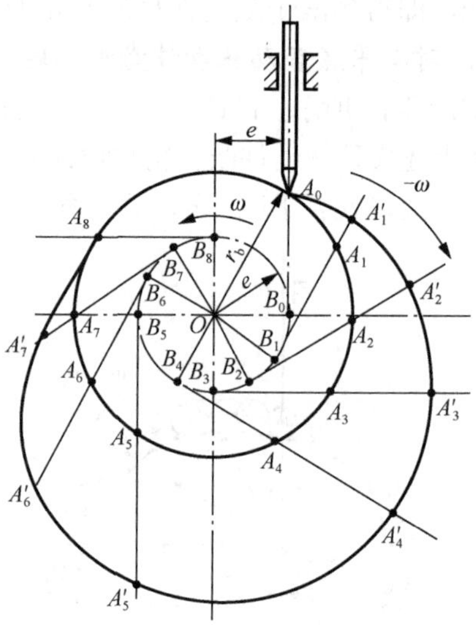

图 4-15　偏置尖顶直动从动件盘形凸轮

5. 尖顶摆动从动件盘形凸轮

如图 4-16 所示，摆动从动件的位移是以摆角 φ 表示的。已知从动件的角位移线图(图 4-16(b))，凸轮与摆动从动件的中心距 l_{OA}，摆动从动件的长度 l_{AB}，凸轮基圆半径 r_b，凸轮以等角速度 ω 顺时针方向转动，要求绘制凸轮轮廓。

仍按“反转法”求凸轮轮廓，具体步骤如下。

(1)根据 l_{OA} 定出 O 点和 A_0 点位置，以 O 为圆心、r_b 为半径作基圆。再以 A_0 为圆心、l_{AB} 为半径作圆弧，交基圆于 B_0 点，该点为从动件的起始位置。

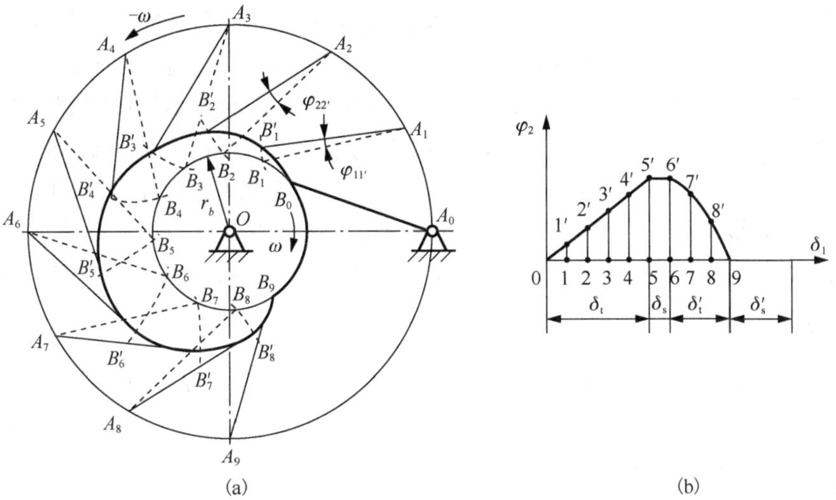

图 4-16　尖顶摆动从动件盘形凸轮

(2) 将角位移线图的推程运动角和回程运动角分成若干等分，得到位移量 11′、22′、33′、…。

(3) 以 O 为圆心，OA_0 为半径画圆，并沿 $-\omega$ 方向按位移线图中的等分方式等分该圆，得到点 A_1、A_2、A_3、…。

(4) 以 A_1、A_2、A_3、…为圆心，l_{AB} 为半径作弧，与基圆交于点 B_1、B_2、B_3、…，在这些圆弧上从基圆开始量取相应的角位移 $\varphi_{11'}$、$\varphi_{22'}$、$\varphi_{33'}$、…，得系列点 B_1'、B_2'、B_3'、…。

(5) 光滑连接 B_0、B_1'、B_2'、…，即得到尖顶摆动从动件盘形凸轮的轮廓曲线。

4.4　凸轮机构设计中应注意的几个问题

在上述凸轮轮廓的设计过程中，凸轮机构的基本参数，如凸轮的基圆半径、滚子半径、平底尺寸、偏心距、摆杆长度等，都是预先给定的。而这些参数的选择，不仅要考虑实现从动件的运动规律，还要考虑机构的传力性能是否良好、结构是否紧凑、运动是否失真等。因此，在设计凸轮机构时，应注意下述几个问题。

4.4.1　凸轮机构的压力角

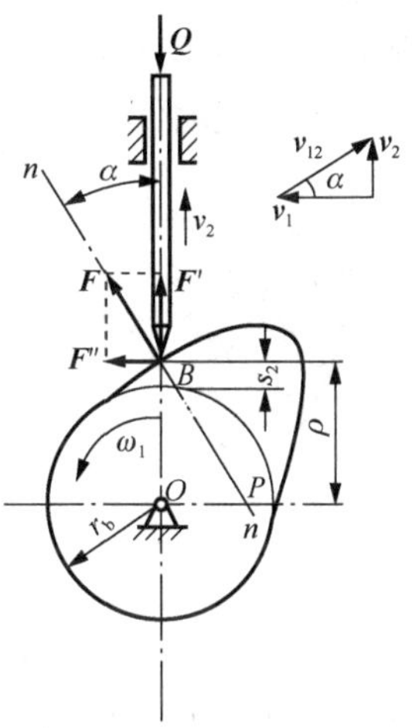

图 4-17　凸轮机构受力分析

图 4-17 所示为尖顶直动从动件盘形凸轮的某个工作位置。当不考虑从动件与凸轮接触处的摩擦时，凸轮对从动件的作用力 $\boldsymbol{F}$ 沿接触点的法线 $n-n$ 方向。$\boldsymbol{F}$ 可以分解为沿导路方向的分力 $\boldsymbol{F}'$ 和垂直导路方向的分力 $\boldsymbol{F}''$，其中，F' 为克服从动件工作阻力以及从动件与导路间摩擦力并使从动件运动的有效分力；$\boldsymbol{F}''$ 为从动件对导路的压紧力，引起从动件运动的摩擦阻力，降低传动效率，为有害分力。由图 4-17 可知，二者的关系式为 $F''=F'\tan\alpha$，α 为从动件接触点法向力 $\boldsymbol{F}$ 方向与从动件速度 $\boldsymbol{v}_2$ 方向之间所夹的锐角，称为压力角。

当有效分力 $\boldsymbol{F}'$ 一定时，有害分力 $\boldsymbol{F}''$ 随压力角 α 的增大而

增大。当 $\boldsymbol{F}''$增大到一定程度时，$\boldsymbol{F}''$引起的摩擦阻力将超过有效分力 $\boldsymbol{F}'$，此时无论凸轮给从动件的作用力有多大，从动件都不能运动，这种现象称为自锁。因此，为保证凸轮机构中从动件能正常工作，且具有一定的传动效率，必须对压力角 α 的大小加以限制。由于凸轮上各点的压力角是变化的，故设计时应使轮廓线上的最大压力角 α_{max} 不超过许用值$[\alpha]$，即 $\alpha_{max} \leqslant [\alpha]$。根据实践经验，许用压力角$[\alpha]$的推荐值为：直动从动件推程，取$[\alpha] = 30° \sim 35°$；摆动从动件推程，取$[\alpha] = 40° \sim 45°$。对于依靠重力、弹簧力等外力使从动件与凸轮维持接触的凸轮机构，从动件是在外力作用下返回的，故回程不会自锁，一般不必校核回程压力角。

4.4.2 基圆半径

从机构受力情况考虑，凸轮的压力角越小，有效分力越大，机构效率越高。而压力角的大小与基圆半径又有直接关系。由图 4-17 可知，凸轮与从动件在 B 点接触，设凸轮上 B 点的速度为 $\boldsymbol{v}_1$，从动件 B 点的速度为 $\boldsymbol{v}_2$，凸轮与从动件在 B 点的相对速度为 $\boldsymbol{v}_{12}$，则有图 4-17 所示的速度三角形。于是有 $v_2 = v_1\tan\alpha = \rho\omega_1\tan\alpha = (r_b + s_2)\,\omega_1\tan\alpha$，整理得

$$r_b = \frac{v_2}{\omega_1 \tan\alpha} - s_2 \tag{4-6}$$

由式(4-6)可知，在凸轮和从动件运动规律(ω_1、s_2、v_2)给定的情况下，压力角越大，基圆半径越小，凸轮机构越紧凑。但压力角要受到许用压力角$[\alpha]$的限制，只能在保证 $\alpha_{max} \leqslant [\alpha]$ 的前提下，考虑缩小凸轮尺寸。

4.4.3 滚子半径

滚子从动件的滚子半径 r_T 与凸轮轮廓有较大关系。如图 4-18(a)所示，当凸轮轮廓内凹时，理论轮廓曲线曲率半径 ρ_1 与实际轮廓曲线曲率半径 ρ_s 之间的关系为 $\rho_s = \rho_1 + r_T$。无论滚子半径 r_T 为多少，凸轮实际轮廓曲线的曲率半径总是大于零，因而凸轮实际轮廓总是可以正确合理地设计出来的。若凸轮轮廓外凸时，则 $\rho_s = \rho_1 - r_T$。图 4-18(b)中，理论轮廓上最小曲率半径 $\rho_{min} > r_T$，则总有 $\rho_s > 0$，凸轮实际轮廓可以完整绘制出。图 4-18(c)中，理论轮廓上最小曲率半径 $\rho_{min} = r_T$，则此处 $\rho_s = 0$，凸轮实际轮廓在此处为尖点。这种尖点极易磨损，磨损后将使从动件运动规律发生改变。图 4-18(d)中，理论轮廓上最小曲率半径 $\rho_{min} < r_T$，则 $\rho_s < 0$，实际轮廓曲线出现交叉。交叉部分在实际制造时将被切去，致使从动件无法实现预期的运动规律，造成从动件运动失真。

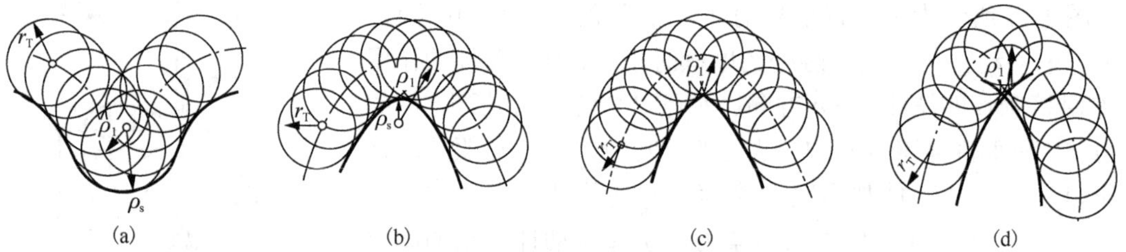

图 4-18　滚子半径对轮廓的影响

由以上分析可知，在外凸的凸轮机构设计中，滚子半径的选择不能过大，否则容易出现尖点或运动失真现象，通常取 $r_T \leqslant 0.8\rho_{min}$，并要求实际轮廓曲线的最小曲率 $\rho_{min} > 5$ mm，以

防止凸轮过快磨损。当凸轮理论轮廓曲线 ρ_{min} 过小时，可以适当增大基圆半径，重新设计凸轮轮廓曲线，或重新选择从动件运动规律。

习　题

4-1　凸轮的基圆半径与哪些因素有关？什么是凸轮的压力角，在图示的三个凸轮机构中作出凸轮在 B 点与从动件接触时的压力角。

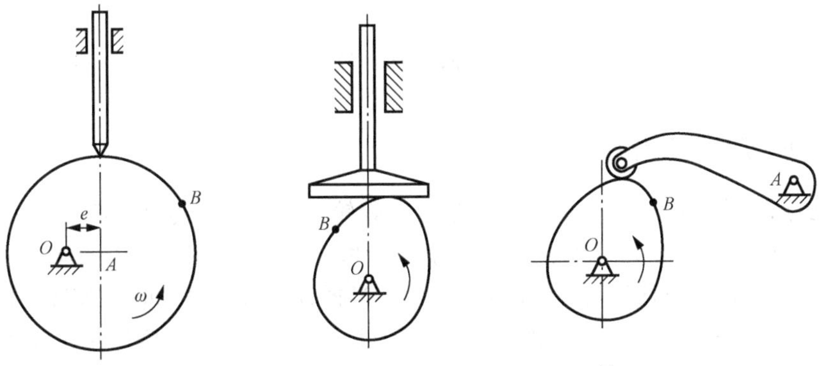

题 4-1 图

4-2　图示直动尖顶从动件盘形凸轮机构中，凸轮为偏心圆盘，O 为凸轮几何中心，O_1 为凸轮回转中心，圆盘半径为 60 mm，OO_1 为 30 mm，求凸轮基圆半径 r_b，从动件行程 h，从动件尖顶与凸轮轮廓分别在 A、B、C 和 D 点接触时的压力角。

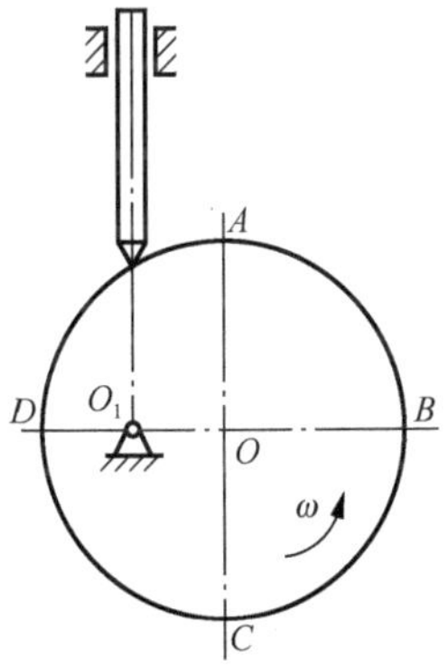

题 4-2 图

4-3　设计一对心直动尖顶从动件盘形凸轮机构。已知凸轮以等角速度 ω 逆时针方向回转。凸轮基圆半径 $r_b = 50$ mm，从动件行程 $h = 20$ mm，$\delta_t = 150°$，$\delta_s = 60°$，$\delta_t' = 60°$，$\delta_s' = 90°$。从动件推程做等加速等减速运动，回程做匀速运动。试绘制凸轮轮廓。

4-4　已知一偏置直动滚子从动件盘形凸轮，其轴心偏于从动件右侧，偏距 $e = 10$ mm。凸轮基圆半径 $r_b = 40$ mm，滚子半径 $r_T = 12$ mm。凸轮以等角速度 ω 逆时针方向回转 150° 时，从动件做简谐运动移动 30 mm。凸轮继续回转 30°，从动件保持不动。凸轮再回转 120° 后，从动件以等加速等减速运动回到原位。试用图解法设计该凸轮轮廓。

4-5　设计一对心直动平底从动件盘形凸轮机构。已知从动件平底与其导路垂直，凸轮以角速度 ω 顺时针方向回转，从动件行程 $h = 30$ mm，凸轮基圆半径 $r_b = 30$mm。从动件推程和回程均为简谐运动，$\delta_t = 120°$，$\delta_s = 30°$，$\delta_t' = 90°$，$\delta_s' = 120°$。试绘制凸轮轮廓，并决定从动件平底圆盘的最小半径。

4-6　一摆动平底从动件盘形凸轮机构中，已知凸轮以角速度 ω 逆时针方向回转，凸轮回转中心与摆杆回转中心距离为 80 mm，凸轮基圆半径 $r_b = 30$ mm，从动件最大摆角为 15°。从动件推程为等加速等加速运动，回程为简谐运动，凸轮的推程运动角、回程运动角、近休止角和远休止角均为 90°。试绘制凸轮轮廓，并决定从动件平底应具有的最短长度。

第 5 章　间歇运动机构

在机械中，经常用到将原动件连续运动转化为从动件周期性运动和停歇的间歇运动机构，如机床的间歇进给运动、分度转位运动、钟表的指针运动等。间歇运动机构的种类很多，本章主要介绍棘轮机构、槽轮机构和其他常用机构。

5.1　棘 轮 机 构

5.1.1　棘轮机构的工作原理

图 5-1(a)所示为机械中常见的一种外啮合式棘轮机构，它主要由摇杆 1、外棘轮 3、棘爪 4、止动棘爪 5 和机架所组成。其中摇杆 1 为主动件，空套在与棘轮固连的从动轴 2 上，并与驱动棘爪 4 用转动副 A 相连，棘轮 3 为输出件。当摇杆逆时针摆动时，铰接在杆上的棘爪 4 插入棘轮 3 的齿槽内，使棘轮 3 与摇杆 1 同时转过一定角度。为了确保棘轮 3 不反转，可在机架上加装止动棘爪 5。当摇杆 1 顺时针摆动时，棘爪 4 在棘轮 3 的齿背上滑过，止动棘爪 5 插入棘轮的齿槽内，棘轮静止不动。这样，当摇杆做连续的往复摆动时，棘轮便进行单向的间歇转动。图 5-1(b)所示为内啮合式棘轮机构，其工作原理类似。

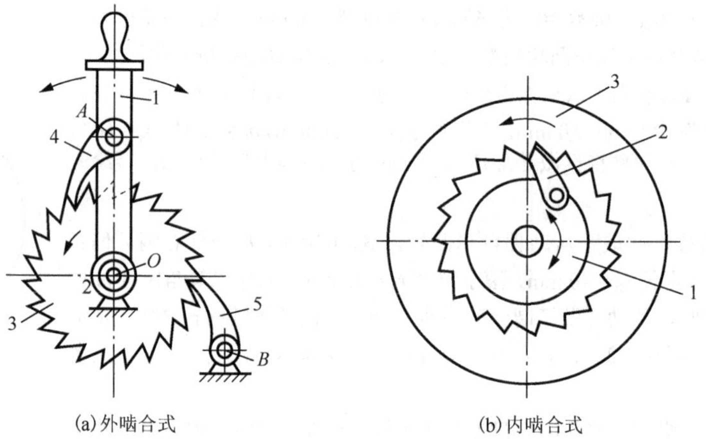

图 5-1　棘轮机构

5.1.2　棘轮机构的类型、特点和应用

按棘轮轮齿分布在外缘或内缘，可分为外啮合棘轮机构(图 5-1(a))和内啮合棘轮机构(图 5-1(b))。如果棘轮机构在一个摇杆上具有两个棘爪，摇杆往复摆动时两个棘爪交替拉动(图 5-2(a))或推动(图 5-2(b))棘轮机构转动，称为双动式棘轮机构。双动式棘轮机构常用于载荷较大，棘轮尺寸受限，齿数较少，而主动摆杆的摆角小于棘轮齿距的场合。

如果要使棘轮做双向间歇运动，可将棘轮制成矩形端面齿形，且棘爪可翻转，图 5-3(a)所示为可换向棘轮机构。当棘爪 1 处于实线位置时，摇杆 3 的摆动将带动棘轮 2 沿逆时针方

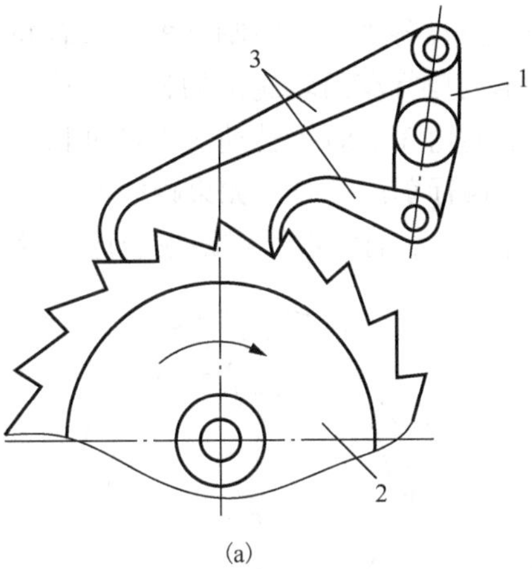

图 5-2　双动式棘轮机构

向做间歇转动；当棘爪 1 绕销轴翻转至虚线位置时，棘轮 2 沿顺时针方向做间歇转动。图 5-3(b) 为另一种可换向棘轮机构，它的棘爪 1 可绕自身轴线回转。当棘爪处在图示位置时，可带动棘轮 2 沿逆时针方向做间歇转动；当把棘爪 1 提起并绕自身轴线转 180° 后再放下，则棘轮 2 将由棘爪 1 带动做顺时针方向间歇运动。

要改变棘轮每次间隙转动的角度，可以通过改变主动件摇杆的摆动角度的大小来实现，还可以通过棘轮罩遮去摇杆摆角范围内一部分齿的办法来实现，调整棘轮罩的位置，就可以在摇杆摆角不变的情况下，调整摇杆每次摆动的棘轮转角，如图 5-4 所示。

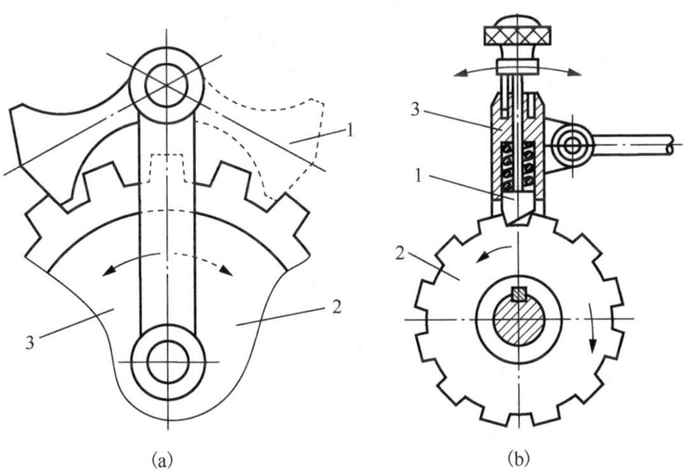

图 5-3　双向式棘轮机构

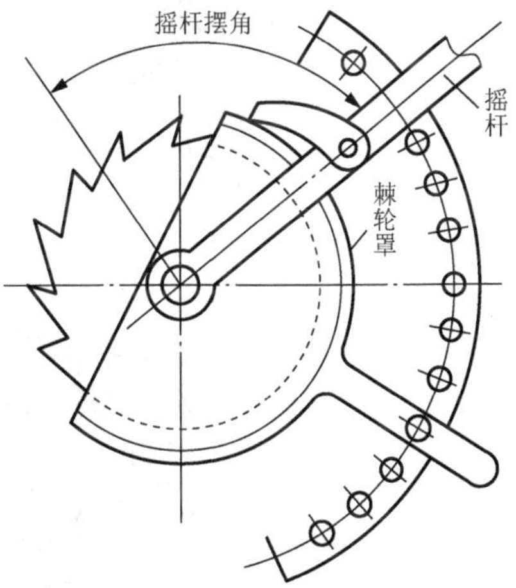

图 5-4　用棘轮罩调节棘轮转角

无论棘轮的转动角度是否可调，棘轮每次转动角度的大小总是棘轮上相邻两齿所对应的中心角的整数倍，即棘轮转角仅是有级可调的。如要实现棘轮转动角的无级可调，可采用图 5-5 所示的摩擦式棘轮机构，它由棘爪 1 和棘轮 2 之间的摩擦力传递运动。

棘轮机构结构简单，制造方便，且棘轮的转角在一定的范围内可调。由于棘轮机构运转时有较大的冲击和噪声，轮齿易磨损，传动精度较低，一般只用于低速、轻载的间歇传动。图 5-6(a) 所示为牛头刨床工作台进给机构，在牛头刨床中通过棘轮机构实现工作台横向间歇送进功能。为了实现工作台的双向间歇送进，由齿轮机构、曲柄摇杆机构和双向式棘轮机构组成了工作台换向进给机构。图 5-6(b)所示为起重设备中的棘轮制动器，该棘轮机构只起制动作用，防止卷筒因自重而逆转。图 5-6(c)所示为自行车后轴轮上的棘轮机构。当脚蹬踏板时，经大链轮 1 和链条 2 带动内圈具有棘齿的小链轮 3 顺时针转动，再经过棘爪 4 的作用，使后轮轴 5 顺时针转动，从而驱动自行车前行。自行车前行时，如果踏板不动，后轮轴 5 便会超越链轮 3 而转动，让棘爪 4 在棘轮齿背上滑过，从而实现不蹬踏板的自由滑行。

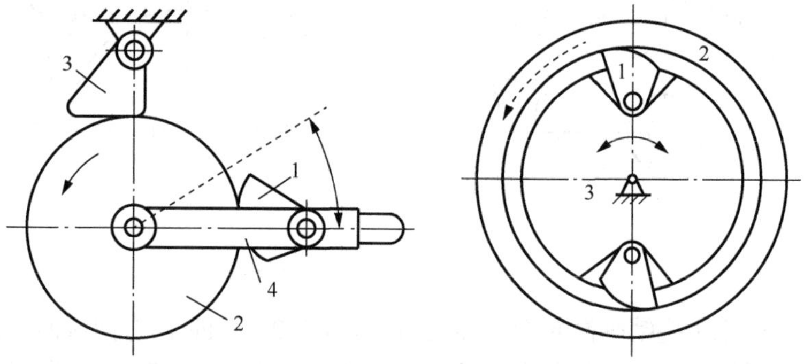

(a)外啮合式　　(b)内啮合式

图 5-5　摩擦式棘轮机构

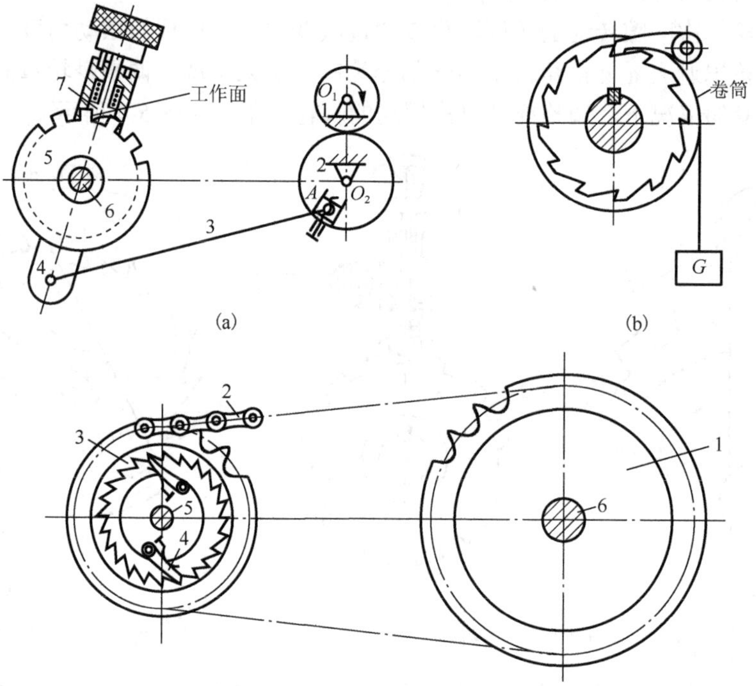

(a)　　(b)

(c)

图 5-6　棘轮机构的应用

5.1.3　棘轮机构主要参数和工作条件

与齿轮相同，棘轮也通过模数 m 反映轮齿尺寸的大小，模数也已经标准化。棘轮顶圆直径为 $d_a = mz$，其中 z 为棘轮齿数。齿槽夹角 $\theta = 60°$ 或 $55°$，棘爪长度 $L = 2\pi m$。

如图 5-7 所示，为了使棘爪受力最小，应使棘轮齿顶 A 和棘爪中心 O_1 的连线垂直于棘轮半径 O_2A。为保证棘爪在 A 点与棘轮接触后，能顺利进入棘轮的齿根而不向外滑脱，棘轮齿的工作面相对于径向有一个向内倾斜的偏角 φ。轮齿对棘爪作用的力有：正压力 $\boldsymbol{F}_{\mathrm{n}}$ 和摩擦力 F_{μ}。在这两个力的作用下，棘爪不向外滑脱的条件是：$\boldsymbol{F}_{\mathrm{n}}$ 对 O_1 点的力矩必须大于 $\boldsymbol{F}_{\mu}$ 对 O_1 点的力矩，即

$$F_{\mathrm{n}}L\sin\varphi > F_{\mu}L\cos\varphi$$

因为 $F_{\mu}=\mu F_{\mathrm{n}}$，$\mu=\tan\rho$，于是有 $\tan\varphi>\tan\rho$。即

$$\varphi>\rho \tag{5-1}$$

式中，μ 和 ρ 分别为棘轮齿与棘爪间的摩擦系数和摩擦角。当 $\mu=0.2$ 时，$\rho=11.5°$，为可靠起见，通常取 $\varphi=20°$。

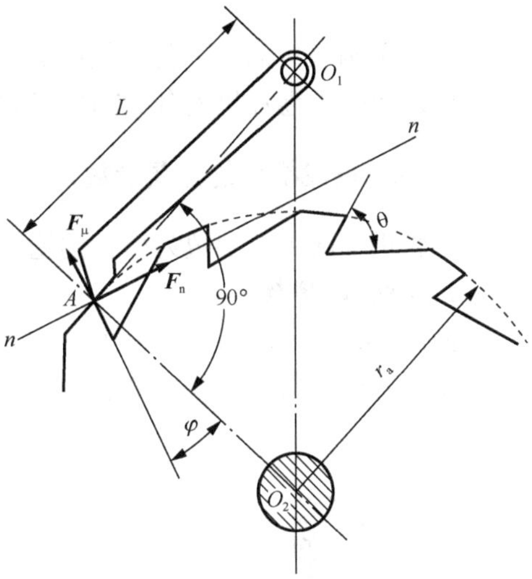

图 5-7　棘轮机构受力分析与几何尺寸

5.2　槽 轮 机 构

5.2.1　槽轮机构的工作原理

槽轮机构的工作原理如图 5-8 所示。它由装有圆销 A 的拨盘 1(主动件)和开有径向槽的槽轮 2 及机架组成。主动拨盘 1 逆时针方向做等速回转运动，在圆销 A 进入槽轮 2 的径向槽之前，槽轮未被驱动，且槽轮因其锁止弧 β 被拨盘上的外凸弧 α 卡住而锁止。当圆销 A 开始进入槽轮 2 的径向槽时，锁止弧被松开，槽轮 2 在圆销 A 的驱动下沿顺时针方向转动。当圆销 A 开始脱离径向槽时，槽轮 2 因其另一锁止弧被卡住而锁止，直到圆销 A 再进入槽轮 2 的下一个径向槽时，槽轮 2 才继续转动。通过上述过程的循环，实现了拨盘匀速转动时，槽轮做单向间歇回转运动。

槽轮机构有两种基本形式：外槽轮机构(图 5-8)和内槽轮机构(图 5-9)。两者都用于平行轴之间传动，前者主动拨盘与槽轮转向相反，后者主动拨盘与槽轮转向相同。

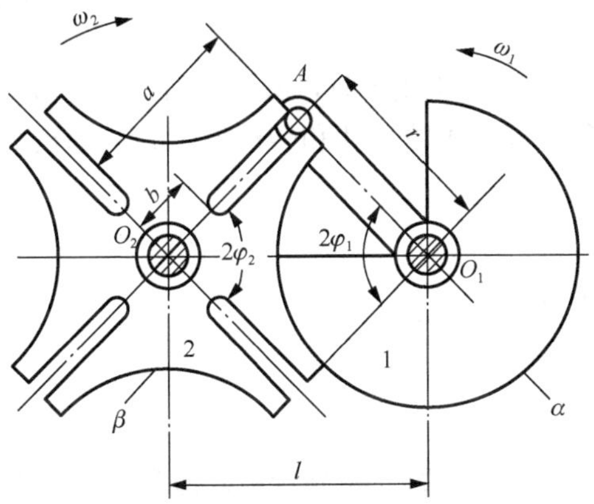

图 5-8　外槽轮机构

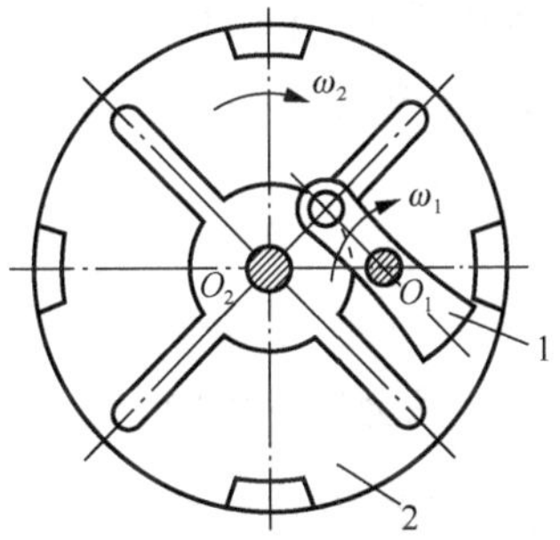

图 5-9　内槽轮机构

槽轮机构结构简单、传动效率高，且传动较棘轮机构平稳，因此在自动机床转位机构、胶片电影放映机卷片机构(图 5-10)等自动机械中得到广泛应用。

5.2.2 槽轮机构的主要参数

槽轮机构的主要参数为槽轮的槽数 z 和拨盘的圆销数 K。

1. 槽轮的槽数 z

如图 5-8 所示，为了避免槽轮 2 在开始转动和终止转动时与圆销 A 发生冲击，圆销进入或退出径向槽的瞬时，径向槽的中心线 O_2A 应与 O_1A 垂直。于是，当槽轮 2 转过 $2\varphi_2 = 2\pi / z$ 弧度时，拨盘 1 的转角为

$$2\varphi_1 = \pi - 2\varphi_2 = \pi - 2\pi / z \tag{5-2}$$

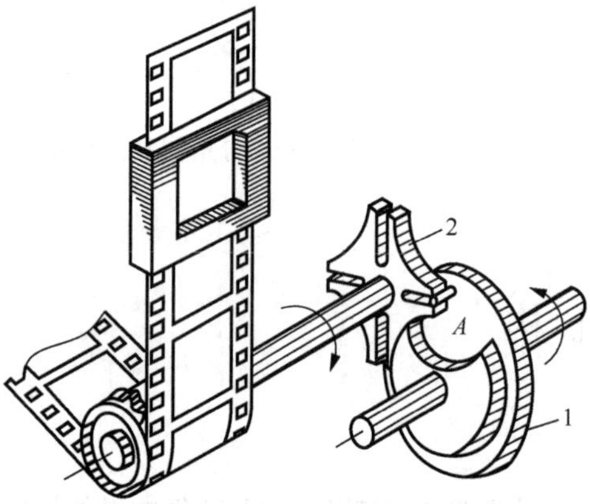

图 5-10 胶片电影放映机卷片机构

在一个运动循环内，槽轮 2 的运动时间 t_m 与拨盘 1 的运动时间 t 的比值 τ，称为槽轮机构的运动系数。当拨盘等速回转时，时间之比可用转角之比表示。对于只有一个圆销的槽轮机构，t_m 和 t 分别对应拨盘 1 转过的角度 $2\varphi_1$ 和 2π，因此运动系数为

$$\tau = \frac{t_m}{t} = \frac{2\varphi_1}{2\pi} = \frac{\pi - 2\pi / z}{2\pi} = \frac{z-2}{2z} \tag{5-3}$$

显然，要保证槽轮能运动，运动系数应大于零，径向槽的数目 z 至少为 3。由式(5-3)可知，运动系数 τ 必然是小于 0.5 的，即拨盘上只有一个圆销时，槽轮的运动时间总是小于静止时间。

2. 圆销数 K

如果拨盘上的圆销数 $K > 1$，则可以得到 $\tau > 0.5$ 的槽轮机构。当 $K \neq 1$ 时，槽轮 2 的运动时间为只有一个圆销时的 K 倍，即

$$\tau = \frac{K(z-2)}{2z} \tag{5-4}$$

运动系数 τ 还应小于 1，否则槽轮将做连续运动，而不是间歇运动。由(5-4)可得

$$K < \frac{2z}{z-2} \tag{5-5}$$

由上式可知，当 $z = 3$ 时，圆销的数可为 1 ～ 5；当 $z = 4$ 或 5 时，圆销数可为 1 ～ 3；当 $z \geqslant 6$ 时，圆销数可为 1 或 2。槽数 z 不可取得过多，否则槽轮尺寸和转动惯性力矩都较大，而运动系数 τ 的变化却不大，故通常取 $z = 4 \sim 8$。

5.3 其他间歇运动机构

5.3.1 不完全齿轮机构

不完全齿轮机构如图 5-11 所示。它的主动轮 1 不是在整周上布满轮齿，而是只有一个或几个轮齿的不完全齿轮，从动轮 2 可以是普通齿轮，也可以是由正常齿和带锁止弧的厚齿彼此相间地组成。当主动轮有齿部分与从动轮作用时，从动轮被驱动；当主动轮无齿圆弧部分

与从动轮作用时，从动轮被锁止而静止不动。因此，当主动轮连续转动时，从动轮就做间歇运动。不完全齿轮机构有外啮合(图 5-11(a))和内啮合(图 5-11(b))两种形式，一般采用外啮合形式。

当主动轮匀速转动时，从动轮在运动期间也保持匀速运动。但当从动轮由停歇而突然达到某一转速，或由某一转速而突然停歇时，主动轮和从动轮之间将产生刚性冲击。因此，不完全齿轮机构不宜用于主动轮转速很高的场合。

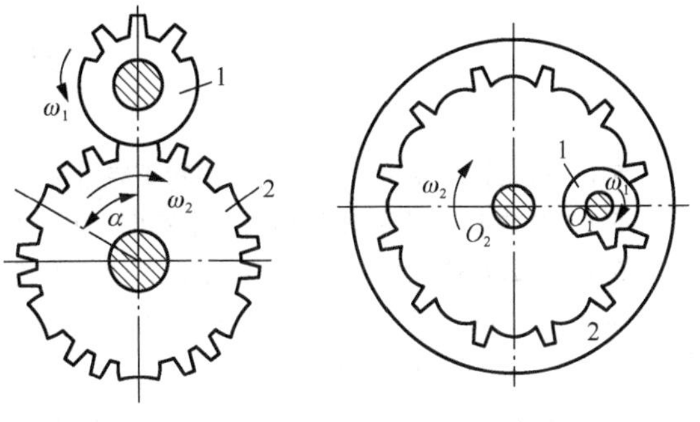

(a) 外啮合　　(b) 内啮合

图 5-11　不完全齿轮机构

不完全齿轮机构结构简单、制造方便，从动轮的运动时间和静止时间的比例不受结构限制。但在从动轮开始和停止转动时，有较大冲击，一般只用于低速、轻载场合。如计数机构、多工位自动转位机构、间歇进给机构等。

5.3.2　凸轮间歇运动机构

凸轮间歇运动机构用于两交错轴之间传递运动，分为两种形式：圆柱式凸轮间歇运动机构(图 5-12(a))和蜗杆式凸轮间歇运动机构(图 5-12(b))。

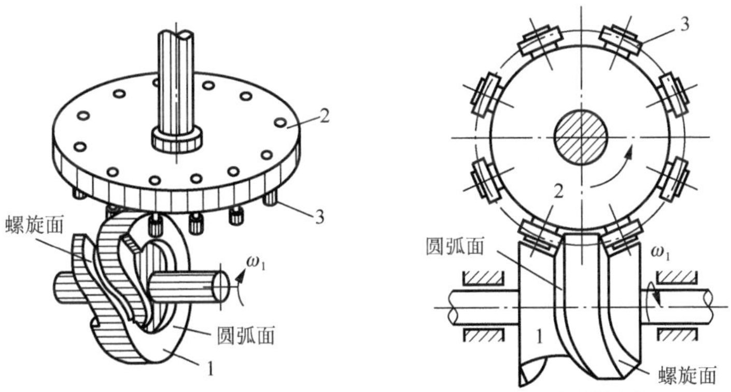

(a) 圆柱式　　(b) 蜗杆式

图 5-12　凸轮式间歇运动机构

圆柱式凸轮间歇运动机构由圆柱凸轮 1、转盘 2 和机架组成。圆柱凸轮上开有由圆弧面槽和螺旋面槽组合而成的凹槽，转盘端面设置有若干均布的小滚子 3。工作时，圆盘上的小滚子嵌于圆柱凸轮的凹槽中，在圆柱凸轮等速回转过程中，当其螺旋面槽与小滚子接触时，螺旋面槽将推动转盘转过角度 $2\pi / z$(设小滚子个数为 z)；当其圆弧面槽与小滚子接触时，转盘静止不动，并被锁止。

蜗杆式凸轮间歇运动机构的凸轮形似蜗杆。蜗杆凸脊由圆弧面部分和螺旋面部分组合而成，转盘的圆周方向设置有若干均匀分布的小滚子，小滚子卡紧在蜗杆凸脊的两侧。蜗杆转动时，螺旋面凸脊可以驱动转盘转动，而圆弧面凸脊则使转盘保持静止。当蜗杆连续转动时，可实现转盘间歇转动。

习　　题

5-1　试比较棘轮机构、槽轮机构和不完全齿轮机构的特点和应用。

5-2　列举 1～2 个棘轮机构的应用实例，并分析棘轮机构在所列实例中的作用。

5-3　什么是槽轮机构的运动系数？为什么单圆销槽轮机构的运动系数必须大于零而小于 1？

5-4　一外啮合槽轮机构，已知槽轮的槽数 $z = 6$，槽轮的运动时间是静止时间的一半，试求：(1) 槽轮的运动系数 τ；(2) 圆销个数 K。

5-5　已知一外啮合槽轮机构的槽数 $z = 5$，圆销数 $K = 2$，若拨盘的转速为 $n_1 = 75$ r/min，求槽轮的运动时间 t_m 和静止时间 t_s。

第6章 齿轮传动

6.1 齿轮传动的特点和分类

齿轮传动是现代机械中应用最广泛的一种传动形式。它具有以下优点：

(1) 传动比准确。齿轮传动能保持恒定不变的传动比。

(2) 适用的尺寸、圆周速度和功率范围广。传递功率最高可达几十万千瓦，圆周速度可达200 m/s。齿轮适用直径从几纳米到十几米，既可用于超大型设备，也可用于微纳米机械中。

(3) 传动效率高。与其他机械传动相比，齿轮传动效率高，单级传动效率可达99 %～ 99.5 %。

(4) 工作可靠、寿命长。

(5) 结构紧凑。与带传动、链传动相比，在相同工作条件下，齿轮传动占用空间更小。

齿轮传动的主要缺点有：

(1) 制造和安装精度要求高，齿轮的制造需要使用插齿机、滚齿机等专用设备，成本高。

(2) 精度较低时，工作中振动和噪声较大，并产生动载荷。

(3) 不适用于远距离传动。

齿轮传动的类型很多，按照一对齿轮轴线的相对位置，可如图 6-1 进行分类。

- 齿轮传动
  - 圆柱齿轮
    - 直齿轮
      - 外啮合(图 6-1(a))
      - 内啮合(图 6-1(d))
      - 齿轮—齿条啮合(图 6-1(e))
    - 斜齿轮(图 6-1(b))
    - 人字齿轮(图 6-1(c))
  - 锥齿轮
    - 直齿(图 6-1(f))
    - 曲齿(图 6-1(g))
  - 交错轴螺旋齿轮(图 6-1(h))

按照齿轮传动的工作条件可分为闭式齿轮传动和开式齿轮传动。闭式齿轮传动指齿轮安装在封闭的箱体内，润滑条件良好。开式齿轮传动无箱体保护，齿轮直接暴露在空气中，润滑情况较差，轮齿表面容易发生磨损。

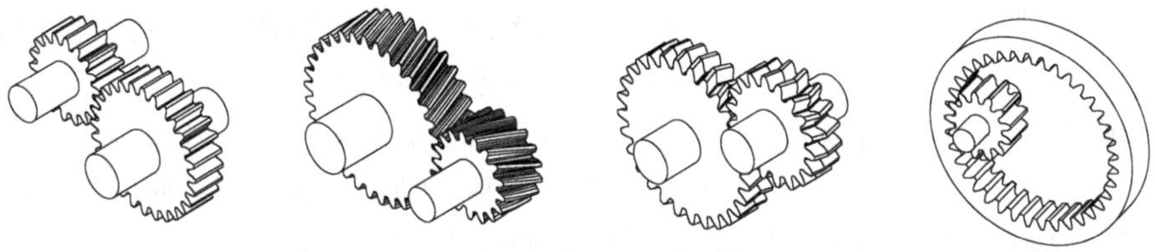

(a) (b) (c) (d)

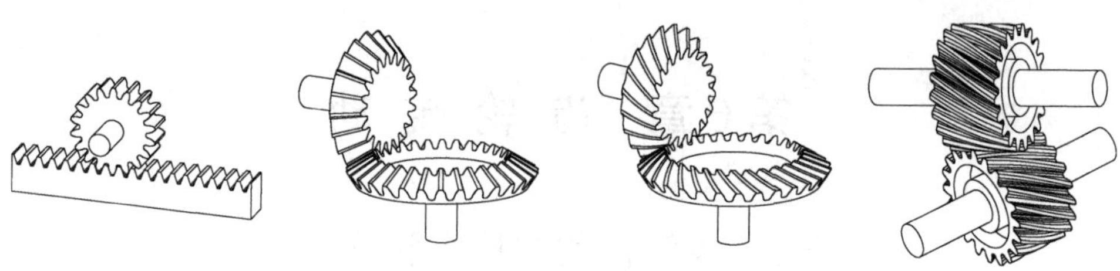

(e)　　(f)　　(g)　　(h)

图 6-1　齿轮传动的主要类型

6.2　齿廓啮合的基本定律

齿轮传动是依靠主动齿轮的轮齿依次推动从动齿轮的轮齿进行工作的。齿轮传动的基本要求之一是其瞬时传动比应保持恒定，否则当主动轮以等角速度转动时，从动齿轮角速度将发生变化，产生惯性力，并引起振动，影响机器的工作精度。齿廓啮合基本定律研究当齿廓形状符合什么条件时，才能满足这一基本要求。

图 6-2 所示为两相互啮合的齿廓 E_1 和 E_2 在 K 点接触，两轮的角速度分别为 ω_1 和 ω_2，则两轮齿廓上 K 点的速度分别为 $v_{K1}=\omega_1\cdot\overline{O_1K}$，$v_{K2}=\omega_2\cdot\overline{O_2K}$。在啮合过程中，两齿廓间不应相互压入或分离，即 v_{K1} 和 v_{K2} 在公法线 N_1N_2 上的分速度应相等，即

$$v_{K1}^{\mathrm{n}}=v_{K2}^{\mathrm{n}}=v_K^{\mathrm{n}}$$

于是

$$v_{K1}\cdot\cos\alpha_{K1}=v_{K2}\cdot\cos\alpha_{K2}$$

$$\omega_1\cdot\overline{O_1K}\cdot\cos\alpha_{K1}=\omega_2\cdot\overline{O_2K}\cdot\cos\alpha_{K2}$$

即

$$\omega_1\cdot\overline{O_1N_1}=\omega_2\cdot\overline{O_2N_2}$$

可得

$$i=\frac{\omega_1}{\omega_2}=\frac{\overline{O_2N_2}}{\overline{O_1N_1}}=\frac{\overline{O_2C}}{\overline{O_1C}} \tag{6-1}$$

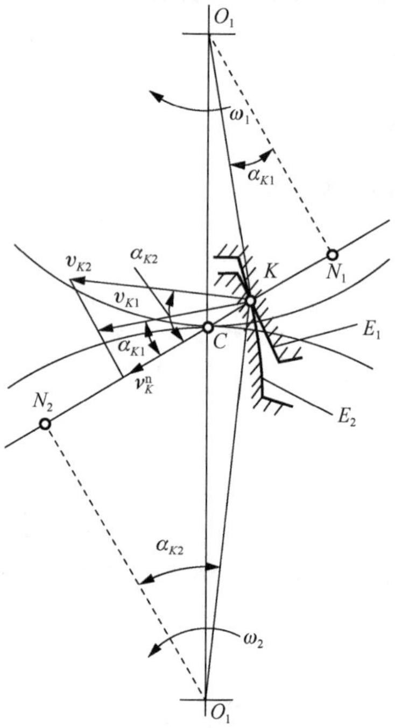

图 6-2　齿廓曲线与齿轮传动比的关系

根据式(6-1)，欲保证传动比为定值，$\overline{O_2C}$ 与 $\overline{O_1C}$ 的比值应为常数。由于两个齿轮轴心的连线 $\overline{O_1O_2}$ 为定长，欲满足上述要求，C 点应为连心线 O_1O_2 上的一个定点。该定点 C 称为节点，分别以 O_1、O_2 为圆心，以 $\overline{O_1C}$、$\overline{O_2C}$ 为半径，过节点 C 所作的两个相切圆，称为节圆。

因此，为使齿轮传动得到恒定传动比，两轮齿廓曲线必须符合下述条件：

两轮齿廓无论在任何位置接触，过接触点的齿廓公法线必须与两轮的连心线交于一定点。

这就是齿廓啮合的基本定律，凡是满足该定律的一对齿廓称为共轭齿廓。满足共轭齿廓的曲线很多，机械中常用的齿廓曲线有渐开线、摆线和圆弧等，其中渐开线齿廓应用最广。

6.3 渐开线齿廓

6.3.1 渐开线及其性质

如图 6-3 所示，当直线 L 沿半径为 r_b 的圆周做纯滚动时，直线上任一点的轨迹称为该圆的渐开线，该圆称为渐开线的基圆，直线 L 称为渐开线的发生线。

由渐开线的形成过程可知，渐开线具有下列性质：

(1) 发生线在基圆上滚过的长度 $\overline{KN}$ 等于基圆上被滚过的相应弧长 $\overset{\frown}{AN}$，即 $\overline{KN}=\overset{\frown}{AN}$。

(2) 当发生线在任一位置 II 沿基圆做纯滚动时，N 点是其瞬时回转中心，故发生线 NK 是渐开线上 K 点的法线。由于发生线始终与基圆相切，所以渐开线上任一点的法线必与基圆相切。发生线与基圆的切点 N 即为渐开线上 K 点的曲率中心，线段 $\overline{KN}$ 为对应的曲率半径。K 点离基圆越远，相应的曲率半径越大，渐开线越平直；反之，K 点离基圆越近，相应的曲率半径越小，在 A 点处，曲率半径为零。

(3) 渐开线上任一点的法线方向(即法向压力的方向)与该点速度方向所夹的锐角，称为该点的压力角。由图 6-3 可知，K 点的压力角为 α_K，且

$$\cos\alpha_K=\frac{\overline{ON}}{\overline{OK}}=\frac{r_b}{r_K} \tag{6-2}$$

式(6-2)说明渐开线上各点的压力角不是定值，它随向径 r_K 的增大而增大，即 K 点离轮心越远，压力角越大，在基圆上压力角为零。

(4) 渐开线的形状取决于基圆的大小。如图 6-4 所示，基圆半径越小，渐开线越弯曲；基圆半径越大，渐开线越趋于平直。当基圆半径为无穷大时，渐开线变为直线，故齿条为一种特殊的渐开线齿轮。

(5) 渐开线是从基圆向外展开的，故基圆内无渐开线。

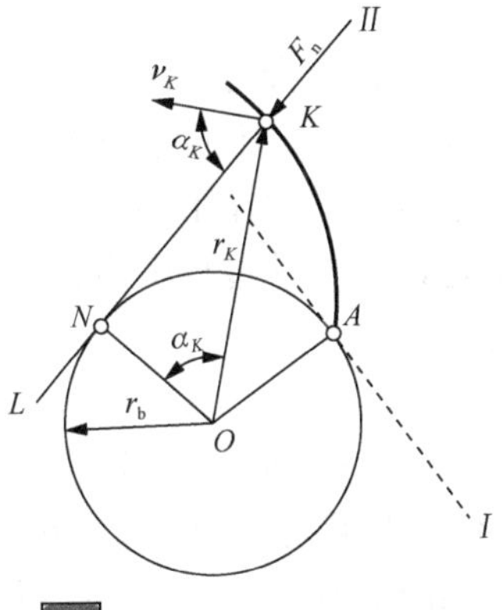

图 6-3 渐开线的形成

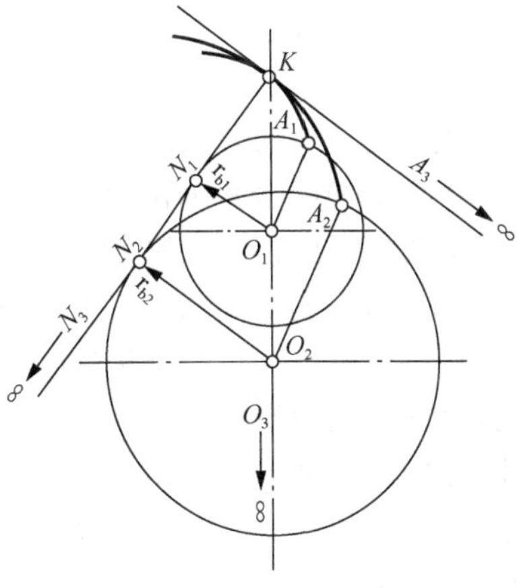

图 6-4 基圆半径对渐开线形状的影响

6.3.2 渐开线齿廓符合齿廓啮合基本定律

以渐开线作为齿廓曲线的齿轮称为渐开线齿轮。渐开线齿轮传动能满足传动比恒定不变

的要求。

如图 6-5 所示，两渐开线齿轮的基圆半径分别为 r_{b1} 和 r_{b2}，过两轮的齿廓啮合点 K 作两齿廓的公法线 N_1N_2。根据渐开线性质，该公法线必与两基圆相切，为两基圆的内公切线。又因两基圆的大小和安装位置均固定不变，同一方向的内公切线只有一条。无论两齿廓在何处接触，过齿廓接触点的公法线均重合为同一条内公切线 N_1N_2，因此与连心线的交点 C 必是一定点。这表明渐开线齿廓能满足齿廓啮合的基本定律。两轮的传动比

$$i=\frac{\omega_1}{\omega_2}=\frac{\overline{O_2C}}{\overline{O_1C}}=\frac{r_2'}{r_1'}=\frac{r_{b2}}{r_{b1}} \tag{6-3}$$

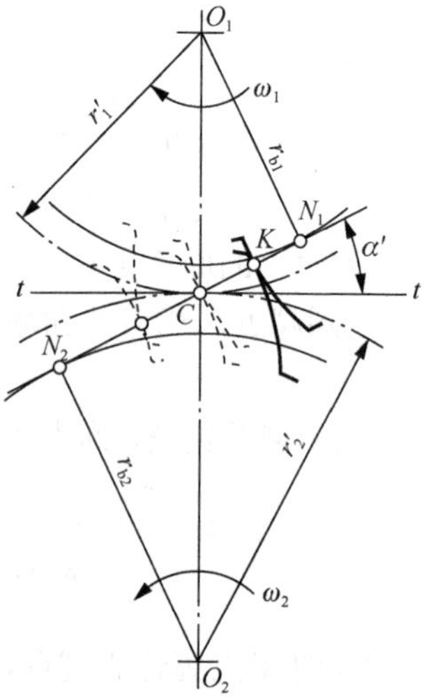

图 6-5　渐开线齿廓符合齿廓啮合基本定律

式中，r_1'、r_2' 分别为两轮的节圆半径。式(6-3)表明齿轮传动的传动比不仅等于两轮节圆半径的反比，也等于两轮基圆半径的反比。

渐开线齿廓啮合时还具有以下特点。

1) 可分性

式(6-3)表明渐开线齿轮的传动比恒等于两轮基圆半径的反比。当一对渐开线齿轮制成后，基圆半径大小已完全确定，即使中心距稍有改变，其传动比仍然保持不变。这一特性称为渐开线齿轮传动的可分性。实际上，由于制造、安装误差，以及在传动过程中轴的变形、轴承的磨损等原因，常常会导致中心距的微小改变，但由于渐开线齿轮的可分性，仍能保持传动的平稳性。

渐开线齿轮的可分性给齿轮的制造、安装带来了很大的方便。但不能因此随意增大中心距，设计时须有一定公差要求。因为中心距的增大将使两轮的齿侧间隙增大，进而导致传动的冲击和噪声。

2) 啮合角为常数

齿廓啮合时，其齿廓啮合点的轨迹称为啮合线。如前所述，一对渐开线齿廓无论在哪一点接触，接触点的公法线总是与两基圆的内公切线 N_1N_2 相重合，因此内公切线 N_1N_2 就是该对齿廓的啮合线。

啮合线与两节圆的公切线 $t-t$ 所夹的锐角称为啮合角 α'。由于渐开线齿廓的啮合线是一条定直线 N_1N_2，故啮合角为常数，其值等于齿廓在节圆处的压力角。渐开线齿轮传动过程中，如果不考虑齿廓间摩擦力的影响，齿廓间的正压力是沿着啮合线方向作用的，啮合角为常数表明齿廓间正压力的方向始终不变。若齿轮传递的转矩恒定，则传动过程中齿轮间压力的大小和方向均不改变，这对齿轮传动的平稳性是十分有利的。

3) 齿廓间的相对滑动

由图 6-2 可知，两齿廓接触点在公法线 N_1N_2 上的分速度必定相等，但在齿廓接触点公切线上的分速度不一定相等，因此，在啮合传动时，齿廓之间将产生相对滑动。齿廓间的相对滑动随啮合点的位置而变化。在节点 C 处啮合时，两齿廓接触点速度相等，没有相对滑动；距离 C 点越远，相对滑动越大。齿廓间的相对滑动与齿廓曲线的形状无关，是齿轮传动的一个普遍现象。

6.4　渐开线标准直齿圆柱齿轮

6.4.1　直齿圆柱齿轮各部分的名称及基本参数

图 6-6 所示为一渐开线直齿圆柱齿轮，其轮齿的两侧齿廓由形状相同、方向相反的渐开线曲面组成。

在齿轮整个圆周上轮齿的总数称为齿轮的齿数，用 z 表示。齿轮上相邻两齿之间的空间称为齿槽。过各轮齿顶端的圆称为齿顶圆，用 d_a 和 r_a 分别表示其直径和半径。齿槽底部所确定的圆称为齿根圆，用 d_f 和 r_f 分别表示其直径和半径。

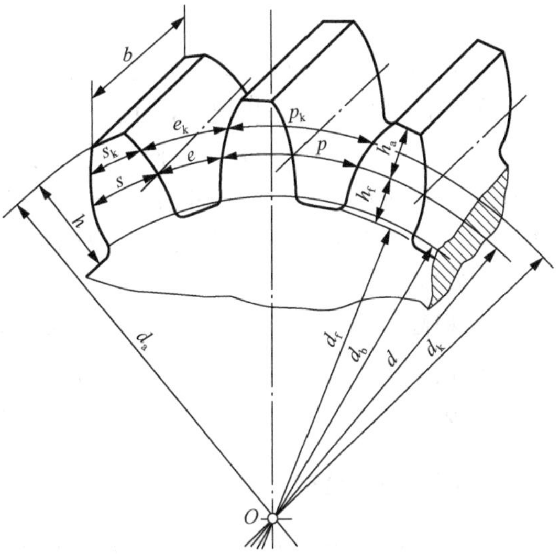

图 6-6　齿轮的几何尺寸

在齿轮任意直径 d_k 的圆周上，一个轮齿两侧齿廓间的弧长称为该圆上的齿厚，用 s_k 表示；一个齿槽两侧齿廓间的弧长称为该圆上的齿槽宽，用 e_k 表示；相邻两齿同侧齿廓间的弧长称为该圆上的齿距，用 p_k 表示。显然，$p_k = s_k + e_k$。齿厚、齿槽宽、齿距与所取圆的大小有关，不同圆周上的齿厚、齿槽宽、齿距不相等。

为了便于设计与制造，在齿顶圆与齿根圆之间取一个直径为 d（半径为 r）的圆作为基准圆，称为分度圆。对于标准齿轮，理论上，分度圆上的齿厚和齿槽宽相等。分度圆上的齿厚、齿槽宽和齿距分别用 s、e、p 表示，则有 $s = e$，$p = s + e$。分度圆的周长 $\pi d = zp$，于是

$$d = \frac{p}{\pi} z$$

式中，π 是一个无理数，故 d 必然是无理数，不便于计算和测量。为此，人为地将分度圆上的比值 p/π 规定为一系列简单的有理数，并把它称为模数，用 m 表示。于是，齿轮的分度圆直径可表示为

$$d = mz \tag{6-4}$$

模数 m 是确定齿轮尺寸的一个基本参数，其单位为 mm。齿轮的主要几何尺寸都与模数成正比，m 越大，p 越大，轮齿越大，齿轮的分度圆直径也越大（图 6-7）。我国已经颁布了齿轮模数的国家标准，如表 6-1 所示。

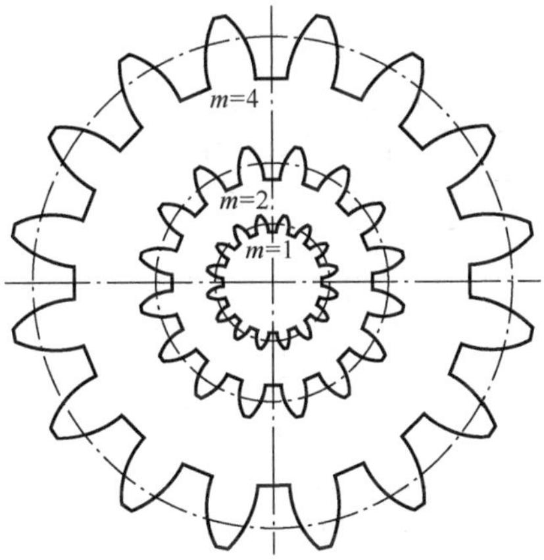

图 6-7　齿数相同、模数不同的齿轮对比

渐开线齿廓分度圆上的压力角，简称为压力角，用 α 表示。压力角是齿轮的另一个基本参数，压力角已标准化，我国规定标准齿轮的压力角为 20°。因此，齿轮的分度圆就是齿轮上具有标准模数和标准压力角的圆。

表 6-1　通用机械和重型机械用圆柱齿轮模数(GB/T 1357—2008)

第 I 系列	1	1.25	2	2.5	3	4	5	6		8	10	12	16	20	25	32	40	50
第 II 系列	1.125	1.375	1.75	2.25	3.5	4.5	5.5	(6.5)	7	9	11	14	18	22	28	35	45

注：1．本表适合于通用机械和重型机械用渐开线直齿和斜齿圆柱齿轮，对斜齿轮是指法向模数。表中模数不适用于汽车齿轮。

2．选用模数时应优先选用第 I 系列，应避免选用第 II 系列中的 6.5。

标准齿轮的分度圆齿厚和齿槽宽为

$$s=e=\frac{p}{2}=\frac{\pi m}{2} \tag{6-5}$$

在轮齿上，分度圆与齿顶圆之间的径向距离，称为齿顶高，用 h_a 表示。分度圆与齿根圆之间的径向距离，称为齿根高，用 h_f 表示。齿顶圆与齿根圆之间的径向距离，称为全齿高，用 h 表示。显然 $h=h_a+h_f$。一轮齿顶与另一轮齿根之间的径向间隙，称为顶隙，用 c 表示。顶隙不仅可避免传动时轮齿相互顶撞，且有利于贮存润滑油。齿顶高、齿根高和顶隙可用模数表示，国家标准将渐开线标准直齿圆柱齿轮规定为

$$\begin{aligned} &\text{齿顶高} && h_a=m \\ &\text{齿根高} && h_f=h_a+c=1.25m \\ &\text{全齿高} && h=h_a+h_f=2.25m \\ &\text{顶隙} && c=0.25m \end{aligned} \tag{6-6}$$

6.4.2　标准齿轮

模数、压力角、齿顶高、顶隙均为标准值，且分度圆上齿厚与齿槽宽相等的齿轮，称为标准齿轮。标准直齿圆柱齿轮几何尺寸的计算公式如表 6-2 所示。

表 6-2　外啮合标准直齿圆柱齿轮几何尺寸的计算公式

名称	符号	计算公式
模数	m	根据 GB/T 1357—2008 选取标准值
压力角	α	$\alpha=20^\circ$
分度圆直径	d	$d=mz$
齿顶高	h_a	$h_a=m$
齿根高	h_f	$h_f=1.25m$
全齿高	h	$h=h_a+h_f=2.25m$
齿顶圆直径	d_a	$d_a=d+2h_a=m(z+2)$
齿根圆直径	d_f	$d_f=d-2h_f=m(z-2.5)$
基圆直径	d_b	$d_b=d\cos\alpha=mz\cos\alpha$
齿距	p	$p=\pi m$
齿厚	s	$s=\frac{p}{2}=\frac{\pi m}{2}$
齿槽宽	e	$e=\frac{p}{2}=\frac{\pi m}{2}$
标准中心距	a	$a=\frac{1}{2}(d_1+d_2)=\frac{m}{2}(z_1+z_2)$

6.5 渐开线标准齿轮的啮合

6.5.1 正确啮合条件

齿轮传动时，它的每一对轮齿啮合一段时间后便要分离，由后一对轮齿接替，如图 6-8 所示，当前一对轮齿在啮合线上 K 点啮合时，后一对轮齿已经在啮合线上另一点 B_2 啮合。为保证前后两对轮齿能同时在啮合线上接触且不产生干涉，应使两轮相邻两齿同侧齿廓沿公法线上的距离(法向齿距)相等，即 $(\overline{KB_2})_1=(\overline{KB_2})_2$。根据渐开线性质 1，法向齿距与基圆齿距相等。因此，渐开线齿轮正确啮合的条件可写为

$$p_{b1}=p_{b2}$$

根据齿距的定义

$$p_{b1}=\frac{\pi d_{b1}}{z_1}=\frac{\pi d_1\cos\alpha_1}{z_1}=\pi m_1\cos\alpha_1,\quad p_{b2}=\frac{\pi d_{b2}}{z_2}=\frac{\pi d_2\cos\alpha_2}{z_2}=\pi m_2\cos\alpha_2$$

要使两齿轮正确啮合，必须使两轮的模数、压力角满足如下条件：

$$m_1\cos\alpha_1=m_2\cos\alpha_2$$

由于模数和压力角都是标准值，要满足上式必须使

$$\begin{cases}m_1=m_2=m\\ \alpha_1=\alpha_2=\alpha\end{cases}\qquad(6\text{-}7)$$

式(6-7)表明：渐开线齿轮的正确啮合条件是两轮的模数和压力角必须分别相等。于是一对齿轮的传动比可表示为

$$i=\frac{\omega_1}{\omega_2}=\frac{d_2'}{d_1'}=\frac{d_{b2}}{d_{b1}}=\frac{d_2}{d_1}=\frac{z_2}{z_1}\qquad(6\text{-}8)$$

6.5.2 标准安装

一对齿轮传动时，一轮节圆上的齿槽宽与另一轮节圆上的齿厚之差称为齿侧间隙。为了消除齿轮反向传动时的空程和减小冲击，要求齿侧间隙为零。故设计的齿轮传动在正确安装时其齿侧间隙在名义上应等于零。

根据式(6-5)，标准齿轮在分度圆上齿厚与齿槽宽相等，又因正确啮合的一对渐开线齿轮的模数相等，故要消除齿侧间隙，安装时应使齿轮的分度圆与节圆重合，如图 6-8 所示。一对齿轮分度圆相切时的中心距称为标准中心距，用 a 表示，即

$$a=r_1'+r_2'=r_1+r_2=\frac{m}{2}(z_1+z_2)\qquad(6\text{-}9)$$

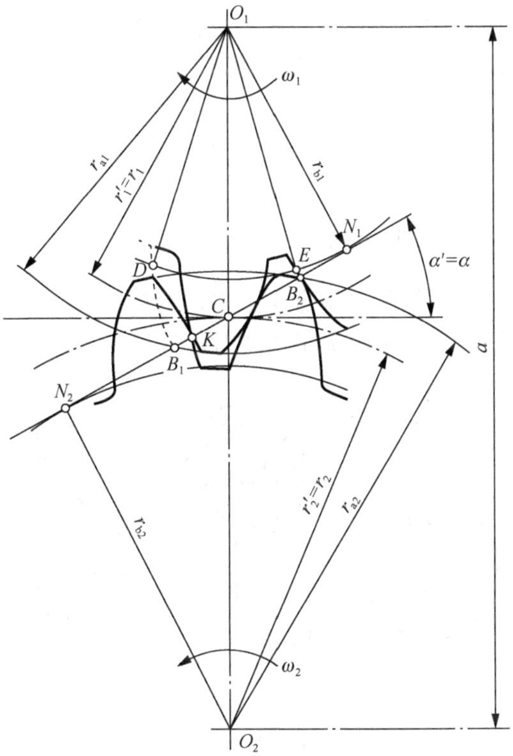

图 6-8 渐开线齿轮正确啮合条件

此时的啮合角 α' 等于分度圆上标准压力角 α。对单个齿轮，只有分度圆和压力角，没有节圆和啮合角；节圆和啮合角只有在一对齿轮相互啮合时才出现的参量。标准齿轮只有在标准安装时，节圆和分度圆才重合，啮合角与分度圆压力角才相等。

6.5.3　连续传动条件

在图 6-8 所示的一对齿轮啮合中，设轮 1 为主动轮，轮 2 为从动轮。齿廓的啮合始于主动轮 1 的轮齿根部推动从动轮 2 的齿顶，即从动轮齿顶圆与啮合线的交点 B_2 为一对齿廓进入啮合的起始点。随着齿轮的转动，两齿廓的啮合点沿啮合线移动。当啮合点移动到齿轮 1 的齿顶圆与啮合线的交点 B_1 时，该对齿廓退出啮合，即 B_1 为一对齿廓啮合的终止点。故啮合线 N_1N_2 上的线段 $\overline{B_1B_2}$ 称为实际啮合线，而线段 $\overline{N_1N_2}$ 为理论啮合线长度。

在啮合过程中，如果后一对轮齿齿廓进入啮合起始点 B_2 时，前一对轮齿齿廓尚未到达啮合终止点 B_1，而是在 $\overline{B_1B_2}$ 之间的某一点 K 处啮合(即 $\overline{B_1B_2} \geqslant \overline{KB_2}$)，这样才能顺利地完成前后轮齿交替，实现连续传动。$\overline{KB_2}$ 为法向齿距，也等于基圆齿距 p_b。因此，保证一对齿轮连续传动的条件是实际啮合线长度大于或等于基圆齿距，即

$$\varepsilon = \frac{\overline{B_1B_2}}{p_b} \geqslant 1 \tag{6-10}$$

式中，ε 称为齿轮传动的重合度。理论上，当 $\varepsilon = 1$ 时就能保证一对齿轮连续传动，但由于齿轮的制造误差、安装误差和啮合过程中轮齿的变形，实际上应使 $\varepsilon > 1$。在一般机械中，常使 $\varepsilon = 1.1 \sim 1.4$。当重合度在 1 ～ 2 之间时，则两个齿轮在啮合过程中有时一对轮齿啮合，有时两对轮齿啮合。一对齿轮传动的重合度越大，则该对齿轮传动两对轮齿啮合的时间越长，传动越平稳，承载能力越高。

6.6　渐开线直齿圆柱齿轮的加工

6.6.1　齿轮加工的基本原理

齿轮的加工方法很多，有铸造法、热轧法、冲压法和切削法等，目前最常用的还是切削法。按切削法加工齿轮时，其切齿原理分为成形法和范成法。

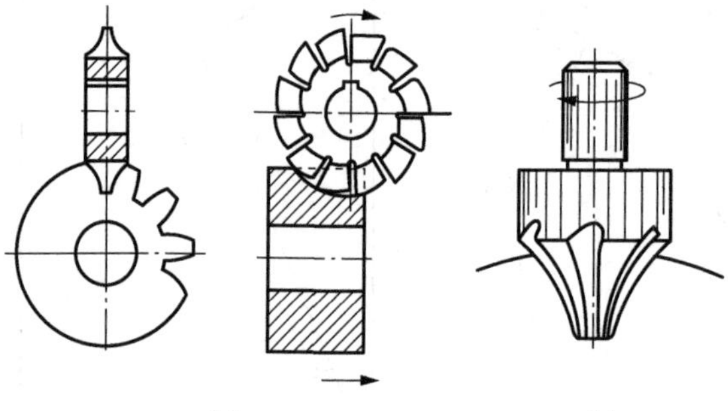

(a)　(b)

图 6-9　成形法加工齿轮

1. 成形法(仿形法)

成形法是在铣床上用与被加工齿轮的齿槽形状尺寸完全相同的成形铣刀直接切出齿轮齿形的方法。常用的刀具有盘形铣刀(图 6-9(a))和指状铣刀(图 6-9(b))两种，其中指状铣刀一般用来切制大模数齿轮。加工时，铣刀绕刀具本身轴线转动，轮坯沿齿轮轴线方向进给，铣完一个齿槽后，轮坯退回原处，转动 360°/z，再铣第二个齿槽，依次进行，直到铣完全部齿槽。

由于渐开线的形状取决于基圆半径r_b，而$r_b=\frac{1}{2}mz\cos\alpha$，即渐开线的形状由$m$、$\alpha$、$z$决定，因此即使$m$、$\alpha$相同，而齿数不同的齿轮渐开线形状就不同。也就是说，模数一定的标准齿轮，每一种齿数都需要一把对应的铣刀，才能切制出准确的渐开线齿形。这显然是不经济的，也是不可能的。为减少刀具的数目，又保证一定的加工精度，通常对同一模数和压力角的齿轮，配备8把或15把铣刀，每一把铣刀用来加工一定齿数范围的齿轮。每一把铣刀的齿形是按所加工齿数范围中最少齿数的齿形设计的，加工其他齿数的齿轮时只能得到近似齿形。

成形法切齿原理简单，不需要专用机床；但生产效率低，齿轮精度差，故常用于维修、单件或小批量生产。

2. 范成法(展成法)

范成法是利用一对齿轮互相啮合时，其共轭齿廓互为包络线的原理切齿的。范成法是目前齿轮加工的主要方法，具体工艺有插齿、滚齿、剃齿、磨齿等，其中后面两种为精加工。

1)插齿

图6-10(a)所示为用齿轮插刀在插齿机上加工齿轮的情形。齿轮插刀的形状和齿轮相似，但有切削刃，其模数和压力角与被加工齿轮相同，只是刀具的齿顶高比普通齿轮的齿顶高高出0.25m，以便切制出被加工齿轮的顶隙。加工时，齿轮插刀与轮坯之间的相对运动有：①范成运动。插齿机的传动系统严格保证插齿刀与轮坯之间的啮合运动关系，即$n_{刀}/n_{齿}=z_{齿}/z_{刀}$。②切削运动。插齿刀沿轮坯轴线方向做上下往复的切削运动。③让刀运动。为了避免插刀回程时刀刃与轮坯摩擦，轮坯需要做径向让刀运动。切削出来的轮齿齿廓如图6-10(b)所示，它是插齿刀相对轮坯运动过程中刀刃各位置的包络线。根据齿轮正确啮合条件，被切制出来的齿轮的模数和压力角必定与插齿刀的模数和压力角相等。改变插齿刀与轮坯的传动比$n_{刀}/n_{齿}$，用一把插齿刀就可加工出模数和压力角相同而齿数不同的若干齿轮。

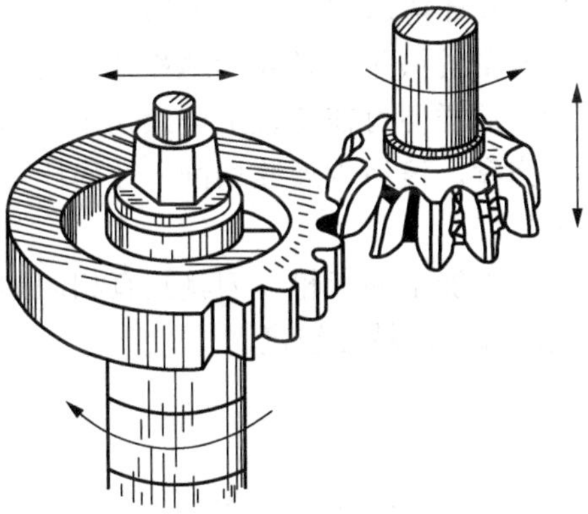

(a)

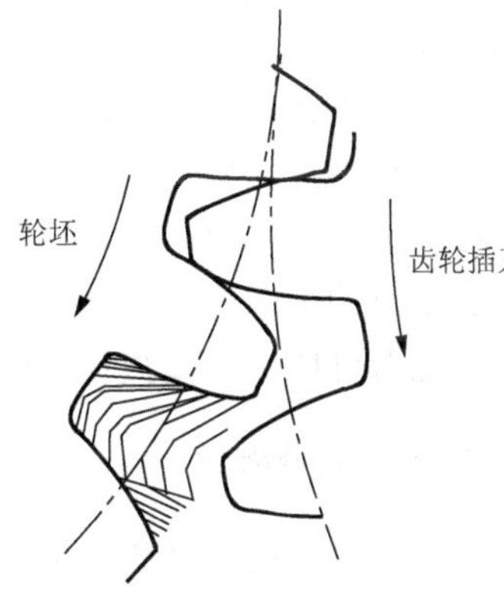

(b)

图6-10 齿轮插刀切齿

当齿轮插刀的齿数增大到无穷多时，齿轮插刀演变为齿条插刀，其齿廓如图6-11所示。齿条插刀的齿顶高比普通齿条的齿顶高高出0.25m，以便切出齿轮的齿根，保证传动时的顶隙。因此，齿条插刀的分度线也叫齿条插刀中线。加工标准齿轮时，齿条插刀中线与轮坯分度圆相切，其切齿原理与齿轮插刀的切齿原理相同，如图6-12所示。

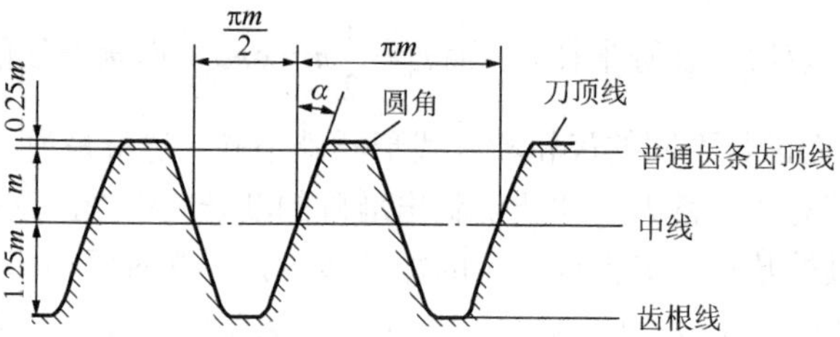

图 6-11　齿条插刀的齿廓

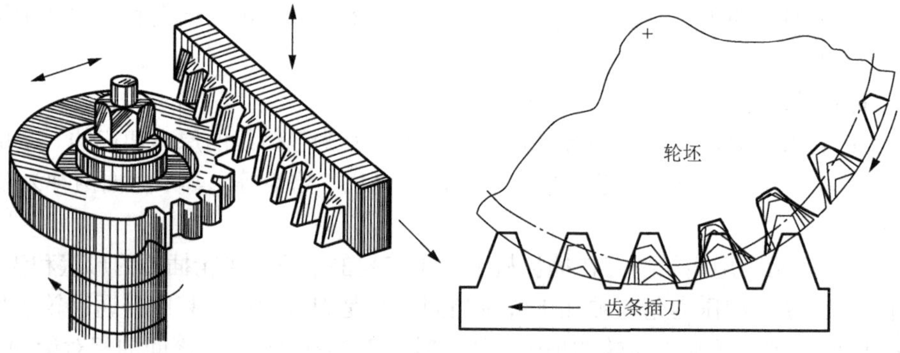

图 6-12　齿条插刀切齿

插齿除了能加工外齿轮外，还可加工内齿轮和双联齿等各种齿轮。插齿加工的齿轮精度较高，但加工过程不连续，生产效率较低。大批量生产齿轮时，常采用效率更高的滚齿加工。

2) 滚齿

图 6-13(a)所示为齿轮滚刀，其外形类似一个开了一系列纵向沟槽并形成刀刃的螺旋。安装时应使滚刀轴线与轮坯端面的夹角等于滚刀的螺旋升角γ，如图 6-13(b)所示，这样滚刀螺旋面在轮坯端面的投影为一齿条。滚刀转动时，投影的假想齿条连续地移动，同时轮坯绕自己轴线转动，相当于齿条插刀与轮坯做啮合运动，这样便可在轮坯上连续切出齿形。滚刀除旋转外，还沿轮坯轴线方向进给，以便切出整个齿宽。滚齿为连续切削，效率比插齿高，应用较广，但不能加工内齿轮。

范成法加工出的齿廓为刀具齿刃的共轭齿廓，被加工的齿轮与刀具具有相同的模数、压力角，故用一把刀可切制出模数相同的各种齿数的齿轮，精度较高。

6.6.2　根切和最少齿数

为了减小齿轮传动的尺寸和重量，当传动比和模数一定时，希望选用齿数 z_1 较少的小齿轮，从而大齿轮齿数 z_2 也减少。然而，采用范成法加工齿轮时，若齿轮齿数过少，则会导致已加工轮齿的根部齿廓被刀具顶部切去一部分，这种现象称为根切，如图 6-14(a)所示。图 6-14(b)所示为齿条插刀切制齿轮的范成运动过程，刀具右移到位置 I 时，刀刃与理论啮合线相交于极限啮合点 N_1，渐开线齿廓被全部切出。如果刀具顶线(不考虑切削顶隙的圆角刀顶)恰好通过 N_1 点(图中的虚线)，此时刀刃与被切齿廓将脱离啮合，不发生根切。但图 6-14(b)中刀具顶线超过了 N_1 点，范成运动继续进行时，刀具从位置 I 向位置 II 的运动过程中将继续切削，其顶部就会把已加工好的齿廓切去一部分，从而发生根切(图中阴影部分)。根切不仅削弱轮齿根部的抗弯强度，还会减小重合度，降低传动的平稳性，故应设法避免。

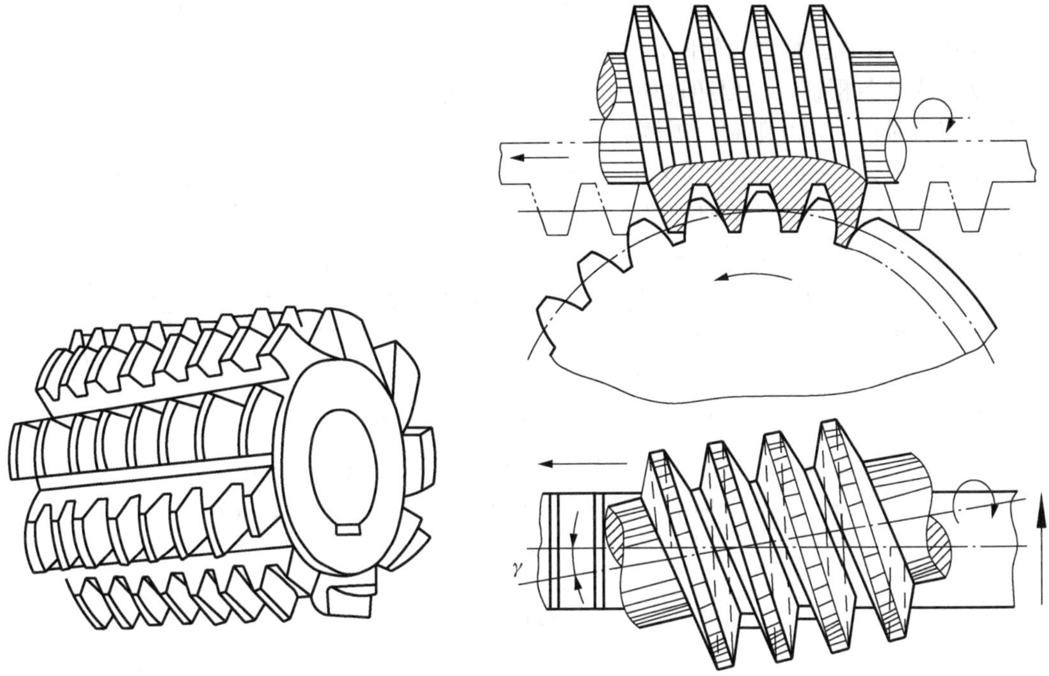

(a) (b)

图 6-13 滚刀切齿

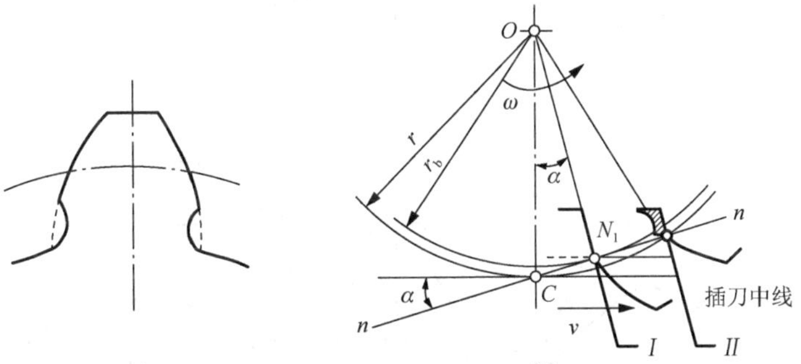

(a) (b)

图 6-14 根切现象

为避免根切，刀具顶线不应超过极限啮合点 N_1。但在加工标准齿轮时，插刀中线必须与被切齿轮分度圆相切，在模数一定的情况下，刀具顶线位置已确定，故避免根切只能提高 N_1 点的位置。如图 6-15 所示，N_1 点的位置与基圆半径 r_b 有关，r_b 越小，N_1 点离刀具中线距离 e 越近。欲避免根切，则应使 $e \geqslant m$，根据图 6-15 中几何关系有

$$e = \overline{CN_1} \cdot \sin\alpha = r_b \cdot \tan\alpha \cdot \sin\alpha = \frac{mz}{2}\sin^2\alpha \geqslant m$$

可得 $z \geqslant \dfrac{2}{\sin^2\alpha}$，故切削标准齿轮时不发生根切的最少齿数为 $z_{min} = \dfrac{2}{\sin^2\alpha}$。

对于 $\alpha = 20°$，$h_a = m$ 的标准齿形刀具，根据上式计算结果，避免根切的最少齿数为 $z_{min} = 17$。若允许轻微根切，可取 $z_{min} = 14$。

6.6.3 变位齿轮

如前所述，在加工标准齿轮时，插刀中线与被切齿轮分度圆相切，为避免根切，需要通过增大基圆半径来提高 N_1 点位置。但有时由于尺寸限制，需要加工 $z<z_{\min}$ 的齿轮，又不希望出现根切。此时，可将刀具向远离轮坯中心的方向移动一段距离，使刀具顶线不超过极限啮合点。这时，与齿轮分度圆相切并做纯滚动的已经不是刀具中线，而是与之平行的另一条直线(称为加工节线)。用这种改变刀具相对位置的方法切出的齿轮称为变位齿轮。

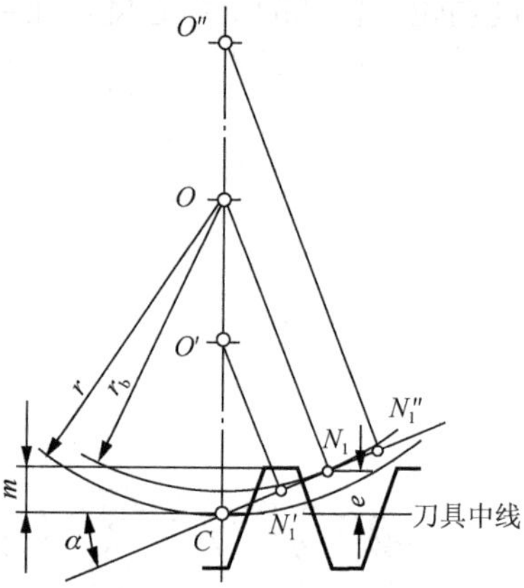

图 6-15　最少齿数

以切削标准齿轮时的位置为基准(图 6-16(a))，刀具的径向移动距离 xm 称为变位量，x 称为变位系数。把刀具从轮坯中心移远称为正变位，x 为正值，所加工出的齿轮称为正变位齿轮(图 6-16(b))；把刀具向轮坯中心移近称为负变位，x 为负值，所加工出的齿轮称为负变位齿轮(图 6-16(c))。

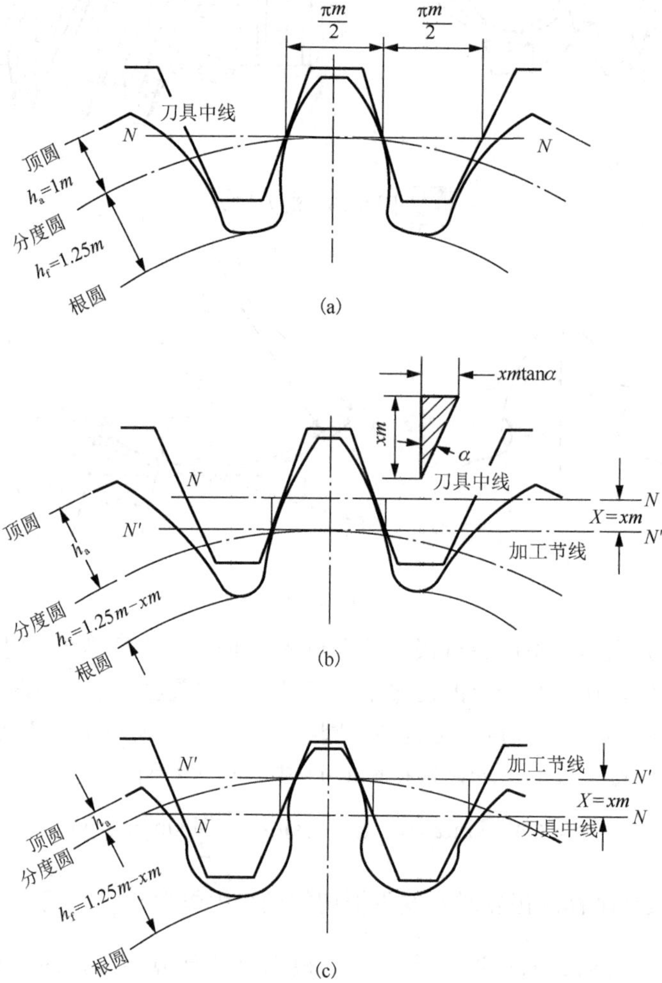

图 6-16　齿轮的变位

无论正变位还是负变位，刀具上总有一条加工节线 $N'N'$ 与被切齿轮分度圆相切并保持纯滚动。因刀具上任一条与中线平行的直线上的齿距、模数和压力角均相等，故加工的变位齿轮与标准齿轮具有相同的齿距、模数、压力角、分度圆直径和基圆直径。但变位齿轮分度圆上的齿厚、齿槽宽、齿顶高和齿根高却发生了变化。

由图 6-16(b)可知，当采用正变位时，刀具在加工节线处的齿槽宽比中线处的齿槽宽增大了 $2xm\tan\alpha$，故被切齿轮分度圆的齿厚也增加了 $2xm\tan\alpha$，而分度圆上的齿槽宽则减小了 $2xm\tan\alpha$。由此可见，采用正变位可加工齿数小于 17 且无根切的齿轮，同时齿根变厚，提高了轮齿的弯曲强度。

采用变位齿轮传动有以下两种情形。

(1) 高度变位齿轮传动。两个齿轮的变位满足 $x_\Sigma = x_1 + x_2 = 0$，且 $x_1 = -x_2$。这种齿轮传动与标准齿轮传动相比啮合角不变，仅仅齿顶高和齿根高发生了变化，故称高度变位。一般来说小齿轮应采用正变位，大齿轮采用负变位。

(2) 角度变位齿轮传动。两个齿轮的变位满足 $x_\Sigma = x_1 + x_2 \neq 0$。其传动啮合角不再等于标准齿轮的分度圆压力角，故称角度变位齿轮传动，常用于配凑并满足不同中心距的要求。它又可分为两种情况：

① 正传动。一对齿轮的变位系数之和大于零，即 $x_\Sigma = x_1 + x_2 > 0$。正传动中，啮合角大于分度圆压力角，中心距大于标准中心距。

② 负传动。一对齿轮的变位系数之和小于零，即 $x_\Sigma = x_1 + x_2 < 0$。负传动中，啮合角小于分度圆压力角，中心距小于标准中心距。

6.6.4　齿轮加工精度

齿轮制造和安装时不可避免的会产生一定误差，如齿形误差、齿距误差、齿厚误差、齿向误差、轴向平行度误差等，这些误差将影响齿轮传递运动的准确性、传动的平稳性、齿面上载荷分布的均匀性。齿轮精度越低，误差越大，对传动的影响越严重。反之，若齿轮的精度选得过高，则给制造带来困难，成本急剧增加。因此，应根据齿轮具体的应用条件，合理地确定齿轮精度。

国家标准 GB/T 10095.1—2008 对渐开线圆柱齿轮规定了 0 ～ 12 级共 13 个精度等级，其中第 0 级精度最高，第 12 级精度最低。齿轮精度等级的选择，应综合考虑传动用途、圆周速度、传动功率等工作条件。一般机械中，常用的齿轮精度等级为 6 ～ 9 级，表 6-3 列举了圆柱齿轮精度等级的选择与应用。

表 6-3　齿轮精度等级的选择与应用

精度等级	圆周速度/(m/s)		应用
	直齿	斜齿	
6 级	≤ 15	≤ 30	用于高速下平稳工作，需要高效率及低噪声的齿轮；航空、汽车用齿轮；读数装置中的精密齿轮；机床传动齿轮
7 级	≤ 10	≤ 15	在中速或大功率下工作的齿轮；机床变速箱进给齿轮；减速器齿轮；起重机齿轮；汽车以及读数装置中的齿轮
8 级	≤ 6	≤ 10	一般机器中无特殊精度要求的齿轮；机床变速齿轮；汽车制造业中不重要的齿轮；冶金、起重机械齿轮；通用减速器的齿轮；农业机械中的重要齿轮

续表

精度等级	圆周速度/(m/s)		应用
	直齿	斜齿	
9 级	≤2	≤4	用于不提出精度要求的粗糙工作的齿轮；因结构上考虑，受载低于计算载荷的传动用齿轮；低速不重要工作机械的动力齿轮；农机齿轮

6.7 齿轮的失效和齿轮材料

6.7.1 齿轮的失效

齿轮传动主要是依靠轮齿之间的啮合来传递运动和动力的，故齿轮的失效主要发生在轮齿上，常见的失效形式有以下五种。

1. 轮齿折断

轮齿的折断通常发生在轮齿根部(图 6-17(a))，因为轮齿受载时齿根所受弯曲应力最大，且有应力集中。轮齿的折断分为疲劳折断和过载折断。

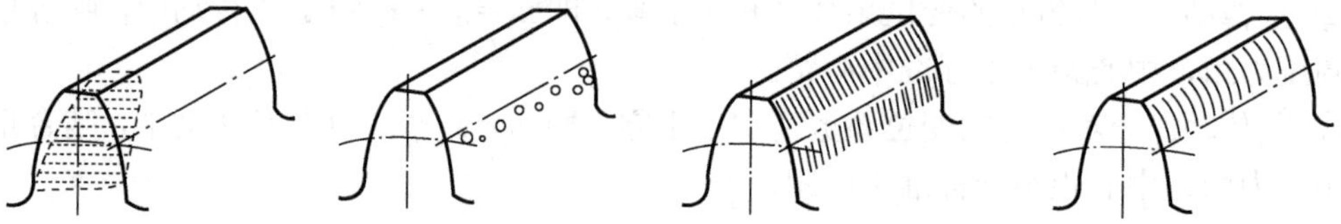

(a) 轮齿折断　(b) 齿面点蚀　(c) 齿面磨损　(d) 齿面胶合

图 6-17　齿轮传动常见失效形式

齿轮啮合过程中，轮齿受到反复载荷作用，在其根部会产生很大的弯曲应力(若轮齿单侧工作，弯曲应力为脉动循环；若轮齿双侧工作，弯曲应力为对称循环)。当弯曲应力超过弯曲疲劳极限时，齿根受拉一侧会产生初始疲劳裂纹，并逐步扩展，最终导致疲劳折断。

轮齿受到短时意外严重过载，导致静强度不足而引起的突然折断，称为过载折断。用淬火钢或铸铁制造的齿轮容易发生过载折断。

2. 齿面点蚀

齿轮啮合过程中，齿面上任一啮合点都会受到脉动循环的接触应力作用。若接触应力超过材料的接触疲劳极限，在载荷的多次重复作用下，齿面表层就会产生细微的疲劳裂纹。随着应力循环次数的增加，疲劳裂纹逐步扩展，最终导致金属微粒剥落，在齿面上留下细小凹坑，这种现象称为齿面点蚀(图 6-17(b))。齿面点蚀的继续扩展会影响传动的平稳性，使振动和噪声增大，甚至导致齿轮不能正常工作。齿面点蚀首先发生在节线附近靠近齿根的表面上，因为节线附近通常为单对齿啮合，接触应力大，同时该区域相对滑动速度低，不容易形成润滑，所受摩擦力较大。

提高齿面硬度，可以提高齿面抗点蚀能力。采用黏度大的润滑油可以减小润滑油渗入疲劳裂纹而产生的挤胀作用，从而减缓点蚀的形成。

齿面点蚀通常发生在润滑良好的闭式软齿面(齿面硬度 ≤ 350 HBW)齿轮传动中。在开式齿轮传动中，由于齿面磨损速度较快，点蚀未形成之前已被磨掉，所以很少观察到点蚀现象。

3. 齿面磨损

在闭式齿轮传动中，润滑油中的磨屑、杂质可能被带入轮齿工作表面，对于暴露在空气中的开式齿轮传动，外界的灰尘、杂质也会进入轮齿啮合区。在齿轮啮合时，齿面间存在相对滑动，这些外来颗粒就会引起齿面发生磨粒磨损(图6-17(c))。齿面过度磨损后，齿廓就失去了准确齿形，从而导致啮合不良，产生振动和噪声。齿面磨损到一定程度，齿厚变薄可能使得齿根弯曲强度不足，而引起轮齿折断。

齿面磨损主要发生在开式齿轮传动中，对于润滑和密封良好的闭式齿轮传动，在注意润滑油的清洁和更换条件下，一般不会发生齿面磨损。新齿轮在使用一段时间后，应及时清洗并更换润滑油，以免跑合过程产生的磨屑引起齿面磨损。

4. 齿面胶合

在高速重载齿轮传动中，齿面间接触压力大、相对滑动速度高，摩擦发热使啮合区瞬时温度升高引起润滑失效，致使两齿面金属局部直接接触而相互黏连，而随着齿面的相对运动，黏连处被撕开，在齿面上沿相对滑动方向形成沟纹状损伤，这种现象称为齿面胶合(图6-17(d))。在低速重载齿轮传动中，由于啮合处局部压力过高，在低速下齿面间润滑油膜不易形成，也易产生胶合破坏。

提高齿面硬度、减小齿面粗糙度或减小模数，降低齿高，以降低滑动系数，都能增强抗胶合能力。对低速传动，宜选用黏度大的润滑油；对高速传动，可采用含抗胶合添加剂的合成润滑油。

5. 齿面塑性变形

在重载下，齿面材料因屈服而产生塑性流动形成图6-18所示的塑性变形，这种失效多发生在低速、过载和振动频繁的传动中。

提高齿面硬度和采用高黏度润滑油有助于防止轮齿产生塑性变形。

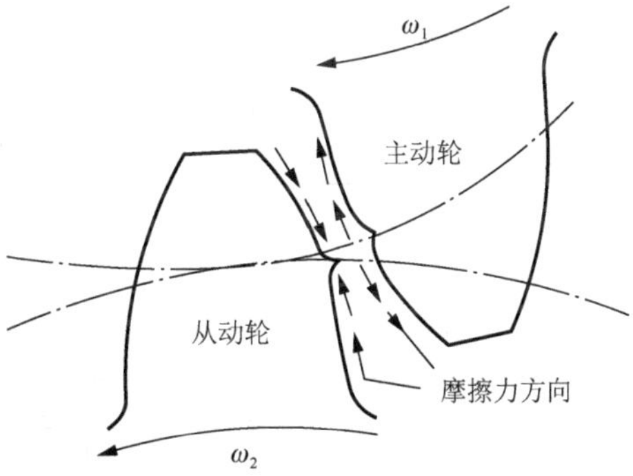

图6-18　齿面塑性变形

6.7.2　齿轮的材料

为防止齿轮失效，选择齿轮材料时，应使齿面具有足够的硬度和耐磨性，以抵抗齿面磨损、齿面点蚀、齿面胶合和齿面塑性变形，在变载荷和冲击载荷下工作的齿轮应有足够的强度和韧性，以抵抗齿根弯曲疲劳折断。因此，对齿轮材料的基本要求是：齿面要硬，芯部要韧，并且具有良好的制造工艺性。

常用的齿轮材料为优质碳素钢和合金结构钢，其次是铸钢和铸铁，在某些情况下也采用有色金属和非金属。大多数齿轮，特别是重要齿轮都用锻钢制造，只有对形状复杂和直径较大不易锻造的齿轮，才采用铸造。

1. 锻钢

用锻钢制造的齿轮，按其齿面硬度和加工工艺的不同，可分为如下两类。

(1)软齿面齿轮(硬度≤350 HBW)。这类齿轮常用的材料为35、45等中碳钢以及40Cr、35SiMn等中碳合金钢，经调质或正火后进行精切加工。考虑小齿轮的工作齿数较多，可使其齿面硬度比大齿轮高30～50 HBW。这类齿轮制造较简便，多用于对强度、速度和精度要求不高的一般机械中。

(2) 硬齿面齿轮（硬度 > 350 HBW）。这类齿轮常用的材料为 45、35SiMn、40Cr、40MnB（表面淬火）、20、20Cr、20CrMnTi（表面渗碳淬火）、38CrMoAlA（表面渗氮）等制造，齿面硬度一般为 45 ～ 65 HRC。由于齿面硬度高，最终热处理是在精切后进行。为消除热处理引起的轮齿变形，精切后还需对轮齿进行磨削和研磨。这类齿轮精度高、制造较复杂，多用于高速、重载及精密机械中。

2. 铸钢

当齿轮直径较大（d> 500 mm）、结构形状复杂时，其轮坯不易锻造，可采用铸钢，如 ZG270-500 ～ ZG340-640 等制造。但铸钢因收缩率大，故需进行正火或回火处理以消除其内应力。

3. 铸铁

铸铁价廉、铸造性好，在开式、轻载低速的齿轮传动中，可用来代替铸钢。但因其抗弯强度和抗冲击能力都较差，故在同样条件下，铸铁齿轮与锻钢齿轮相比，尺寸较大。常用的铸铁有灰铸铁 HT200～HT350、球墨铸铁 QT500-7、QT600-3 等。

常用齿轮材料及力学性能见表 6-4。

表 6-4 常用齿轮材料及其力学性能

类别	材料牌号	热处理方式	硬度
中碳钢	45	正火	156 ～ 217 HBW
		调质	197 ～ 286 HBW
		表面淬火	40 ～ 50 HRC
中碳合金钢	35SiMn 42SiMn	调质	196 ～ 286 HBW
		表面淬火	45 ～ 55 HRC
	40Cr	调质	217 ～ 286 HBW
		表面淬火	48 ～ 55 HRC
	38CrMoAlA	调质	241 ～ 285 HBW
		氮化	>850 HV
低碳合金钢	20Cr	渗碳淬火	56 ～ 62 HRC
	20CrMnTi	渗碳淬火	56 ～ 62 HRC
铸钢	ZG310-570	正火	163 ～ 197 HBW
	ZG340-640	正火	179 ～ 207 HBW
灰铸铁	HT300		175 ～ 263 HBW
	HT250		182 ～ 273 HBW
	HT350		197 ～ 298 HBW
球墨铸铁	QT500-7	正火	170 ～ 230 HBW
	QT600-3	正火	190 ～ 270 HBW

6.8 直齿圆柱齿轮的受力分析与强度计算

6.8.1 受力分析和计算载荷

1. 受力分析

为了计算齿轮的强度、设计计算轴和轴承，需要求出作用在轮齿上的力。图 6-19 所示为一对标准直齿圆柱齿轮正确啮合时的受力情况，其齿廓在节点 C 接触。若忽略齿面间的摩擦力，则轮齿间的总作用力 $\boldsymbol{F}_n$ 将沿着轮齿啮合点的公法线 N_1N_2 方向作用。将 $\boldsymbol{F}_n$ 分解成相互垂直的两个分力：即与节圆相切的圆周力 $\boldsymbol{F}_t$ 和沿径向的径向力 $\boldsymbol{F}_r$。设主动轮 1 的分度圆直径为 d_1(mm)，转速为 n_1(r/min)，传递的功率为 P(kW)，则作用于其上的转矩 T_1(N·mm) 的计算公式为

$$T_1 = 9.55\times 10^6 \frac{P_1}{n_1}$$

由齿轮的力矩平衡条件可得

圆周力 $$F_t = \frac{2T_1}{d_1}$$

径向力 $$F_r = F_t \cdot \tan\alpha$$

法向力 $$F_n = \frac{F_t}{\cos\alpha}$$

圆周力 $\boldsymbol{F}_t$ 的方向在主动轮上与圆周速度方向相反，在从动轮上与圆周速度方向相同。径向力 $\boldsymbol{F}_r$ 的方向，对外齿轮指向轮心，对内齿轮则背离轮心。

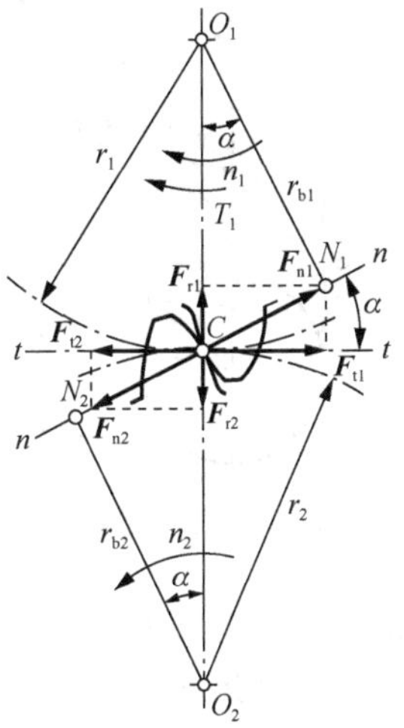

图 6-19　作用在轮齿上的力

2. 计算载荷

上述轮齿上法向作用力 $\boldsymbol{F}_n$ 是按静力学的计算方法得到的，称为名义载荷。实际上，由于制造误差，齿轮、轴和轴承受载后的变形，以及传动中工作载荷和速度的变化等，使得齿轮受到的实际载荷大于名义载荷，故齿轮强度计算时应按计算载荷 F_{nc} 进行计算。计算载荷为

$$F_{nc} = KF_n = \frac{2KT_1}{d_1\cos\alpha} \tag{6-11}$$

K 称为载荷系数，其值由表 6-5 查取。

表 6-5　载荷系数 K

原动机	工作机的载荷特性		
	均匀平稳	中等冲击	较大冲击
电动机	1 ~ 1.2	1.2 ~ 1.6	1.6 ~ 1.8
多缸内燃机	1.2 ~ 1.6	1.6 ~ 1.8	1.9 ~ 2.1
单缸内燃机	1.6 ~ 1.8	1.8 ~ 2.0	2.2 ~ 2.4

注：对于斜齿圆柱齿轮，圆周速度低、精度高、齿宽系数小时取小值；对于直齿圆柱齿轮，精度低、齿宽系数大时取大值。齿轮在两轴承之间对称布置时取较小值，不对称布置及悬臂布置时取较大值。

6.8.2　齿面接触疲劳强度计算

齿面的点蚀与齿面接触应力的大小有关。为避免齿面点蚀，应使齿面接触应力小于许用接触应力。

图 6-20 所示的两个圆柱体，在载荷 $\boldsymbol{F}_n$ 的作用下接触，接触区将产生接触应力。根据弹性力学的赫兹公式，接触区的最大接触应力为

$$\sigma_H = \sqrt{\frac{F_n}{\pi b\left(\frac{1-\mu_1^2}{E_1}+\frac{1-\mu_2^2}{E_2}\right)}\cdot\frac{\rho_2 \pm \rho_1}{\rho_1\rho_2}} \tag{6-12}$$

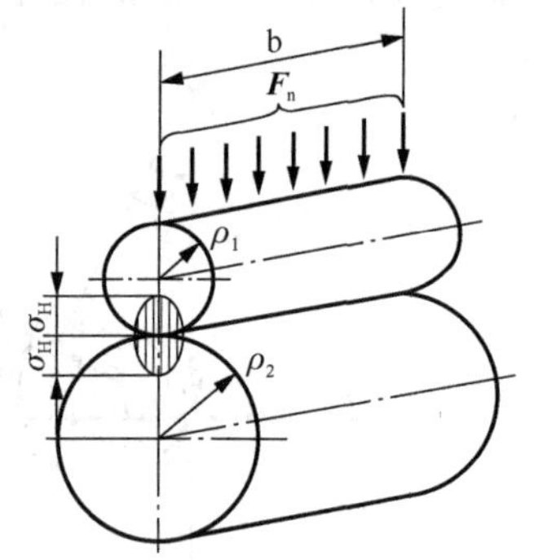

图 6-20　两圆柱体间的接触应力

式中，F_n 为法向压力，N；b 为两圆柱体的接触宽度，mm；ρ_1、ρ_2 分别为两圆柱体的半径，mm；"+"为外接触，"−"为内接触；E_1、E_2 分别为两圆柱体材料的弹性模量，MPa；μ_1、μ_2 分别为两圆柱体材料的泊松比。

两齿轮啮合时可看作以两齿廓在接触点处的曲率半径为半径的两圆柱体的相互接触。虽然两轮齿廓上各点的曲率半径是变化的，但考虑到点蚀多发生在节点附近，故一般以节点处的接触应力作为计算依据。由图 6-19 可知，两轮齿廓在节点 C 处的曲率半径为

$$\rho_1 = \overline{N_1C} = \frac{d_1}{2}\sin\alpha\text{，}\quad \rho_2 = \overline{N_2C} = \frac{d_2}{2}\sin\alpha$$

将上式、式(6-11)以及大、小齿轮的齿数比 $u = z_2 / z_1$，代入式(6-12)并经过整理后，得到齿面接触强度条件为

$$\sigma_H = Z_H Z_E \sqrt{\frac{2KT_1}{bd_1^2}\cdot\frac{u \pm 1}{u}} \leqslant [\sigma_H] \tag{6-13}$$

令 $\varphi_d = b / d_1$，代入式(6-13)，即得到满足齿面接触强度的设计公式

$$d_1 \geqslant \sqrt[3]{\frac{2KT_1}{\varphi_d}\cdot\frac{u \pm 1}{u}\cdot\left(\frac{Z_H Z_E}{[\sigma_H]}\right)^2} \tag{6-14}$$

以上两式中，Z_H 为节点区域系数，$Z_H = \sqrt{\frac{1}{\sin\alpha\cos\alpha}}$，对于标准齿轮 $Z_H = 2.5$；Z_E 为材料的弹性系数，$Z_E = \sqrt{\frac{1}{\pi\left(\frac{1-\mu_1^2}{E_1} + \frac{1-\mu_2^2}{E_2}\right)}}$，$\sqrt{\text{MPa}}$。两轮均为钢制时，$Z_E = 189.8\sqrt{\text{MPa}}$。故对于钢制的两个标准齿轮，接触强度的校核式和设计式可写为

$$\sigma_H = 671\sqrt{\frac{KT_1}{bd_1^2}\cdot\frac{u \pm 1}{u}} \leqslant [\sigma_H] \tag{6-15}$$

$$d_1 \geqslant \sqrt[3]{\frac{KT_1}{\varphi_d}\cdot\frac{u \pm 1}{u}\cdot\left(\frac{671}{[\sigma_H]}\right)^2} \tag{6-16}$$

式中，$[\sigma_H]$为许用接触应力，$[\sigma_H] = \sigma_{H,lim} / S_{H,min}$。$\sigma_{H,lim}$ 为接触疲劳极限，具体值见图 6-21；$S_{H,min}$ 为齿面接触强度的最小安全系数，见表 6-6。在进行齿面接触强度计算时，两轮的接触应力相同，但两轮的许用接触应力不一定相同，故计算时应取两轮许用接触应力中较小的代入上式。

表 6-6　最小安全系数 $S_{H,min}$ 和 $S_{F,min}$

使用要求	$S_{H,min}$	$S_{F,min}$
高可靠度(失效概率 ≤ 1/10000)	1.50 ～ 1.60	2.00
较高可靠度(失效概率 ≤ 1/1000)	1.25 ～ 1.30	1.60
一般可靠度(失效概率 ≤ 1/100)	1.00 ～ 1.10	1.25

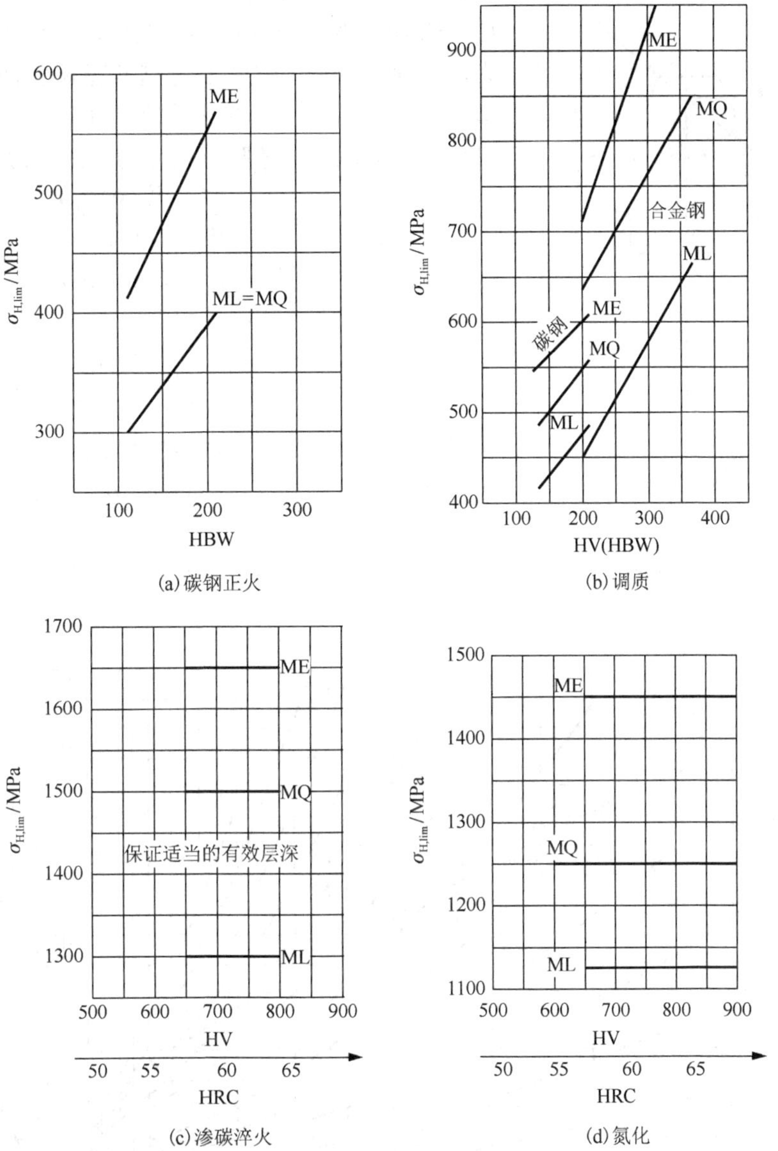

图 6-21　齿轮的接触疲劳极限应力

6.8.3　齿根的弯曲强度计算

轮齿折断与齿根弯曲强度有关，进行齿根弯曲强度计算就是限制齿根弯曲应力 σ_F 不大于其许用弯曲应力$[\sigma_F]$。当计算齿根弯曲强度时，可将轮齿看作一宽度等于齿宽 b 的悬臂梁。显然，当载荷作用于齿顶时，齿根所受弯曲应力最大，但一般齿轮的重合度 $\varepsilon > 1$，当轮齿在齿顶啮合时，相邻的一对轮齿也进入了啮合，载荷应由两对轮齿分担。但考虑到加工和安装误差，按一对轮齿承担全部载荷计算较为安全。

如图 6-22 所示，轮齿折断的危险截面可用 30° 切线法确定，即作与轮齿对称中心成 30° 夹角并与齿根圆角相切的斜线，两切点的连线就是危险截面位置。将载荷移至轮齿中线，并

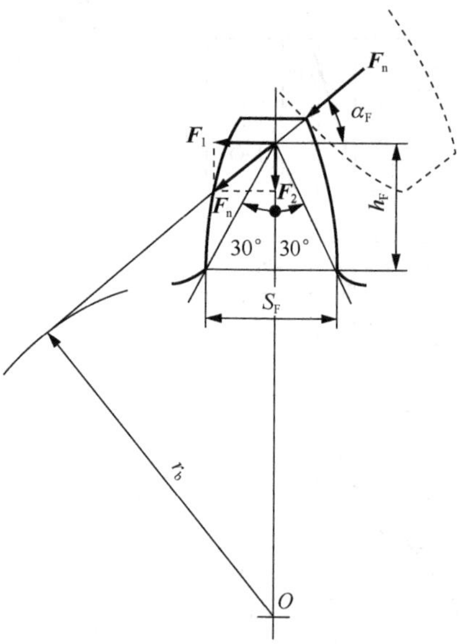

图 6-22　轮齿受力分析

分解成沿轮齿切向和径向的两个相互垂直的分力 $F_1=F_n\cos\alpha_F$ 和 $F_2=F_n\sin\alpha_F$。其中，F_1 使齿根产生弯曲应力，F_2 则产生压应力。由于齿根危险截面处的压应力比弯曲应力小得多，为简化计算，在计算轮齿弯曲强度时只考虑弯曲应力。危险截面上的弯曲应力为

$$\sigma_F=\frac{M}{W}=\frac{F_n\cos\alpha_F h_F}{bs_F^2/6}$$

以计算载荷 F_{nc} 代替 F_n，并取 $s_F=c_1m$，$h_F=c_2m$，以及将 $F_t=2T_1/d_1$ 代入上式，可得

$$\sigma_F=\frac{2KT_1Y_{FS}}{bd_1m}=\frac{2KT_1Y_{FS}}{bm^2z_1}\leqslant[\sigma_F] \qquad (6\text{-}17)$$

式中，$Y_{FS}=Y_{Fa}\cdot Y_{sa}$，称为复合齿形系数(图 6-23)，其中 Y_{Fa} 为齿形系数，$Y_{Fa}=\dfrac{6c_2\cos\alpha_F}{c_1^2\cos\alpha}$，它与齿轮的模数无关，只与齿形有关；$Y_{sa}$ 为考虑压应力和剪应力的应力修正系数。

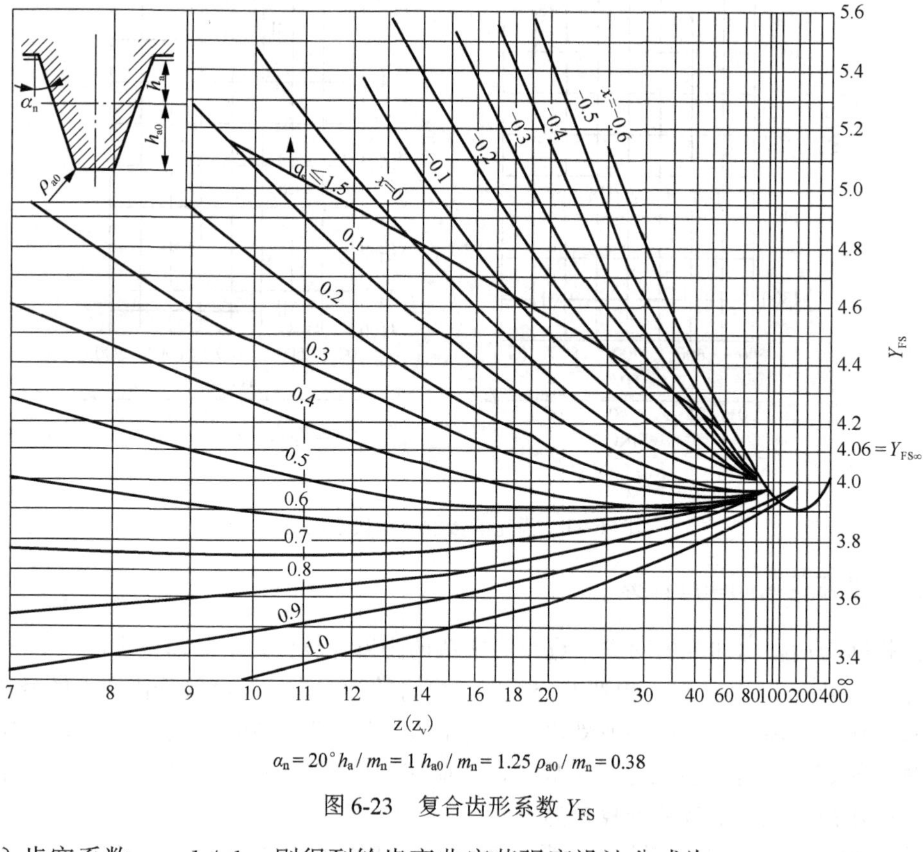

图 6-23　复合齿形系数 Y_{FS}

引入齿宽系数 $\varphi_d=b/d_1$，则得到轮齿弯曲疲劳强度设计公式为

$$m \geqslant \sqrt[3]{\frac{2KT_1}{\varphi_d z_1^2} \cdot \left(\frac{Y_{\mathrm{FS}}}{[\sigma_{\mathrm{F}}]}\right)} \tag{6-18}$$

式中，$[\sigma_F]$为许用弯曲应力，$[\sigma_F] = \sigma_{F,lim} / S_{F,min}$。$\sigma_{F,lim}$ 为弯曲疲劳极限，具体值见图 6-24，受对称双向弯曲的齿轮，$\sigma_{F,lim}$ 值应乘上系数 0.7；$S_{F,min}$ 为齿根弯曲强度的最小安全系数，见表 6-6。对于 $i \neq 1$ 的齿轮传动，由于 $z_1 \neq z_2$，因此 $Y_{FS1} \neq Y_{FS2}$，故 $\sigma_{F1} \neq \sigma_{F2}$。当两齿轮的材料或热处理方式、硬度不同时，其许用弯曲应力也不同，故进行轮齿弯曲强度校核时，两齿轮应分别计算。而按弯曲疲劳强度设计时，应取两个齿轮中较弱者进行计算，即将 $Y_{FS1} / [\sigma_{F1}]$、$Y_{FS2} / [\sigma_{F2}]$ 两者中的大值代入计算。求得 m 的值后，应按表 6-1 取标准模数。

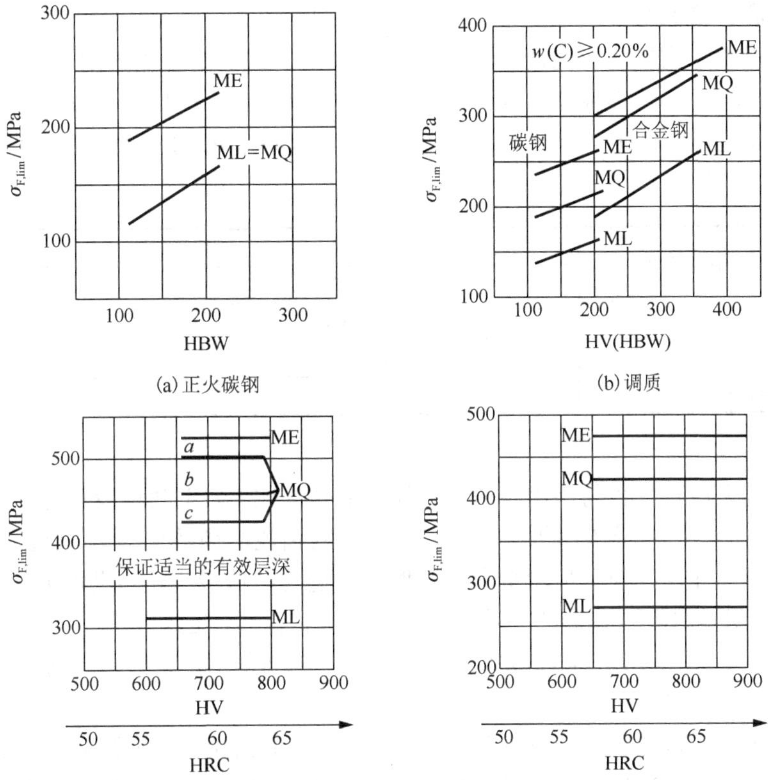

(a) 正火碳钢　　(b) 调质　　(c) 渗碳淬火　　(d) 氮化

图 6-24　齿根弯曲疲劳极限应力

图 (c) 中：a-芯部硬度 ≥ 30 HRC；b-芯部硬度 ≥ 25 HRC，且淬透性 $J = 12$ mm 时，硬度 ≥ 28 HRC；c-芯部硬度 ≥ 25 HRC，且淬透性 $J = 12$ mm 时，硬度 < 28 HRC

6.8.4　齿轮传动的主要参数选择

1. 齿轮传动设计准则

设计齿轮传动时，应根据实际工作条件下的主要失效形式，确定相应设计准则：闭式软齿面齿轮传动的主要失效形式为齿面点蚀，故通常先按齿面接触强度条件进行设计，确定齿轮主要参数和传动尺寸，然后按齿根弯曲强度条件进行校核计算。闭式硬齿面齿轮传动的主要失效形式为轮齿折断，故通常先按齿根弯曲强度条件进行设计，确定齿轮主要参数和传动尺寸，然后按齿面接触强度条件进行校核计算。对于开式齿轮传动，主要失效形式为齿面磨损和轮齿折断，通常只按弯曲强度计算进行设计，并考虑磨损的影响，将模数增大 10 %～30 %。

2. 参数选择

1) 齿数和模数

当分度圆直径确定后，增加齿数，相应减小模数，有利于节约材料和切削工时，且使重合度增大，改善传动的平稳性。对于闭式软齿面齿轮传动，在满足齿根弯曲强度的条件下，可适当增加齿数以减小模数，通常取 $z_1 = 20$～40。对于闭式硬齿面传动和开式传动，承载能力通常取决于齿根弯曲强度，模数不宜过小，应将齿数选少一些，通常取 $z_1 = 17$～20。

2) 齿宽 b 和齿宽系数 φ_d

增大齿宽能缩小齿轮的径向尺寸，但齿宽 b 越大，载荷沿齿宽方向分布越不均匀。为了便于安装，一般将小齿轮实际齿宽 b_1 取得比大齿轮实际齿宽 b_2 大 5 ～10 mm。在强度计算中以实际啮合齿宽为准，即取 $b = b_2$。一般机械中，齿宽系数 φ_d 可参考表 6-7 进行选择。

表 6-7 齿宽系数 φ_d

齿轮相对于轴承的位置	齿面硬度	
	软齿面	硬齿面
对称布置	0.8 ～ 1.4	0.4 ～ 0.9
非对称布置	0.6 ～ 1.2	0.3 ～ 0.6
悬臂布置	0.3 ～ 0.4	0.2 ～ 0.25

3) 齿数比 u

齿数比 u 为大齿轮齿数与小齿轮齿数之比，而传动比 i 为主动轮齿数与从动轮齿数之比。对于减速传动，$u = i$；对于增速传动，$u = 1 / i$。一对齿轮的齿数比 u 不宜过大，否则将增大传动装置的结构尺寸，并使两齿轮寿命差别增大。通常，单级齿轮传动取 $u \leqslant 5 \sim 7$。

例 6-1 某闭式单级减速器的外啮合标准直齿圆柱齿轮，已知其输入转速 $n_1 = 960$ r/min，传动比 $i = 4.2$，传递的功率 $P = 7.5$ kW，载荷平稳，单向传动，试设计这对齿轮传动。

解：(1) 选择齿轮材料。

该对齿轮传动无特殊要求，为便于制造，采用软齿面齿轮。小齿轮采用 40Cr，调质处理，齿面硬度为 241 ～ 286HBW；大齿轮采用 45 钢，调质处理，硬度为 217 ～ 255HBW。

(2) 按齿面接触强度设计。

① 计算小齿轮传递的转矩

$$T_1 = 9.55 \times 10^6 \frac{P_1}{n_1} = 9.55 \times 10^6 \times \frac{7.5}{960} = 74609 \ (\mathrm{N \cdot mm})$$

② 确定齿数。选择小齿轮齿数 $z_1 = 24$，则大齿轮齿数 $z_2 = iz_1 = 4.2 \times 24 = 100.8$，取整数 101。

③ 载荷平稳，单级减速器齿轮为对称布置，查表 6-5，取 $K = 1.1$。

④ 查表 6-7，取齿宽系数 $\varphi_d = 1.2$。

⑤ 确定许用接触应力。查图 6-21 可得 $\sigma_{H,lim1} = 710$ MPa，$\sigma_{H,lim2} = 580$ MPa。查表 6-6，取 $S_{H,min} = 1$。于是 $[\sigma_{H1}] = \sigma_{H,lim1} / S_{H,min} = 710$ MPa，$[\sigma_{H2}] = \sigma_{H,lim2} / S_{H,min} = 580$ MPa。

⑥ 由式(6-16)计算小齿轮分度圆直径

$$d_1 \geqslant \sqrt[3]{\frac{KT_1}{\varphi_d}\cdot\frac{u\pm1}{u}\cdot\left(\frac{671}{[\sigma_{\mathrm{H}}]}\right)^2}=\sqrt[3]{\frac{1.1\times74609}{1.2}\cdot\frac{4.2+1}{4.2}\cdot\left(\frac{671}{580}\right)^2}=48.4(\mathrm{mm})$$

⑦ 计算模数。$m=d_1/z_1=48.4/24=2.02$(mm)查表6-1，取 $m=2$ mm。

⑧ 计算齿轮主要尺寸

分度圆直径 $d_1=mz_1=2\times24=48$(mm)，$d_2=mz_2=2\times101=202$(mm)

中心距 $a=m(z_1+z_2)/2=125$(mm)

齿轮宽度 $b=\varphi_d d_1=1.2\times48=57.6$(mm)，取 $b_2=58$ mm，$b_1=b_2+(5\sim10)$mm $=65$ mm

(3)验算齿根弯曲强度。

① 根据 $z_1=24$，$z_2=101$，查图6-23得 $Y_{\mathrm{FS1}}=4.20$，$Y_{\mathrm{FS2}}=3.97$。

② 确定许用弯曲应力。查图6-24可得 $\sigma_{\mathrm{F,lim1}}=300$ MPa，$\sigma_{\mathrm{F,lim2}}=230$ MPa。查表6-6，取 $S_{\mathrm{F,min}}=1.25$。于是$[\sigma_{\mathrm{F1}}]=\sigma_{\mathrm{F,lim1}}/S_{\mathrm{Fmin}}=240$ MPa，$[\sigma_{\mathrm{F2}}]=\sigma_{\mathrm{F,lim2}}/S_{\mathrm{F,min}}=184$ MPa。

③ 由式(6-17)校核计算

$$\sigma_{\mathrm{F1}}=\frac{2KT_1Y_{\mathrm{FS1}}}{bm^2z_1}=\frac{2\times1.1\times74609\times4.20}{58\times2^2\times24}=123.8\,(\mathrm{MPa})\leqslant[\sigma_{\mathrm{F1}}]=240\ \mathrm{MPa}$$

$$\sigma_{\mathrm{F2}}=\sigma_{\mathrm{F1}}\frac{Y_{\mathrm{FS2}}}{Y_{\mathrm{FS1}}}=123.8\times\frac{3.97}{4.20}=117.0\,(\mathrm{MPa})\leqslant[\sigma_{\mathrm{F2}}]=184\ \mathrm{MPa}$$

故弯曲强度合格。

6.9　斜齿圆柱齿轮传动

6.9.1　斜齿圆柱齿轮齿廓曲面的形成及啮合特点

如图6-25(a)所示，对于直齿圆柱齿轮，其齿廓侧面是发生面 S 在基圆柱上做纯滚动时，平面 S 上任一与基圆柱母线 NN 平行的直线 KK 所展出的渐开线曲面。直齿圆柱齿轮啮合时，两轮齿廓侧面是沿着与轴平行的直线接触(图6-25(b))，这些平行线称为齿廓的接触线。因而一对直齿齿廓是同时沿整个齿宽进入啮合或退出啮合，轮齿上的作用力也是突然加上和突然卸下，故容易引起冲击和噪声，传动平稳性较差，高速传动时尤为突出。

斜齿圆柱齿轮齿廓曲面的形成原理与直齿圆柱齿轮基本相同，但形成渐开线齿廓曲面的直线 KK 不与基圆柱母线 NN 平行，而是成一角度 β_b。如图6-26(a)所示，当发生面 S 沿基圆柱滚动时，斜直线 KK 的轨迹为一渐开线螺旋面，即斜齿轮的齿廓曲面。直线 KK 与基圆柱母线的夹角 β_b 称为基圆柱上的螺旋角。一对斜齿圆柱齿轮啮合时，如图6-26(b)所示，接触线是与轴线倾斜的直线，且其长度是变化的。两轮进入啮合后，接触线长度逐渐增大，到某一啮合位置后，接触线长度又逐渐缩短，直到脱离啮合。因此，斜齿圆柱齿轮是逐渐进入和退出啮合，同时啮合的齿数比直齿圆柱齿轮多，故斜齿轮传动的重合度较大。由于斜齿轮传动逐渐啮合和重合度大的特点，与直齿轮传动相比，其传动较平稳，承载能力较大，适合于高速和大功率场合。但由于轮齿倾斜，在传动时会产生轴向分力，对轴和轴承的设计带来不利影响。

6.9.2　斜齿圆柱齿轮传动的基本参数和几何尺寸计算

1. 螺旋角

斜齿圆柱齿轮轮齿的倾斜程度一般用分度圆柱面上的螺旋角 β 表示。斜齿轮的螺旋角过大，将导致轴向分力太大，反之则不能体现出斜齿轮的优点，通常斜齿轮的螺旋角为 8°～20°。

2. 法面参数和端面参数

与分度圆柱面上螺旋线垂直的平面称为法面，垂直于斜齿轮轴线的平面称为端面。在斜齿轮中有法面参数和端面参数两套参数。由于加工斜齿轮时，刀具沿轮齿的螺旋槽运动，进刀方向垂直于轮齿法面，故法面齿形为标准齿形，法面参数 α_n、m_n 等为标准值，并与直齿轮的参数标准相同。

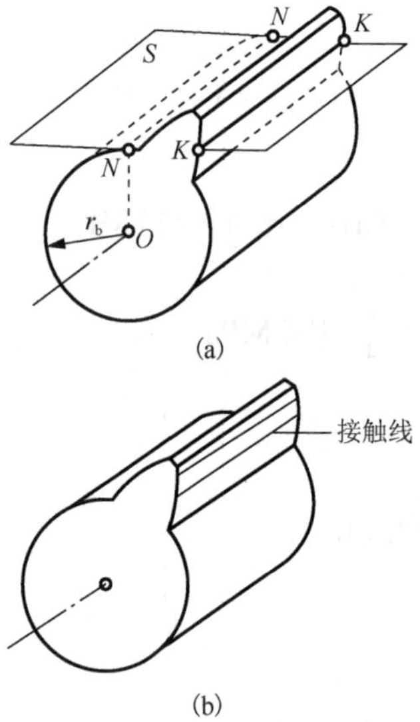

图 6-25　直齿圆柱齿轮的接触线

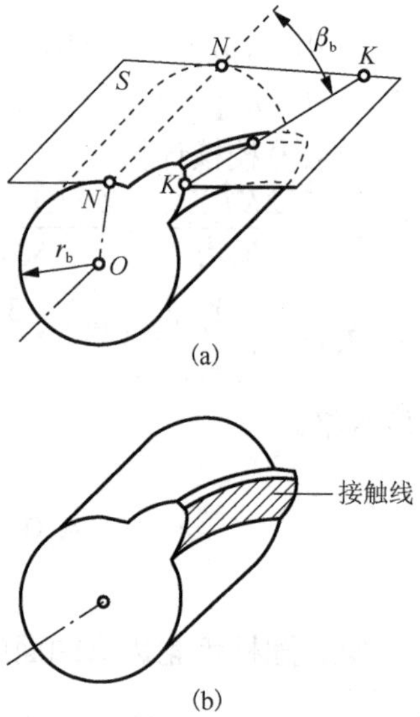

图 6-26　斜齿圆柱齿轮的接触线

图 6-27(a)所示为斜齿圆柱齿轮分度圆柱面的展开图，从图中可知法向齿距 p_n 与端面齿距 p_t 的关系为

$$p_t = p_n / \cos\beta$$

根据齿距与模数的关系，则有

$$m_t = m_n / \cos\beta \tag{6-19}$$

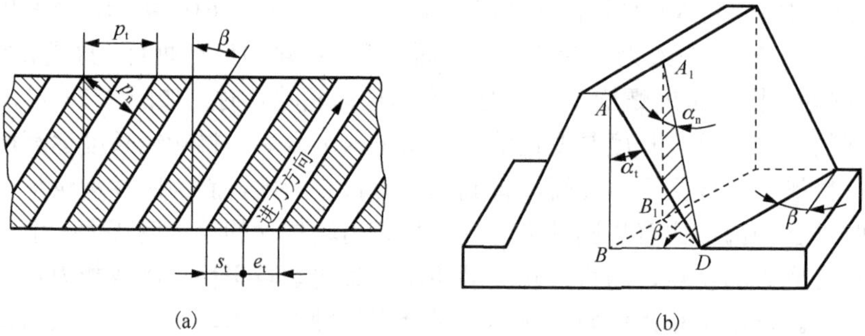

图 6-27　斜齿轮端面与法面的关系

根据图 6-27(b)可得 $\tan\alpha_t = BD / AB$，$\tan\alpha_n = B_1D / A_1B_1$，$\tan\alpha_t / \tan\alpha_n = BD / B_1D = 1 / \cos\beta$，即

$$\tan\alpha_t = \tan\alpha_n / \cos\beta \tag{6-20}$$

一对外啮合斜齿圆柱齿轮的正确啮合条件是两轮的法面压力角相等，法面模数相等，两轮螺旋角大小相等方向相反，即 $m_{n1} = m_{n2}$，$\alpha_{n1} = \alpha_{n2} = 20°$，$\beta_1 = -\beta_2$。

3. 斜齿圆柱齿轮的几何尺寸计算

一对斜齿轮传动在端面上相当于一对直齿轮传动，故可将直齿轮的几何尺寸计算公式用于斜齿轮的端面。渐开线标准外啮合圆柱齿轮的几何尺寸可按表 6-8 进行计算。

表 6-8　外啮合直齿圆柱齿轮传动的几何尺寸

名称	符号	计算公式
端面模数	m_t	$m_t = \dfrac{m_n}{\cos\beta}$　（m_n 为法面模数，选用表 6-1 中的标准值）
法向压力角	α_n	$\alpha_n = 20°$
端面压力角	α_t	$\alpha_t = \arctan\dfrac{\tan\alpha_n}{\cos\beta}$
分度圆直径	d	$d = m_t z = \dfrac{m_n z}{\cos\beta}$
齿顶高	h_a	$h_a = m_n$
齿根高	h_f	$h_a = 1.25m_n$
全齿高	h	$h = h_a + h_f = 2.25m_n$
齿顶圆直径	d_a	$d_a = d + 2h_a = m_n\left(\dfrac{z}{\cos\beta} + 2\right)$
齿根圆直径	d_f	$d_f = d - 2h_f = m_n\left(\dfrac{z}{\cos\beta} - 2.5\right)$
中心距	a	$a = (d_1 + d_2)/2 = \dfrac{m_n}{2\cos\beta}(z_1 + z_2)$

由中心距的计算公式可知，可通过改变 β 值来凑中心距，即

$$\beta = \arccos\frac{m_n(z_1 + z_2)}{2a} \tag{6-21}$$

6.9.3　斜齿圆柱齿轮的重合度

图 6-28 所示为端面尺寸和齿宽 b 完全相同的直齿圆柱齿轮和斜齿圆柱齿轮的基圆柱展开图。图 6-28(a)所示的直齿轮中，当某轮齿转动到 DD 位置时，整个齿宽 b 同时进入啮合，而该轮齿转到 EE 位置时，整个齿宽 b 同时终止啮合。DD 与 EE 间的距离 L 与基圆齿距 p_b 的比值为重合度，即 $\varepsilon = L / p_b$。

图 6-28(b)所示的斜齿圆柱齿轮中，当某轮齿转动到 DD 位置(即位置 1)时，只有轮齿前端开始进入啮合；转到位置 2 时，整个齿宽全进入啮合；运转到位置 3 时，该轮齿前端开始退出啮合；转到位置 4 时，整个齿宽完全退出啮合。啮合长度为 DD 到 FF 之间的距离 $L + \Delta L$，重合度为 $\varepsilon = (L + \Delta L) / p_b = \varepsilon_t + \varepsilon_\beta$。其中 ε_t 称为端面重合度，与直齿轮的重合度相同。ε_β 称为

轴面重合度，显然轴面重合度随 b 和 β 的增大而增大。

6.9.4　斜齿圆柱齿轮的当量齿轮

用铣刀加工斜齿轮时，刀具沿螺旋齿槽方向进刀切削，所以刀具刀刃的尺寸和形状与齿槽法向截面的尺寸和形状相同。因此，应根据法面齿形及法面相关参数选择齿轮加工刀具。齿形与斜齿轮法面齿形最接近的直齿圆柱齿轮，称为斜齿圆柱齿轮的当量齿轮，其齿数 z_v 称为当量齿数。

如图 6-29 所示，通过分度圆柱面上 c 点作斜齿圆柱齿轮螺旋线的法面 nn，法面上的齿形可看作斜齿轮的法面齿形。法面与分度圆柱面的交线为一椭圆。椭圆的短轴半径为 $b=r$，长轴半径 $a=r/\cos\beta$，则 c 点的曲率半径为 $\rho=a^2/b$。将法面齿形分布在半径为 ρ 的圆柱上所得到的假想直齿圆柱齿轮，即为斜齿轮的当量直齿圆柱齿轮。于是

$$z_v=\frac{2\rho}{m_n}=\frac{2(r/\cos\beta)^2/r}{m_n}=\frac{2r}{m_n\cos^2\beta}=\frac{zm_t}{m_n\cos^2\beta}=\frac{z}{\cos^3\beta} \tag{6-22}$$

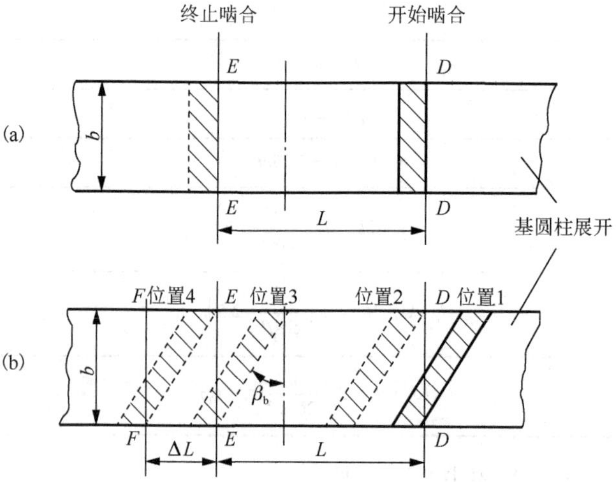

图 6-28　斜齿轮重合度

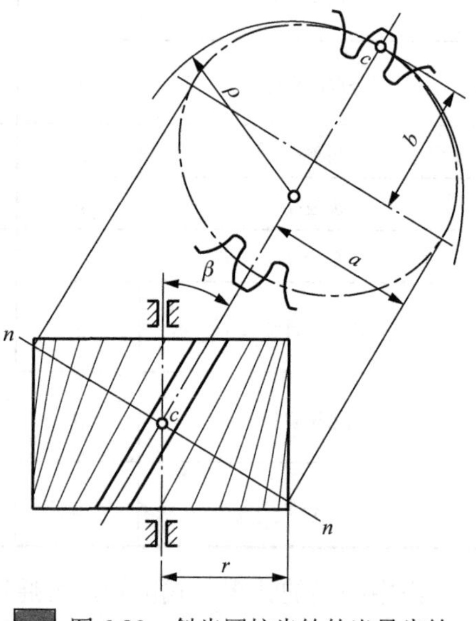

图 6-29　斜齿圆柱齿轮的当量齿轮

由于斜齿轮的当量齿轮为一假想的直齿圆柱齿轮，其不发生根切的最少齿数为 $z_{v,\min}=17$，则 $z_{\min}=z_{v,\min}\cdot\cos^3\beta$。故斜齿圆柱齿轮不发生根切的最少齿数比直齿圆柱齿轮少。

6.9.5　斜齿圆柱齿轮的受力分析

如图 6-30 所示，若不计摩擦力，作用在斜齿圆柱齿轮轮齿上的法向力 $\boldsymbol{F}_n$ 可分解为三个相互垂直的分力，即

圆周力
$$F_t=\frac{2T_1}{d_1}$$

径向力
$$F_r=F_t\cdot\frac{\tan\alpha_n}{\cos\beta}$$

轴向力 $F_a = F_t \cdot \tan\beta$

故法向力 $F_n = \dfrac{F_t}{\cos\beta \cdot \cos\alpha_n}$

确定圆周力 $\boldsymbol{F}_t$ 和径向力 $\boldsymbol{F}_r$ 方向的原则与直齿圆柱齿轮相同；轴向力 $\boldsymbol{F}_a$ 的方向取决于齿轮螺旋线的方向和齿轮的转动方向。主动轮上 $\boldsymbol{F}_a$ 的方向可通过左、右手定则确定，即：左旋用左手，右旋用右手，用四个手指代表齿轮的转向，拇指的指向即为 $\boldsymbol{F}_a$ 的方向。从动轮上 $\boldsymbol{F}_a$ 的方向不能使用左、右手定则确定，它与主动轮上的 $\boldsymbol{F}_a$ 构成作用力与反作用力，故与主动轮上的 $\boldsymbol{F}_a$ 反向。

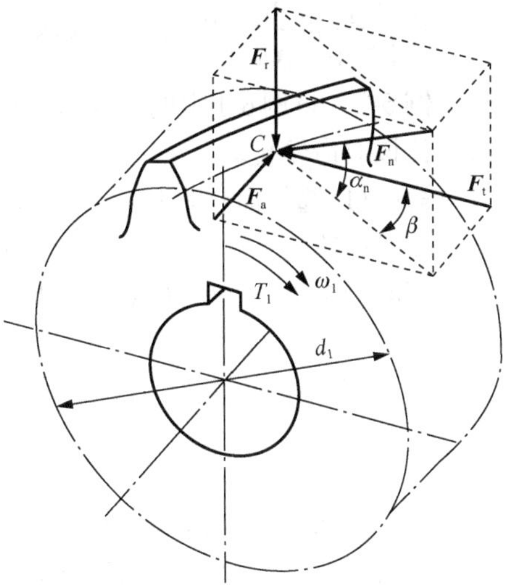

图 6-30 斜齿圆柱齿轮的受力分析

由于轴向力的作用，使支承斜齿轮的轴和轴承设计较为复杂，这也限制了斜齿轮螺旋角的使用范围。为了克服这一缺点，使用较大的螺旋角，可采用图 6-1(c)所示的人字齿轮。它通过相反旋向斜齿轮的组合，可使轴向分力完全抵消。

6.9.6 斜齿圆柱齿轮的强度计算

一对斜齿圆柱齿轮传动在法平面内相当于一对当量直齿圆柱齿轮传动，故可借用直齿圆柱齿轮的强度计算公式来进行斜齿轮的强度计算。但斜齿圆柱齿轮的重合度更大，同时啮合的轮齿较多，而且接触线是倾斜的，故斜齿轮的接触强度和弯曲强度都比参数相同的直齿轮高。关于斜齿轮强度计算的详细介绍可参阅机械设计教材或机械设计手册，此处直接列出简化的强度计算公式。

一对钢制标准斜齿轮传动的接触强度校核式和设计式为

$$\sigma_H = 671 \cdot Z_\beta \sqrt{\frac{KT_1}{bd_1^2} \cdot \frac{u \pm 1}{u}} \leqslant [\sigma_H] \tag{6-23}$$

$$d_1 \geqslant \sqrt[3]{\frac{KT_1}{\varphi_d} \cdot \frac{u \pm 1}{u} \cdot \left(\frac{671 \cdot Z_\beta}{[\sigma_H]}\right)^2} \tag{6-24}$$

式中，$Z_\beta = \sqrt{\cos\beta}$，称为螺旋角系数。按式(6-24)设计小齿轮分度圆直径 d_1 前，可先选定两个齿轮的齿数 z_1 和 z_2，及初选螺旋角 β，在计算出 d_1 后，再按 $m_n = d_1\cos\beta / z_1$ 计算模数，并按表 6-1 圆整为标准值。然后计算中心距，在中心距圆整后，再按 $\beta = \arccos[m_n(z_1 + z_2)/(2a)]$ 反算 β 角，以及计算 d_1 和 d_2 的精确值。

齿根弯曲强度的校核式和设计式为

$$\sigma_F = \frac{2KT_1Y_{FS}}{bd_1m_n} = \frac{2KT_1Y_{FS}}{bm_n^2z_1} \leqslant [\sigma_F] \tag{6-25}$$

$$m_n \geqslant \sqrt[3]{\frac{2KT_1}{\varphi_d z_1^2} \cdot \left(\frac{Y_{FS}}{[\sigma_F]}\right) \cdot \cos^2\beta} \tag{6-26}$$

式中，复合齿形系数 Y_{FS} 应根据当量齿数 z_v 由图 6-23 进行查取。在设计式(6-26)中，应取两个齿轮$\frac{Y_{FS1}}{[\sigma_{F1}]}$和$\frac{Y_{FS2}}{[\sigma_{F2}]}$中的大者代入公式计算。

例6-2　将例6-1中的标准直齿圆柱齿轮传动改为标准斜齿圆柱齿轮传动，其他条件不变，试设计该对齿轮传动。

解：(1)选择齿轮材料。

该对齿轮传动无特殊要求，为便于制造，采用软齿面齿轮。小齿轮采用40Cr，调质处理，齿面硬度为241～286 HBW；大齿轮采用45钢，调质处理，硬度为217～255 HBW。

(2)按齿面接触强度设计。

① 计算小齿轮传递的转矩

$$T_1 = 9.55\times10^6\frac{P_1}{n_1} = 9.55\times10^6\times\frac{7.5}{960} = 74609\ (\mathrm{N\cdot mm})$$

② 确定齿数。选择小齿轮齿数$z_1 = 24$，则大齿轮齿数$z_2 = iz_1 = 4.2\times24 = 100.8$，取整数101。

③ 载荷平稳，单级减速器齿轮为对称布置，查表6-5，取$K = 1.1$。

④ 查表6-7，取齿宽系数$\varphi_d = 1.2$。

⑤ 初选齿轮螺旋角$\beta = 15°$。

⑥ 确定许用接触应力查图6-21可得$\sigma_{H,lim1} = 710$ MPa，$\sigma_{H,lim2} = 580$ MPa。查表6-6，取$S_{H,min} = 1$。于是$[\sigma_{H1}] = \sigma_{H,lim1} / S_{H,min} = 710$ MPa，$[\sigma_{H2}] = \sigma_{H,lim2} / S_{H,min}$=580 MPa。

⑦ 由式(6-24)计算小齿轮分度圆直径d_1

$$d_1 \geqslant \sqrt[3]{\frac{KT_1}{\varphi_d}\cdot\frac{u\pm1}{u}\cdot\left(\frac{671\cdot Z_\beta}{[\sigma_H]}\right)^2} = \sqrt[3]{\frac{1.1\times74609}{1.2}\times\frac{4.2+1}{4.2}\times\left(\frac{671\times\sqrt{\cos15°}}{580}\right)^2} = 47.8\ (\mathrm{mm})$$

⑧ 计算模数m_n

$$m_n = d_1\cos\beta / z_1 = 47.8\times\cos15° / 24 = 1.93\ (\mathrm{mm})$$

查表6-1，选标准模数$m_n = 2$ mm。

⑨ 计算传动中心距a

$$a = \frac{m_n}{2\cos\beta}(z_1+z_2) = \frac{2}{2\times\cos15°}(24+101) = 129.41\ (\mathrm{mm})$$

将a圆整，取$a = 130$ mm。反算螺旋角β

$$\beta = \arccos\frac{m_n(z_1+z_2)}{2a} = \arccos\frac{2\times(24+101)}{2\times130} = 15°56'33''$$

⑩ 计算齿轮主要几何尺寸

分度圆直径　$$d_1 = \frac{m_n z_1}{\cos\beta} = \frac{2\times24}{\cos15°56'33''} = 49.920\ (\mathrm{mm})$$

$$d_2 = \frac{m_n z_2}{\cos\beta} = \frac{2\times101}{\cos15°56'33''} = 210.080\ (\mathrm{mm})$$

齿轮宽度　$$b = \varphi_d\cdot d_1 = 1.2\times49.920 = 59.904\ (\mathrm{mm})$$

取$b_2 = 60$ mm，$b_1 = 65$ mm。

(3)验算齿根弯曲强度

① 根据当量齿数z_v查复合齿形系数Y_{FS}

$$z_{v1} = z_1 / \cos^3\beta = 24 / \cos^3 15°\ 56'33'' = 27.00$$
$$z_{v2} = z_2 / \cos^3\beta = 101 / \cos^3 15°\ 56'33'' = 113.61$$

查图 6-23 得 $Y_{FS1} = 4.15$，$Y_{FS2} = 3.97$。

② 确定许用弯曲应力。同例 6-1，$[\sigma_{F1}] = 240\text{MPa}$，$[\sigma_{F2}] = 184\text{MPa}$。

③ 校核计算

$$\sigma_{F1} = \frac{2KT_1Y_{FS1}}{bm^2z_1} = \frac{2\times1.1\times74609\times4.15}{60\times2^2\times24} = 118.3\,(\text{MPa}) \leqslant [\sigma_{F1}] = 240\text{ MPa}$$

$$\sigma_{F2} = \sigma_{F1}\frac{Y_{FS2}}{Y_{FS1}} = 118.3\times\frac{3.97}{4.15} = 113.1\,(\text{MPa}) \leqslant [\sigma_{F2}] = 184\text{ MPa}$$

故弯曲强度合格。

6.10　锥齿轮传动

6.10.1　锥齿轮概述

锥齿轮用于两相交轴之间传递运动和动力。两轴线之间的交角 Σ 可以是任意值，但机械中最常用的为 $\Sigma = 90°$，如图 6-31 所示。锥齿轮的齿形可分为直齿、斜齿和曲齿，直齿锥齿轮的设计、制造、安装较为简单，应用最广。

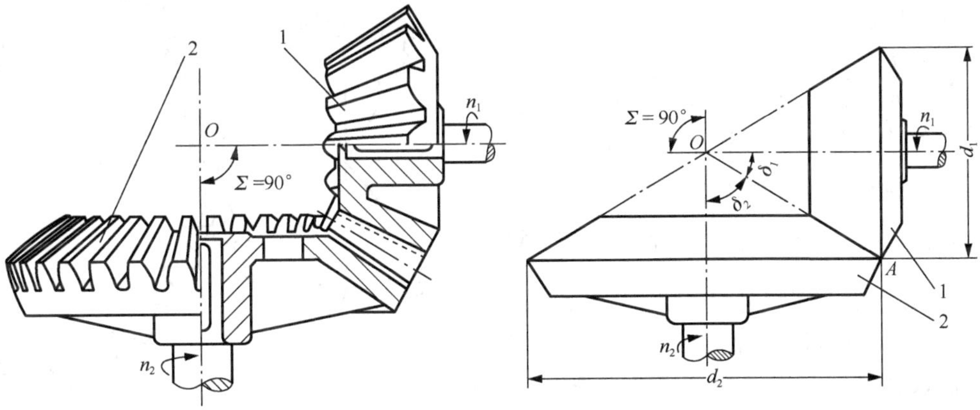

图 6-31　锥齿轮传动

如图 6-31 所示，锥齿轮的轮齿分布在一个截圆锥上，轮齿的尺寸由小端到大端逐步增大，即由小端到大端齿轮的模数是逐步增大的。因此，在安装时必须保证一对锥齿轮的锥顶重合，这样才能使两个锥齿轮模数相等之处相互啮合，否则不能满足齿轮正确啮合条件。一对锥齿轮传动相当于一对锥顶重合的节圆锥做纯滚动。锥齿轮有分度圆锥、齿顶圆锥、齿根圆锥和基圆锥。标准直齿锥齿轮传动，节圆锥与分度圆锥重合。设 δ_1 和 δ_2 分别为小齿轮和大齿轮的分度圆锥角，则 $\Sigma = \delta_1 + \delta_2$。由于 $d_1 / 2 = OA\sin\delta_1$，$d_2 / 2 = OA\sin\delta_2$，故传动比为

$$i = \frac{\omega_1}{\omega_2} = \frac{z_2}{z_1} = \frac{d_2}{d_1} = \frac{\sin\delta_2}{\sin\delta_1} \tag{6-27}$$

当 $\Sigma=90^\circ$ 时，则有 $i=\cot\delta_1=\tan\delta_2$。

6.10.2　直齿锥齿轮齿廓特点

一对锥齿轮传动时，两个分度圆锥面的锥顶重合于两轴线的交点 O，显然在两轮的工作齿廓上，只有离锥顶等距离的对应点才相互啮合，这些点的运动轨迹在一球面上。因此，锥齿轮的共轭齿廓曲线为球面渐开线。由于球面不能展开为平面，给齿轮的设计和制造带来了很大的困难，故需将球面渐开线用一条近似平面曲线代替。

图 6-32 所示上部为一对相互啮合的锥齿轮传动。OAC 和 OBC 分别为两个齿轮的分度圆锥，母线与这两个分度圆锥的母线相垂直且与大端球面相切的圆锥 O'_1AC 和 O'_2BC 分别称为两个分度圆锥的大端背锥。大端背锥的母线与大端球面的弧线非常接近，故大端球面上的齿形与其在大端背锥上的投影相差很小。因此，可以近似用在背锥上的投影齿形代替球面上的理论齿形。将背锥面展开可得到扇形齿轮(如图 6-32 下部分所示)，再将扇形齿轮补全为完整的假想圆柱齿轮，即为锥齿轮的大端当量齿轮。设当量齿轮的直径为 d_v，则当量齿轮的齿数(当量齿数) z_v 为

$$z_v=\frac{d_v}{m}=\frac{d}{m\cos\delta}=\frac{mz}{m\cos\delta}=\frac{z}{\cos\delta} \tag{6-28}$$

直齿锥齿轮不发生根切的最少齿数为

$$z_{\min}=z_{v,\min}\cos\delta=17\cos\delta \tag{6-29}$$

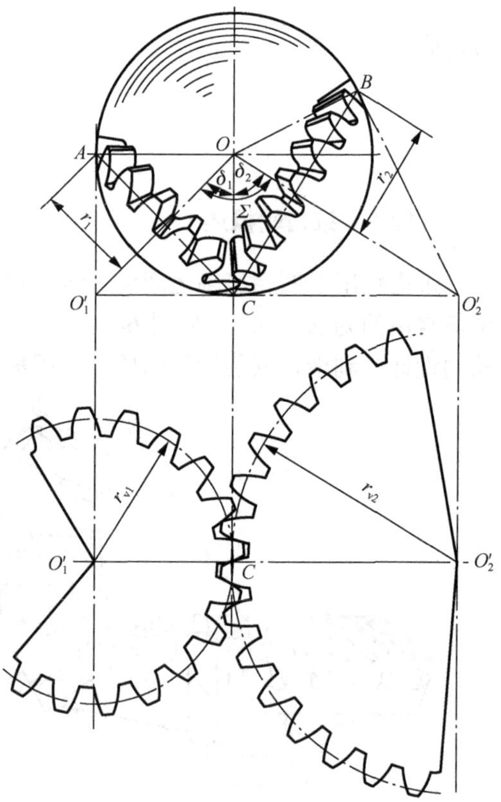

图 6-32　背锥和当量齿轮

6.10.3　标准直齿锥齿轮传动的几何计算

由于锥齿轮大端尺寸最大，计算和测量的数值相对误差较小，同时也便于估计传动的外形尺寸，故在设计制造中均以大端尺寸为基准。大端分度圆上的模数为标准值(表 6-9)，压力角为 20°，顶隙为 0.2m。

表 6-9　锥齿轮模数(GB/T 12368—1990)　　(单位：mm)

…	1	1.125	1.25	1.375	1.5	1.75	2	2.25	2.5	2.75	3	3.25	3.5	3.75				
4	4.5	5	5.5	6	6.5	7	8	9	10	11	12	14	16	18	20	22	25	…

图 6-33 所示为 $\Sigma=90^\circ$ 的标准直齿锥齿轮传动，其几何尺寸见表 6-10。锥齿轮的齿宽 b 不宜太大，齿宽过大则小端的齿形很小，承载能力不高，而且还会增大加工难度。齿宽的常用范围为 $b=(0.25\sim0.3)R$。

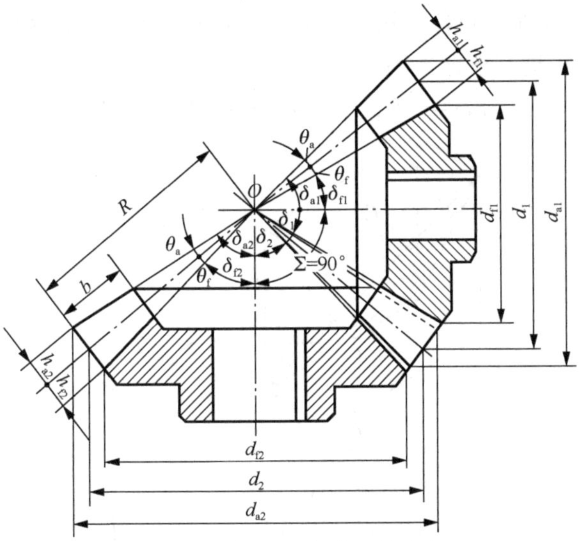

图 6-33　标准直齿锥齿轮啮合

表 6-10　标准直齿锥齿轮传动的几何尺寸计算

名称	符号	计算公式
传动比	i	$i=z_2/z_1=\cot\delta_1=\tan\delta_2$
分度圆锥角	δ	$\delta_1=\mathrm{arccot}(z_2/z_1)$，$\delta_2=\arctan(z_2/z_1)$
齿顶高	h_a	$h_a=m$
齿根高	h_f	$h_f=1.2m$
分度圆直径	d	$d_1=mz_1$，$d_2=mz_2$
齿顶圆直径	d_a	$d_{a1}=d_1+2h_a\cos\delta_1=m(z_1+2\cos\delta_1)$，$d_{a2}=d_2+2h_a\cos\delta_2=m(z_2+2\cos\delta_2)$
齿根圆直径	d_f	$d_{f1}=d_1-2h_f\cos\delta_1=m(z_1-2.4\cos\delta_1)$，$d_{f2}=d_2-2h_f\cos\delta_2=m(z_2-2.4\cos\delta_2)$
锥距	R	$R=\dfrac{1}{2}\sqrt{d_1^2+d_2^2}=\dfrac{m}{2}\sqrt{z_1^2+z_2^2}$
齿顶角	θ_a	$\theta_a=\arctan(h_a/R)$
齿根角	θ_f	$\theta_f=\arctan(h_f/R)$
顶锥角	δ_a	$\delta_{a1}=\delta_1+\theta_a$，$\delta_{a2}=\delta_2+\theta_a$
根锥角	δ_f	$\delta_{f1}=\delta_1-\theta_f$，$\delta_{f2}=\delta_2-\theta_f$
齿宽	b	$b\leqslant\dfrac{R}{3}$（取整数）

6.10.4　直齿锥齿轮传动的受力分析

忽略摩擦力，假设法向力 $\boldsymbol{F}_n$ 作用于齿宽中点处，则 $\boldsymbol{F}_n$ 可分解为互相垂直的三个分力，如图 6-34 所示。

$$
\begin{aligned}
&\text{圆周力} && F_{t1}=\frac{2T_1}{d_{m1}} \\
&\text{径向力} && F_{r1}=F_{t1}\tan\alpha\cos\delta \\
&\text{轴向力} && F_{a1}=F_{t1}\tan\alpha\sin\delta
\end{aligned}
\tag{6-30}
$$

式中，d_{m1} 为小齿轮齿宽中点处的分度圆直径，$d_{m1}=d_1(1-0.5b/R)$。

圆周力的方向在主动轮上与其啮合点的速度方向相反，在从动轮上与其啮合点的速度方向相同；径向力的方向分别指向各自轮心；轴向力的方向平行各自轴线，且由小端指向大端。对于 $\Sigma=90°$ 的锥齿轮传动，根据作用力和反作用力，有

$$F_{t2}=-F_{t1},\ F_{r2}=-F_{a1},\ F_{a2}=-F_{r1} \tag{6-31}$$

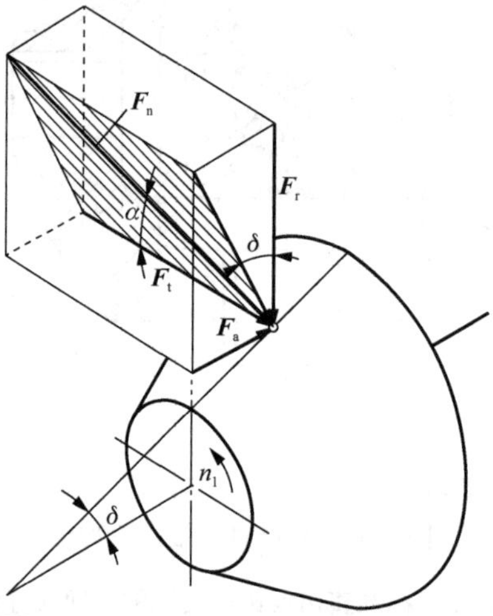

图 6-34　直齿锥齿轮传动的受力分析

6.11　齿 轮 结 构

通过齿轮传动强度计算通常只能确定出分度圆直径、模数、齿宽等主要尺寸，而轮缘、轮毂和轮辐等的结构形式和尺寸大小，需要通过结构设计来确定。

齿轮的结构形式主要由毛坯材料、几何尺寸、加工工艺、生产批量、经济性等因素确定，齿轮常用的结构形式有齿轮轴、实心式、腹板式和轮辐式四种。通常先按齿轮的大小，选择合适的结构形式，再查资料根据经验公式进行详细结构设计。

对于齿数很少的小齿轮，当分度圆直径与轴的直径相差很小时，可将齿轮和轴制成一体，称为齿轮轴，如图 6-35 所示。此时，齿轮和轴必须用同一种材料制造。

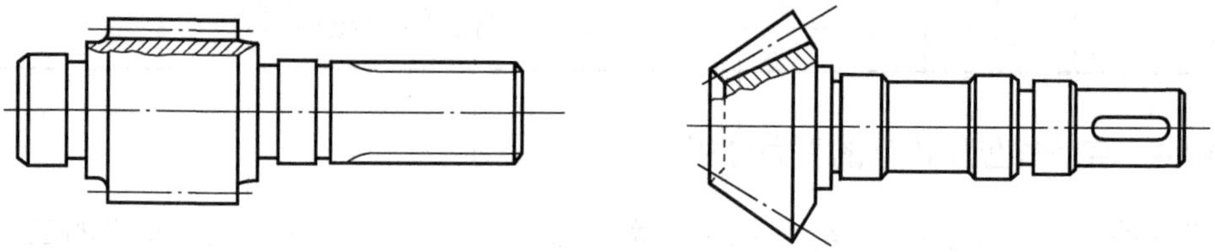

图 6-35　齿轮轴

当齿轮与轴制成一体时，加工较为复杂，且齿轮损坏时轴也必须报废，故直径较大的齿轮应尽量将齿轮与轴分开制造。齿轮与轴能否分开制造取决于齿根圆与键槽底部的距离 e，如图 6-36 所示。当圆柱齿轮中 $e>2m_t$（m_t 为端面模数），或锥齿轮小端 $e>1.6m$（m 为大端模数）时，才可将齿轮与轴分开制造，否则可能因键槽处承载能力不足而断裂，如图 6-37 所示。

当齿轮能够与轴分开制造，且齿顶圆直径 $d_a\leqslant160$ mm 时，可以做成实心式结构的齿轮，如图 6-38 所示。

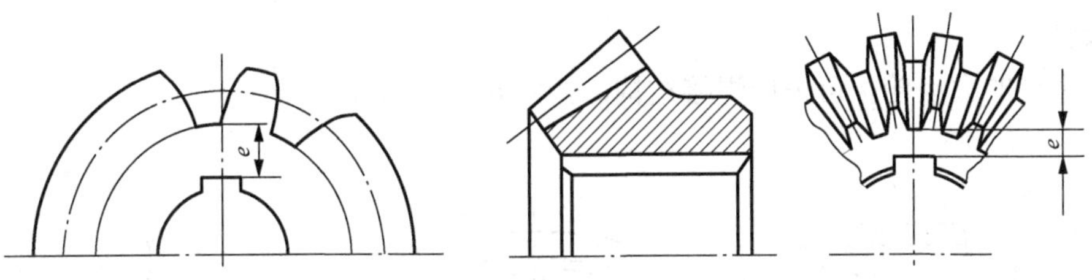

(a) 圆柱齿轮　　(b) 锥齿轮

图 6-36　齿轮结构尺寸 e

图 6-37　齿轮键槽处断裂实例

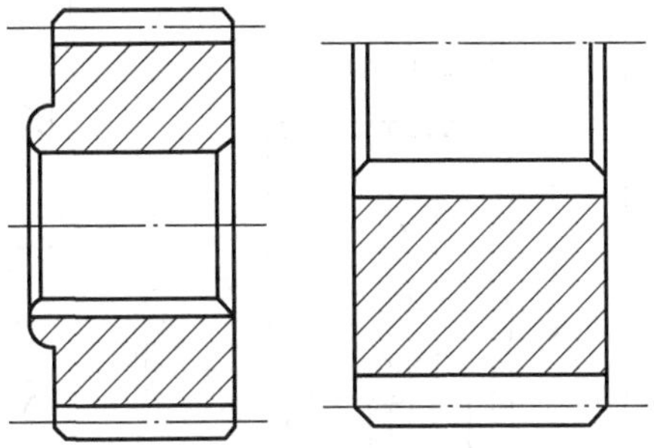

图 6-38　实心式齿轮

当齿顶圆直径 d_a 在 160 ～ 500mm 时，可将齿轮做成腹板式结构，毛坯加工方法可以是锻造(重要齿轮)或铸造，图 6-39 所示为锻造的腹板式齿轮。

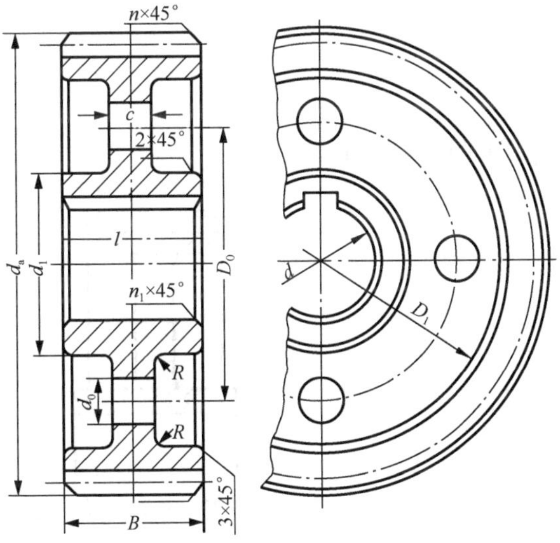

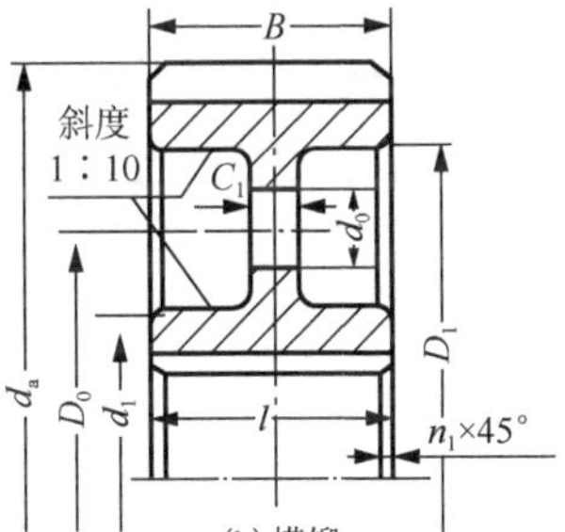

(b) 模锻

$d_1 = 1.6d$
$l = (1.2\sim1.5)d_1 \geqslant B$
$D_1 = d_a - 10m_n$
$D_0 = 0.5(D_1 + d_1)$
$d_0 = 0.25(D_1 - d_1)$
$c = 0.3B$
$C_1 = (0.2\sim0.3)B$
$n = 0.5m_n$
n_1 根据轴过渡圆角确定
$R = 5$

(a) 自由锻

图 6-39　腹板式齿轮

当齿顶圆直径 d_a 在 400 ～ 1000mm 时，齿轮常采用铸铁或铸钢制造。铸造齿轮常做成轮辐式结构，如图 6-40 所示。

对于尺寸很大的齿轮，为了节约贵重金属，可以采用齿圈套在轮芯上的组合结构(图 6-41)。齿圈采用较好的钢，轮芯用铸铁或铸钢，二者过盈配合，并在配合接缝上加装 4 ～ 8

个紧定螺钉。

单件生产的大齿轮，可采用焊接结构，如图 6-42 所示。

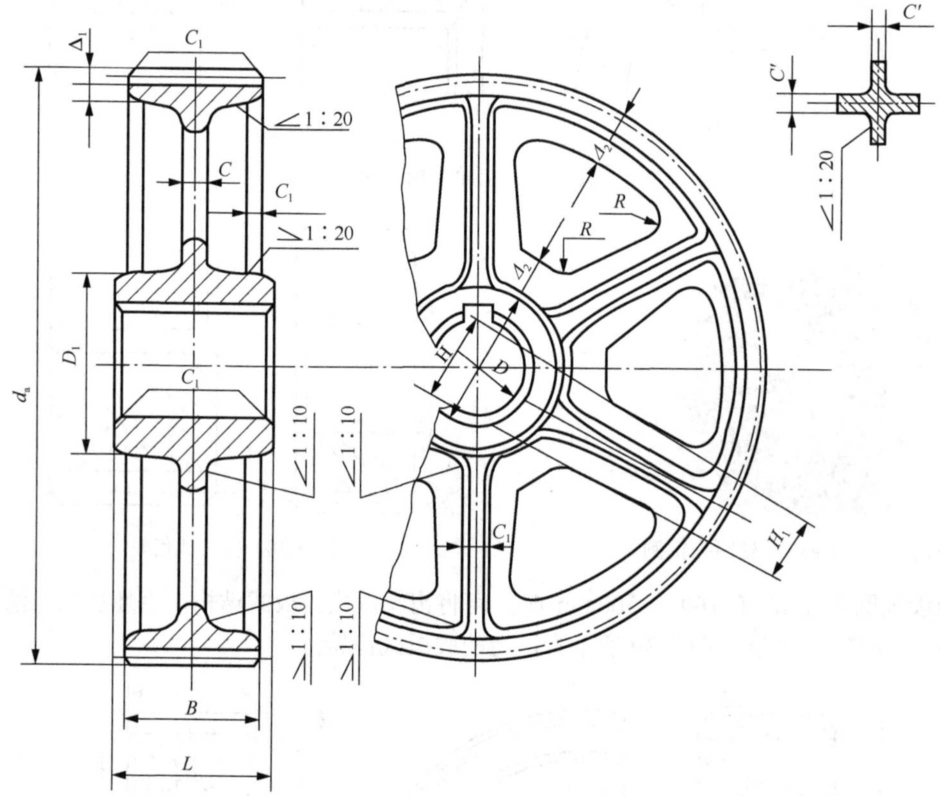

图 6-40　轮辐式齿轮

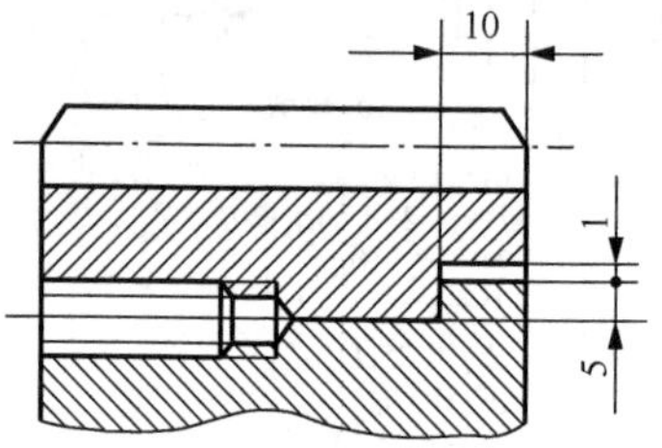

图 6-41　组合齿轮结构

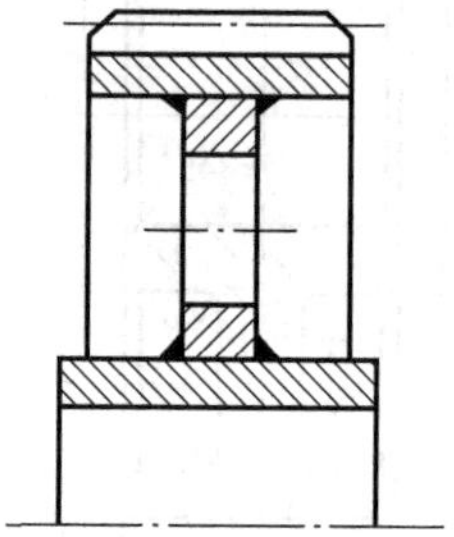

图 6-42　焊接齿轮结构

6.12　齿轮传动的效率和润滑

6.12.1　齿轮传动的效率

齿轮传动的功率损失主要包括：①啮合中的摩擦损失；②润滑油被搅动的油阻损失；③轴承中的摩擦损失。计入上述损失后，齿轮传动的平均效率(采用滚动轴承)见表 6-11。

表 6-11　齿轮传动的平均效率

齿轮传动类型	6 级或 7 级精度闭式齿轮传动	8 级精度闭式齿轮传动	开式传动
圆柱齿轮	0.98	0.97	0.95
锥齿轮	0.97	0.96	0.93

6.12.2　齿轮传动的润滑

齿轮传动时，由于相啮合齿面间的相对滑动，产生摩擦磨损，引起发热，降低齿轮寿命，故设计齿轮传动时需要考虑润滑。采用润滑可以减少摩擦、磨损，提高传动效率，并起到冷却散热、防锈和减振降噪作用。

一般闭式齿轮传动的润滑方式根据齿轮圆周速度 v 的大小确定。当 $v \leqslant 12$ m/s 时，多采用浸油润滑(图 6-43(a))，即将大齿轮浸入油中，当齿轮回转时，附在齿面上的油被带到啮合区进行润滑。齿轮的浸油深度不宜过大，根据 v 的大小，浸油深度一般约一个齿高到 1/6 齿轮半径范围。采用浸油润滑时，油池应保持一定深度和贮油量。油太浅容易搅起油池底部杂质和磨屑，并被带到啮合区加速齿面磨损。一般齿顶圆到油池底面的距离不应小于 30 ～ 50 mm。

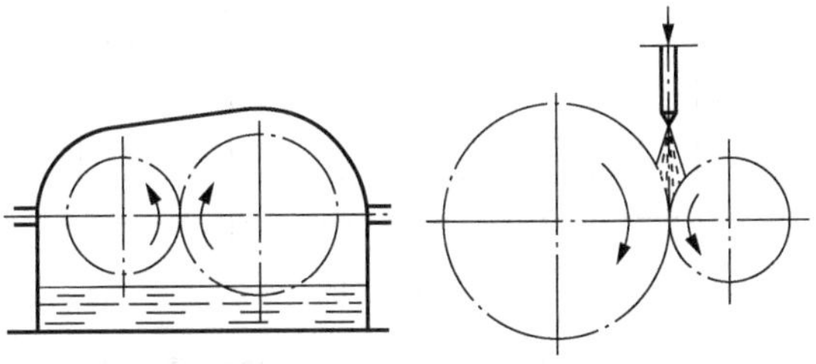

(a) 浸油润滑　　(b) 喷油润滑

图 6-43　齿轮传动的润滑

当 $v > 12$ m/s 时，不宜采用浸油润滑，这是因为：①圆周速度过高，搅油损失大，使油温升高；②附在齿面上的润滑油会被离心力甩掉，进不到啮合区；③会搅起油池底部杂质，加速齿面磨损，故高速下宜采用喷油润滑，如图 6-43(b) 所示。

开式齿轮传动常用的润滑方式则是人工定期在齿面上涂抹润滑脂或黏度大的润滑油进行润滑。

习　　题

6-1　试述分度圆、节圆、模数、压力角、啮合角、重合度等齿轮传动参数的基本含义。

6-2　渐开线齿轮正确啮合和连续传动的条件是什么？

6-3　为什么要限制齿轮的最少齿数 $z_{\min}$？标准直齿圆柱齿轮、斜齿圆柱齿轮和锥齿轮的 $z_{\min}$ 是否相同？有哪些方法可加工出齿数小于 17 而不发生根切的齿轮？

6-4　已知一对标准直齿圆柱齿轮传动的中心距 $a = 120$ mm，传动比 $i = 3$，小齿轮齿数 $z_1 = 20$。试计算这一对齿轮的模数、分度圆直径、齿顶圆直径和齿根圆直径。

6-5　已知一对标准斜齿圆柱齿轮传动的中心距 $a = 240$ mm，小齿轮齿数 $z_1 = 20$，大齿轮齿数 $z_2 = 96$，法面模数 $m_n = 4$ mm。试计算这一对齿轮的螺旋角、端面模数、分度圆直径、齿顶圆直径和齿根圆直径。

6-6　一对标准直齿锥齿轮传动，模数 $m = 5$ mm，齿数 $z_1 = 16$，$z_2 = 48$，两齿轮轴线交角 $\Sigma = 90°$。试计算这对齿轮的几何尺寸。

6-7　齿轮传动有哪些失效形式？产生这些失效的原因是什么？可分别采取哪些措施来缓解失效？

6-8　如何获得斜齿圆柱齿轮和锥齿轮的当量直齿圆柱齿轮？

6-9 若一对齿轮的传动比和中心距保持不变，仅改变齿数，试问这对齿轮的接触强度和弯曲强度各有什么影响？

6-10 如图所示为一两级斜齿圆柱齿轮减速器，动力由Ⅰ轴输入，Ⅲ轴输出。Ⅰ轴的转向及齿轮3的螺旋线方向如图。求：(1)确定Ⅱ、Ⅲ轴转向；(2)为使轴Ⅱ所承受的轴向力最小，确定各齿轮的螺旋线方向；(3)在图中标出各齿轮径向力、圆周力和轴向力的方向。

6-11 如图所示为一锥齿轮—斜齿圆柱齿轮双级减速器，动力由Ⅰ轴输入，Ⅲ轴输出。Ⅰ轴的转向如图。求：(1)确定Ⅱ、Ⅲ轴转向；(2)为使轴Ⅱ所承受的轴向力最小，确定齿轮3、4的螺旋线方向；(3)在图中标出各齿轮径向力、圆周力和轴向力的方向。

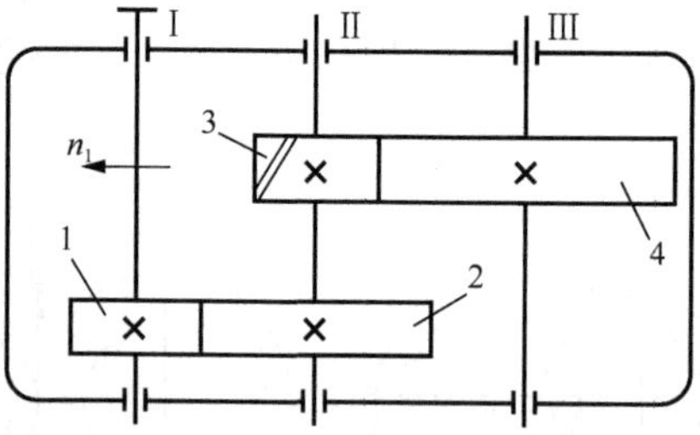

题 6-10 图

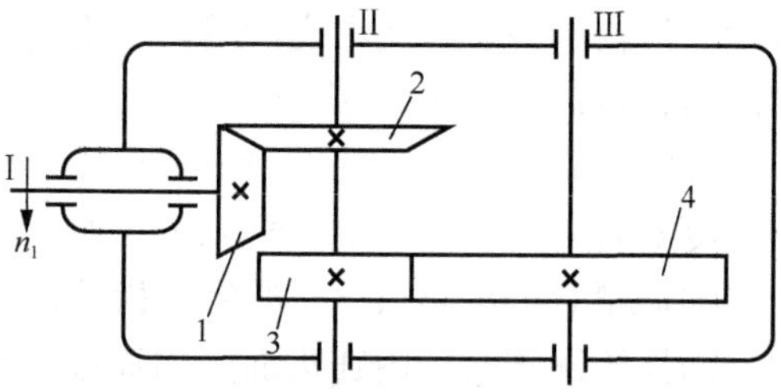

题 6-11 图

6-12 设计齿轮传动时，哪些参数需取标准值？哪些参数应圆整？哪些参数应取精确值？

6-13 试设计一对普通机器用的直齿圆柱齿轮传动，已知输入功率 $P=7.5\text{ kW}$，小齿轮转速 $n_1=1440\text{ r/min}$，传动比 $i=4.5$。由电动机驱动，单向旋转，载荷平稳。

6-14 试设计一闭式斜齿圆柱齿轮传动，要求传动比 $i=3.2$，小齿轮转速 $n_1=960\text{ r/min}$，输入功率 $P=22\text{ kW}$。长期双向转动，载荷有中等冲击。为使结构紧凑，建议采用硬齿面材料。

第 7 章　蜗 杆 传 动

7.1　蜗杆传动的特点和类型

如图 7-1 所示，蜗杆传动主要由蜗杆 1 与蜗轮 2 组成。从外形上看，蜗杆似螺旋，蜗轮像一个形状特殊的斜齿轮。蜗杆传动通常用于在空间交错成 90° 的两轴之间传递运动和动力，一般蜗杆为主动件，广泛应用于机床、汽车、仪器、起重运输机械、冶金机械等各类机械设备中。

蜗杆传动具有以下优点：

(1) 结构紧凑，单级传动可以实现很大的传动比。在动力传动中，通常 $i = 10 \sim 80$；在功率较小、主要传递运动(如分度机构)时，i 可达 1000。

(2) 传动平稳，噪声小。

(3) 当蜗杆螺纹升角很小时，能实现自锁，用于起重设备中时，可防止起吊重物下坠。

蜗杆传动中，由于蜗杆和蜗轮在节点处的圆周速度 v_1 和 v_2 相互垂直，使得轮齿间存在很大的相对滑动速度 $v_s = v_1 / \cos\gamma$ (图 7-2)，给蜗杆传动带来了一系列缺点：

(1) 传动中摩擦大，发热大，容易导致磨损和胶合失效，需要良好的润滑和散热条件。

(2) 传动效率低，通常为 0.7 ～ 0.8，自锁时啮合效率甚至低于 0.5。因此，蜗杆传动不适合于大功率传动，通常不超过 50kW。

(3) 蜗轮齿圈常需使用青铜等较贵重的减摩材料，制造成本高。

图 7-1　蜗杆传动

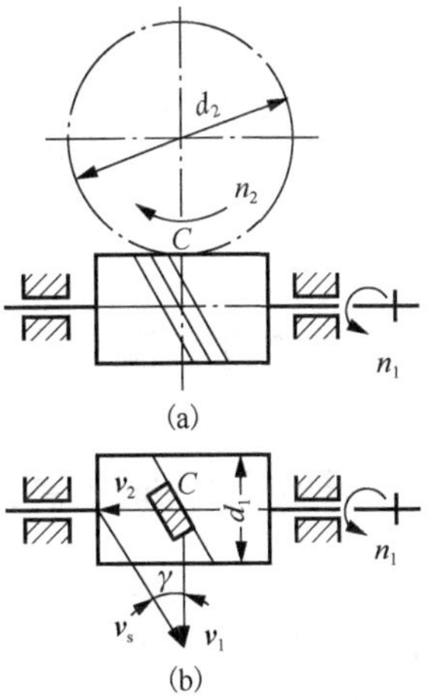

图 7-2　蜗杆传动的滑动速度

根据蜗杆的形状，蜗杆传动可分为圆柱蜗杆传动(图 7-3(a))、环面蜗杆传动(图 7-3(b))以及锥蜗杆传动(图 7-3(c))三种类型。圆柱蜗杆制造简单，应用最广，可分为普通圆柱蜗杆、锥面包络蜗杆和圆弧圆柱蜗杆。根据不同的齿廓曲线，普通圆柱蜗杆可分为阿基米德蜗杆、渐开线蜗杆和法面直廓蜗杆三种。阿基米德蜗杆螺旋面的形成与螺纹的形成类似，可在车床上车削加工。这种蜗杆在垂直于蜗杆轴线的平面上，齿廓为阿基米德螺旋线，在包含轴线的平面上的齿廓为直线，如图 7-4 所示。

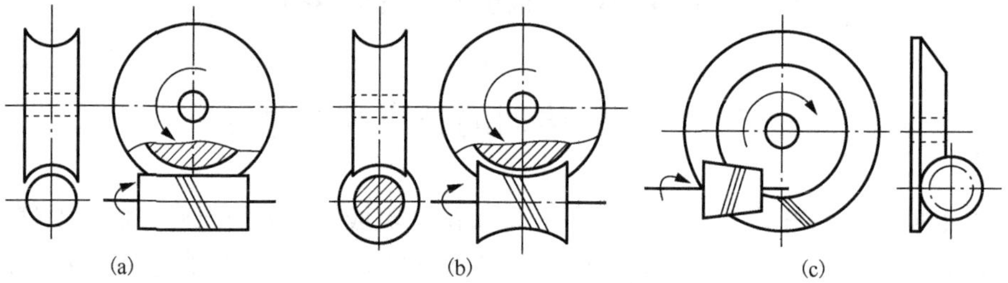

图 7-3　蜗杆传动的类型

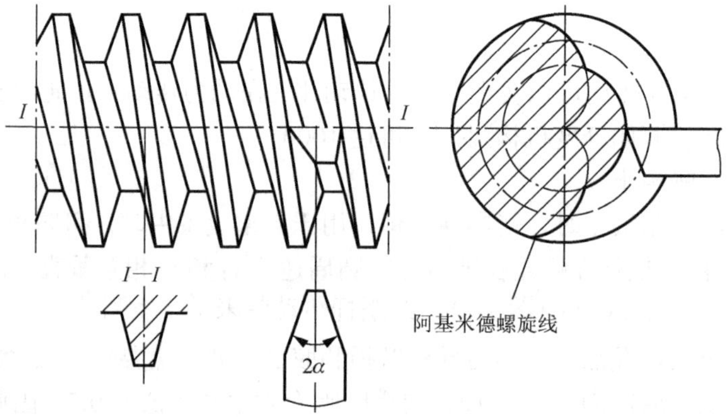

图 7-4　阿基米德蜗杆

环面蜗杆和锥蜗杆传动中，同时啮合的齿数多，重合度大，传动平稳，承载能力高。环面蜗杆润滑条件好，效率高。锥蜗杆传动中，蜗轮能用淬火钢制造，可以节约有色金属。但这两类蜗杆传动制造复杂，主要用在大功率的传动中。

和螺纹一样，蜗杆有右旋和左转之分，一般多采用右旋蜗杆。蜗轮和蜗杆的螺旋线方向必须一致才能啮合。

7.2　圆柱蜗杆传动的主要参数和几何尺寸

7.2.1　圆柱蜗杆传动的主要参数

如图 7-5 所示，通过蜗杆轴线并与蜗轮轴线相垂直的平面称为主平面(也称中间平面)。在主平面内，蜗杆与蜗轮的啮合相当于渐开线齿条与渐开线齿轮的啮合。因此，在主平面内蜗杆传动参数和几何关系与齿轮传动相似。

1. 模数 m 和压力角 α

由于在主平面内蜗杆传动相当于齿条与齿轮的啮合，故主平面内二者齿距相等，压力角相等，即蜗杆的轴向齿距等于蜗轮的端面齿距，蜗杆的轴面压力角等于蜗轮端面压力角。蜗杆传动的正确啮合条件为

$$m_{a1}=m_{t2}=m\ (\text{标准模数}),\quad \alpha_{a1}=\alpha_{t2}=20^\circ,\quad \gamma=\beta$$

式中，m_{a1} 为蜗杆轴面模数；m_{t2} 为蜗轮端面模数；α_{a1} 为蜗杆轴面压力角；α_{t2} 为蜗轮端面压力角；γ 为蜗杆导程角；β 为蜗轮螺旋角。

蜗杆传动的标准模数见表 7-1。

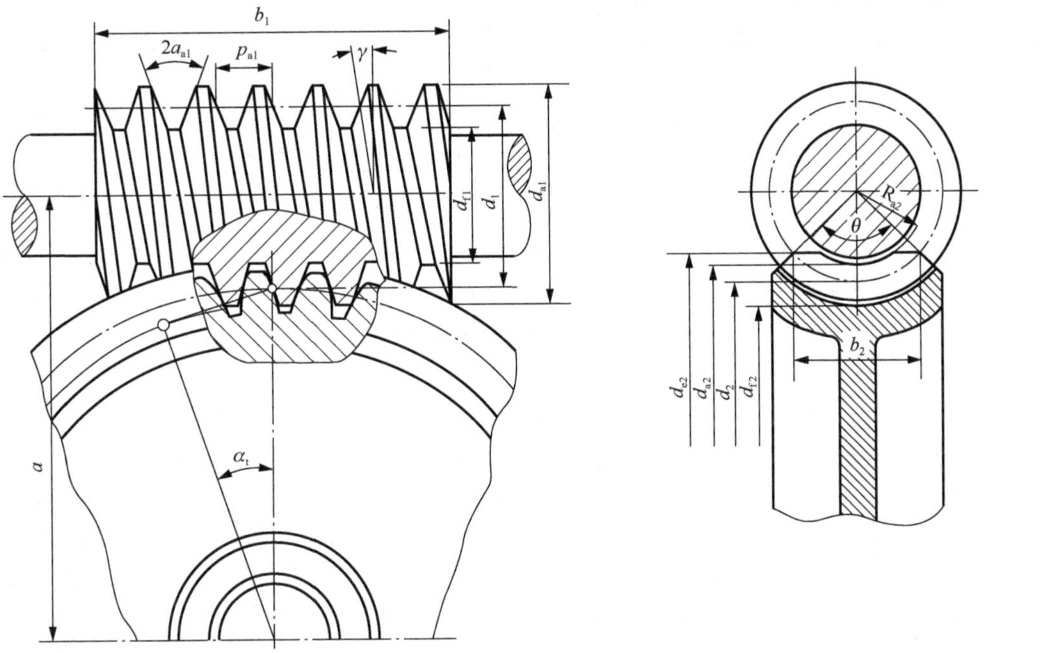

图 7-5　普通圆柱蜗杆传动

2. 蜗杆分度圆直径 d_1

当用滚刀加工蜗轮时，为了保证蜗杆与该蜗轮正确啮合，所用蜗轮滚刀的直径及齿形参数必须与相啮合的蜗杆相同。如果蜗杆的直径可随意设计，则会导致滚刀的数量很多，给制造带来困难。因此，为了限制滚刀的规格数量，便于滚刀标准化，规定蜗杆分度圆直径 d_1 为标准值，且与模数 m 相匹配，其导出值 $q = d_1 / m$，称为蜗杆的直径系数。d_1 和 q 的值见表 7-1。

3. 蜗杆头数 z_1 和蜗轮齿数 z_2

蜗杆头数 z_1 可根据要求的传动比和效率来选择。单头蜗杆可实现较大传动比，但传动效率低。当传动功率较大时，应增加蜗杆头数，以提高传动效率。但蜗杆头数过多，加工困难，故通常蜗杆头数为 1、2、4、6。

蜗轮齿数 z_2 主要根据传动比确定。为了避免根切，提高传动平稳性，z_2 不应小于 26。对于动力传动蜗杆，一般取 $z_2 = 28 \sim 80$。若 z_2 过大，则蜗轮直径增大，蜗杆长度随之增加，从而导致蜗杆刚度降低，影响啮合精度。

4. 蜗杆导程角 γ

蜗杆分度圆导程角 γ 可按下式计算

$$\tan\gamma = \frac{z_1 p_a}{\pi d_1} = \frac{z_1 \pi m}{\pi d_1} = \frac{z_1 m}{d_1} = \frac{z_1}{q}$$

式中，p_a 为蜗杆轴向齿距。当 z_1 和 q 确定后，γ 就随之确定。在一定范围内，蜗杆的传动效

率 η 随 γ 增大而提高。

表 7-1　蜗杆传动的基本尺寸和参数（摘自 GB/T 10085—1988）

模数 m/mm	分度圆直径 d_1/mm	蜗杆头数 z_1	直径系数 q	m^2d_1/mm³
1	18	1	18.000	18
1.25	20	1	16.000	31.25
	22.4	1	17.920	35
1.6	20	1，2，4	12.500	51.2
	28	1	17.500	71.68
2	22.4	1，2，4，6	11.200	89.6
	35.5	1	17.750	142
2.5	28	1，2，4，6	11.200	175
	45	1	18.000	281.3
3.15	35.5	1，2，4，6	11.270	352.3
	56	1	17.778	555.7
4	40	1，2，4，6	10.000	640
	71	1	17.75	1136
5	50	1，2，4，6	10.000	1250
	90	1	18.000	2250
6.3	63	1，2，4，6	10.000	2500
	112	1	17.778	4445
8	80	1，2，4，6	10.000	5120
	140	1	17.500	8960
10	90	1，2，4，6	9.000	9000
	160	1	16.000	16000
12.5	112	1，2，4，6	8.960	17500
	200	1	16.000	31250
16	140	1，2，4	8.750	35840
	250	1	15.625	64000
20	160	1，2，4	8.000	64000
	315	1	15.750	126000
25	200	1，2，4	8.000	125000
	400	1	16.000	250000

7.2.2　圆柱蜗杆传动的几何计算

圆柱蜗杆传动的主要几何尺寸见图 7-5，计算公式见表 7-2。

表 7-2　圆柱蜗杆传动几何尺寸计算

名称	计算公式	
	蜗杆	蜗轮
分度圆直径	$d_1 = mq = mz_1/\tan\gamma$	$d_2 = mz_2$
齿顶高	$h_a = m$	$h_a = m$
齿根高	$h_f = 1.2\,m$	$h_f = 1.2m$
顶圆直径	$d_{a1} = m(q+2)$	$d_{a2} = m(z_2+2)$
根圆直径	$d_{f1} = m(q-2.4)$	$d_{f2} = m(z_2-2.4)$
蜗杆导程角	$\gamma = \arctan(mz_1/d_1)$	
蜗轮分度圆螺旋角		$\beta = \gamma$
径向间隙	$c = 0.2m$	
齿距	$p_{a1} = p_{t2} = \pi m$	
中心距	$a = 0.5(d_1+d_2) = 0.5m(q+z_2)$	

7.3　蜗杆传动的失效形式、材料和结构

7.3.1　失效形式

蜗杆传动的失效形式与齿轮传动类似，有疲劳点蚀、齿面胶合、磨粒磨损和轮齿折断等。由于蜗杆传动在齿面间有较大的相对滑动速度，更容易产生胶合和磨粒磨损。在一般情况下，蜗轮的强度较弱，故蜗杆传动的失效主要发生在蜗轮上。

7.3.2　蜗杆传动的材料选择

由于蜗杆传动的特点，蜗杆副的材料不仅要有足够的强度，同时还必须具有良好的减摩耐磨性能和抗胶合能力。因此，蜗杆和蜗轮不能都采用硬材料制造，通常蜗轮用减摩性能良好的软材料制造，与钢制蜗杆相配。

在重要的蜗杆传动中，蜗轮常采用铸锡青铜(ZCuSn10P1)制造，它的抗胶合性能和耐磨性能好，允许的滑动速度可达 25 m/s，易于切削加工，但价格昂贵。在滑动速度小于 12 m/s 时，可采用含锡量低的青铜，如 ZCuSn5Pb5Zn5。在在滑动速度小于 10 m/s 时，可采用无锡青铜，如铸铝青铜 ZCuAl10Fe3，其强度高、价廉，但切削性能差、抗胶合能力差，宜用于配对经淬火的硬面蜗杆。在滑动速度小于 2 m/s 时，蜗轮可采用球墨铸铁或灰铸铁制造。

蜗杆一般采用碳钢或合金钢制造，要求齿面光洁且硬度高。按热处理不同分为硬面蜗杆和调质蜗杆。对于高速重载蜗杆传动，常采用 20Cr、20CrMnTi 等合金钢渗碳淬火(硬度 56 ～ 62 HRC)或 45、40Cr、42SiMn 等钢表面淬火(硬度 45 ～ 55 HRC)，硬面蜗杆需磨削或抛光。对于一般蜗杆传动，可用 45 等碳钢调质处理(硬度 220 ～ 250 HBW)。当蜗轮直径很大时，也可采用青铜蜗杆，蜗轮用铸铁制造。

7.3.3　蜗杆和蜗轮的结构

蜗杆通常和轴制成一体，称为蜗杆轴。蜗杆的螺旋部分既可以车削(图 7-6(a))，也可以

铣削（图 7-6（b））。车削蜗杆需要留出退刀槽，故刚度比铣削蜗杆差。

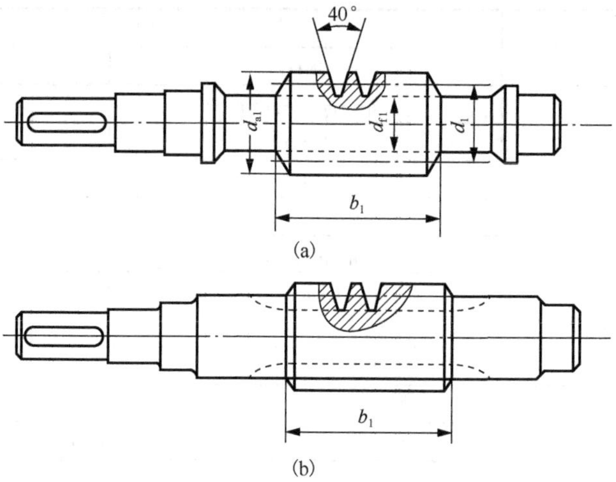

图 7-6　蜗杆结构

对于铸铁蜗轮或尺寸很小的青铜蜗轮，可以制成整体结构。但对于直径较大的青铜蜗轮常采用组合结构，即齿圈用青铜制造，轮芯用钢或铸铁制造，以节约贵重的有色金属。组合蜗轮有三种结构：①过盈配合（图 7-7（a））齿圈和轮芯多采用 H7/r6 配合，为了增加连接可靠性，需沿结合面圆周加装 4 ～ 8 个紧定螺钉。为便于钻孔，螺钉孔中心线向材料较硬一侧偏移 2 ～ 3 mm。这种结构多用于尺寸不大，且工作温度变化较小的场合。②螺栓连接（图 7-7（b））对于尺寸较大，或容易磨损的蜗轮，齿圈和轮芯可采用加强杆螺栓进行连接，这种结构便于装拆。③拼铸（图 7-7（c））对于大批量生产的蜗轮，可以将青铜齿圈直接浇铸在铸铁轮芯上。

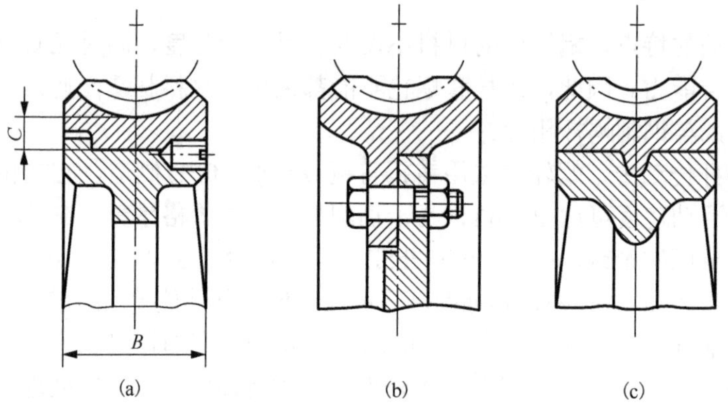

图 7-7　组合蜗轮

7.4　蜗杆传动的受力分析和强度计算

7.4.1　蜗杆传动的受力分析

在对蜗杆传动进行受力分析时，可先根据蜗杆的螺旋线方向和转向，判定出蜗轮的转向。

具体方法为：当蜗杆为右(左)旋时，用右(左)手四指代表蜗杆的转向，则蜗轮的节点速度 v_2 的方向与拇指方向相反，由此可确定出蜗轮的转向(图 7-2)。

蜗杆传动的受力分析与斜齿轮类似，在忽略摩擦的情况下，齿面上的法向力 $\boldsymbol{F}_\mathrm{n}$ 可分解为三个相互垂直的分力：径向力 $\boldsymbol{F}_\mathrm{r}$、圆周力 $\boldsymbol{F}_\mathrm{t}$ 和轴向力 $\boldsymbol{F}_\mathrm{a}$。各分力的方向如图 7-8 所示，具体判定方法与斜齿轮传动相同。当蜗杆和蜗轮在空间交错成 90° 时，蜗杆圆周力 $\boldsymbol{F}_\mathrm{t1}$ 与蜗轮轴向力 $\boldsymbol{F}_\mathrm{a2}$、蜗杆轴向力 $\boldsymbol{F}_\mathrm{a1}$ 与蜗轮圆周力 $\boldsymbol{F}_\mathrm{t2}$、蜗杆径向力 $\boldsymbol{F}_\mathrm{r1}$ 与蜗轮径向力 $\boldsymbol{F}_\mathrm{r2}$ 分别为作用力与反作用力。即

蜗杆圆周力　$$F_\mathrm{t1} = F_\mathrm{a2} = \frac{2T_1}{d_1}$$

蜗杆轴向力　$$F_\mathrm{a1} = F_\mathrm{t2} = \frac{2T_2}{d_2}$$

蜗杆径向力　$$F_\mathrm{r1} = F_\mathrm{r2} = F_\mathrm{a1}\tan\alpha$$

式中，T_1 和 T_2 分别为作用在蜗杆和蜗轮上的转矩，$T_2 = T_1 \cdot i \cdot \eta$，$\eta$ 为蜗杆传动的效率。

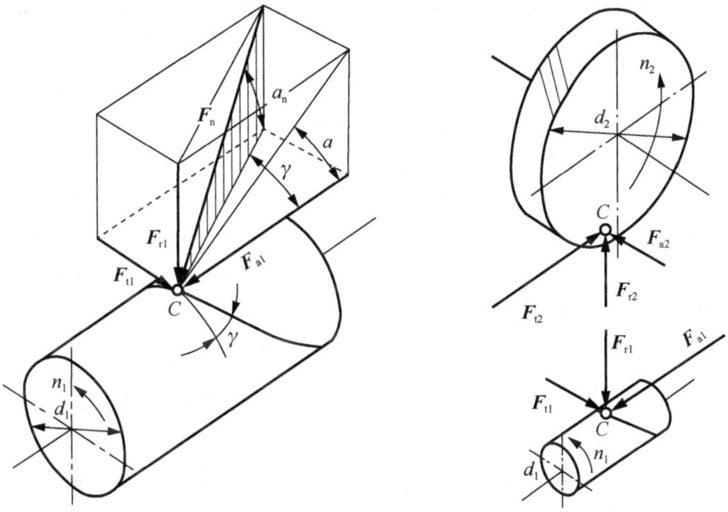

(a)　　(b)

图 7-8　蜗杆传动的受力分析

7.4.2　蜗杆传动的强度计算

如前所述，蜗杆传动主要的失效形式为蜗轮的胶合和磨粒磨损，但针对胶合和磨粒磨损目前尚无成熟的计算方法，通常按蜗轮齿面接触疲劳强度计算蜗杆传动的承载能力。对闭式蜗杆传动要进行热平衡计算，必要时还需计算蜗杆轴的强度和刚度。

1. 蜗轮齿面接触疲劳强度计算

蜗轮齿面接触疲劳强度计算仍以赫兹公式为基础，代入节点处啮合的相应参数，对于青铜或铸铁蜗轮与钢制蜗杆配对时，可得到蜗轮齿面的接触疲劳校核式为

$$\sigma_\mathrm{H} = 480\sqrt{\frac{KT_2}{m^2 d_1 z_2^2}} \leqslant [\sigma_\mathrm{H}]，\mathrm{MPa}$$

设计公式为 $$m^2 d_1 \geqslant KT_2\left(\frac{480}{z_2[\sigma_H]}\right)^2, \text{ mm}^3$$

式中，K 为载荷系数，一般取 $K = 1.1 \sim 1.4$，当载荷平稳，滑动速度 $v_s \leqslant 3\text{m/s}$ 时取小值，否则取大值；$[\sigma_H]$为蜗轮材料的许用接触应力，$[\sigma_H]$值见表 7-3 和表 7-4。

表 7-3 锡青铜蜗轮的许用接触应力$[\sigma_H]$

蜗轮材料	铸造方法	适用滑动速度 v_s / (m/s)	$[\sigma_H]$ / MPa	
			HBW ≤ 350	HRC > 45
铸锡磷青铜 ZCuSn10P1	砂型模	≤ 12	180	200
	金属型模	≤ 25	200	220
铸锡铅锌青铜 ZCuSn5Pb5Zn5	砂型模	≤ 10	110	125
	金属型模	≤ 12	135	150

表 7-4 铝青铜及铸铁蜗轮的许用接触应力$[\sigma_H]$

蜗轮材料	蜗杆材料	$[\sigma_H]$ / MPa 滑动速度 v_s / (m/s)						
		0.5	1	2	3	4	6	8
铸铝铁青铜 ZCuAl9Fe3	淬火钢	250	230	210	180	160	120	90
HT150、HT200	渗碳钢	130	115	90	—	—	—	—
HT150	调质钢	110	90	70	—	—	—	—

2. 蜗轮齿根弯曲疲劳强度计算

实践证明，在一般情况下蜗轮轮齿因弯曲疲劳强度不够而失效的情况较少，故本章只介绍接触疲劳强度计算，需要进行弯曲疲劳强度计算时可查阅相关资料。

7.5 蜗杆传动的效率、润滑和热平衡计算

7.5.1 蜗杆传动的效率

闭式蜗杆传动工作时，功率的损耗有三部分：啮合中的摩擦损失；轴承中的摩擦损失；润滑油被搅动的油阻损失。因此，闭式蜗杆传动的总效率为

$$\eta = \eta_1 \cdot \eta_2 \cdot \eta_3$$

式中，η_1 为啮合效率；η_2 为轴承效率；η_3 为考虑搅油损耗的效率。其中，最主要的为啮合效率 η_1，一般 $\eta_2 \cdot \eta_3 = 0.95 \sim 0.97$。

当蜗杆主动时，η_1 可根据螺旋传动的效率公式求得，即

$$\eta_1 = \frac{\tan\gamma}{\tan(\gamma + \rho_v)}$$

式中，ρ_v 为当量摩擦角，$\rho_v = \arctan f_v$。当量摩擦系数 f_v 主要与蜗杆副材料、表面状况和滑动速度 v_s 有关，并随 v_s 增大而减小，具体值可查手册。由上式可知，在一定范围内，η_1 随γ增大而增大，故动力传动中常采用多头蜗杆。但导程角过大，会导致加工困难，而且$\gamma > 28°$ 时，

效率提高不明显。

在设计蜗杆传动时，可根据蜗杆头数由表 7-5 初步估计蜗杆传动的总效率。

表 7-5　蜗杆传动总效率

z_1		1	2	4	6
η	闭式传动	0.7 ~ 0.75	0.75 ~ 0.82	0.87 ~ 0.92	0.95
	开式传动	0.6 ~ 0.7			

7.5.2　蜗杆传动的润滑

由于蜗杆传动相对滑动速度大，效率低，发热量大，必须采取合理的润滑，否则会进一步使效率降低，导致严重的磨损，甚至产生胶合。蜗杆传动润滑油黏度和润滑方法可参考表 7-6。

表 7-6　蜗杆传动的润滑油黏度及润滑方法

滑动速度 v_s/(m/s)	< 1	< 2.5	≤ 5	> 5 ~ 10	> 10 ~ 15	> 15 ~ 25	> 25
工作条件	重载	重载	中载	不限	不限	不限	不限
黏度 v_{40}(cSt)	900	500	350	220	150	100	80
润滑方法	浸油润滑			浸油或喷油润滑	压力喷油润滑		

7.5.3　蜗杆传动的热平衡计算

由于蜗杆传动效率低、发热量大，若散热不良，则会引起箱内温度升高而降低润滑油黏度，使润滑不良，导致蜗轮齿面磨损和胶合。因此，对连续工作的闭式蜗杆传动，要进行热平衡计算。

在闭式蜗杆传动中，传动产生的热量需要通过箱体表面散去。要求当发热功率与散热功率相等时箱内油温 t 与周围环境空气温度 t_0 之差 Δt 不超过许用值，即

$$\Delta t = t - t_0 = \frac{1000P_1(1-\eta)}{\alpha_s A} \leqslant [\Delta t]$$

式中，P_1 为蜗杆传递的功率，kW；α_s 为散热系数，通常取 $\alpha_s = 10 \sim 17$ W/(m^2·℃)；A 为散热面积，mm^2；$[\Delta t]$为温升允许值，一般为 60 ~ 70 ℃。

若 $\Delta t > [\Delta t]$，可采取下列措施来改善散热条件：

(1) 在箱体上加装散热片，增大散热面积；

(2) 在蜗杆轴端装风扇，进行通风冷却，以增大散热系数，如图 7-9(a) 所示；

(3) 在箱体油池内加装蛇形冷却水管，用循环水冷却，如图 7-9(b) 所示；

(4) 采用压力喷油循环润滑，并在油路上装冷却器，如图 7-9(c) 所示。

例 7-1　设计一传递动力的闭式蜗杆传动。已知电机功率 $P_1 = 5$ kW，转速 $n_1 = 960$ r/min，蜗轮转速 $n_2 = 60$ r/min，载荷平稳，连续单向回转。

解：(1) 选择材料。

考虑到该蜗杆传动功率不大，速度中等，故蜗杆用 45 钢，表面淬火，硬度为 45 ~ 55 HRC；蜗轮用 ZCuSn10P1，砂型模铸造。根据表 7-3 查得$[\sigma_H] = 200$ MPa。

(2) 选择蜗杆头数 z_1 和蜗轮齿数 z_2。

传动比 $i = n_1 / n_2 = 960 / 60 = 16$，因传动比不大，为提高传动效率，选 $z_1 = 2$，则 $z_2 = iz_1 = 32$。

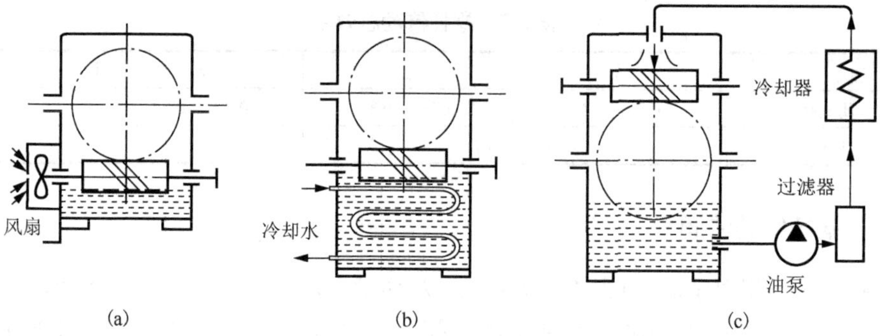

图 7-9　蜗杆传动的散热

(3) 计算作用在蜗轮上的转矩 T_2。

由 $z_1 = 2$，根据表 7-5，初选蜗杆传动效率为 $\eta = 0.8$，则

$$T_2 = iT_1\eta = 9.55\times10^6\frac{P_1}{n_1}\times i\eta = 9.55\times10^6\times\frac{5}{960}\times16\times0.8 = 6.37\times10^5\ (\mathrm{N\cdot mm})$$

(4) 按齿面接触强度设计。

因载荷平稳，速度中等，取 $K = 1.2$，代入接触强度设计式，得

$$m^2d_1 \geqslant KT_2\left(\frac{480}{z_2[\sigma_\mathrm{H}]}\right)^2 = 1.2\times6.37\times10^5\times\left(\frac{480}{32\times200}\right)^2 = 4299.75\ (\mathrm{mm^3})$$

根据表 7-1，选模数 $m = 8$ mm，蜗杆分度圆直径 $d_1 = 80$ mm，$m^2d_1 = 5120\ \mathrm{mm^3}$。蜗杆导程角

$$\gamma = \arctan\frac{z_1m}{d_1} = \arctan\frac{2\times8}{80} = 11.31(°)$$

(5) 计算传动效率。

滑动速度　$v_\mathrm{s} = \dfrac{v_1}{\cos\gamma} = \dfrac{\pi d_1n_1}{60\times1000\times\cos\gamma} = \dfrac{\pi\times80\times960}{60\times1000\times\cos11.31°} = 4.10\ (\mathrm{m/s})$

由 v_s 查手册知当量摩擦角 $\rho_\mathrm{v} = 1°21' = 1.35°$，于是传动效率为

$$\eta = (0.95\sim0.97)\frac{\tan\gamma}{\tan(\gamma+\rho_\mathrm{v})} = (0.95\sim0.97)\frac{\tan11.31°}{\tan(11.31°+1.35°)} = 0.85\sim0.86$$

效率高于 0.8，重新计算：

$$T_2 = 6.37\times10^5\times\frac{0.85}{0.8} = 6.77\times10^5\ (\mathrm{N\cdot mm})$$

$$m^2d_1 = 4299.75\times\frac{6.77}{6.37} = 4659.75(\mathrm{mm^3}) < 5120\ \mathrm{mm^3}$$

强度足够。

(6) 主要几何尺寸。

蜗杆分度圆直径　　$d_1 = 80$ mm

蜗轮分度圆直径　　$d_2 = mz_2 = 8\times32 = 256$ (mm)

中心距　　$a=0.5(d_1+d_2)=0.5\times(80+256)=168\ (\text{mm})$

(7) 热平衡计算。

取散热系数 $\alpha_s=15\ \text{W}/(\text{m}^2\cdot℃)$，效率 $\eta=0.85$，允许温升 $[\Delta t]=60\ ℃$，则由

$$\Delta t=\frac{1000P_1(1-\eta)}{\alpha_s A}\leqslant[\Delta t]$$

得

$$A\geqslant\frac{1000P_1(1-\eta)}{\alpha_s[\Delta t]}=\frac{1000\times5\times(1-0.85)}{15\times60}=0.83\ (\text{m}^2)$$

A 的取值范围为箱体和散热设计提供了依据。

习　　题

7-1　蜗杆传动有哪些特点？适合用于什么场合？

7-2　蜗杆传动的正确啮合条件是什么？

7-3　为什么蜗杆的分度圆直径被规定为标准值？

7-4　蜗杆传动的主要失效形式和设计准则是什么？为什么在进行强度计算时，只考虑蜗轮的强度？

7-5　为什么蜗杆传动要进行热平衡计算？计算的原理是什么？热平衡计算不满足要求时可采取哪些措施？

7-6　一对标准普通蜗杆传动，已知：模数 $m=6$ mm，传动比 $i=20$，蜗杆头数 $z_1=2$，蜗杆分度圆直径 $d_1=54$ mm，试计算蜗轮分度圆直径、蜗轮和蜗杆的齿顶圆直径，蜗杆导程角 γ 及中心距 a。

7-7　起重卷筒用蜗杆传动，中心距 $a=125$ mm，模数 $m=5$ mm，蜗杆头数 $z_1=1$，蜗轮齿数 $z_2=40$，卷筒直径 $D=140$ mm，手柄转臂长度 $L=100$ mm，当量摩擦系数 $f_v=0.18$，手柄上施加的力 $F=200$ N(忽略轴承摩擦)。问：(1) 在图中画出起吊重物时手柄转向、蜗轮所受三个分力方向，以及蜗轮齿旋向。(2) 此机构能否自锁？为什么？(3) 能起吊重物 W 是多少？(4) 计算蜗轮上三个分力的大小。

7-8　闭式蜗杆传动，蜗杆输入功率 $P_1=3.2$ kW，蜗杆转速 $n_1=970$ r/min，蜗杆头数 $z_1=4$，蜗轮齿数 $z_2=61$，模数 $m=2.5$ mm，蜗杆直径 $d_1=28$ mm，蜗杆和蜗轮间的当量摩擦系数 $f_v=0.15$，试计算：(1) 蜗杆分度圆导程角；(2) 蜗杆传动的啮合效率(不计搅油损失和轴承损失)；(3) 在蜗杆上作用力的大小和方向，用三个分力表示。

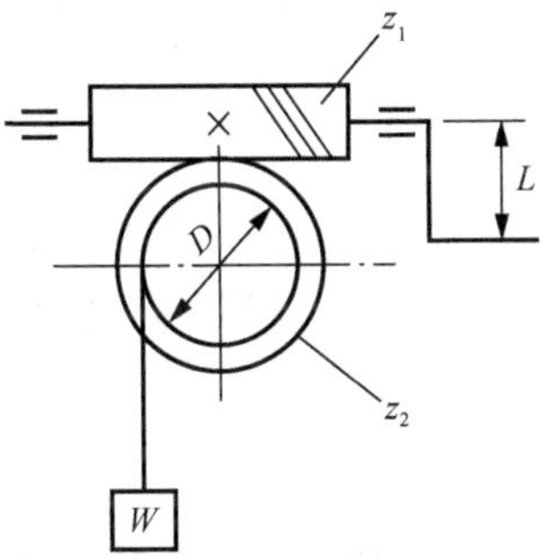

题 7-7 图

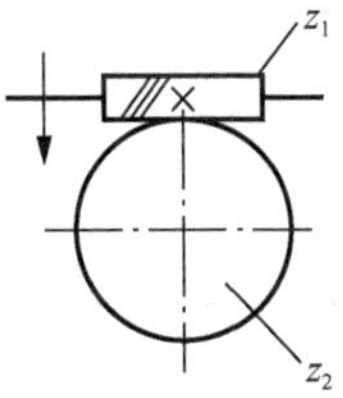

题 7-8 图

7-9　试设计一减速器中的单级普通圆柱蜗杆传动。已知蜗杆输入功率 $P=7$ kW，蜗杆转速 $n_1=1440$ r/min，传动比 $i=24$，载荷平稳，长期连续单向运转。

第8章 轮　　系

8.1 轮 系 概 述

齿轮机构是应用最广的传动机构之一。为了在一台机器上获得较大的传动比，或者获得不同转速，常常采用一系列相互啮合的齿轮将主动轴与从动轴连接起来进行传动。这种由相互啮合的若干齿轮组成的传动系统称为轮系。

8.1.1 轮系的分类

根据轮系运转时各齿轮的几何轴线是否固定，可将轮系可分为：定轴轮系、周转轮系和混合轮系。

1. 定轴轮系

轮系运转时，若所有齿轮的几何轴线都是固定的，则称为定轴轮系或普通轮系，如图 8-1 所示。

2. 周转轮系

轮系运转时，至少有一个齿轮的几何轴线是绕另一个齿轮几何轴线转动的，称为周转轮系，如图 8-2 所示。

3. 混合轮系

由几个基本周转轮系或由定轴轮系和周转轮系组成的轮系则称为混合轮系，如图 8-3 所示。

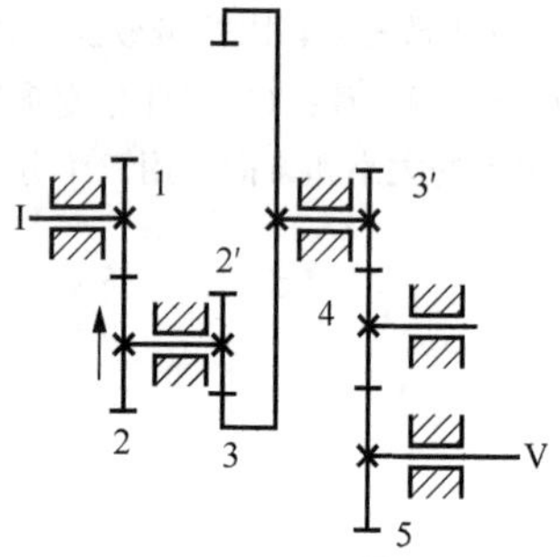

图 8-1　定轴轮系

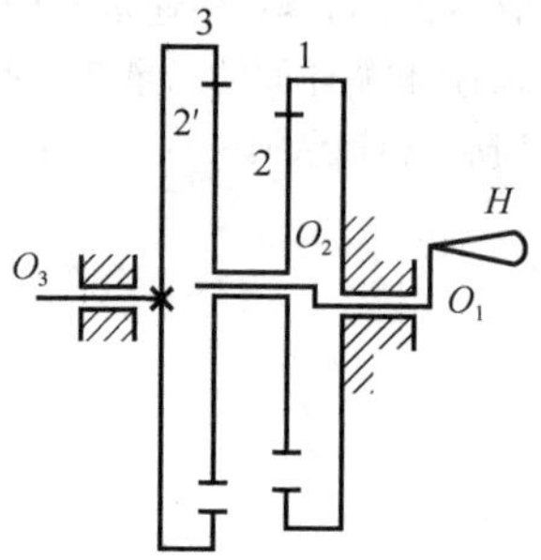

图 8-2　周转轮系

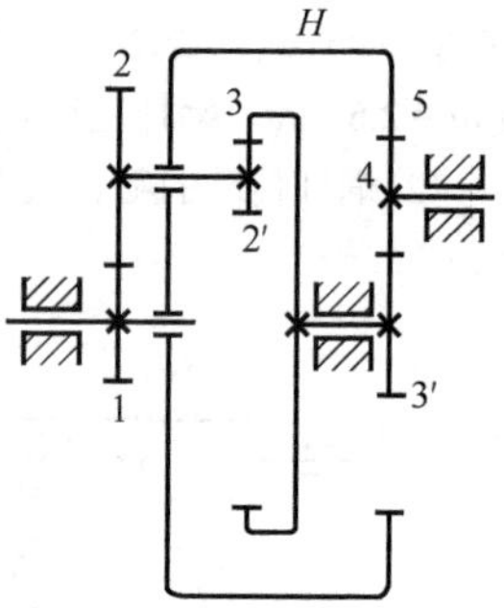

图 8-3　混合轮系

8.1.2 轮系的传动比

传动比是指两轴的转速比，也可以被表示为两轴的角速度之比。通常，传动比用 i 表示，对轴 A 和轴 B 的传动比可表示为

$$i_{AB} = \frac{n_A}{n_B} = \frac{\omega_A}{\omega_B} \tag{8-1}$$

一对啮合的齿轮，在同一时间内转过的齿数是相同的，因此有

$$n_1 z_1 = n_2 z_2 \tag{8-2}$$

式中，n_1、n_2分别为两齿轮的转速；z_1、z_2分别为两齿轮的齿数。

因此，一对相互啮合的齿轮的传动比又可以写成

$$i_{12}=\frac{n_1}{n_2}=\frac{z_2}{z_1} \tag{8-3}$$

8.1.3　从动轮转动方向

1. 箭头表示

轴或齿轮的转向一般用箭头表示，如图 8-4、图 8-5 所示。

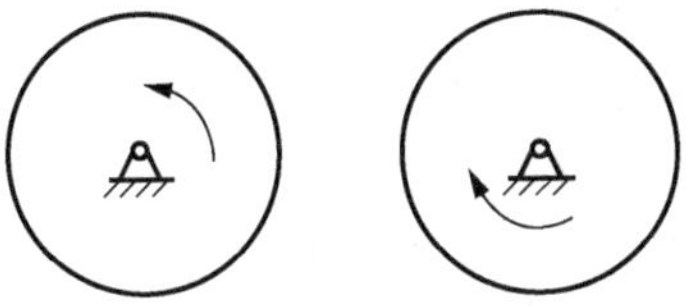

图 8-4　轴线与纸面垂直时的转向表示方法

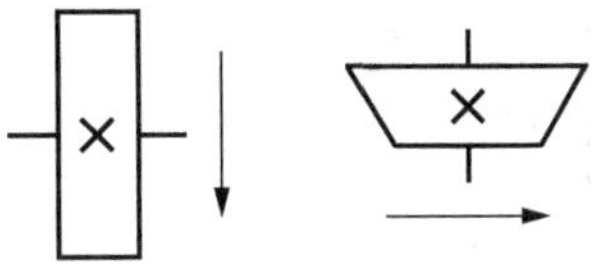

图 8-5　轴线在纸面内时的转向表示方法

2. 符号表示

符号表示法在平行轴的轮系中经常用到。当两轴或齿轮的轴线平行时，可以用正号“+”或负号“-”分别表示两轴或齿轮的转向相同或相反。例如，$i_{AB}=20$，表明：轴 A 和 B 的转向相同，转速比为 20。又如，$i_{AB}=-3$，表明：轴 A 和 B 的转向相反，转速比为 3。

注意：符号表示法不能用于判断轴线不平行的从动轮的转向。

3. 判断从动轮转向的几个要点

(1) 一对内啮合的圆柱齿轮的转向相同，如图 8-6(a) 所示，一对外啮合的圆柱齿轮转向相反，如图 8-6(b) 所示。

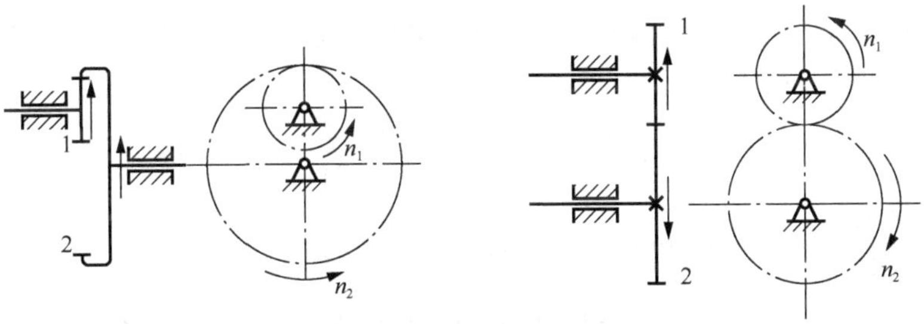

(a) 内啮合　　　　(b) 外啮合

图 8-6　圆柱齿轮传动

(2) 一对锥齿轮传动，用箭头表示其转向时，两个箭头要么同时指向啮合点，要么同时背离啮合点，如图 8-7 所示。

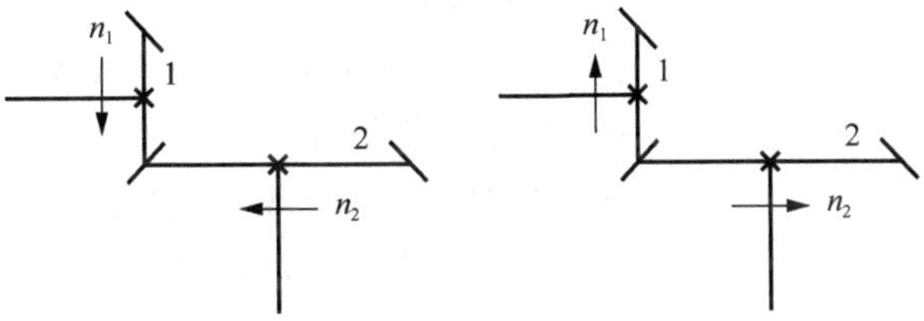

图 8-7　锥齿轮转动方向间的关系

8.2 轮系的传动比计算

8.2.1 定轴轮系的传动比

已知轮系各齿轮的齿数，利用式(8-3)通过计算每对啮合齿轮的传动比，得到所求的两轴间的传动比。

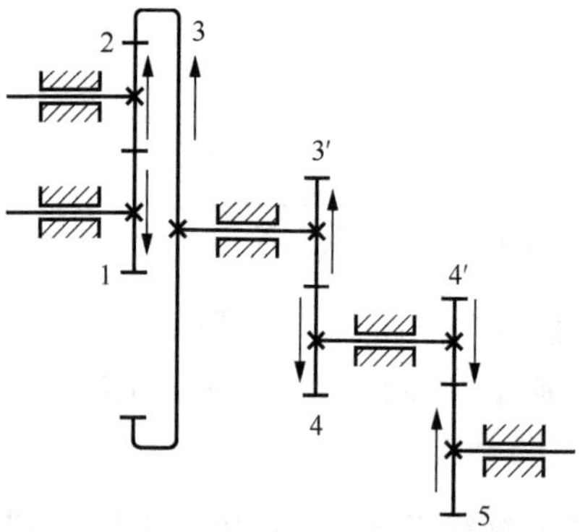

图 8-8 定轴轮系传动比

对于图 8-8 所示的定轴轮系，若已知各齿轮的齿数，则各对齿轮的传动比为

$$i_{12}=\frac{n_1}{n_2}=-\frac{z_2}{z_1},\quad i_{23}=\frac{n_2}{n_3}=\frac{z_3}{z_2}$$

$$i_{3'4}=\frac{n_{3'}}{n_4}=\frac{n_3}{n_4}=-\frac{z_4}{z_{3'}},\quad i_{4'5}=\frac{n_{4'}}{n_5}=\frac{n_4}{n_5}=-\frac{z_5}{z_{4'}}$$

$$i_{15}=\frac{n_1}{n_5}=\frac{n_1}{n_2}\cdot\frac{n_2}{n_3}\cdot\frac{n_{3'}}{n_4}\cdot\frac{n_{4'}}{n_5}=i_{12}\cdot i_{23}\cdot i_{3'4}\cdot i_{4'5}$$

$$=\left(-\frac{z_2}{z_1}\right)\cdot\frac{z_3}{z_2}\cdot\left(-\frac{z_4}{z_{3'}}\right)\cdot\left(-\frac{z_5}{z_{4'}}\right)=(-1)^3\frac{z_2}{z_1}\cdot\frac{z_3}{z_2}\cdot\frac{z_4}{z_{3'}}\cdot\frac{z_5}{z_{4'}}$$

以上结论推广到一般情况，1 为输入轴，N 为输出轴，m 为外啮合的齿轮对数，则

$$i_{1N}=\frac{n_1}{n_N}=(-1)^m\frac{\text{两轴间所有从动轮齿数的乘积}}{\text{两轴间所有主动轮齿数的乘积}} \tag{8-4}$$

例 8-1 在图 8-8 所示的轮系中，已知各齿轮齿数为 $z_1=21$，$z_2=25$，$z_3=126$，$z_{3'}=21$，$z_4=21$，$z_{4'}=20$，$z_5=30$，$n_1=1450$ r/min，试计算 n_5，并判断其转动方向。

解： 在各对啮合的齿轮中，齿轮 1、2、3′、4′为主动轮，齿轮 2、3、4、5 为从动轮，有 3 对外啮合齿轮。代入式(8-4)得

$$i_{15}=(-1)^3\frac{z_2}{z_1}\frac{z_3}{z_2}\frac{z_4}{z_{3'}}\frac{z_5}{z_{4'}}=-\frac{126\times21\times30}{21\times21\times20}=-9$$

所以 $n_5=\dfrac{n_1}{i_{15}}=\dfrac{1450}{-9}=-161.1\ \text{(r/min)}$，即转向与轮 1 相反。

注意： 由于齿轮 2 同时与两个齿轮啮合，既是主动轮，又是从动轮，其齿数对传动比的大小不产生影响，只起到改变齿轮的转向或调节中心距的作用，这种齿轮称为惰轮或过桥齿轮。

8.2.2 周转轮系的传动比

图 8-9 所示为周转轮系。齿轮 1、3 以及构件 H 绕固定的几何轴线 O_1、O_3 和 O_H 转动，轴线 O_1、O_3 和 O_H 相互重合，而齿轮 2 一方面绕自身的几何轴线转动(自转)，同时又随构件 H 绕固定轴线转动(公转)。轮系中，轴线位置固定的齿轮称为中心轮或太阳轮，轴线位置变化的齿轮称为行星轮；支撑行星轮的构件称为转臂、系杆或行星架。周转轮系一定具有一个转臂，通常有两个中心轮和至少一个行星轮，且转臂和中心轮的几何轴线重合，如图 8-9(a)所示。

两个中心轮都能转动，自由度为 2 的周转轮系称为差动轮系，如图 8-9(b)所示；而只有一个中心轮能转动，自由度为 1 的周转轮系，称为行星轮系，如图 8-9(c)所示。

由于做周转运动的行星轮兼有自转和公转，所以传动比不能简单按定轴轮系的方法进行计算。但是，如果能使转臂不动，周转轮系可转化成一个假想的定轴轮系。通过在整个轮系上加上一个绕轴线 O_H 转动，且与转臂 H 旋转方向相反、大小为 n_H 的转速后，周转轮系转化成定轴轮系。根据相对运动原理，转臂静止不动，各构件相对运动关系保持不变(图 8-10)。此时，转化轮系的传动比表示为 i_{1N}^H，这一转化后的轮系，可以使用定轴轮系的传动比计算公式(8-4)。因此，周转轮系的转化轮系的传动比可以写成

$$i_{1N}^H=\frac{n_1^H}{n_N^H}=\frac{n_1-n_H}{n_N-n_H}=(-1)^m\frac{\text{两轴间所有从动轮齿数的乘积}}{\text{两轴间所有主动轮齿数的乘积}} \tag{8-5}$$

式中，m 为外啮合的齿轮对数，但只适用于平行轮系。

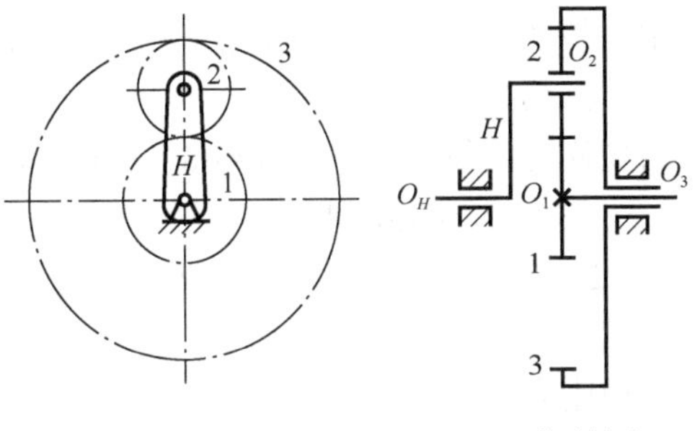

(a)轮系布置　　(b)差动轮系　　(c)行星轮系

图 8-9　周转轮系的类型

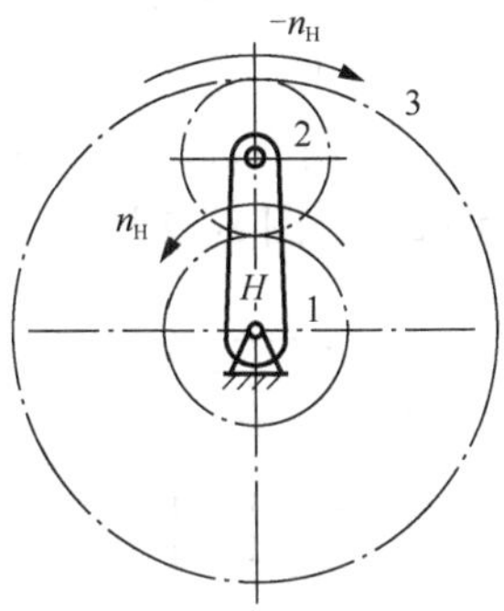

图 8-10　周转轮系的转化轮系

例 8-2　图 8-9(c)所示的行星轮系，已知各轮齿数 $z_1=27$，$z_2=19$，$z_3=61$，$n_1=1450$ r/min，试计算传动比 i_{1H} 和转臂的转速 n_H。

解：由式(8-5)代入已知数值得

$$i_{13}^H=\frac{n_1-n_H}{n_3-n_H}=\frac{n_1-n_H}{0-n_H}=-\frac{61}{27}$$

从而有

$$i_{1H}=\frac{n_1}{n_H}=1+\frac{61}{27}\approx 3.26$$

得

$$n_H=\frac{n_1}{i_{1H}}=\frac{1450}{3.26}\approx 445\ (\text{r/min})$$

n_H 与 n_1 的转向相同。

需要指出：周转轮系的传动比计算一般只适用于平行轮系，在一些特殊情况下(如下例)才能用于空间轮系。

例 8-3　图 8-11 所示的差动轮系，已知：$z_1=48$，$z_2=48$，$z_{2'}=18$，$z_3=24$，转臂 H 的转速为 100 r/min，轮 1 的转速为 250 r/min，转动方向如图实线箭头所示，试求轮 3 的转速大小和方向。

解：转化轮系的传动比

$$i_{13}^H=\frac{n_1-n_H}{n_3-n_H}=-\frac{z_2\times z_3}{z_1\times z_{2'}}=-\frac{24}{18}=-\frac{4}{3}$$

式中负号“-”表示转化轮系中，用箭头法判别 n_1^H 与 n_3^H 的转向相反，图 8-11 虚线箭头所示。

将 n_1 与 n_H 的值代入，有 $i_{13}^H=\dfrac{n_1-n_H}{n_3-n_H}=\dfrac{250-100}{n_3-100}=-\dfrac{4}{3}$

得 $n_3=-12.5$ r/min，即轮 3 与轮 1 的转向相反。

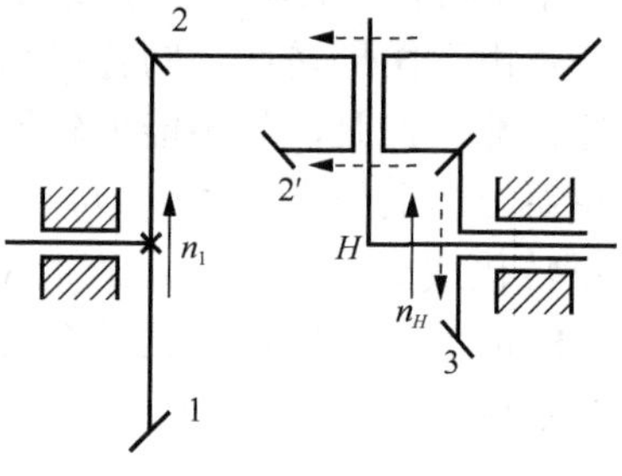

图 8-11　差动轮系

8.2.3　混合轮系的传动比计算

在机械中，除了广泛采用定轴轮系和周转轮系外，还经常应用由定轴轮系和周转轮系或几个周转轮系组合而成的混合轮系。求解混合轮系的传动比时，首先必须正确地把混合轮系划分为定轴轮系和各个单一的周转轮系，并分别列出它们的传动比计算公式，然后联立求解。划分周转轮系的方法是：先找出转动轴线不固定的行星轮，再找出支持该行星轮的转臂，最后确定与行星轮直接啮合的一个或两个中心轮。单一的周转轮系中，都应有中心轮、行星轮和转臂，而且中心轮的几何轴线与转臂的轴线是重合的。在划出所有周转轮系后，剩下的就是一个或多个定轴轮系。

例 8-4　图 8-12 所示为电动卷扬机的传动装置，已知各轮齿数 $z_1=24$，$z_2=48$，$z_{2'}=30$，$z_3=90$，$z_{3'}=20$，$z_4=30$，$z_5=80$，求 i_{1H}。

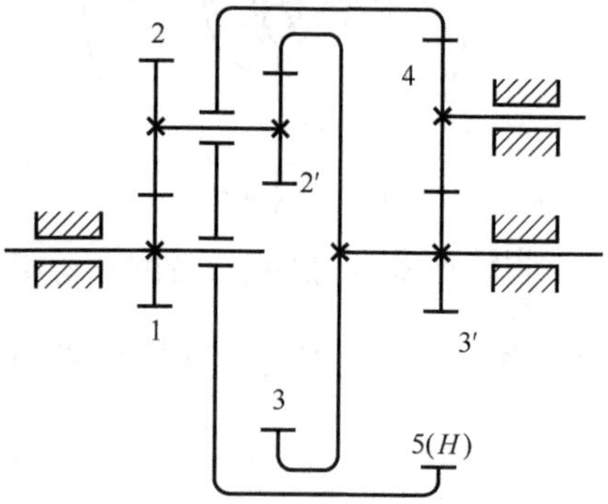

图 8-12　电动卷扬机的传动装置

解：由齿轮 1、2、2′、3 和转臂 H 组成差动轮系，由齿轮 5、4、3′组成定轴轮系。

差动轮系的传动比为

$$i_{13}^H=\frac{n_1-n_H}{n_3-n_H}=-\frac{z_3z_2}{z_{2'}z_1}=-6$$

定轴轮系的传动比为

$$i_{3'5}=\frac{n_{3'}}{n_5}=-\frac{z_5}{z_{3'}}=-4$$

从上式将 n_3 用 n_5 表示，又 $n_3=n_{3'}$，$n_H=n_5$，代入 i_{13}^H，可得

$$i_{15}=\frac{n_1}{n_5}=31$$

8.3　轮系的功用

在实际机械传动中，轮系的应用非常广泛，其主要功用有以下几个方面。

8.3.1　实现大传动比

采用一对齿轮传动时，为了避免两个齿轮直径相差过大，传动比一般不超过 8。利用轮系，不仅使传动装置外廓尺寸减小，节约材料，减轻重量，还可利用少齿差行星传动获得大传动比。

例 8-5　在图 8-13 所示的少齿差行星轮系中，已知各轮齿数 $z_1=100$，$z_2=101$，$z_{2'}=100$，

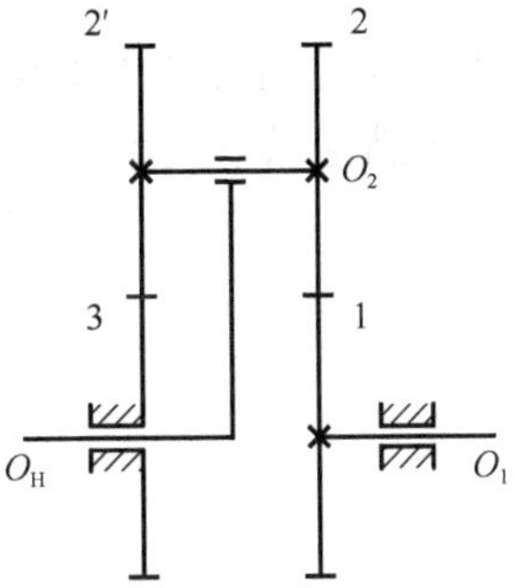

图8-13 少齿差行星轮系

$z_3=99$。试求传动比 i_{H1}。

解：因 $n_3=0$，由式(8-5)写出

$$i_{13}^H=\frac{n_1-n_H}{0-n_H}=(-1)^2\frac{z_2z_3}{z_1z_{2'}}$$

故

$$i_{1H}=\frac{n_1}{n_H}=1-\frac{z_2z_3}{z_1z_{2'}}=1-\frac{101\times 99}{100\times 100}=\frac{1}{10000}$$

$$i_{H1}=\frac{1}{i_{1H}}=10000$$

传动比为正，表示 n_H 与 n_1 的转向相同。

行星轮系可以用少数几个齿轮获得很大的传动比，但是，这种传动机械效率低，不宜用在传递大功率的场合，用做增速传动时，则可能产生自锁。

8.3.2 实现变速、换向传动

在主动轴转速和转向不变的情况下，利用轮系可以使从动轴获得多种转速或不同转向。图8-14所示某主轴箱，通过移动三联滑移齿轮，分别使齿轮5与6，4与7，3与8相啮合，当齿轮10与11啮合时得到带轮三种转速输出，再移动双联滑移齿轮，使轮9与12啮合，又可获得带轮的三种输出转速。

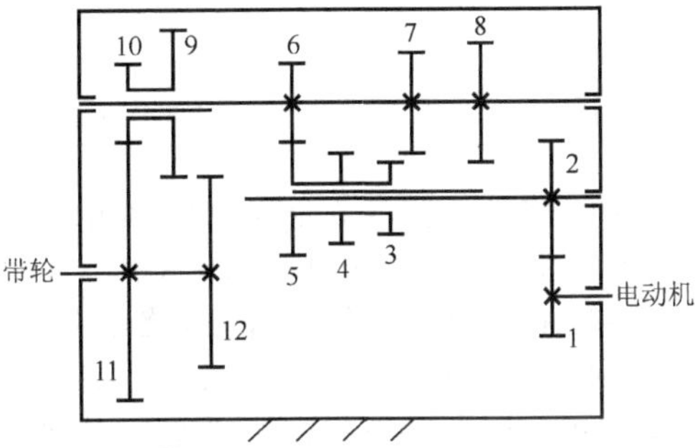

图8-14 主轴箱传动装置

8.3.3 实现运动的合成和分解

利用轮系可以将两个独立转动合成为一个转动，或将一个转动分解为两个独立的转动。

例8-6 图8-15所示汽车后桥差速器简图。已知各轮齿数，主动轮5的转速 n_5，左右两车轮间的距离为 B。求汽车直线行驶和沿半径为 r 的弯道转弯时左右两轮的转速。

解：分析可知，该混合轮系可划分为由齿轮1、2、3和转臂 H 组成的差动轮系和由齿轮4、5组成的定轴轮系，且齿轮4与转臂 H 为同一构件。

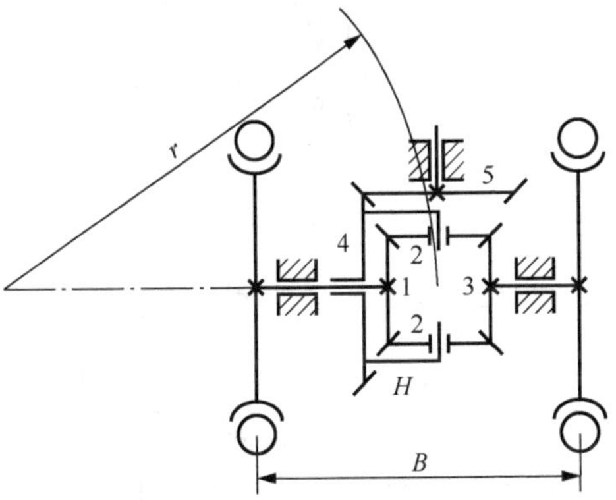

图8-15 汽车后桥差速轮系

按式(8-4)得 $i_{45}=\frac{n_4}{n_5}=\frac{z_5}{z_4}$

由于该定轴轮系的轴线不平行，因此不能采用符号判断转向。

齿轮1、2、3及4(转臂 H)组成的差动轮系的传动比为

$$i_{13}^H=\frac{n_1-n_4}{n_3-n_4}=-\frac{z_3}{z_1}=-1$$

且 $z_1=z_2=z_3$

得 $n_4=\dfrac{n_1+n_3}{2}$

当汽车直线行驶时，因左右两轮所行的距离相等，所以 $n_1=n_3=n_4$，也就是说齿轮1和

3 之间没有相对转动，它们成为一个整体，共同随齿轮 4 一起转动。

当汽车沿弯道行驶时，例如汽车向左转，其右轮所行的外圈距离大于左轮所行的内圈距离。由于两车轮的直径大小相等，而它们和地面之间又是纯滚动，所以应满足以下关系：

$$i_{13}=\frac{n_1}{n_3}=\frac{r-B/2}{r+B/2}$$

联立求解 i_{13}、i_{13}^H 两式得　$n_1=\frac{2r-B}{2r}n_4\quad n_3=\frac{2r+B}{2r}n_4$

将 i_{45} 代入上式可得　$n_1=\frac{2r-B}{2r}\frac{z_5}{z_4}n_5\quad n_3=\frac{2r+B}{2r}\frac{z_5}{z_4}n_5$

8.3.4 其他功用

轮系还可用于其他方面。如 1 个主动构件同时带动若干从动构件转动，实现分路传动。利用轮系还可实现结构紧凑的大功率传动。

习　　题

8-1 何谓惰轮？它在轮系中有何作用？

8-2 行星轮系和差动轮系有何区别？

8-3 在图示的定轴轮系中，已知各齿轮的齿数分别为 z_1、z_2、$z_{2'}$、z_3、z_4、$z_{4'}$、z_5、$z_{5'}$、z_6，求传动比 i_{16}。

8-4 在图示的轮系中，已知各齿轮的齿数分别为 $z_1=18$，$z_2=20$，$z_{2'}=25$，$z_3=36$，$z_{3'}=2$（右旋），$z_4=40$，且已知 $n_1=100$ r/min（A 向看为逆时针），求轮 4 的转速及其转向。

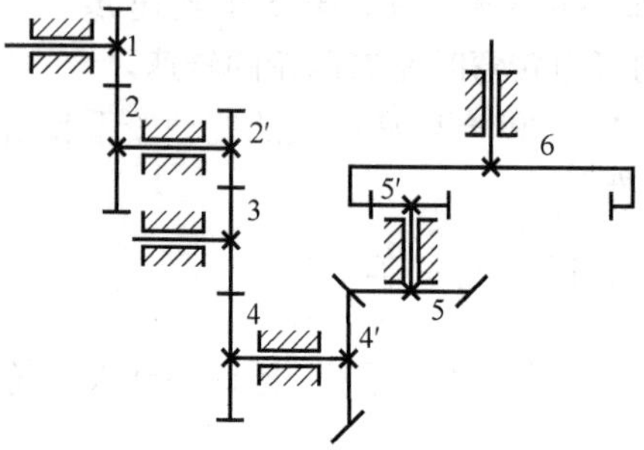

题 8-3 图

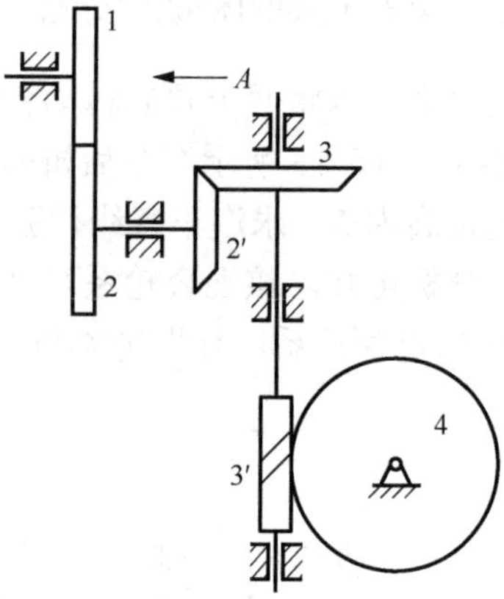

题 8-4 图

8-5 在图示的行星轮系中，已知：$z_1=63$，$z_2=56$，$z_{2'}=55$，$z_3=62$，求传动比 i_{H3}。

8-6 已知图示轮系中各齿轮的齿数分别为 $z_1=20$，$z_2=18$，$z_3=56$，求传动比 i_{1H}。

8-7 在图示的双级行星减速器中，已知高速级各轮齿数为 $z_1=14$，$z_2=34$，$z_3=85$，低速级各轮齿数为 $z_4=20$，$z_5=28$，$z_6=79$，高、低速级的行星齿轮数均为 3。试求此行星减速器的总传动比 $i_{\mathrm{I,II}}$，并验算装配条件。

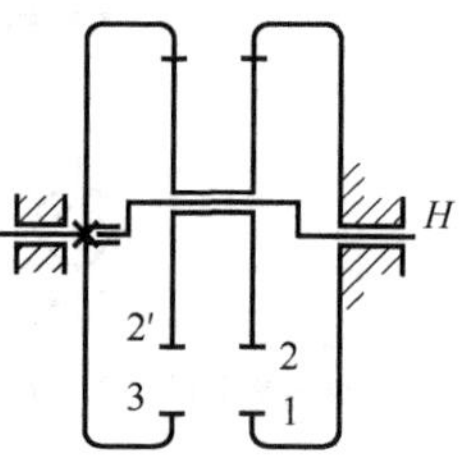

题 8-5 图

8-8　图示为某生产自动线中使用的行星减速器。已知各轮的齿数为 $z_1=16$，$z_2=44$，$z_{2'}=46$，$z_3=104$，$z_4=106$，求传动比 i_{14}。

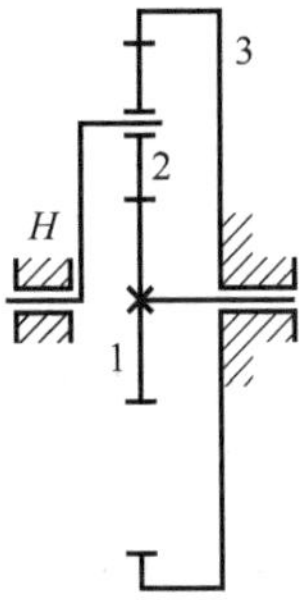

题 8-6 图

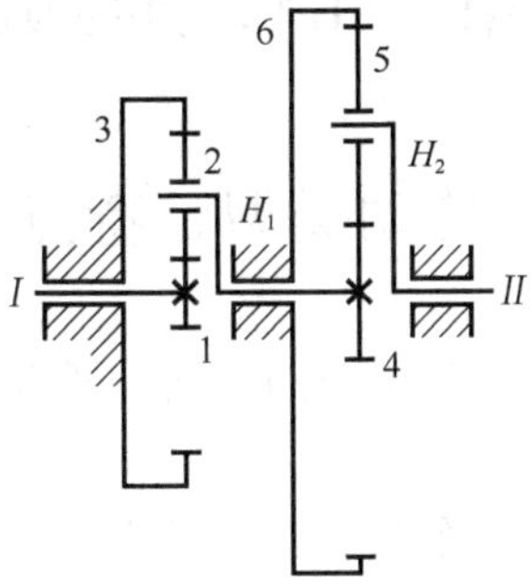

题 8-7 图

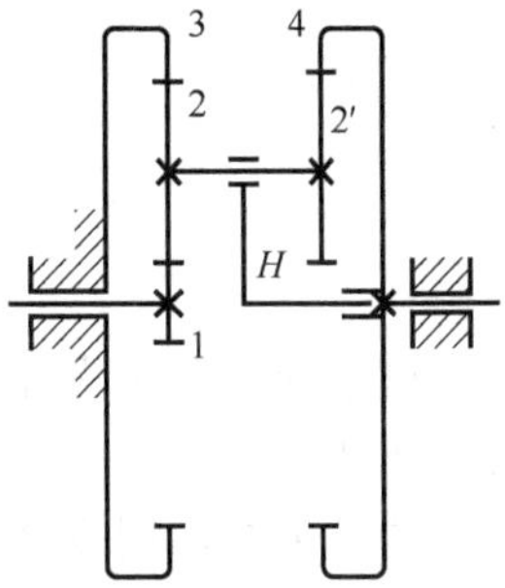

题 8-8 图

8-9　在图示的行星减速器中，已知各轮齿数 $z_1=15$，$z_2=33$，$z_3=81$，$z_{2'}=30$，$z_4=78$，求传动比 i_{14}。

8-10　在图示的行星减速器中，已知传动比 $i_{1H}=8$，各齿轮为标准齿轮且模数相等。试确定各轮的齿数比。

8-11　已知图示轮系 $z_1=15$，$z_2=25$，$z_3=20$，$z_4=60$。$n_1=200$ r/min（顺时针），$n_4=50$ r/min（顺时针），试求 H 的转速。

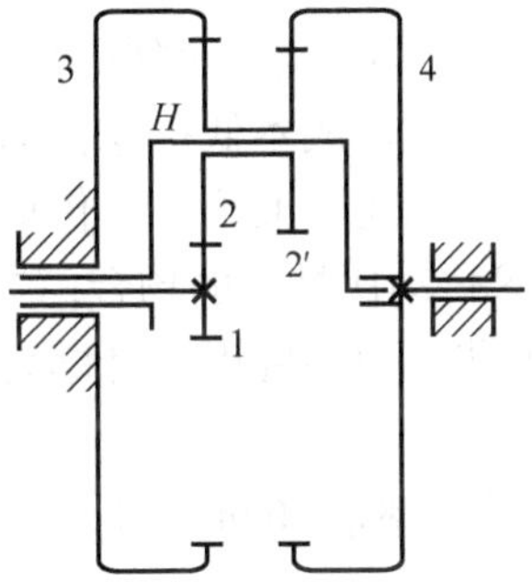

题 8-9 图

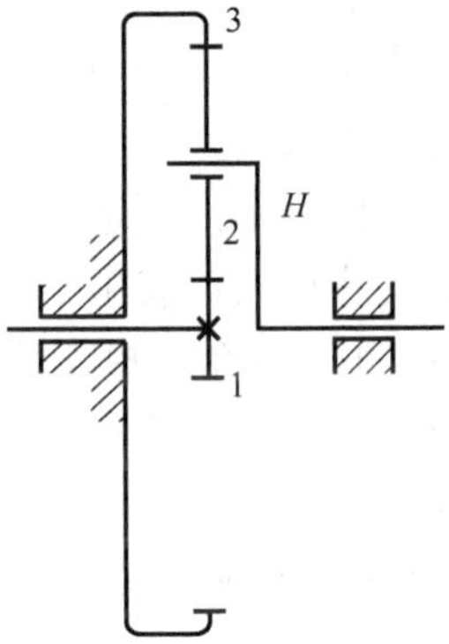

题 8-10 图

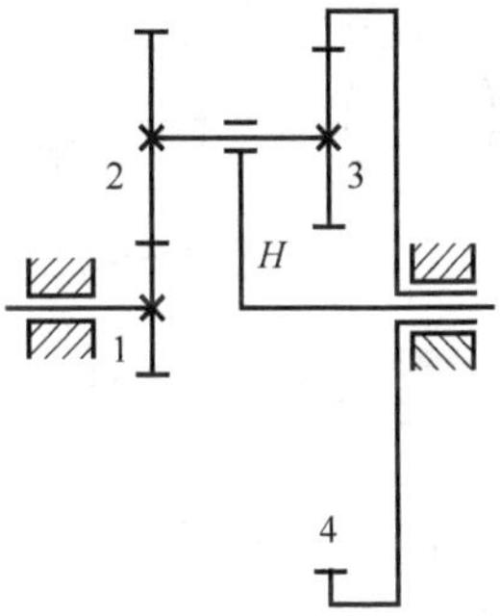

题 8-11 图

8-12　在图示轮系中，已知各轮齿数 $z_1=z_{2'}=41$，$z_2=z_3=39$，求手柄 H 与轮 1 的传动比 i_{H1}。

8-13　求图示机构的传动比 i_{15}。已知：$z_1=z_{2'}=25$，$z_2=z_3=z_5=20$，$z_4=100$。

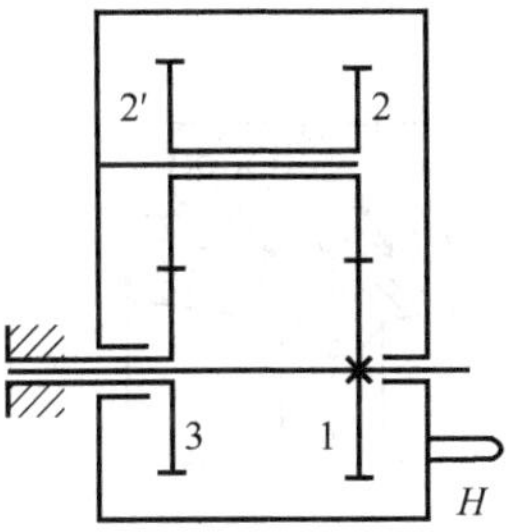

题 8-12 图

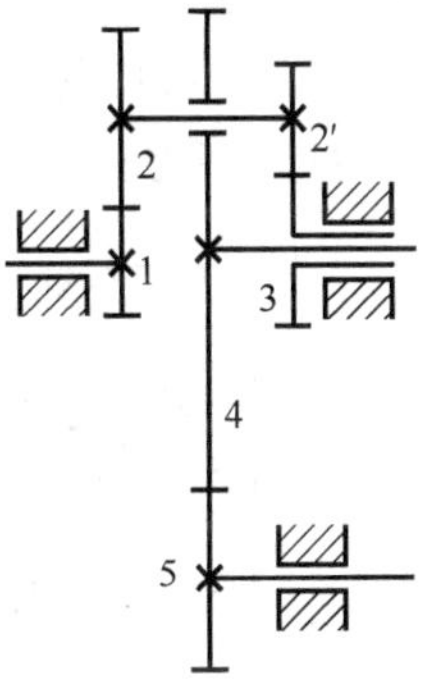

题 8-13 图

第 9 章　带传动与链传动

9.1　带传动类型、特点和应用

通过中间挠性曳引元件传递运动和动力的传动，通常称为挠性传动。中间挠性曳引元件有带和链两大类。

带传动主要运用场合：一是传动系统需要良好的动力特性；二是传递中心距较大的地方采用带传动替代多个齿轮传动，结构简单；三是较方便地实现多轴间的运动与动力的传递，如发电机、空调压缩机、风扇、水泵等。

9.1.1　带传动的类型与主要特点

带传动通常由主动轮、从动轮和张紧在两轮上的环形传动带组成，如图 9-1 所示。

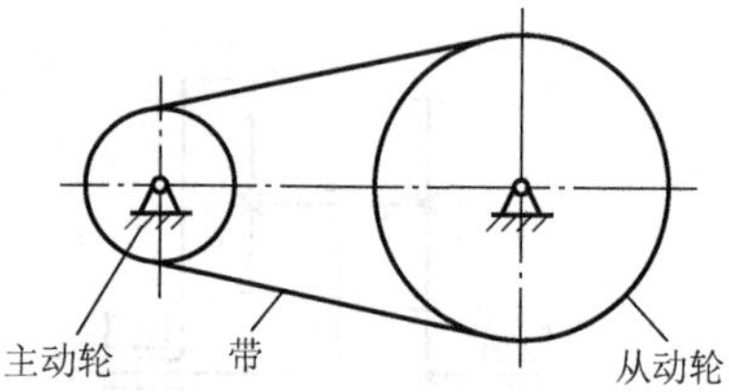

图 9-1　摩擦型带传动

带传动的主要特点为：①适用于中心距较大的传动；②传动平稳、噪声小、可缓冲和吸振；③过载时，带与带轮间会出现打滑，可防止其他零件损坏，起安全保护作用；④结构简单，制造、安装、维护方便，成本低；⑤传动外廓尺寸较大；⑥由于带的滑动，传动比不准确，且传动效率较低、寿命较短，不能用于要求传动比精确的场合；⑦由于摩擦传动过程中可能产生电火花，故不宜用于易燃易爆场合。

带传动一般传递的功率 $P \leqslant 100$ kW；带速 $v = 5 \sim 25$ m/s；传动效率 $\eta = 0.90 \sim 0.95$；传动比 $i \leqslant 7$。

按带的形状，带传动可分可分为平带传动(图 9-2(a))、V 带传动(图 9-2(b))、多楔带传动(图 9-2(c))、圆带传动(图 9-2(d))和同步带传动(图 9-3)等。按工作原理分类，除同步带为啮合传动外，其余为摩擦传动。摩擦传动原理是将带张紧在两个带轮上，借助带与带轮接触面间的压力所产生的摩擦力来传递运动和动力。带传动的布置形式主要采用开口传动(图 9-1)，即两轴平行而且回转方向相同的传动。

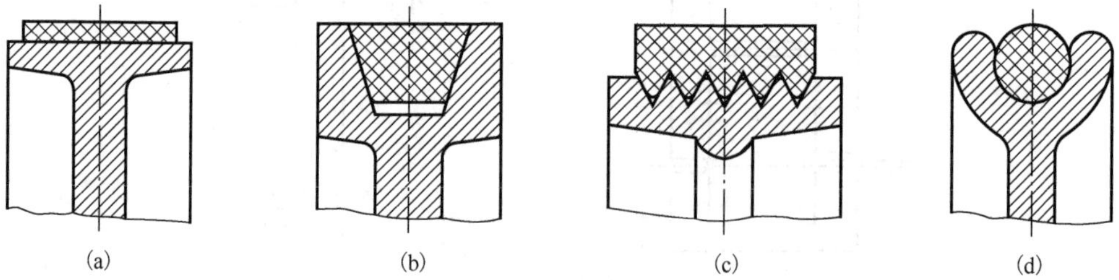

图 9-2　带传动的截面形状

平带的横截面为扁平矩形，其工作面是与轮面相接触的内表面，如图 9-4(a)所示，而 V

带的横截面为等腰梯形，V 带靠两侧面工作，如图 9-4(b)所示。

当平带和 V 带受到同样的压紧力 $\boldsymbol{F}_{\mathrm{N}}$ 时，它们的法向力 $\boldsymbol{F}_{\mathrm{N}}'$ 却不相同。平带与带轮接触面上的摩擦力为 $F_{\mathrm{N}}f = F_{\mathrm{N}}'f$，而 V 带与带轮接触面上的摩擦力为

$$F_{\mathrm{N}}'f = \frac{F_{\mathrm{N}}}{\sin\dfrac{\varphi}{2}}f = F_{\mathrm{N}}f' \tag{9-1}$$

式中，φ 为 V 带轮的轮槽角，$f' = f/\sin\left(\dfrac{\varphi}{2}\right)$ 为当量摩擦系数。显然 $f' > f$，即在相同条件下，V 带能传递较大的功率。因此，一般机械中多采用 V 带传动。

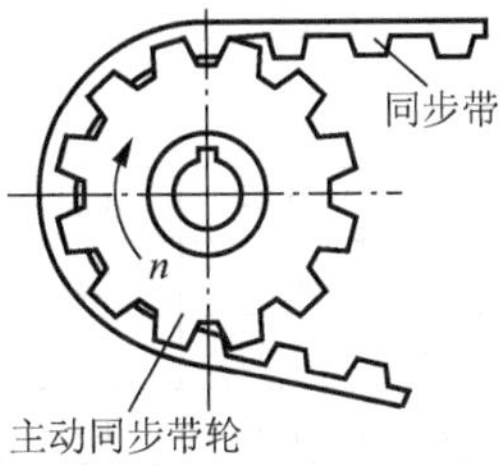

图 9-3　同步带传动

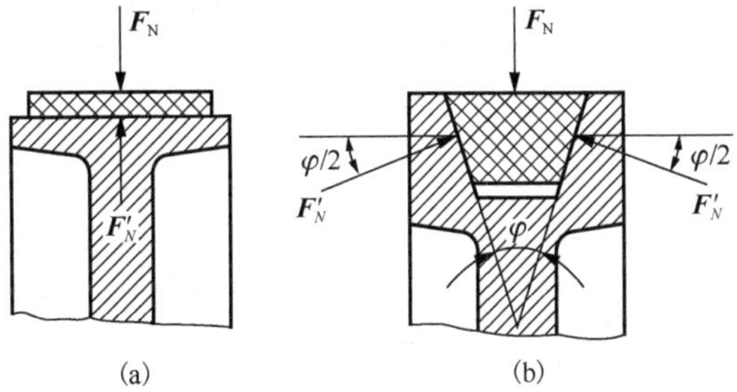

图 9-4　平带传动与 V 带传动的比较

9.1.2　V 带标准与结构

V 带有普通 V 带、窄 V 带、齿形 V 带、大楔角 V 带、宽 V 带等多种类型。其中普通 V 带传动应用最广。近年来，窄 V 带的应用也日益广泛。

标准普通 V 带的横剖面结构如图 9-5 所示，由顶胶、底胶、抗拉体、包布层构成。根据抗拉体的结构不同，可分为帘布芯结构(图 9-5(a))和绳芯结构(图 9-5(b))。前者制造方便、抗拉强度高；后者柔软性较好、抗弯强度高，适用于转速较高、载荷不大、带轮直径较小的场合。

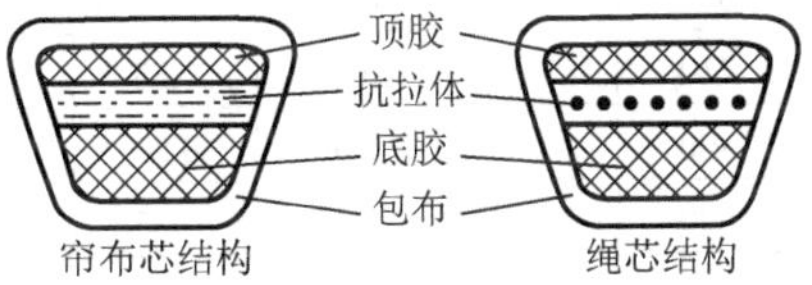

图 9-5　V 带结构

窄 V 带用合成纤维绳作抗拉体，与普通 V 带比较，当高度相同时，其宽度比普通 V 带小约 30 %，而承载能力比普通 V 带大 1.5 ～ 2.5 倍，允许速度和挠曲次数高，传动中心距小，适用于大功率且结构要求紧凑的传动。

V 带已标准化，普通 V 带按其截面大小分为 Y、Z、A、B、C、D、E 七种型号(表 9-1)，窄 V 带分为 SPZ、SPA、SPB、SPC 四种型号。

V 带绕上带轮弯曲时，顶胶受拉伸长而变窄，底胶受压缩短而变宽，在带中保持原长度不变的任一条周线称为节线，由全部节线构成的面称为节面，带的节面宽度称为节宽 b_{p}。在 V 带轮上，与所配用的节宽 b_{p} 相对应的带轮直径称为节圆直径 d_{p}，通常是带轮的基准直径 d(图 9-6)。V 带在规定的张紧力下，位于带轮基准直径上的周线长度称为基准长度 L_{d}。普通 V 带的基准长度系列见表 9-2。

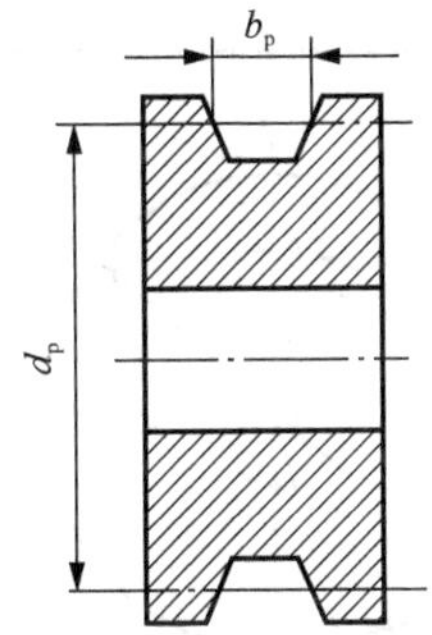

图 9-6　带轮基准直径

表 9-1　V 带截面尺寸

型号	Y	Z	A	B	C	D	E
顶宽 b / mm	6.0	10.0	13.0	17.0	22.0	32.0	38.0
节宽 b_p / mm	5.3	8.5	11.0	14.0	19.0	27.0	32.0
高度 h / mm	4.0	6.0	8.0	11.0	14.0	19.0	25.0
楔角 θ /(°)	40						
每米质量 q / (kg/m)	0.02	0.06	0.10	0.17	0.30	0.62	0.90

表 9-2　普通 V 带长度系列及长度修正系数 K_L

基准长度 L_d / mm	K_L					基准长度 L_d / mm	K_L				
	Y	Z	A	B	C		Z	A	B	C	E
200	0.81					1800	1.18	1.01	0.95	0.86	
224	0.82					2000		1.03	0.98	0.88	
250	0.84					2240		1.06	1.00	0.91	
280	0.87					2500		1.09	1.03	0.93	
315	0.89					2800		1.11	1.05	0.95	
355	0.92					3150		1.13	1.07	0.97	
400	0.96	0.87				3550		1.17	1.09	0.99	
450	1.00	0.89				4000		1.19	1.13	1.02	
500	1.02	0.91				4500			1.15	1.04	0.90
560		0.94				5000			1.18	1.07	0.92
630		0.96	0.81			5600				1.09	0.95
710		0.99	0.83			6300				1.12	0.97
800		1.00	0.85			7100				1.15	1.00
900		1.03	0.87	0.82		8000				1.18	1.02
1000		1.06	0.89	0.84		9000				1.21	1.05
1120		1.08	0.91	0.86		10000				1.23	1.07
1250		1.11	0.93	0.88		11200					1.10
1400		1.14	0.96	0.90		12500					1.12
1600		1.16	0.99	0.92	0.83	14000					1.15

9.1.3　带传动的几何参数

如图 9-7 所示，带传动的主要几何参数有中心距 a、带轮直径 d、带长 L 和包角 α 等。

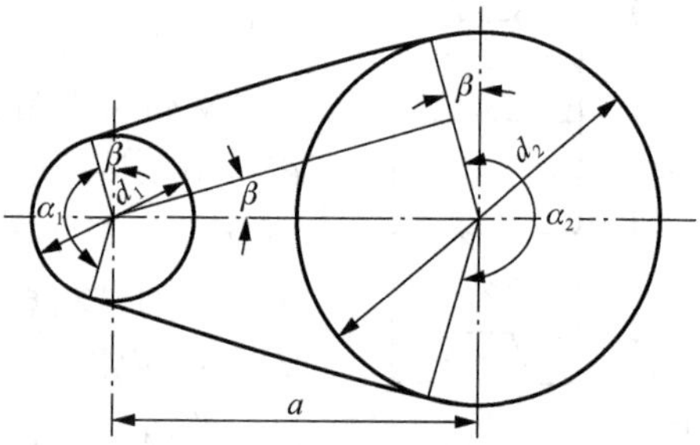

图 9-7　带传动的几何参数

(1) 中心距 a：当带处于规定张紧力时，两带轮轴线间的距离。

(2) 带轮直径 d：在 V 带传动中，指带轮的基准直径。

(3) 带长 L：对 V 带传动，指带的基准长度。用

L_d表示带的基准长度。

(4)包角α：带与带轮接触弧所对的中心角。

带长
$$L \approx 2a + \frac{\pi}{2}(d_1 + d_2) + \frac{(d_2 - d_1)^2}{4a} \tag{9-2}$$

设计时应根据计算所得的带长 L，由表 9-2 选用带的基准长度 L_d。

中心距和包角可由式(9-3)、式(9-4)计算：

$$a \approx \frac{1}{8}\left\{2L - \pi(d_1 + d_2) + \sqrt{\left[2L - \pi(d_1 + d_2)\right]^2 - 8(d_2 - d_1)^2}\right\} \tag{9-3}$$

$$\alpha = \pi \pm \frac{d_2 - d_1}{a} = 180^\circ \pm \frac{d_2 - d_1}{a} \times 57.3^\circ \tag{9-4}$$

式中，“+”号用于大轮包角α_2，“−”号用于小轮包角α_1。

9.2 带传动工作情况分析

9.2.1 带传动受力分析

如前所述，带必须以一定的初拉力张紧在带轮上，使带与带轮的接触面上产生正压力。静止时，带的两边具有相等的初拉力 $\boldsymbol{F}_0$，如图 9-8(a)所示。

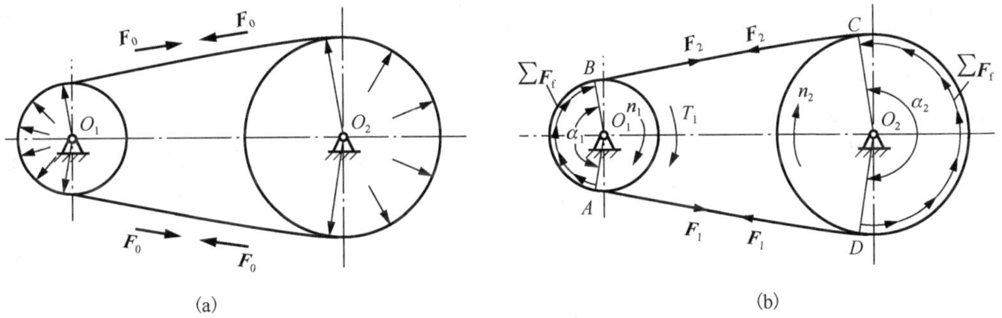

图 9-8　带传动受力分析

当主动轮 1 在转矩作用下以转速 n_1 转动时，由图 9-8(b)可知，由于摩擦力的作用，主动轮 1 拖动带，带又驱动从动轮 2 以转速 n_2 转动，从而把主动轮上的运动和动力传到从动轮上。传动时，进入主动轮一边，拉力由 F_0 增加到 F_1，称为紧边，F_1 称为紧边拉力；而另一边拉力由 F_0 减为 F_2，称为松边，F_2 称为松边拉力。设环形带的总长不变，则紧边拉力的增加量 $F_1 - F_0$ 应等于松边拉力的减少量 $F_0 - F_2$，则

$$F_0 = \frac{1}{2}(F_1 + F_2) \tag{9-5}$$

带紧边和松边的拉力差应等于带与带轮接触面上产生的摩擦力的总和$\sum \boldsymbol{F}_f$，称为带传动的有效拉力，也就是带所传递的圆周力 F(N)，即

$$F = \sum F_f = F_1 - F_2 \tag{9-6}$$

圆周力 F(N)、带速 v(m/s)和传递功率 P(kW)之间的关系为

$$P = \frac{Fv}{1000} \tag{9-7}$$

由式(9-7)可知，当功率 P 一定时，带速 v 小，则圆周力 F 大，带与带轮之间的摩擦力也愈大。带传动中，当带有打滑趋势时，摩擦力达到极限值时，带的紧边拉力 F_1 与松边拉力 F_2 之间的关系可用柔韧体摩擦的欧拉公式来表示

$$\frac{F_1}{F_2}=\mathrm{e}^{f\alpha_1} \tag{9-8}$$

式中，f 为带与轮之间的摩擦系数；e 为自然对数的底；α_1 为带在小带轮上的包角，rad。

将式(9-8)与式(9-5)、式(9-6)联立求解，可得到最大有效圆周力

$$F_{\max}=2F_0\left(\frac{\mathrm{e}^{f\alpha_1}-1}{\mathrm{e}^{f\alpha_1}+1}\right)=\sum F_{f,\mathrm{lim}} \tag{9-9}$$

由式(9-9)可知，增大小带轮包角和增大摩擦系数，合适的预紧力都可提高带传动所能传递的圆周力。

9.2.2 带的应力分析

带传动时，带中产生的应力由以下三部分组成。

1. 拉力产生的拉应力 σ

紧边拉应力

$$\sigma_1=\frac{F_1}{A}，\mathrm{MPa} \tag{9-10}$$

松边拉应力

$$\sigma_2=\frac{F_2}{A}，\mathrm{MPa} \tag{9-11}$$

式中，A 为带的横截面积，mm^2。

2. 离心力产生的离心拉应力 σ_c

当带绕过带轮时，带上每一质点都受离心力作用。离心拉力为 $F_\mathrm{c}=qv^2$，离心力只发生在带做圆周运动的部分，但由此引起的拉力作用于全部带上。故离心拉应力为

$$\sigma_\mathrm{c}=\frac{F_\mathrm{c}}{A}=\frac{qv^2}{A}，\mathrm{MPa} \tag{9-12}$$

式中，q 为每米带长的质量，kg/m；v 为带速，m/s。

3. 弯曲应力 σ_b

带绕过带轮时，因弯曲而产生弯曲应力 σ_b 为

$$\sigma_\mathrm{b}=\frac{2Eh_\mathrm{a}}{d}，\mathrm{MPa} \tag{9-13}$$

式中，E 为带的弹性模量，MPa；d 为 V 带轮的基准直径，mm；h_a 为从 V 带的节线到最外层的垂直距离，mm。

显然，带在两轮上产生的弯曲应力的大小与带轮基准直径成反比，故小轮上的弯曲应力较大。

图 9-9 所示为带的应力分布情况，由图可知，带上的应力是变化的。最大应力发生在紧边与小带轮的接触处。带中的最大应力为

$$\sigma_{\max}=\sigma_1+\sigma_\mathrm{c}+\sigma_{\mathrm{b}1} \tag{9-14}$$

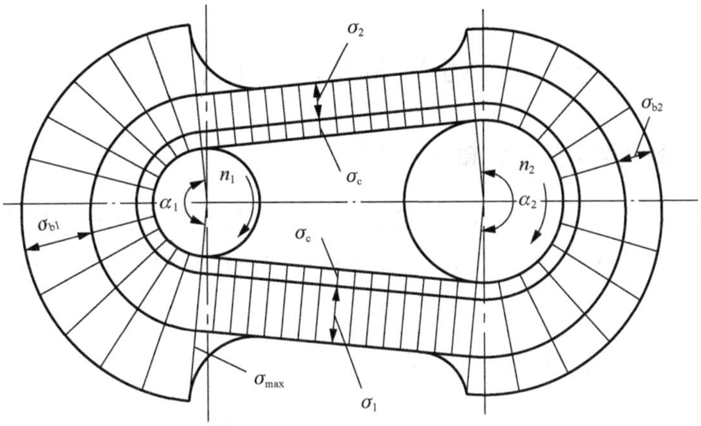

图 9-9　带的应力分布示意图

9.2.3　带传动弹性滑动和打滑

带是弹性体，它在受力情况下会产生弹性变形。由于带在紧边和松边上所受的拉力不相等，因而产生的弹性变形也不相同。从图 9-8(b)可知，在主动轮上，带由 A 点运动到 B 点时，带中拉力由 F_1 降到 F_2，带的弹性伸长相应地逐渐减小，即带在轮上逐渐缩短并沿轮面滑动，使带的速度小于主动轮的圆周速度(即 $v < v_1$)。在从动轮上，带从 C 点到 D 点时，带中拉力由 F_2 逐渐增大到 F_1，带的弹性伸长也逐渐增大，也会沿轮面滑动，所以，从动轮的圆周速度又小于带速(即 $v_2 < v$)。这种由于材料的弹性变形而产生的滑动称为弹性滑动。带传动中弹性滑动是不可避免的固有特性。

由于弹性滑动的影响，从动轮的圆周速度总是小于主动轮的圆周速度，其降低量可用滑动率 ε 表示：

$$\varepsilon = \frac{v_1 - v_2}{v_1} \times 100\% \tag{9-15}$$

将 $v_1 = \dfrac{\pi d_1 n_1}{60 \times 1000}$ 和 $v_2 = \dfrac{\pi d_2 n_2}{60 \times 1000}$ 代入上式，可得带传动的传动比

$$i = \frac{n_1}{n_2} = \frac{d_2}{d_1(1-\varepsilon)} \tag{9-16}$$

通常滑动率 ε 不大于 3 %，若忽略弹性滑动影响，则带速为

$$v = \frac{\pi d_1 n_1}{60 \times 1000} = \frac{\pi d_2 n_2}{60 \times 1000}\text{，m/s} \tag{9-17}$$

带传动的理论传动比 i

$$i = \frac{n_1}{n_2} = \frac{d_2}{d_1} \tag{9-18}$$

式中，v_1、v_2 分别为主动轮和从动轮的圆周速度，m/s；n_1、n_2 分别为主动轮和从动轮的转速，r/min；d_1、d_2 分别为主动轮和从动轮的节圆直径，mm。

带传动过载时，若带所需传递的圆周力超过极限值时，带与带轮将发生显著的相对滑动，这种现象称为打滑。打滑将使带的磨损加剧，传动效率降低，甚至传动失效。故在带传动中应防止出现打滑。

9.3　普通 V 带传动的设计计算

9.3.1　带传动的主要失效形式和设计准则

由前面分析可知，带传动的主要失效形式为带在带轮上打滑或发生疲劳破坏(脱层、撕裂或拉断)。因此，带传动的设计准则为：在保证带传动不打滑的条件下，具有一定的疲劳强度和寿命。

9.3.2　V 带传动设计计算和参数选择

V 带传动设计计算时，通常已知传动的用途和工作情况；传递的功率 P；主动轮、从动轮的转速 n_1、n_2(或传动比 i)；传动位置要求和外廓尺寸要求；原动机类型等。

设计时主要确定带的型号、长度和根数，带轮的尺寸、结构和材料，传动的中心距，带的初拉力和压轴力，张紧和防护等。

1. 确定计算功率

计算功率 P_c 是根据传递功率 P，并考虑到载荷性质和每天运转时间等因素确定的。设 P 为传动的额定功率，单位为 kW，K_A 为工作情况系数，见表 9-3。

$$P_c = K_A P,\ \text{kW} \tag{9-19}$$

表 9-3　工作情况系数 K_A

载荷性质	工作机	原动机					
		Ⅰ类			Ⅱ类		
		每天工作时间 / h					
		<10	10～16	>16	<10	10～16	>16
载荷平稳	离心式水泵、通风机(≤7.5 kW)、轻型输送机、离心式压缩机	1.0	1.1	1.2	1.1	1.2	1.3
载荷变动小	带式运输机、通风机(>7.5 kW)、发电机、旋转式水泵、机床、剪床、压力机、印刷机、振动筛	1.1	1.2	1.3	1.2	1.3	1.4
载荷变动较大	螺旋式输送机、斗式提升机、往复式水泵和压缩机、锻锤、磨粉机、锯木机、纺织机械	1.2	1.3	1.4	1.4	1.5	1.6
载荷变动很大	破碎机(旋转式、鄂式等)、球磨机、起重机、挖掘机、辊压机	1.3	1.4	1.5	1.5	1.6	1.8

注：Ⅰ类——普通鼠笼式交流电动机，同步电动机，直流电动机(并激)，$n \geqslant 600$ r/min 内燃机。

Ⅱ类——交流电动机(双鼠笼式，滑环式、单相、大转差率)，直流电动机，$n \leqslant 600$ r/min 内燃机。

2. 选定 V 带的型号

根据计算功率 P_c 和小轮转速 n_1，按图 9-10 选择普通 V 带的型号。若临近两种型号的交界线时，可按两种型号同时计算，通过分析比较决定取舍。

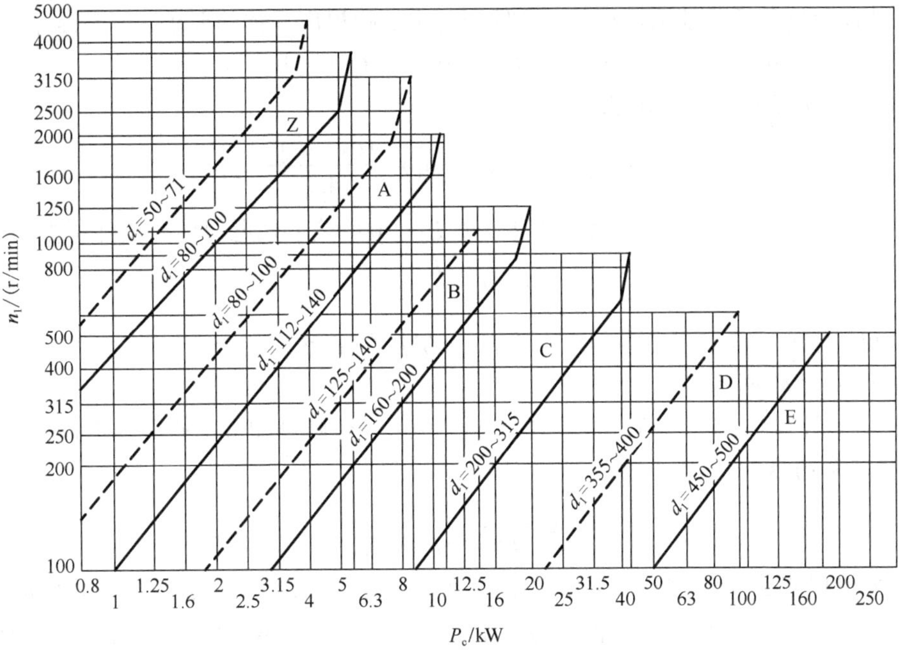

图 9-10　普通 V 带型号选择图

3. 确定带轮基准直径 d_1、d_2

选择小带轮基准直径时，应使 $d_1 \geqslant d_{min}$(表 9-4)，以减小带内的弯曲应力。大带轮的基准直径 d_2 由式(9-20)确定：

$$d_2 = \frac{n_1}{n_2} d_1 = i d_1 \tag{9-20}$$

d_1、d_2 值应按带轮基准直径系列进行圆整，见表 9-4 中注。

表 9-4　普通 V 带轮最小基准直径

型号	Y	Z	A	B	C
最小基准直径 d_{min} / mm	20	50	75	125	200

注：带轮基准直径系列：20、22.4、25、28、31.5、35.5、40、45、50、56、63、71、75、80、85、90、95、100、106、112、118、125、132、140、150、160、170、180、200、212、224、236、250、265、280、300、315、335、355、375、400、425、450、475、500、530、560、600、630、670、710、750、800、900、1000、1060、1120、1250、1400、1500、1600、1800、2000、2240、2500(摘自 BG/T 13575.1—2008)

4. 验算带速 v

带速 v 按式(9-17)进行计算，一般应使其在 5 ～ 25 m/s 的范围内。若 $v > 25$ m/s，则因带绕过带轮时离心力过大，使带与带轮之间的压紧力减小，摩擦力降低而使传动能力下降，而且离心力过大降低了带的疲劳强度和寿命。而当 $v < 5$ m/s 时，在传递相同功率时带所传递的圆周力增大，使带的根数增加。

5. 确定中心距 a 和基准长度 L_d

中心距过小，带长也就过短，带在带轮上绕行的次数过多，即带的应力循环次数增多，降低带的疲劳寿命；若中心距过小，当传动比 i 一定时，将使包角 α_1 过小，从而降低传动能力；中心距增大，将有利于增大包角，但太大则使结构外廓尺寸大，还会因载荷变化引起带

的颤动，从而降低其工作能力。若已知条件未对中心距提出具体的要求，一般推荐按式(9-21)初步确定中心距 a_0，即

$$0.7(d_1+d_2)\leqslant a_0\leqslant 2(d_1+d_2) \tag{9-21}$$

由式(9-2)可得初定的 V 带基准长度

$$L_0=2a_0+\frac{\pi}{2}(d_1+d_2)+\frac{(d_2-d_1)^2}{4a_0}$$

根据初定的 L_0，由表 9-2 选取相近的基准长度 L_d。最后按下式近似计算实际所需的中心距：

$$a\approx a_0+\frac{L_d-L_0}{2} \tag{9-22}$$

考虑安装和张紧的需要，应使中心距大约有$\pm 0.03L_d$的调整量。

6. 验算小带轮包角 α_1

由式(9-4)计算小带轮包角，一般要求$\alpha_1\geqslant 120°$，否则可加大中心距或增设张紧轮。

7. 确定带的根数 z

$$z=\frac{P_c}{(P_0+\Delta P_0)K_\alpha K_L} \tag{9-23}$$

式中，P_0为单根普通 V 带的基本额定功率(表 9-5)，kW；ΔP_1为 $i\neq 1$ 时的单根普通 V 带额定功率的增量(表 9-6)，kW；K_L为带长修正系数，考虑带长不等于特定长度时对传动能力的影响(表 9-2)；K_α为包角修正系数，考虑$\alpha_1\neq 180°$时，传动能力有所下降(表 9-7)。

z 应圆整为整数，为使各根带受力均匀，V 带根数不宜太多，通常 $z<10$。

表 9-5　单根普通 V 带的基本额定功率 P_0

(在包角$\alpha=180°$、特定长度、平稳工作条件下)　(单位：kW)

带型	小带轮基准直径 D_1/mm	小带轮转速 n_1/(r/min)						
		400	730	800	980	1200	1460	2800
Z	50	0.06	0.09	0.10	0.12	0.14	0.16	0.26
	63	0.08	0.13	0.15	0.18	0.22	0.25	0.41
	71	0.09	0.17	0.20	0.23	0.27	0.31	0.50
	80	0.14	0.20	0.22	0.26	0.30	0.36	0.56
A	75	0.27	0.42	0.45	0.52	0.60	0.68	1.00
	90	0.39	0.63	0.68	0.79	0.93	1.07	1.64
	100	0.47	0.77	0.83	0.97	1.14	1.32	2.05
	112	0.56	0.93	1.00	1.18	1.39	1.62	2.51
	125	0.67	1.11	1.19	1.40	1.66	1.93	2.98
B	125	0.84	1.34	1.44	1.67	1.93	2.20	2.96
	140	1.05	1.69	1.82	2.13	2.47	2.83	3.85
	160	1.32	2.16	2.32	2.72	3.17	3.64	4.89
	180	1.59	2.61	2.81	3.30	3.85	4.41	5.76
	200	1.85	3.05	3.30	3.86	4.50	5.15	6.43
C	200	2.41	3.80	4.07	4.66	5.29	5.86	5.01
	224	2.99	4.78	5.12	5.89	6.71	7.47	6.08
	250	3.62	5.82	6.23	7.18	8.21	9.06	6.56
	280	4.32	6.99	7.52	8.65	9.81	10.74	6.13
	315	5.14	8.34	8.92	10.23	11.53	12.48	4.16
	400	7.06	11.52	12.10	13.67	15.04	15.51	-

表 9-6　单根普通 V 带额定功率的增量 ΔP_0

（在包角 $\alpha = 180°$、特定长度、平稳工作条件下）　　　　（单位：kW）

带型	小带轮转速 n_1/（r/min）	传动比 i									
		1.00～1.01	1.02～1.04	1.05～1.08	1.09～1.12	1.13～1.18	1.19～1.24	1.25～1.34	1.35～1.51	1.52～1.99	≥2.0
Z	400	0.00	0.00	0.00	0.00	0.00	0.00	0.00	0.00	0.01	0.01
	730	0.00	0.00	0.00	0.00	0.00	0.00	0.01	0.01	0.01	0.02
	800	0.00	0.00	0.00	0.00	0.01	0.01	0.01	0.01	0.02	0.02
	980	0.00	0.00	0.00	0.00	0.01	0.01	0.01	0.02	0.02	0.02
	1200	0.00	0.00	0.01	0.01	0.01	0.01	0.02	0.02	0.02	0.03
	1460	0.00	0.00	0.01	0.01	0.01	0.02	0.02	0.02	0.02	0.03
	2800	0.00	0.01	0.02	0.02	0.03	0.03	0.03	0.04	0.04	0.04
A	400	0.00	0.01	0.01	0.02	0.02	0.03	0.03	0.04	0.04	0.05
	730	0.00	0.01	0.02	0.03	0.04	0.05	0.06	0.07	0.08	0.09
	800	0.00	0.01	0.02	0.03	0.04	0.05	0.06	0.08	0.09	0.10
	980	0.00	0.01	0.03	0.04	0.05	0.06	0.07	0.08	0.10	0.11
	1200	0.00	0.02	0.03	0.05	0.07	0.08	0.10	0.11	0.13	0.15
	1460	0.00	0.02	0.04	0.06	0.08	0.09	0.11	0.13	0.15	0.17
	2800	0.00	0.04	0.08	0.11	0.15	0.19	0.23	0.26	0.30	0.34
B	400	0.00	0.01	0.03	0.04	0.06	0.07	0.08	0.10	0.11	0.13
	730	0.00	0.02	0.05	0.07	0.10	0.12	0.15	0.17	0.20	0.22
	800	0.00	0.03	0.06	0.08	0.11	0.14	0.17	0.20	0.23	0.25
	980	0.00	0.03	0.07	0.10	0.13	0.17	0.20	0.23	0.26	0.30
	1200	0.00	0.04	0.08	0.13	0.17	0.21	0.25	0.30	0.34	0.38
	1460	0.00	0.05	0.10	0.15	0.20	0.25	0.31	0.36	0.40	0.46
	2800	0.00	0.10	0.20	0.29	0.39	0.49	0.59	0.69	0.79	0.89
C	400	0.00	0.04	0.08	0.12	0.16	0.20	0.23	0.27	0.31	0.35
	730	0.00	0.07	0.14	0.21	0.27	0.34	0.41	0.48	0.55	0.62
	800	0.00	0.08	0.16	0.23	0.31	0.39	0.47	0.55	0.63	0.71
	980	0.00	0.09	0.19	0.27	0.37	0.47	0.56	0.65	0.74	0.83
	1200	0.00	0.12	0.24	0.35	0.47	0.59	0.70	0.82	0.94	1.06
	1460	0.00	0.14	0.28	0.42	0.58	0.71	0.85	0.99	1.14	1.27
	2800	0.00	0.27	0.55	0.82	1.10	1.37	1.64	1.92	2.19	2.47

表 9-7　包角修正系数 K_α

包角 α/(°)	180	170	160	150	140	130	120	110	100	90
K_α	1.00	0.98	0.95	0.92	0.89	0.86	0.82	0.78	0.74	0.69

8. 确定初拉力 F_0 并计算作用在轴上的载荷 F_Q

保持适当的初拉力是带传动工作的首要条件。初拉力不足，极限摩擦力小，传动能力下降；初拉力过大，将增大作用在轴上的载荷并降低带的寿命。

单根普通 V 带合适的初拉力 F_0 计算公式为

$$F_0 = \frac{500P_c}{zv}\left(\frac{2.5}{K_\alpha} - 1\right) + qv^2 \text{，N} \tag{9-24}$$

带传动作用在轴上的载荷 $\boldsymbol{F}_Q$ 可近似地按带两边的初拉力 $\boldsymbol{F}_0$ 的合力来计算。由图 9-11 可得

$$F_Q = 2zF_0\sin\frac{\alpha_1}{2}\text{，N} \tag{9-25}$$

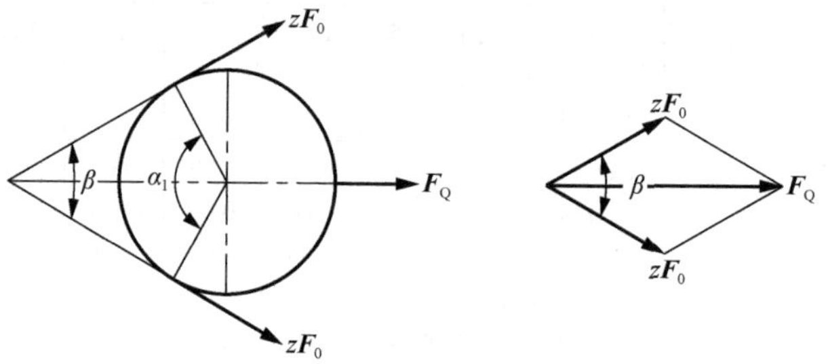

图 9-11　带传动的轴上载荷

9.4　同步带传动简介

同步带(亦称为同步齿形带)是在摩擦型带传动的基础上延伸的一种新型啮合型带传动，它的横截面为矩形，带面具有等距横向齿，带轮轮面也制成相应的齿形，工作时靠带齿与轮齿间的啮合进行传动，如图 9-12 所示。与 V 带传动相比，同步带传动具有下列特点：

(1)工作时同步带与带轮间不会产生滑动，能保证两轮同步转动，传动比准确。

(2)结构紧凑、传动比可达 10。

(3)带的初拉力较小，轴和轴承所受载荷较小。

(4)传动效率较高，$\eta = 0.98$。

(5)安装精度要求高、中心距要求严格。

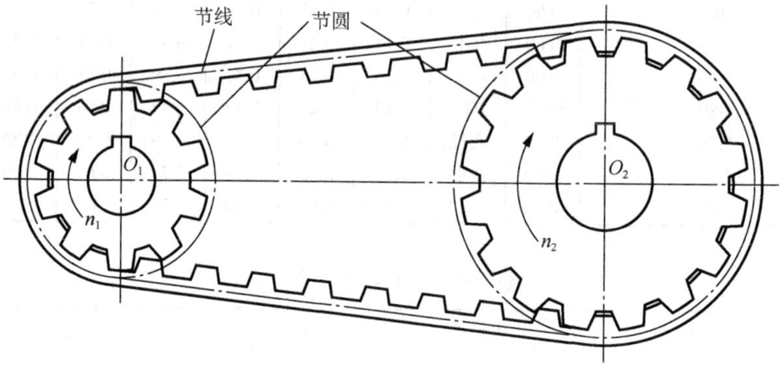

图 9-12　同步带传动

同步带传动，带速可达 50 m/s，传动比可达 10，传递功率可达 200 kW。

当带在纵截面内弯曲时，在带中保持原长度不变的任意一条周线称为节线(图 9-12)，节线长度为同步带的公称长度。在规定的张紧力下，带的纵截面上相邻两齿对称中心线的直线距离称为带节距 P_b，它是同步带的一个主要参数。

同步带传动应用在需要保持准确传动比的场合：如精密机床、分度系统、汽车发动机、机器人、各种仪表及纺织机等。关于同步带传动的设计计算，可参考有关资料。

9.5　带 轮 设 计

V 带轮是普通 V 带传动的重要零件，它必须具有足够的强度，但又要重量轻，质量分布均匀；轮槽的工作面对带必须有足够的摩擦，又要减少对带的磨损。

V 带轮的结构与齿轮类似，直径较小时可采用实心式(图 9-13(a))；中等直径的带轮可采用腹板式(图 9-13(b))；直径大于 350 mm 时可采用轮辐式(图 9-14)。

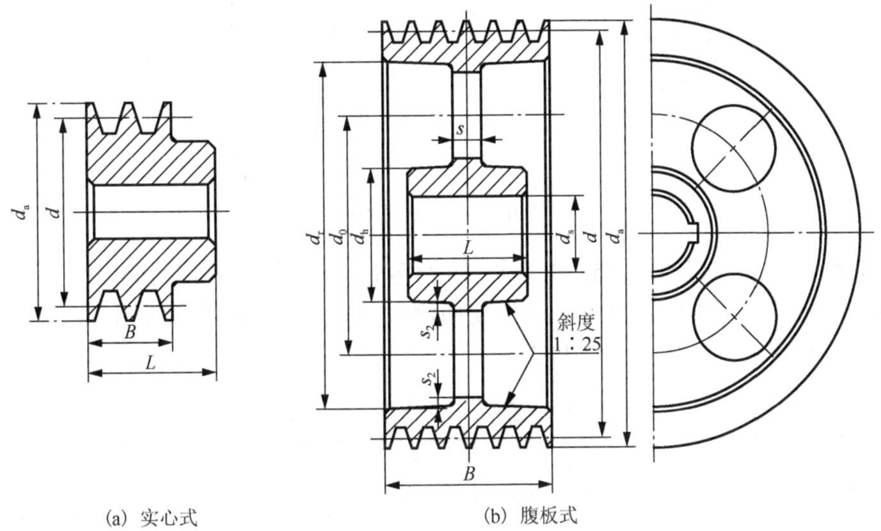

图 9-13　实心式和腹板式带轮

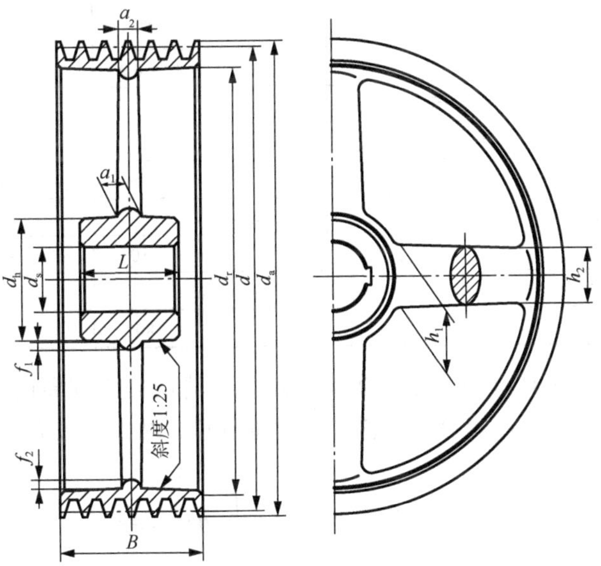

图 9-14　轮辐式带轮

新型易装拆带锥套带轮如图 9-15 所示。

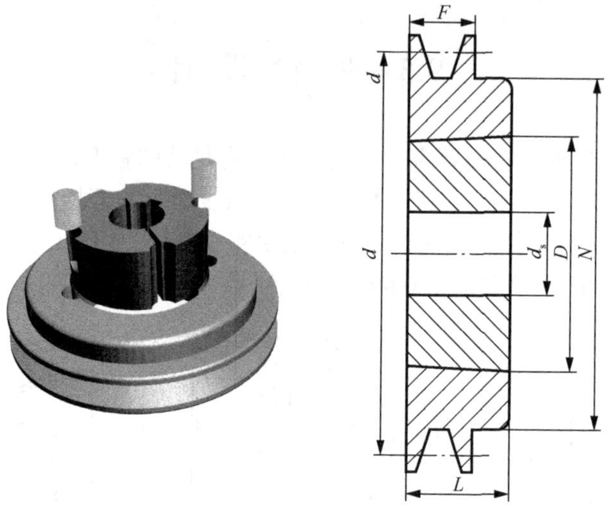

图 9-15　带锥套带轮

普通 V 带轮轮缘的截面图及轮槽尺寸，如表 9-8 所示。普通 V 带两侧面的夹角均为 40°，由于 V 带绕在带轮上弯曲时，其截面变形使两侧面的夹角减小，为使 V 带能紧贴轮槽两侧，轮槽的楔角规定为 32°、34°、36° 和 38°。

表 9-8　普通 V 带轮的轮槽尺寸　　（单位：mm）

		槽型	Y	Z	A	B	C
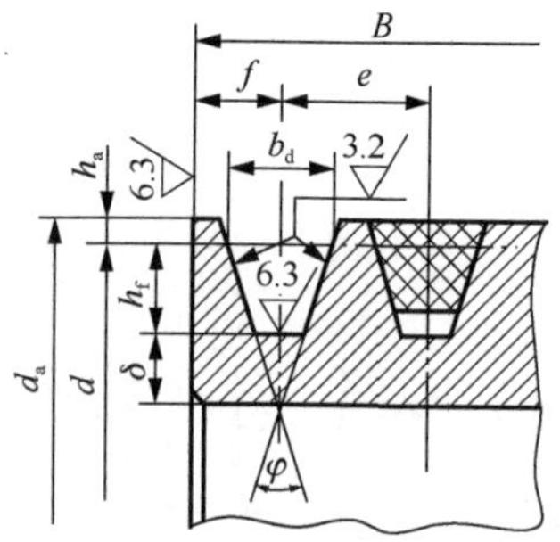		基准宽度 b_d	5.3	8.5	11	14	19
		基准线上槽深 $h_{a,min}$	1.6	2.0	2.75	3.5	4.8
		基准线下槽深 $h_{f,min}$	4.7	7.0	8.7	10.8	14.3
		槽间距 e	8 ± 0.3	12 ± 0.3	15 ± 0.3	19 ± 0.4	25.5 ± 0.5
		槽边距 f_{min}	6	7	9	11.5	16
		轮缘厚 δ_{min}	5	5.5	6	7.5	10
		外径 d_a	$d_a = d + 2h_a$				
φ	32°	基准直径 d	≤ 60				
	34°			≤ 80	≤ 118	≤ 190	≤ 315
	36°		> 60				
	38°			> 80	> 118	> 190	> 315

V 带轮一般采用铸铁 HT150 或 HT200 制造，其允许的最大圆周速度为 25 m/s。速度更高时，可采用铸钢或钢板冲压后焊接。塑料带轮的重量轻、摩擦系数大，常用于机床中。

9.6　带传动的张紧装置

普通 V 带不是完全的弹性体，长期在张紧状态下工作，会因出现塑性变形而松弛，使初拉力 F_0 减小，传动能力下降。因此，必须将带重新张紧，以保证带传动正常工作。

带传动常用的张紧方法是调节中心距或加张紧轮。常见的张紧装置有以下两类。

1. 定期张紧装置

图 9-16(a)、(b)是采用滑轨和调节螺钉或采用摆动架和调节螺栓改变中心距的张紧方法。前者适用于水平或倾斜不大的布置，后者适用于垂直或接近垂直的布置。若中心距不能调节时，可采用图 9-16(c)所示的具有张紧轮的装置，它靠平衡锤将张紧轮压在带上，以保持带的张紧。

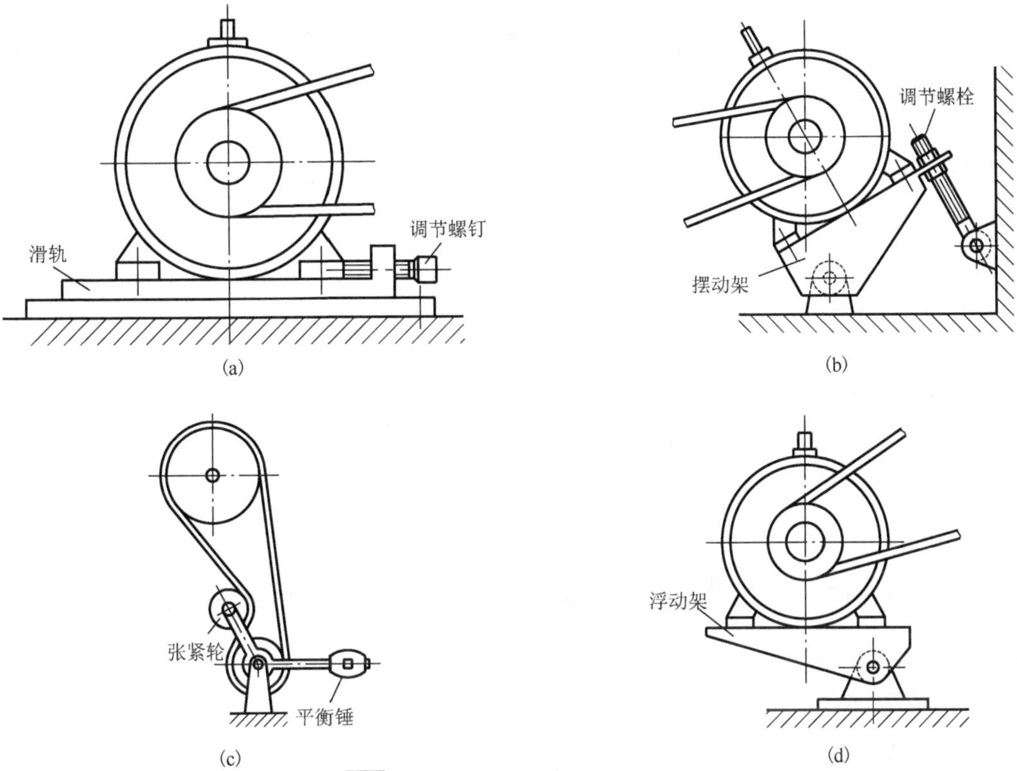

图 9-16　带传动的张紧装置

2. 自动张紧装置

图 9-16(d)所示是采用重力和带轮上的制动力矩，使带轮随浮动架绕固定轴摆动而改变中心距的自动张紧方法。

在掌握张紧的基本原理和方法的基础上，实际使用时，可不断创新设计出结构各异的张紧装置。

为了延长带的寿命，保证带传动的正常运转，必须重视带传动的正确使用和维护保养。

例 9-1　设计某通风机用的 V 带传动，已知电动机功率 $P = 4$ kW，转速 $n_1 = 1440$ r/min，传动比 $i = 4$，每天工作 16 h。

解：(1)确定计算功率 P_c。

根据 V 带传动工作条件，查表 9-3，可得工作情况系数 $K_A = 1.1$，所以

$$P_c = K_A P = 1.1 \times 4 = 4.4\ (\text{kW})$$

(2)选取 V 带型号。

根据 P_c、n_1，由图 9-10，选用 A 型 V 带。

(3)确定带轮基准直径 d_1、d_2。

由表 9-4 选 $d_1 = 90$ mm。

根据式(9-20)，从动轮的基准直径为

$$d_2 = id_1 = 4\times 90 = 360\ \text{(mm)}$$

根据表 9-4，选 $d_2 = 355$ mm。

(4) 验算带速 v。

$$v = \frac{\pi d_1 n_1}{60\times 1000} = \frac{3.14\times 90\times 1440}{60\times 1000} = 6.78\ \text{(m/s)}$$

v 在 5 ～ 25 m/s 范围内，故带的速度合适。

(5) 确定 V 带的基准长度和传动中心距。

根据 $0.7(d_1+d_2)\leqslant a_0\leqslant 2(d_1+d_2)$，初选中心距 $a_0 = 500$ mm。

根据式(9-2)计算带所需的基准长度：

$$L_0 = 2a_0 + \frac{\pi}{2}(d_1+d_2) + \frac{(d_2-d_1)^2}{4a_0} = 2\times 500 + \frac{\pi}{2}(90+355) + \frac{(355-90)^2}{4\times 500} = 1749.8\ \text{(mm)}$$

由表 9-2 选取带的基准长度 $L_d = 1800$ mm。

按式(9-22)计算实际中心距：

$$a = a_0 + \frac{L_d - L_0}{2} = 500 + \frac{1800-1749.8}{2} = 525.1\ \text{(mm)}$$

(6) 验算主动轮上的包角 α_1。

由式(9-4)得

$$\alpha_1 = 180^\circ - \frac{d_2-d_1}{a}\times 57.3^\circ = 180^\circ - \frac{355-90}{525.1}\times 57.3^\circ = 151.08^\circ > 120^\circ$$

故主动轮上的包角合适。

(7) 计算 V 带的根数 z。

由式(9-23)得

$$z = \frac{P_c}{(P_0+\Delta P_0)K_\alpha K_L}$$

由 A 型 V 带 $d_1 = 90$ mm，$n_1 = 1440$ r/min，查表 9-5 得 $P_0 = 1.07$ kW。

由 $n_1 = 1440$ r/min，$i = 4$，查表 9-6 得 $\Delta P_0 = 0.17$ kW。

查表 9-7 得 $K_\alpha = 0.92$，查表 9-2 查得 $K_L = 1.01$，所以

$$z = \frac{4.4}{(1.07+0.17)\times 0.92\times 1.01} = 3.82$$

取 $z = 4$ 根。

(8) 计算 V 带初拉力 F_0。

由式(9-24)知

$$F_0 = \frac{500P_c}{zv}\left(\frac{2.5}{K_\alpha} - 1\right) + qv^2$$

查表 9-1 得 $q = 0.10$ kg/m，故

$$F_0 = \frac{500\times 4.4}{4\times 6.78}\left(\frac{2.5}{0.92} - 1\right) + 0.1\times 6.78^2 = 143.91\ \text{(N)}$$

(9) 计算作用在轴上的载荷 F_Q。

由式(9-25)得

$$F_Q = 2zF_0\sin\frac{\alpha_1}{2} = 2\times 4\times 143.91\times\sin\frac{151.08}{2} = 1114.81\ \text{(N)}$$

(10)带轮结构设计(略)。

9.7　链传动类型和应用

9.7.1　链传动的特点及应用

链传动通常由装在平行轴上的链轮 1、2 和绕在链轮上的环形链条 3 组成，如图 9-17 所示。以链条作中间挠性件，靠链条链节与链轮轮齿的啮合来传递运动和动力。

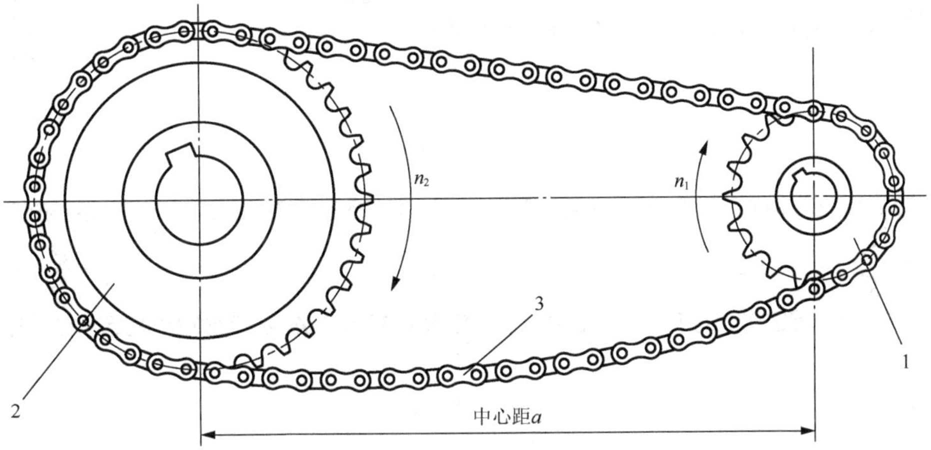

图 9-17　链传动组成

与摩擦型带传动相比，链传动的平均传动比准确，没有弹性滑动和打滑，需要的张紧力小，能在温度较高、湿度较大及有油污等恶劣环境条件下工作。

与齿轮传动相比，链传动的制造和安装精度要求较低；成本低廉；能实现远距离传动；但瞬时速度不均匀，瞬时传动比不恒定；传动中有一定的冲击和噪声。

链传动在一定程度上兼有带传动和齿轮传动的特性。其结构简单、维护方便、经济耐用，适用于中心距较大的场合。

链传动广泛用于矿山机械、农业机械、石油机械、机床及摩托车中。一般情况下，链传动的工作范围为：传动比 $i \leqslant 8$，中心距 $a \leqslant 5 \sim 6$ m，传递功率 $P \leqslant 100$ kW，圆周速度 $v \leqslant 15$ m/s，传动效率 $\eta = 0.92 \sim 0.96$。

9.7.2　链传动的类型

链传动按用途可分为三种。

(1)传动链：用于一般机械中传递运动和动力，$v \leqslant 20$ m/s，如图 9-18(a)所示；

(2)起重链：用于起重机械中提升重物，$v \leqslant 0.25$ m/s，如图 9-18(b)所示；

(3)曳引链：用于运输机械中输送物料，$v = 2 \sim 4$ m/s，如图 9-18(c)所示。

按照链条的结构，传递动力用的链条主要有滚子链和齿形链(图 9-19)两种。滚子链又分为短节距精密滚子链(简称滚子链)(GB/T 1243—2006)和双节距精密滚子链(GB/T 5269—2008)。

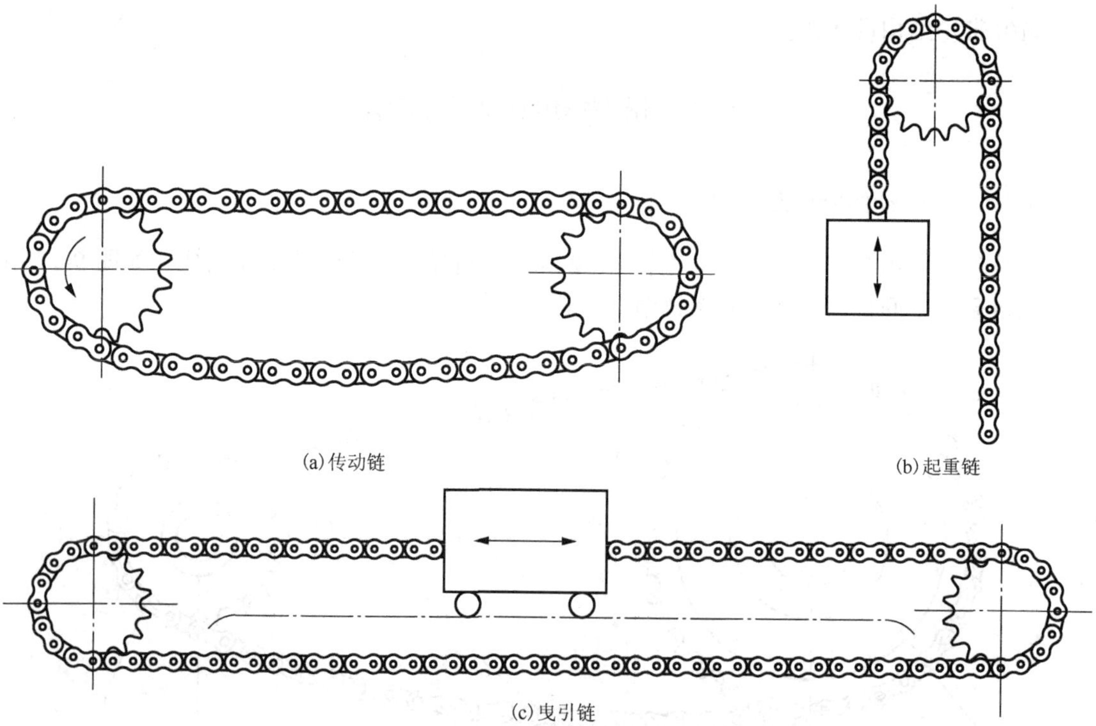

图 9-18　链传动类型

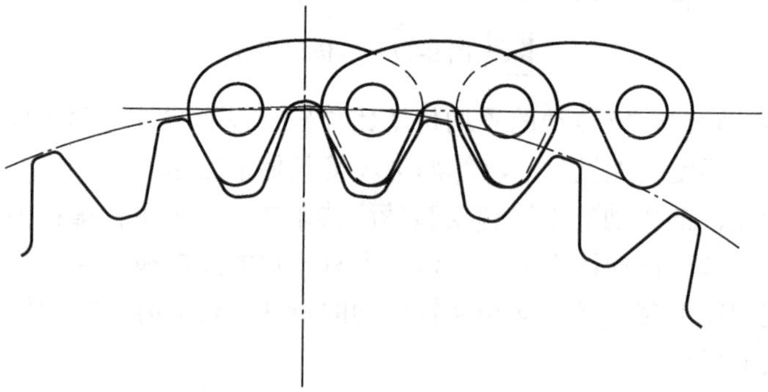

图 9-19　齿形链传动

齿形链是由一组齿形链板并列铰接而成(图 9-20)，工作时，通过链板两侧面与链轮轮齿相啮合。齿形链具有传动平稳、噪声小、承受冲击性能好等优点；但其结构复杂、价格较高，能用于较大载荷、低噪声和较宽速度范围等场合。随着高速传动技术的发展，齿形链传动的主动链轮的转速可以高达 5000 ～ 8000 r/min，已广泛用于汽车发动机的正时传动和其他装置。

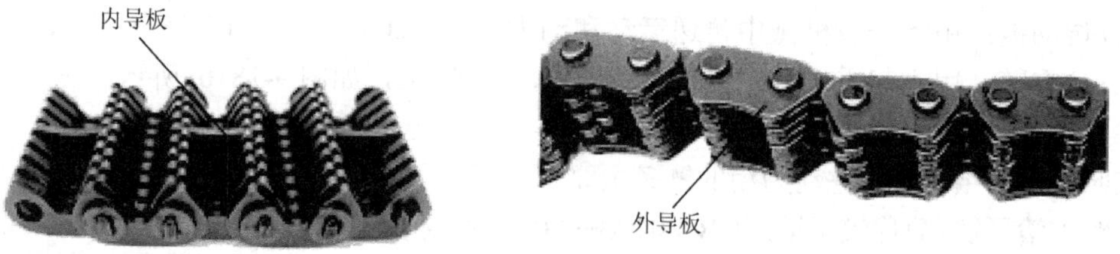

图 9-20　齿形链的导向结构

由于滚子链运用广泛，本章主要讨论滚子链传动的设计。

9.8　滚子链传动

9.8.1　滚子链传动的结构

滚子链由内链板、外链板、销轴、套筒和滚子组成，其结构如图 9-21 所示。内链板和套筒、外链板和销轴均采用过盈配合固连，分别称为内、外链节；内链节与外链节通过间隙配合构成铰链。当链条啮入和啮出时，内、外链节做相对转动。滚子与套筒之间亦为间隙配合，工作时滚子沿链轮轮齿滚动，可减少链条与轮齿的磨损。

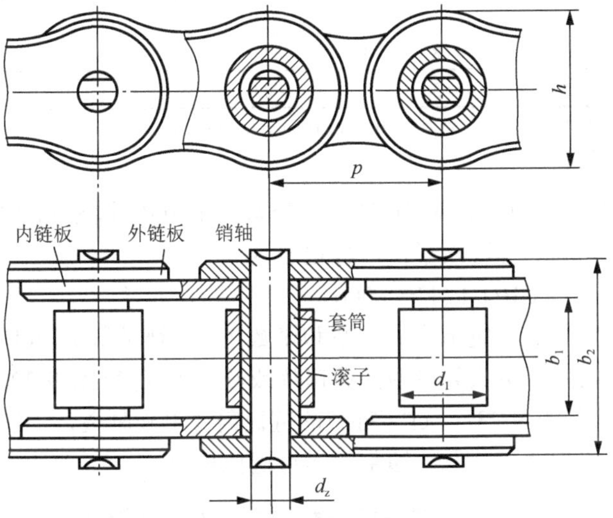

图 9-21　滚子链结构图

为减轻链条的重量并使链板各横剖面的抗拉强度大致相等。内、外链板均制成“∞”字形。组成链条的各个元件，由碳钢或合金钢制成，并进行热处理，以提高强度和耐磨性。

滚子链相邻两滚子中心的距离称为节距，用 p 表示，它是链条的主要参数。节距 p 越大，链条各零件的尺寸越大，所能承受的载荷越大。

滚子链可制成单排链和多排链，如双排链或三排链。排数 z_p 越多，承载能力越大。由于制造和装配精度，会造成各排链受力不均匀，故一般不超过 4 排。

9.8.2　滚子链标准

滚子链已标准化，分 A、B、H 三个系列，常用的是 A 系列。表 9-9 列出了 10 余种 A 系列滚子链的主要参数。设计时，要根据载荷大小及工作条件等选用适当的链条型号、确定链传动的几何尺寸及链轮的结构尺寸。

表 9-9　A 系列滚子链的主要参数

链号	节距 p / mm	排距 p_t / mm	滚子外径 d_1 / mm	极限载荷 F_u（单排）/ kN	每米长质量 q（单排）/ (kg/m)
08A	12.70	14.38	7.92	13.9	0.60
10A	15.875	18.11	10.16	21.8	1.00
12A	19.05	22.78	11.91	31.3	1.50
16A	25.40	29.29	15.88	55.6	2.60
20A	31.75	35.76	19.05	87.0	3.80
24A	38.10	45.44	22.23	125.0	5.60
28A	44.45	48.87	25.40	170.0	7.50
32A	50.80	58.55	28.58	223.0	10.10
36A	57.15	65.84	35.71	281.0	13.45
40A	63.50	71.55	39.68	347.0	16.10
48A	76.20	87.83	47.63	500.0	22.60

注：1．摘自 GB/T 1234—2006，表中链号与相应的国家标准链号一致，链号乘以(25.4 / 16) mm 即为节距值。
2．使用过渡链节时，其极限载荷按表列数值 80 % 计算。

按照 GB/T 1243—2006 的规定，套筒滚子链的标记为：链号—排数—链节数 国家标准号。例如：A 级、双排、80 节、节距为 38.1mm 的标准滚子链，标记应为

24A—2—80　GB/T 1243—2006

滚子链的长度 L 等于节距 p 乘上链节数 L_p，链节数有偶数和奇数之分。链节数 L_p 取偶数时，链条连成环形时正好是内、外链板相接，接头处可用弹簧锁片或开口销锁紧（图 9-22）。若链节数为奇数时，则需要采用过渡链节（图 9-23）。过渡链节的链板需要单独制造，当链条工作时，过渡链节受到附加弯曲载荷，承载能力降低，通常应尽量避免采用。

图 9-22　滚子链的接头形式

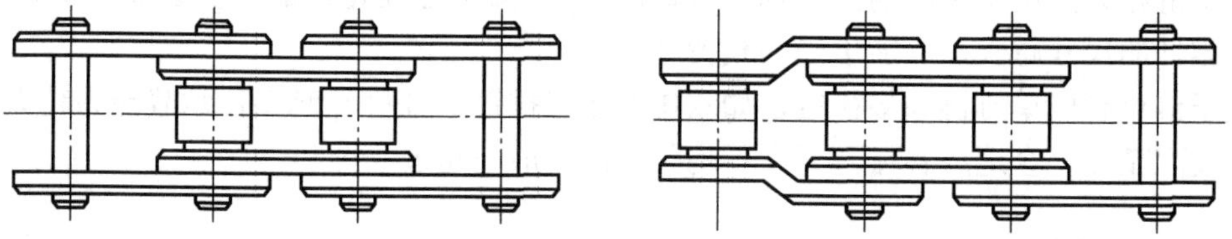

图 9-23　过渡链节

9.8.3　链轮

链轮有整体式、孔板式、组合式等结构形式，如图 9-24 所示。

轮齿的齿形应保证链节能平稳地进入和退出啮合，受力良好，不易脱链，便于加工。

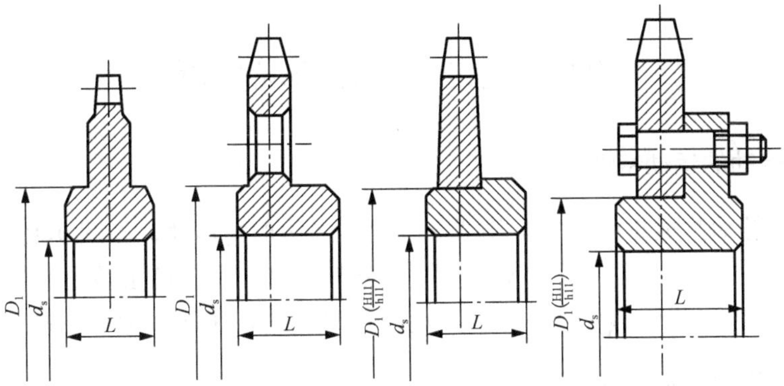

$L=(1.5\sim2)d_s$；$D_1=(1.2\sim2)d_s$；d_s为轴孔直径

图 9-24　链轮的结构

滚子链链轮的齿形已标准化(GB/T 1244—2006)，端面常用三圆弧一直线的齿形(图 9-25)，可用标准刀具加工，在链轮工作图上不必画出齿形，只需要注明链轮的基本参数与主要尺寸。

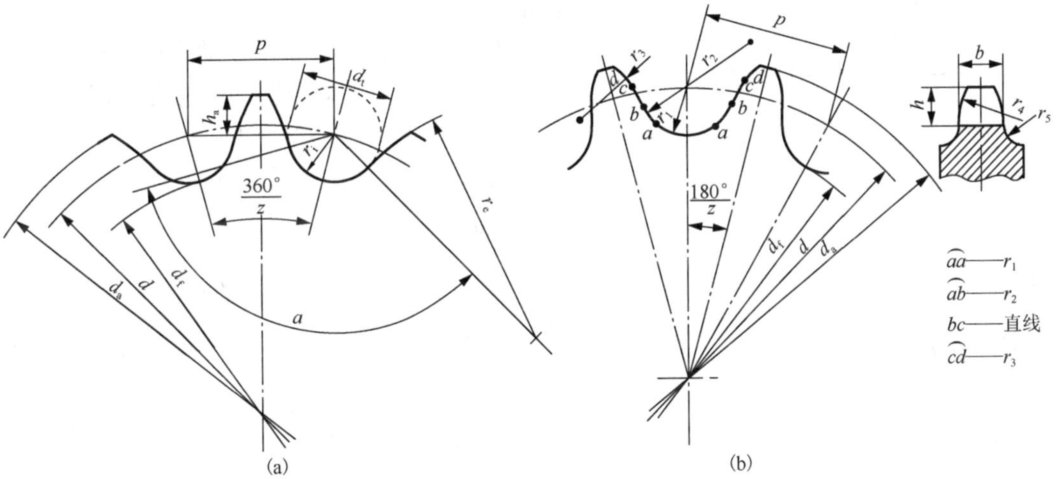

图 9-25　链轮的齿形

链轮上被链条节距等分的圆称为分度圆，其直径用 d 表示，则

$$d=\frac{p}{\sin(180°/z)} \tag{9-26}$$

齿顶圆直径
$$d_a=p\left(0.54+\cot\frac{180°}{z}\right) \tag{9-27}$$

齿根圆直径
$$d_f=d-d_t \tag{9-28}$$

式中，d_t为滚子外径。

链轮的轮齿应有足够的接触强度和耐磨性，因小链轮轮齿的啮合次数比大链轮多，所受冲击力也较大，故所用材料的机械性能一般优于大链轮，其热处理的硬度也较高。链轮材料常用碳素钢(如 Q235、Q275、45、ZG310-570 等)、灰铸铁(如 HT200)等。重要的链轮可采用合金钢(20Cr、40Cr、35CrMo 等)。

9.9 链传动工作情况分析

9.9.1 链传动的运动特性

链条绕上链轮后形成折线，实际构成了一种正多边形的传动，如图 9-26 所示。

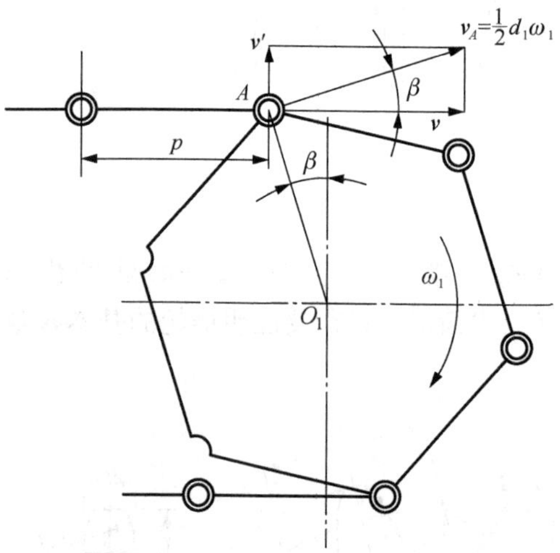

图 9-26 链传动的运动分析

链轮每转一周，链条转过的长度为 zp。设 n_1、n_2 为两链轮的转速(r/min)，则链条线速度(简称链速)为

$$v=\frac{z_1 p\, n_1}{60\times 1000}=\frac{z_2 p\, n_2}{60\times 1000}\ (\text{m/s}) \tag{9-29}$$

链传动的传动比 $$i=\frac{n_1}{n_2}=\frac{z_2}{z_1} \tag{9-30}$$

由以上两式求得的链速和传动比均为平均值。实际上，由于多边形效应，瞬时链速和瞬时传动比都是变化的。

为了便于分析，设链的主动边(紧边)处于水平位置(图 9-26)，主动链轮以角速度 ω_1 回转，当链节与链轮轮齿在 A 点啮合时，链轮上该点的圆周速度的水平分量即为链条前进的瞬时速度 v：

$$v=\frac{1}{2}d_1\omega_1\cos\beta \tag{9-31}$$

式中 d_1 为主动链轮的分度圆直径，mm；β 为 A 点的圆周速度与水平线的夹角。

链节啮合过程中，β 角在 $\left(-\frac{180^\circ}{z_1}\sim+\frac{180^\circ}{z_1}\right)$ 的范围内变化。当 $\beta=0^\circ$ 时，链速为最大值，$v_{\max}=\frac{1}{2}d_1\omega_1$；当 $\beta=\pm\frac{180^\circ}{z_1}$ 时，链速为最小值，$v_{\min}=\frac{1}{2}d_1\omega_1\cos\frac{180^\circ}{z_1}$。由此可见，链条的瞬时速度 v 由小变大又由大变小呈周期性变化。

同理，链条在垂直方向的分速度 $v'=\frac{1}{2}d_1\omega_1\sin\beta$，也做周期性变化，使链条产生上下抖动。

由于链速是变化的，工作时不可避免地要产生振动和动载荷。

在从动链轮上，γ 角的变化范围为 $\left(-\frac{180^\circ}{z_2}\sim+\frac{180^\circ}{z_2}\right)$，由于链速 v 不等于常数和 γ 角的不断变化，因此从动轮的角速度 $\omega_2=\dfrac{v}{\dfrac{d_2}{2}\cos\gamma}$ 也是周期性变化的(图 9-27)。因此，链传动的瞬时传动比为

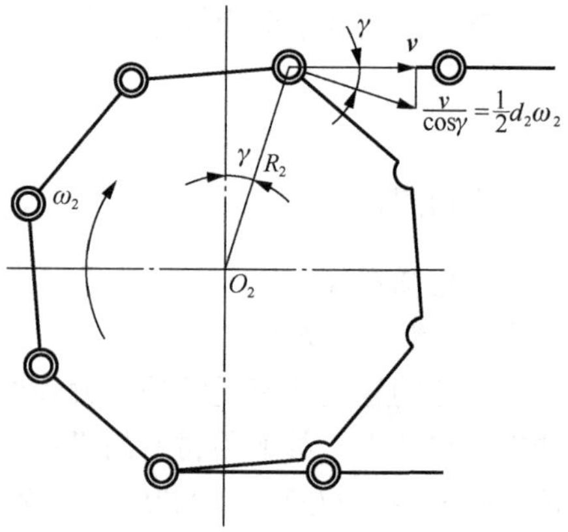

图 9-27 从动链轮的运动图

$$i=\frac{\omega_1}{\omega_2}=\frac{d_2\cos\gamma}{d_1\cos\beta}\neq \text{const} \tag{9-32}$$

由式(9-32)可知，只有当两轮的齿数相等，即 $i=1$ 且紧边的长度又恰为链节距的整数倍时，才能保证传动时两个链轮的相位角 β 和 γ 在每个瞬时相等，这样 ω_2 和 i 才能保持恒定。

9.9.2 链传动的受力分析

链传动工作时，若不考虑动载荷，链条主要受到工作拉力、离心拉力和悬垂拉力作用，如图 9-28 所示。

1. 工作拉力 F

$$F=\frac{1000P}{v}\text{，N} \tag{9-33}$$

式中，P 为链传动传递的功率，kW；v 为链速，m/s。

2. 离心拉力 F_c

$$F_c=qv^2\text{，N} \tag{9-34}$$

式中，q 为每米链的质量，kg/m，见表 9-9。

3. 悬垂拉力 F_f

$$F_f=K_f qga\text{，N} \tag{9-35}$$

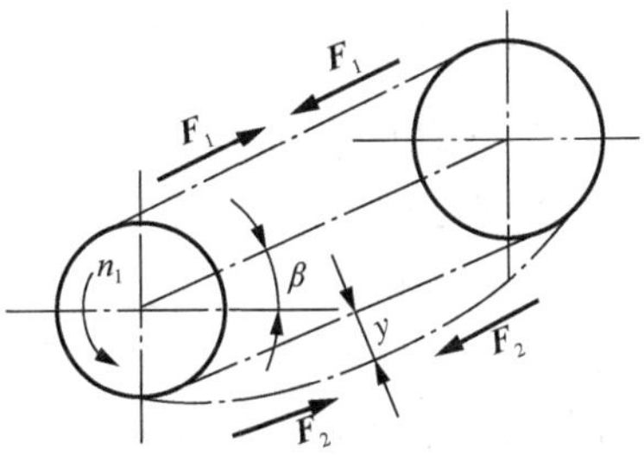

图 9-28 作用在链上的力

式中，a 为链传动的中心距，m；g 为重力加速度，$g=9.81\ \text{m/s}^2$；K_f 为下垂度 $y=0.02a$ 时的垂度系数。K_f 值与两链轮轴线所在平面与水平面的倾斜角 β 有关。水平布置时，$K_f=6$；当倾斜布置时，垂度拉力将变小，垂直布置时 $K_f=1$。

紧边和松边的拉力不相等，紧边和松边所受的拉力 F_1、F_2 分别为

$$F_1=F+F_c+F_f\text{，N} \tag{9-36}$$

$$F_2=F_c+F_f\text{，N} \tag{9-37}$$

链作用在轴上的压力 F_Q 可近似取为

$$F_Q=(1.2\sim1.3)F\text{，N} \tag{9-38}$$

有冲击和振动时取大值。

9.10 滚子链传动的设计

9.10.1 滚子链传动的失效形式

链传动的失效形式主要有以下几种。

1. 链板疲劳破坏

由于链条受变应力的作用，经过一定的循环次数后，链板会发生疲劳破坏，在正常润滑条件下，疲劳强度是限定链传动承载能力的主要因素。

2. 滚子、套筒的冲击疲劳破坏

链节与链轮啮合时，滚子与链轮间会产生冲击，高速时冲击载荷较大，套筒与滚子表面发生冲击疲劳破坏。

3. 销轴与套筒的胶合

当润滑不良或速度过高时，销轴与套筒的工作表面摩擦发热较大，而使两表面发生黏着磨损，严重时则产生胶合。

4. 链条铰链磨损

链在工作过程中，销轴与套筒的工作表面会因相对滑动而磨损，导致链节节距增大，容易引起跳齿和脱链。

5. 过载拉断

在低速($v < 6$ m/s)重载或瞬时严重过载时，链条可能被拉断。

9.10.2 滚子链的功率曲线

链传动的各种失效形式，将使链传动的工作能力受到限制。图 9-29 是不同工况下的单排滚子链的极限功率曲线(帐篷曲线)。当传递的功率超过其极限功率时，将发生不同形式的失效。若润滑不良及工作情况恶劣，会产生严重磨损，其极限功率大幅度下降，如图 9-29 中虚线 5 所示。

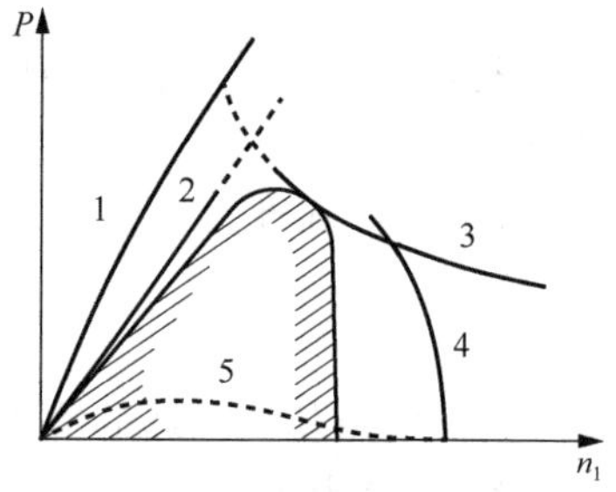

图 9-29　极限功率曲线

图 9-30 是部分型号滚子链的额定功率曲线。它是在特定实验条件下制定的：①无过渡链节的单排链水平布置；②传动比 $i = 3$，小轮齿数 $z_1 = 19$，链长 $L_p = 120$；③载荷平稳，无过载、振动或频繁启动；④按推荐的方式润滑，状态良好；⑤预期寿命为 15000 h；⑥工作温度 −5 ～ +70 ℃等。

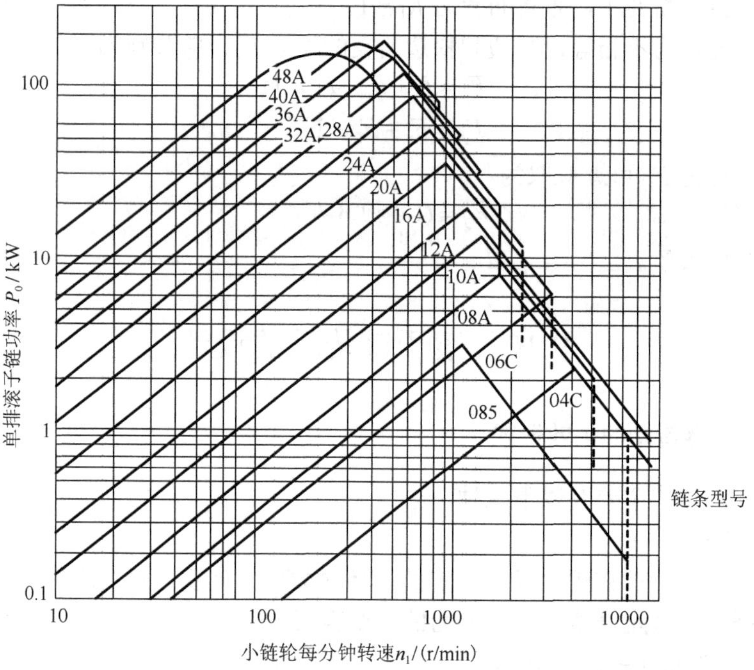

图 9-30　滚子链的额定功率曲线

(说明：图中链条型号 04C、06C、085 相应的链条节距 p 为 6.35mm、9.525mm、12.7mm，相对应的 ANSI 的链号为 25、35、41)

图 9-30 表明了采用推荐的润滑方式时，链传动所能传递的功率 P_0、小轮转速 n_1 和链号

三者之间的关系。

若润滑条件与推荐的润滑方式不同时，则根据链速 v 的不同，将 P_0 的值降低。设计时，若实际选用参数与上述特定条件不同，则需要引入一系列相应的修正系数对图 9-30 中额定功率 P_0 进行修正。单排链传动的额定功率应按下式确定：

$$P_0 \geqslant K_A K_z P \text{，kW} \tag{9-39}$$

式中，P 为链传动传递的功率，kW；P_0 为单排链额定功率，kW；K_A 为工作情况系数，与原动机和工作机的机械特性相关，由表 9-10 确定；K_z 为小链轮的齿数系数，数值由式(9-40)确定。

$$K_z = \left(\frac{19}{z_1}\right)^{1.08} \tag{9-40}$$

表 9-10　工作情况系数 K_A

工作机载荷性质	原动机载荷性质		
	平稳运转	轻微振动	中等振动
载荷平稳	1.0	1.1	1.3
中等振动	1.4	1.5	1.7
严重振动	1.8	1.9	2.1

9.10.3　滚子链传动参数的选择

1. 链轮齿数 z_1、z_2

由链传动的运动特性得知，齿数越少，瞬时链速变化越大，为使传动平稳，小链轮齿数不宜过少，一般 $z_1 \geqslant 13$，小链轮齿数 z_1 参考表 9-11 进行选取。大链轮的齿数按照 $z_2 = iz_1$ 计算，但也不宜过多，否则会造成链轮尺寸过大，而且，当链条磨损后，由于节距增大也容易造成跳齿、脱链。一般大链轮的齿数 $z_2 \leqslant 120$。

表 9-11　小链轮齿数

链速 v / (m/s)	0.6 ～ 3	3 ～ 8	＞8
z_1	⩾15 ～ 17	⩾19 ～ 21	⩾23 ～ 25

因链节数常取偶数，故链轮齿数最好取奇数且互为质数，以使链条与链轮磨损均匀。

2. 链条节距 p

链条节距 p 是决定链条的工作能力、链及链轮尺寸的主要参数，正确选择 p 是链传动设计时要解决的主要问题。链条节距越大，承载能力越高，但其运动不均匀性和冲击就越严重。因此，在满足传递功率的情况下，应尽可能选用较小的节距，高速重载时可选用小节距多排链。

3. 传动比 i

传动比受链轮最小齿数和最大齿数的限制，一般情况下传动比 $i \leqslant 6$。传动比过大时，小链轮上的包角 α_1 将会太小，同时啮合的齿数也太少，将加速轮齿的磨损。因此，通常要求包角 α_1 不小于 120°。

4. 中心距 a 和链节数 L_p

若链传动中心距过小，则小链轮上的包角也小，同时啮合的链轮齿数也减少；若中心距过大，则易使链条抖动。一般可取中心距 $a = (30 \sim 50)p$，最大中心距 $a_{max} \leqslant 80p$。

链的长度以链节数 L_p(节距 p 的倍数)来表示。与带传动相似，链节数 L_p 与中心距 a 之间的关系为

$$L_p = \frac{2a}{p} + \frac{z_1 + z_2}{2} + \left(\frac{z_2 - z_1}{2\pi}\right)^2 \frac{p}{a} \tag{9-41}$$

计算出的 L_p 应圆整为整数，且最好取为偶数。

如已知 L_p 时，可由式(9-42)计算出实际中心距 a，即

$$a = \frac{p}{4}\left[\left(L_p - \frac{z_1 + z_2}{2}\right) + \sqrt{\left(L_p - \frac{z_1 + z_2}{2}\right)^2 - 8\left(\frac{z_2 - z_1}{2\pi}\right)^2}\right] \tag{9-42}$$

为了便于链条的安装、调节和张紧，通常中心距设计成可调的；若中心距不能调节而又没有张紧装置时，应将计算的中心距略微减小，一般减少量为 $\Delta a = (0.002 \sim 0.004)a$。使链条有小的初始垂度，以保持链传动的张紧。

9.10.4　低速链传动的设计

对于 $v < 0.6$ m/s 的低速链传动，其失效形式主要是链条因过载被拉断，故应按抗拉静强度条件进行计算，根据已知的传动条件，由图 9-30 初选链条型号，然后校核安全系数 S：

$$S = \frac{F_u}{K_A F} \geqslant [S] \tag{9-43}$$

式中，S 为静强度计算的安全系数；F_u 为链条的最低破坏载荷，由链号查表 9-9；$[S]$为许用静强度安全系数，通常$[S]$=4 ～ 8。

9.11　链传动的布置和润滑

9.11.1　链传动的布置与张紧

在链传动中，合理的布置原则为：两链轮的转动平面应在同一平面内，两轴线必须平行，最好成水平布置，如图 9-31(a)所示；需要倾斜布置时，两链轮中心连线与水平线的夹角 φ 应小于 60°，如图 9-31(b)所示，尽量避免垂直布置；尽可能让链条的紧边(即主动边)在上，松边在下，以便链节和链轮轮齿可以顺利地进入和退出啮合。

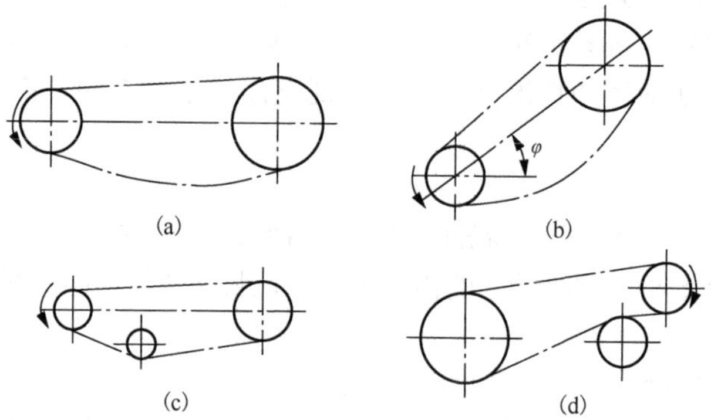

图 9-31　链传动布置

为防止链条垂度过大造成啮合不良和松边的颤动，可采用张紧装置。若中心距可以调节，可通过调节中心距来控制张紧程度；若中心距不可调节，可去掉 1 ～ 2 个链节或用张紧轮。张紧轮应安装在链条松边靠近小链轮处，放在链条内、外侧均可，如图 9-31(c)、(d)所示。张紧轮可以是链轮，也可以是无齿的滚轮，其直径可比小链轮略小些。

9.11.2　链传动的润滑

链传动良好的润滑将会减少磨损、缓和冲击，提高承载能力，延长使用寿命，因此链传动应合理地确定润滑方式和润滑剂种类。链传动常用的润滑油有 L-AN32、L-AN46、L-AN68、L-AN100 等全损耗系统用油。

常用的润滑方式有以下几种。

(1) 人工定期润滑：每班注油一次，适用于链速 $v \leqslant 4$ m/s 的不重要传动，用油壶或油刷给油，如图 9-32(a)所示。

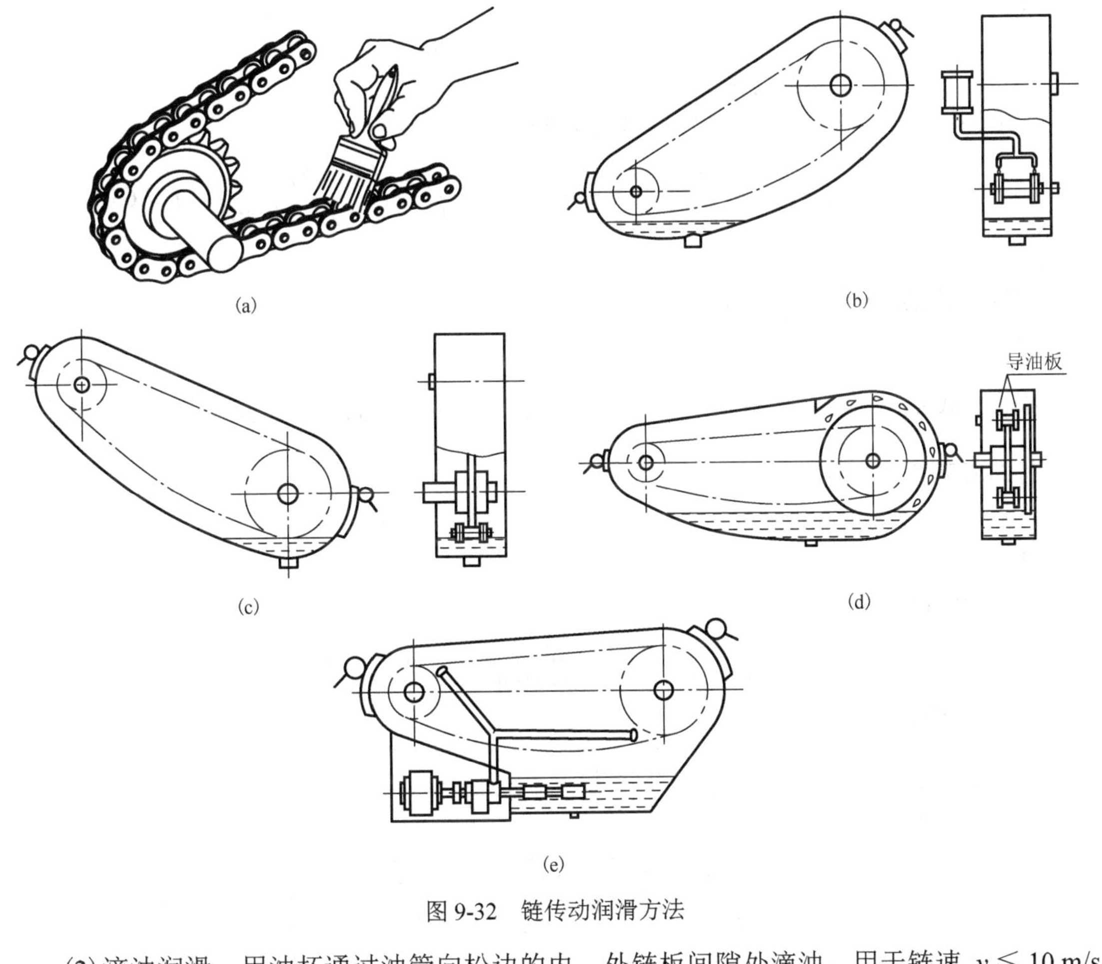

图 9-32　链传动润滑方法

(2) 滴油润滑：用油杯通过油管向松边的内、外链板间隙处滴油，用于链速 $v \leqslant 10$ m/s 的传动，如图 9-32(b)所示。

(3) 油浴润滑：链从密封的油池中通过，链条浸油深度以 6 ～ 12 mm 为宜，适用于链速 $v = 6 \sim 12$ m/s 的传动，如图 9-32(c)所示。

(4) 飞溅润滑：在密封容器中，用甩油盘将油甩起，经由壳体上的集油装置将油导流到链上。甩油盘速度应大于 3 m/s，浸油深度一般为 12 ～ 15 mm，如图 9-32(d) 所示。

(5) 压力油循环润滑：用油泵将油喷到链上，喷口应设在链条进入啮合之处。适用于链速 $v \geqslant 8$ m/s 的大功率传动，如图 9-32(e) 所示。

例 9-2 设计某带式运输机的滚子链传动。已知该传动系统采用 Y 系列交流电动机驱动，载荷平稳，链传动的输入功率 $P = 9$ kW，水平布置，主动链轮转速 $n_1 = 750$ r/min，传动比 $i \approx 2.5$，中心距 $a = 600 \sim 700$ mm 可调。

解： (1) 选择链轮齿数 z_1、z_2。

选择链轮齿数 $z_1 = 21$，$z_2 = 2.5 \times 21 = 52.5$，取链轮齿数 $z_2 = 53$。

传动比 $i = \dfrac{n_1}{n_2} = \dfrac{z_2}{z_1} = 2.52$，符合题意。

(2) 求计算功率 P_c。

由表 9-10 查得 $K_A = 1.0$，计算功率为

$$P_c = K_A P = 1.0 \times 9 = 9\ (\text{kW})$$

(3) 确定中心距 a_0 及链节数 L_p。

中心距 $a_0 = (30 \sim 50)p$，初取 $a_0 = 40p$，则

$$L_p = \frac{2a_0}{p} + \frac{z_1 + z_2}{2} + \left(\frac{z_2 - z_1}{2\pi}\right)^2 \frac{p}{a_0} = \frac{2 \times 40p}{p} + \frac{21+53}{2} + \left(\frac{53-21}{2\pi}\right)^2 \frac{p}{40p} = 117.65$$

取 $L_p = 118$。

(4) 确定链条型号和节距 p。

首先确定系数 K_z。

根据公式 $K_z = \left(\dfrac{19}{z_1}\right)^{1.08}$，确定小链轮齿数系数 $K_z = 0.901$，考虑传递功率不大，故选单排链。

故链传动所需额定功率

$$P_0 \geqslant K_z P_c = 0.901 \times 9 = 8.11\ (\text{kW})$$

由图 9-30 选择滚子链型号为 10A，查表 9-9 得链节距 $p = 15.875$ mm。

(5) 验算链速 v。

$$v = \frac{z_1 p n_1}{60 \times 1000} = \frac{21 \times 15.875 \times 750}{60 \times 1000} = 4.17\ (\text{m/s})$$

(6) 确定中心距 a。

$$a = \frac{p}{4}\left[\left(L_p - \frac{z_1 + z_2}{2}\right) + \sqrt{\left(L_p - \frac{z_1 + z_2}{2}\right)^2 - 8\left(\frac{z_2 - z_1}{2\pi}\right)^2}\right]$$

$$= \frac{15.875}{4}\left[\left(118 - \frac{21+53}{2}\right) + \sqrt{\left(118 - \frac{21+53}{2}\right)^2 - 8\left(\frac{53-21}{2\pi}\right)^2}\right] = 637.81\ (\text{mm})$$

按中心距减少量 $\Delta a = (0.002 \sim 0.004)a$，取 $a = 636$ mm。

(7) 求作用在轴上的力。

工作拉力

$$F = 1000\frac{P_c}{v} = \frac{1000 \times 9}{4.17} = 2158(\text{N})$$

因载荷平稳，取 $F_Q = 1.2F = 1.2 \times 2158 = 2590$ (N)

(8) 选择润滑方式(略)。

(9) 结构设计(略)。

习　题

9-1　带工作时受到哪些力的作用？为什么带总是在变应力状态下工作？最大应力发生在什么位置？

9-2　带传动中弹性滑动与打滑有何区别？它们对于带传动各有什么影响？

9-3　带传动的主要失效形式是什么？设计准则是什么？

9-4　一普通 V 带传动，已知带的型号为 A 型，两个 V 带轮的基准直径分别为 125 mm 和 250 mm，初定中心距 $a_0 = 480$ mm，试设计此 V 带传动。

9-5　已知某 V 带传动传递的最大功率 $P = 7$ kW，带速 $v = 10$ m/s，若紧边拉力是松边拉力的 2 倍，不计离心力的影响，试求有效圆周力 F 和紧边拉力 F_1 的值。

9-6　单根带传递最大功率 $P = 4.7$ kW，小带轮的 $d_1 = 200$ mm，$n_1 = 180$ r/min，$\alpha_1 = 135°$，$f_v = 0.25$。求紧边拉力 F_1 和有效圆周力 F（带与轮间的摩擦力，已达到最大摩擦力）。

9-7　试设计一台图示带式运输机的 V 带传动。已知电动机额定功率为 7.5 kW，转速 $n_1 = 1450$ r/min，工作机的转速 $n_2 = 450$ r/min，每日工作 8h。

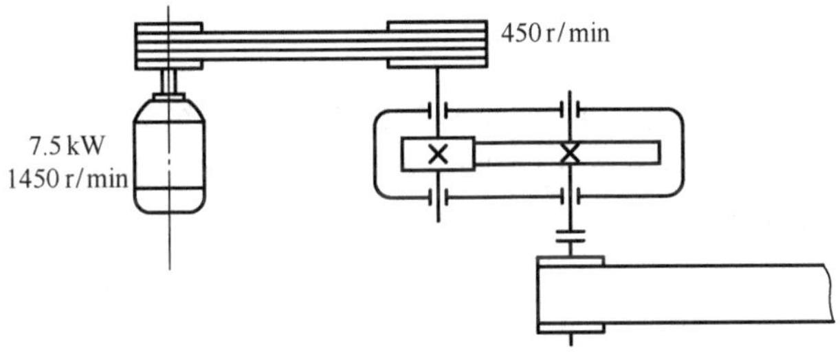

题 9-7 图

9-8　为什么小链轮的齿数不能选择得过少，而大链轮的齿数又不能选择得过多？

9-9　链传动的主要失效形式是什么？设计准则是什么？

9-10　与滚子链相比，齿形链有哪些优缺点？在什么情况下宜选用齿形链？

9-11　试设计一驱动运输机的链传动。已知：传递功率 $P = 200$ kW，小链轮转速 $n_1 = 720$ r/min，大链轮转速 $n_2 = 200$ r/min，运输机载荷不够平稳。要求大链轮的分度圆直径最好为 700 mm 左右。

9-12　已知一单排滚子链传动，其主动轮转速 $n_1 = 960$ r/min，从动轮转速 $n_2 = 320$ r/min，主动轮齿数 $z_1 = 21$，中心距 $a = 800$ mm，滚子链极限拉伸载荷为 31.1 kN，使用情况系数 $K_A = 1.1$。试求该链条所能传递的功率。

第 10 章　螺纹连接与螺旋传动

任何机器都是由许多零(部)件组合而成，这些零(部)件通过一定方式的连接而组成机器。机械连接有两大类：一类为动连接，即工作时被连接的零(部)件之间存在相对运动的连接，也就是第 2 章中学习的运动副；另一类为静连接，工作时被连接的零(部)件之间不允许有相对运动。

在机械设计中提到的连接一般指静连接，静连接又可分为可拆连接和不可拆连接。可拆连接是指可以多次装拆而不损坏任何零件的连接，如螺纹连接、键连接、销连接等；不可拆连接是指不破坏零件就不能拆开的连接，如铆接、焊接、粘接等。

螺纹连接结构简单、装拆方便，是机器中应用最为广泛的可拆静连接。

10.1　螺　　纹

10.1.1　螺纹的形成及主要参数

1. 螺纹的形成

如图 10-1 所示，使一个直角三角形 abc 的底边 ab 与直径为 d_2 的圆柱体的底面重合，将三角形绕上圆柱体后，则三角形的斜边在圆柱面上便形成了一条螺旋线。三角形斜边与底面的夹角 ψ 称为螺旋线的升角。

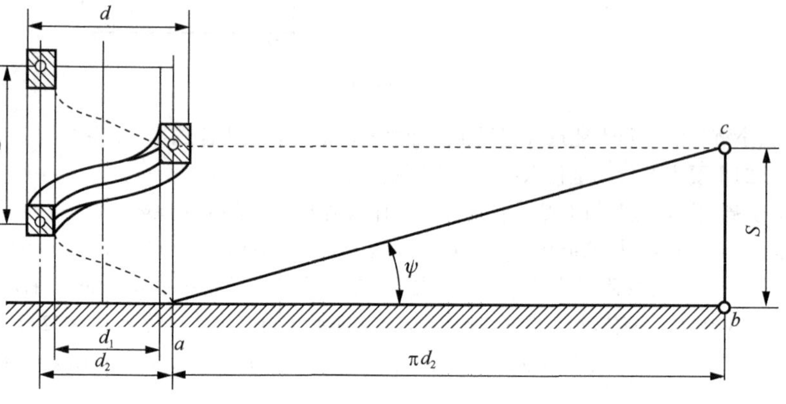

图 10-1　螺纹的形成

取一个平面图形，使其沿螺旋线移动，移动时保持平面图形通过圆柱面轴线，该平面图形在空间中划过的轨迹即形成螺纹。根据所取平面图形的形状，常见的螺纹牙型有矩形(图 10-2(a))、三角形(图 10-2(b))、梯形(图 10-2(c))和锯齿形(图 10-2(d))等。

2. 螺纹的主要参数

如图 10-3 所示，螺纹的主要几何参数包括如下几项：

(1)大径 d。外螺纹的最大直径，即与外螺纹牙顶相切的假想圆柱面的直径，也是国家标准中规定的公称直径。

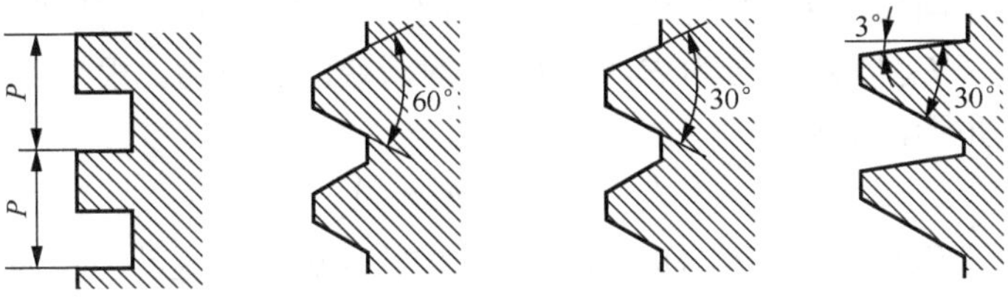

图 10-2　螺纹牙型

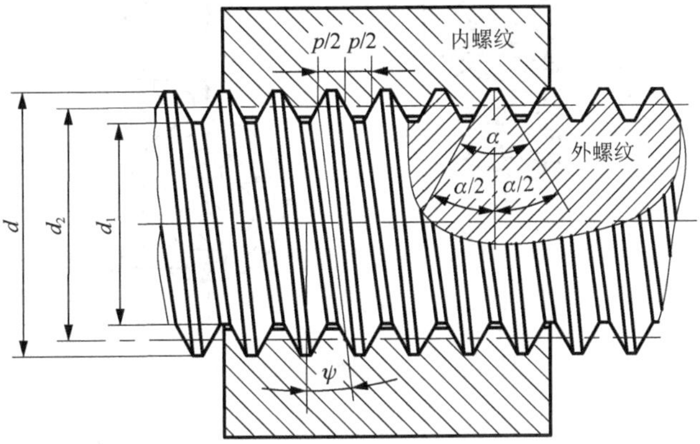

图 10-3　螺纹主要几何参数

(2) 小径 d_1。外螺纹的最小直径，即与螺纹牙根相切的假想圆柱面的直径，在强度计算中常用作螺纹危险截面的计算直径。

(3) 中径 d_2。轴向截面内，螺纹的牙厚与牙间宽相等处的假想圆柱面的直径，近似等于螺纹的平均直径，$d_2 \approx \dfrac{1}{2}(d+d_1)$。

(4) 线数 n。形成螺纹的螺旋线数目。为便于制造，一般螺纹的线数 $n \leqslant 4$。

(5) 螺距 P。相邻两螺纹牙在中径上对应点间的轴向距离。

(6) 导程 S。螺纹上任一点沿同一条螺旋线转一周所移动的轴向距离。$S=nP$。

(7) 螺纹升角 ψ。中径圆柱上螺旋线的切线与垂直于螺纹轴线的平面的夹角。$\psi=\arctan\dfrac{nP}{\pi d_2}$。

(8) 牙型角 α。螺纹轴向截面内，螺纹牙型两侧边的夹角。

10.1.2　螺纹副的受力分析、效率和自锁

1. 矩形螺纹

图 10-4(a) 所示矩形螺纹副中，假设螺杆不动，螺母上作用有轴向载荷 $\boldsymbol{F}_Q$。当对螺母施加转矩 T 使螺母等速旋转并沿 $\boldsymbol{F}_Q$ 的反方向移动时，可以把螺母看作图 10-4(b) 所示滑块在中径处的水平推力 $\boldsymbol{F}$ 作用下沿螺旋面等速上移。如将螺纹沿中径展开，则相当于重 $\boldsymbol{F}_Q$ 的滑块在水平推力 $\boldsymbol{F}$ 作用下沿斜角为 ψ 的斜面等速上移。

当滑块沿斜面等速上移时(图 10-5(a))，除受到重力 $\boldsymbol{F}_{\mathrm{Q}}$ 和水平推力 $\boldsymbol{F}$(驱动力)作用外，还有斜面对滑块的法向反力 $\boldsymbol{F}_{\mathrm{N}}$ 以及摩擦力 $\boldsymbol{F}_f$(方向沿斜面向下)。显然 $F_f = f \cdot F_{\mathrm{N}}$，$f$ 为接触面间的摩擦系数。将 $\boldsymbol{F}_{\mathrm{N}}$ 与 $\boldsymbol{F}_f$ 的合力 $\boldsymbol{F}_{\mathrm{R}}$ 称为斜面对滑块的总反力。根据受力平衡关系，可得到图示的封闭力三角形，于是

$$F = F_{\mathrm{Q}} \cdot \tan(\psi + \rho) \tag{10-1}$$

式中，$\rho = \arctan(F_f / F_{\mathrm{N}}) = \arctan f$，称为摩擦角。拧紧螺旋副的驱动力矩为

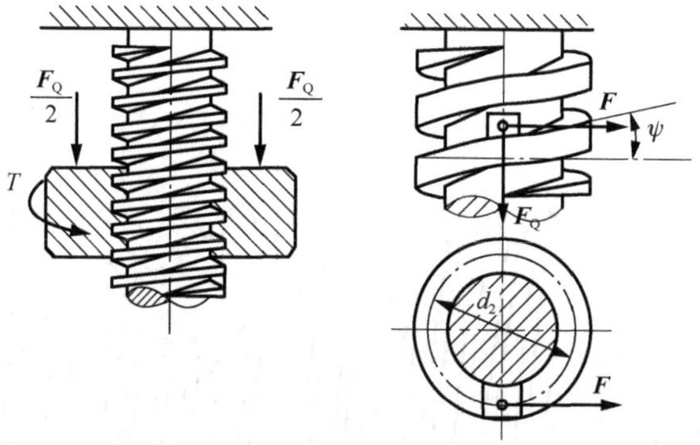

图 10-4　矩形螺纹副简化模型

$$T = F \cdot \frac{d_2}{2} = F_{\mathrm{Q}} \cdot \tan(\psi + \rho) \cdot \frac{d_2}{2} \tag{10-2}$$

当螺母转动一周时，输入功为 $T \cdot 2\pi$，而所做的有效功为 $F_{\mathrm{Q}} \cdot S$，故螺旋副效率 η 为

$$\eta = \frac{F_{\mathrm{Q}} \cdot S}{T \cdot 2\pi} = \frac{F_{\mathrm{Q}} \cdot \pi d_2 \tan\psi}{F_{\mathrm{Q}} \cdot \pi d_2 \tan(\psi + \rho)} = \frac{\tan\psi}{\tan(\psi + \rho)} \tag{10-3}$$

由上式可知，当摩擦角 ρ 一定时，螺纹副的效率主要取决于中径升角 ψ 的大小。一般情况下，ψ 越大，效率越高。但过大的 ψ 会造成加工困难，通常 ψ 不大于 25°。

当匀速拧松螺母时，相当于滑块沿斜面等速下滑(图 10-5(b))。此时，摩擦力 $\boldsymbol{F}_f$ 的方向沿斜面向上，而 $\boldsymbol{F}$ 也不再是驱动力，而是支持滑块等速下滑的力。根据受力平衡关系，可得到图 10-5(b)所示的封闭力三角形，于是

$$F = F_{\mathrm{Q}} \cdot \tan(\psi - \rho) \tag{10-4}$$

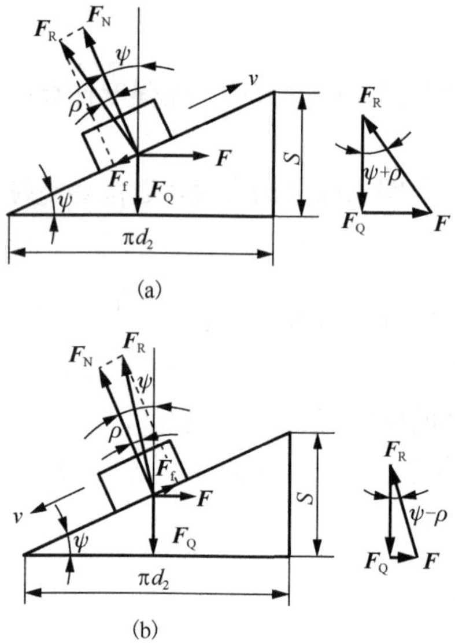

图 10-5　矩形螺纹副受力分析

在式(10-4)中，如果 $\psi > \rho$，则 $F > 0$，这表明需要足够大的向右的支持力 $\boldsymbol{F}$ 才能使滑块处于平衡，否则滑块会在 $\boldsymbol{F}_{\mathrm{Q}}$ 作用下加速下滑。如果 $\psi \leqslant \rho$，则 $\boldsymbol{F} \leqslant 0$，这说明无论轴向载荷 $\boldsymbol{F}_{\mathrm{Q}}$ 有多大，滑块也不会自行下滑，这种现象称为螺旋副的自锁。故自锁条件为

$$\psi \leqslant \rho \tag{10-5}$$

2. 非矩形螺纹

对于矩形螺纹，由于牙型角 $\alpha = 0°$，则螺纹牙间的法向力 $F_{\mathrm{N}} = Q$(图 10-6(a))。对于非矩

形螺纹，$\alpha \neq 0°$，螺纹牙间的法向力 $\boldsymbol{F}_N$ 与 $\boldsymbol{F}_Q$ 的之间的夹角为 $\alpha/2$，于是 $F_N = F_Q / \cos(\alpha/2)$。

非矩形螺纹的摩擦力可表示为

$$F_f = f \cdot F_N = f \cdot F_Q / \cos(\alpha/2) = f_v \cdot F_Q \tag{10-6}$$

式中，f_v 称为当量摩擦系数，$f_v = f / \cos(\alpha/2)$，其相应的摩擦角 ρ_v，称为当量摩擦角。

在非矩形螺纹副中，各力之间的关系、效率公式、自锁条件只需要用当量摩擦角 ρ_v 代替矩形螺纹副相应公式中的 ρ 即可。由于 $\rho_v > \rho$，故非矩形螺纹比矩形螺纹效率低，但自锁性更好。

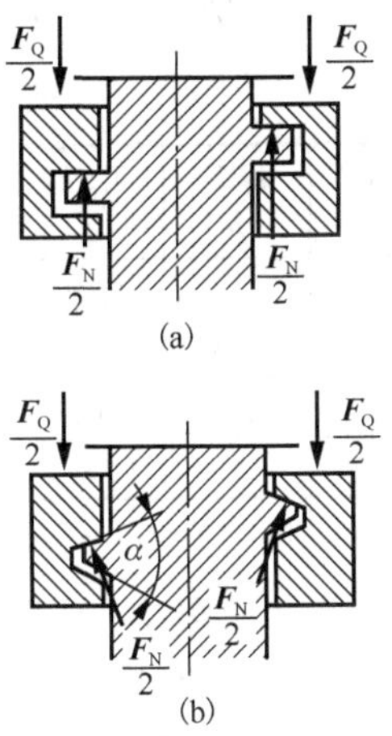

图 10-6　矩形螺纹和非矩形螺纹

10.1.3　螺纹的类型

螺纹连接是利用螺纹零件构成的可拆连接，零件的螺纹可以在圆柱表面（外螺纹）和内孔表面（内螺纹），内螺纹和外螺纹一起工作就构成了螺纹连接或螺旋副。用于连接的螺纹称为连接螺纹；起传动作用的螺纹称为传动螺纹。连接螺纹要求自锁性好，而传动螺纹则通常要求效率高。

按螺纹母线形状，可将螺纹分成圆柱螺纹和圆锥螺纹。圆锥螺纹用于管螺纹，圆柱螺纹用于连接、传动、测量和调整。

根据螺纹的螺旋线方向，螺纹可分为左旋螺纹和右旋螺纹，机械中使用的连接螺纹通常为右旋螺纹，因此螺纹连接一般为顺时针方向拧紧。

按螺纹的线数可将螺纹分为单线螺纹（图 10-7(a)）和多线螺纹（图 10-7(b)、(c)）。单线螺纹传动效率低，自锁性好，常用作连接螺纹；多线螺纹的传动效率高，故用作传动螺纹。

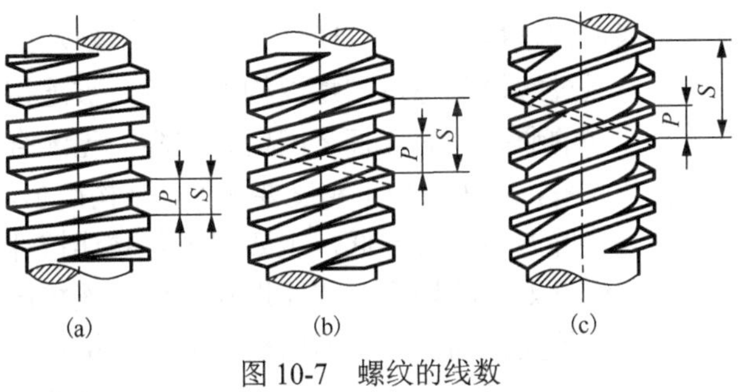

图 10-7　螺纹的线数

根据螺纹的单位，可分为米制螺纹和英制螺纹，我国除部分管螺纹外，均采用米制螺纹。

按照螺纹牙型的不同，主要有以下几种类型。

(1) 普通螺纹。牙型角 α 为 60° 的三角形螺纹，自锁性能好。同一公称直径的普通螺纹可以有不同的螺距，其中螺距最大的为粗牙螺纹（部分螺纹尺寸见表 10-1），其余都称为细牙螺纹。细牙螺纹螺距小，升角小，螺杆强度高，自锁性能较好，因牙细而不耐磨，容易滑扣。普通螺纹主要用于连接，一般连接多用粗牙螺纹，细牙螺纹主要用于薄壁零件以及受变载荷、振动、冲击载荷的连接。

(2) 管螺纹。一种螺纹深度较浅的特殊细牙螺纹，常用牙型角 α 为 55°，内外螺纹间无径向间隙，其公称直径为管子的公称通径。管螺纹可以保证连接的紧密性，一般用于气体或液体管道的接头、阀门处的连接。

(3) 矩形螺纹。牙型为矩形，牙型角 α 为 0°，传动效率较其他螺纹高，但牙根强度差，对中性不好，螺旋副磨损后，间隙难以补偿，传动精度低。曾用于力的传递或传导螺旋，如千斤顶、小型压力机等，目前逐步被梯形螺纹所代替，仅用于对传动效率有较高要求的机件。

表 10-1 普通粗牙螺纹的常用尺寸(摘自 GB/T 196—2003) (单位：mm)

公称直径 d	螺距 P	中径 d_2	小径 d_1	公称直径 d	螺距 P	中径 d_2	小径 d_1	公称直径 d	螺距 P	中径 d_2	小径 d_1
6	1	5.350	4.917	(14)	2	12.701	11.835	(22)	2.5	20.376	19.294
8	1.25	7.188	6.647	16	2	14.701	13.835	24	3	22.051	20.752
10	1.5	9.026	8.376	(18)	2.5	16.376	15.294	(27)	3	25.051	23.752
12	1.75	10.863	10.106	20	2.5	18.376	17.294	30	3.5	27.727	26.211

注：带括号的公称直径为第二系列，应优选第一系列。

(4)梯形螺纹。牙型为等腰梯形，牙型角 α 为 30°。传动效率较矩形螺纹略低，但牙根强度高，加工工艺性好，对中性好，还可以调整间隙(用剖分螺母时)。梯形螺纹是最常用的传动螺纹，广泛用于各种传动和大尺寸机件的连接。

(5)锯齿形螺纹。牙型为不等腰梯形，牙型角 α 为 33°(承载面斜角 3°，非承载面斜角 30°)。锯齿形螺纹兼有矩形螺纹效率高和梯形螺纹牙根强度高、工艺性好的优点，是一种非对称牙型的螺纹，用于单向受力的螺旋传动。

综上所述，机械中使用的连接螺纹一般为单线、右旋、米制的粗牙圆柱普通螺纹。

10.2 螺纹连接的类型和标准螺纹连接件

10.2.1 螺纹连接的主要类型

1. 普通螺栓连接

普通螺栓连接如图 10-8(a)所示，其结构特点为在被连接件上开有通孔，无须加工螺纹孔，通过螺栓与螺母的螺纹构成连接。被连接件的通孔和螺栓杆之间留有间隙，无配合关系，通孔的加工精度要求低，结构简单，装拆方便，成本低，主要用于各被连接件均不太厚的场合。普通螺栓可用于连接同时承受轴向载荷和横向载荷的被连接件，而工作时螺栓本身只受拉力，因此普通螺栓又称为受拉螺栓。

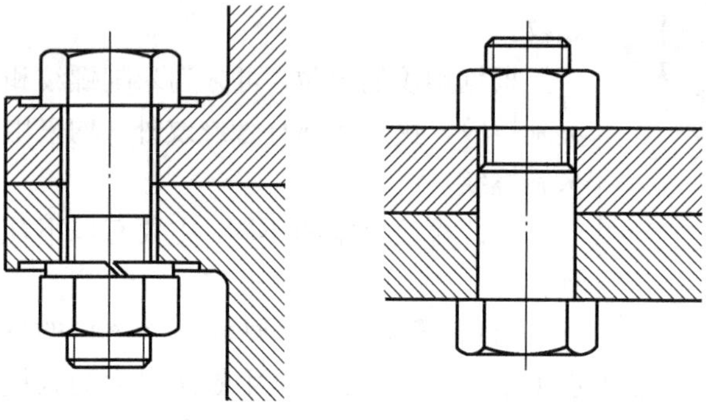

(a) (b)

图 10-8 螺栓连接

2. 加强杆螺栓连接

加强杆螺栓(原称铰制孔用螺栓)连接如图 10-8(b)所示，被连接件上的孔与螺栓杆之间通常采用基孔制过渡配合(H7/m6 或 H7/n6)，连接的同时兼有定位作用，故孔的加工精度要求较高，常用铰刀精加工。该连接靠螺栓杆的剪切和与被连接件间的挤压传递载荷，具有很强的承受横向载荷的能力，因此加强杆螺栓又称为受剪螺栓。

3. 双头螺柱连接

双头螺柱连接如图 10-9(a)所示，螺柱两端都有螺纹，其一端拧紧在被连接件的螺纹孔中，另一端与螺母旋合。连接拆卸时，无需将螺柱从被连接件中拧出，避免被连接件上的螺纹孔在多次装拆中被损坏。适用于一个被连接件较厚，不宜开通孔，且需要经常装拆的场合。

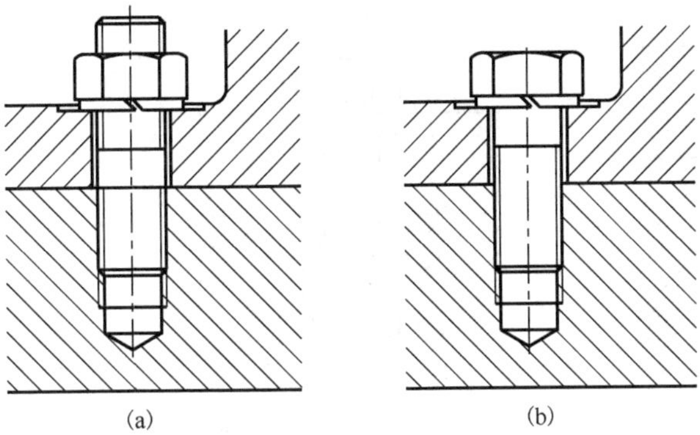

图 10-9　双头螺柱连接和螺钉连接

4. 螺钉连接

螺钉连接如图 10-9(b)所示，将螺钉直接拧入被连接件的螺纹孔中，不需要使用螺母，故结构比双头螺柱连接更简单、紧凑。其用途与双头螺柱连接相似，但经常装拆时被连接件的螺纹孔易磨损，故多用于受力不大，或不需要经常装拆的场合。

5. 紧定螺钉连接

紧定螺钉连接是利用拧入螺纹孔中的螺钉末端顶住另一个零件的表面(图 10-10(b))或顶入相应的凹坑中(图 10-10(a))，以固定两个零件的相对位置，适用于传递较小的力或转矩的场合。

6. 其他螺纹连接类型

除上述基本螺纹连接类型外，还有一些特殊结构的连接。图 10-11 所示为地脚螺栓连接，专门用于将机器或机座固定在地基上。当所受载荷较平稳时，可采用图 10-12 所示的膨胀螺栓连接代替地脚螺栓连接，其优点是安装方便。图 10-13 为 T 形槽螺栓连接，常用于机械加工中工件与机床工作台的固定。图 10-14 为吊环螺钉，装在机器或大型零部件的顶盖或外壳上用于吊装。

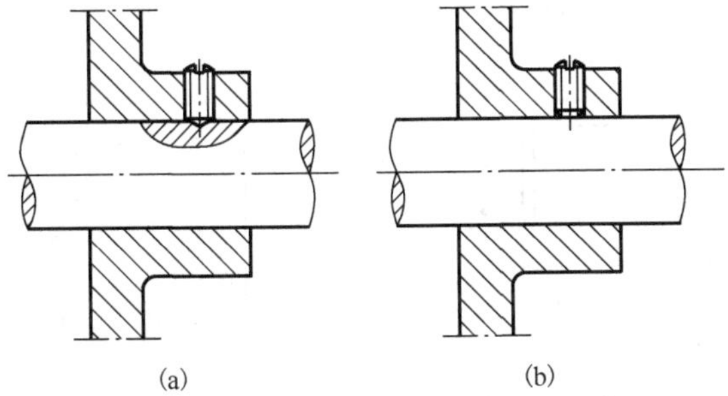

图 10-10　紧定螺钉连接

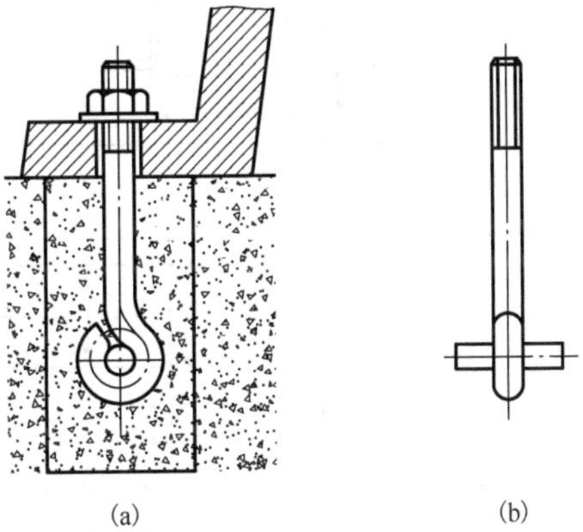

图 10-11　地脚螺栓

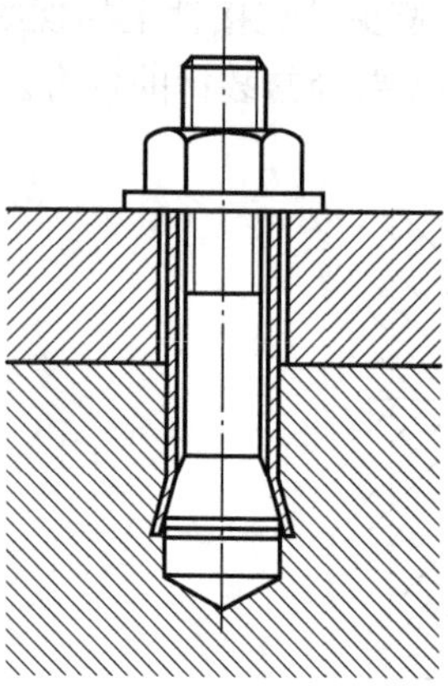

图 10-12　膨胀螺栓连接

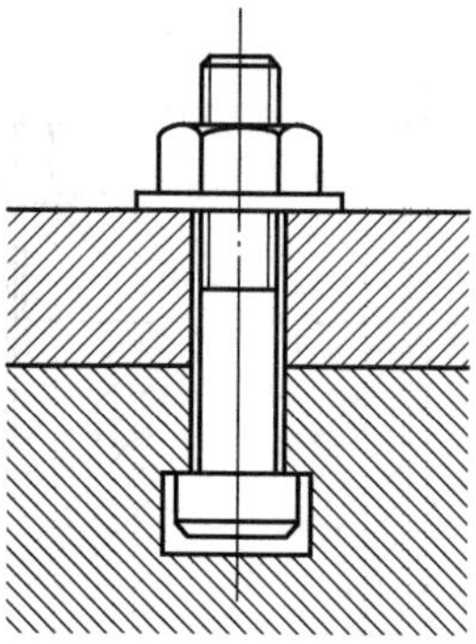

图 10-13　T 形槽螺栓连接

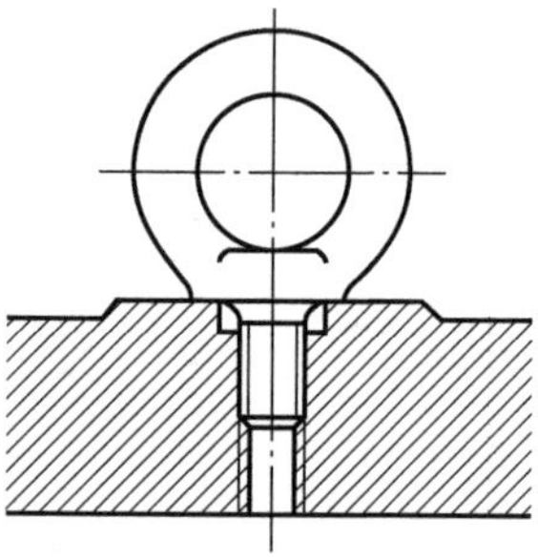

图 10-14　吊环螺钉

10.2.2　标准螺纹连接件

标准螺纹连接件的类型很多，常用的有螺栓、螺钉、双头螺柱、螺母、垫圈等，其结构特点如表 10-2 所示，设计时可根据相关标准选用。

表 10-2　常用标准螺纹连接件

类型	图例	特点与应用
螺栓	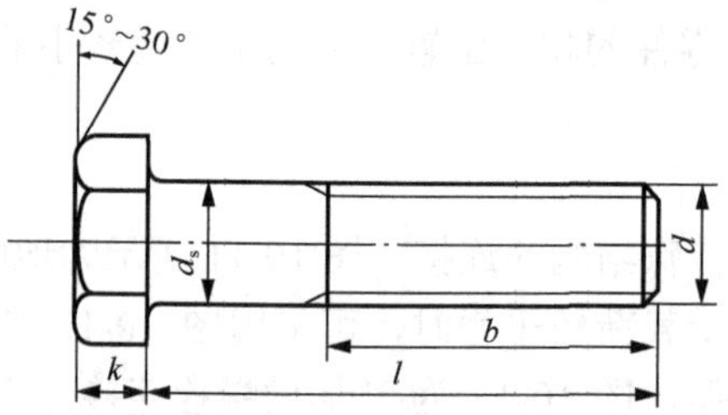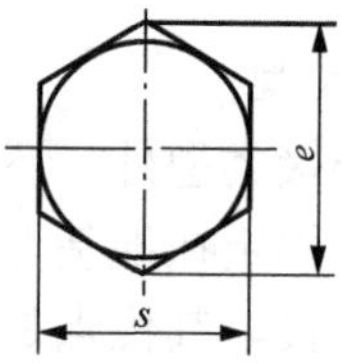 六角螺栓 (GB/T 5780—2000) 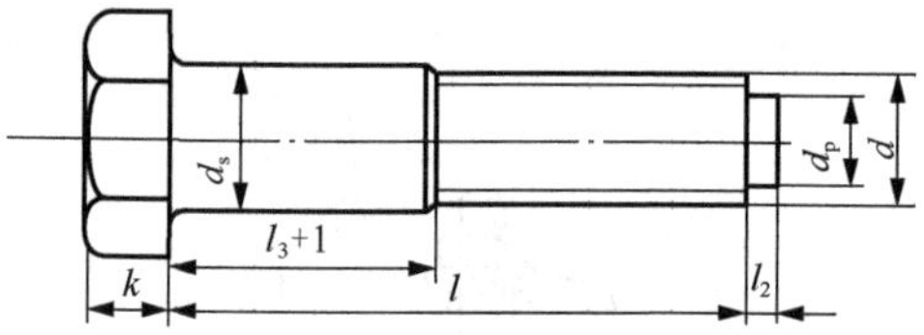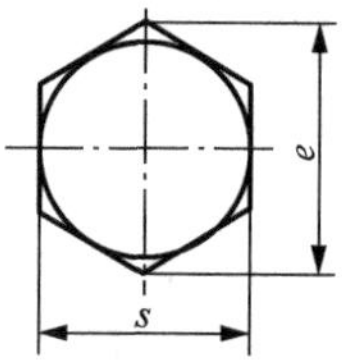 六角头加强杆螺栓 (GB/T 27—2013)	螺栓主要有六角头螺栓和六角头加强杆螺栓两类。螺栓杆部可以制出一段螺纹或全螺纹，螺纹可用粗牙或细牙
双头螺柱	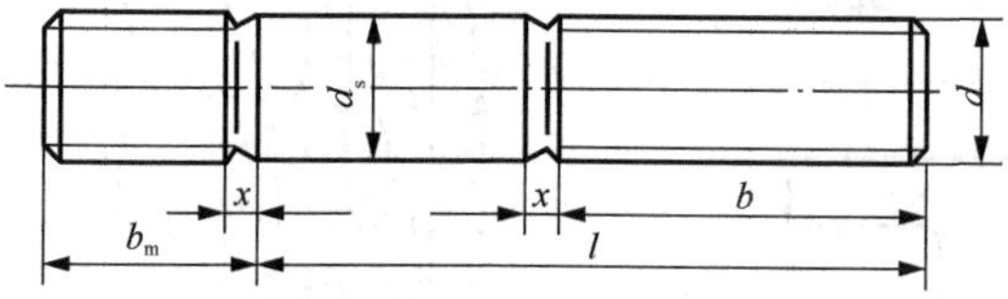 双头螺柱 (GB/T 899—1988) A型	双头螺柱两端都制有螺纹，两端螺纹的螺距可以相同，也可不同。螺柱中间可带退刀槽，或制成细杆

续表

类型	图例	特点与应用
双头螺柱	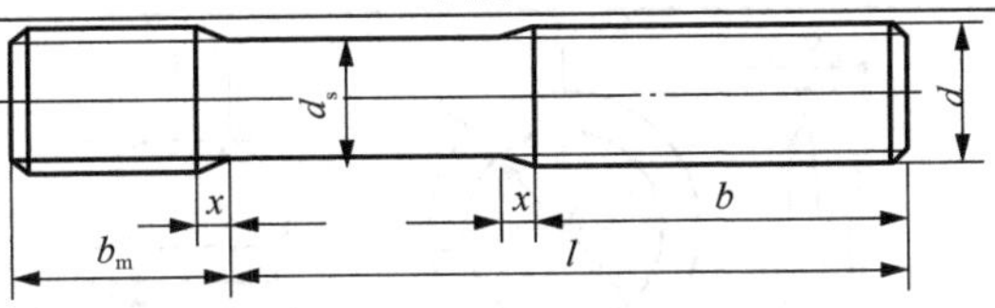 双头螺柱(GB/T 899—1988)B型	
螺钉	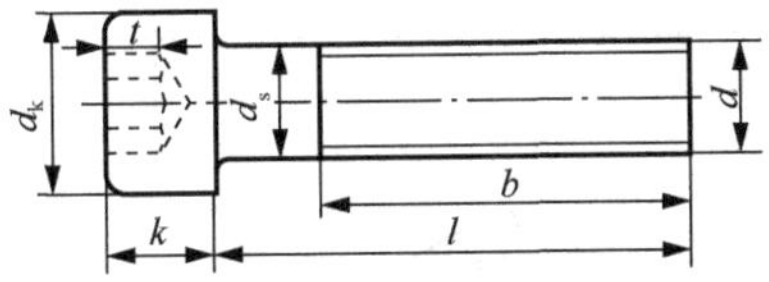 内六角圆柱头螺钉(GB/T 70.1—2000) 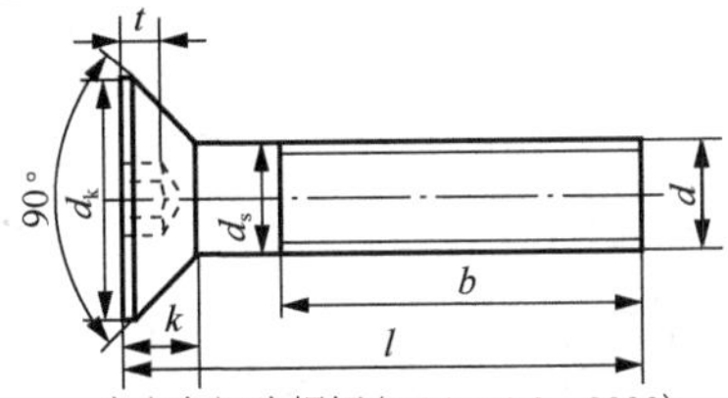 内六角沉头螺钉(GB/T 70.3—2000) 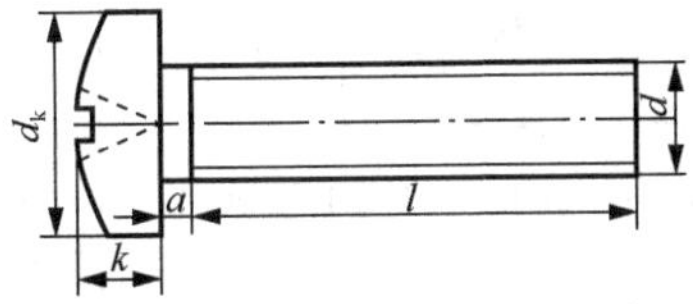 十字槽盘头螺钉(GB/T 818—2000) 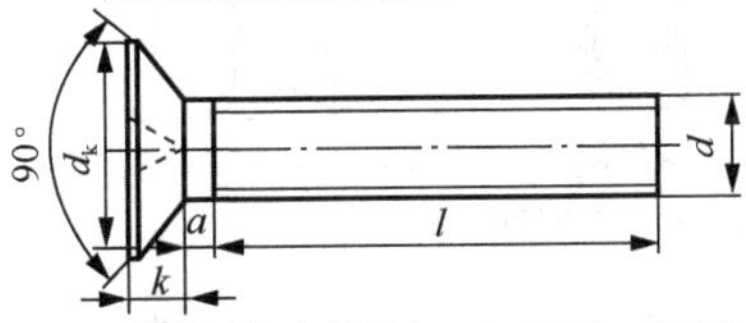 十字槽沉头螺钉(GB/T 819.1—2000) 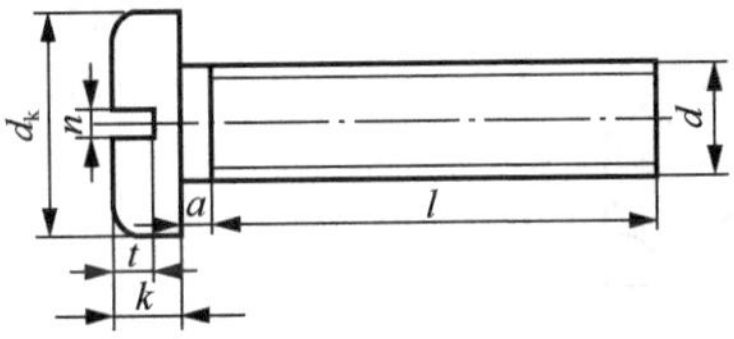 开槽盘头螺钉(GB/T 67—2008) 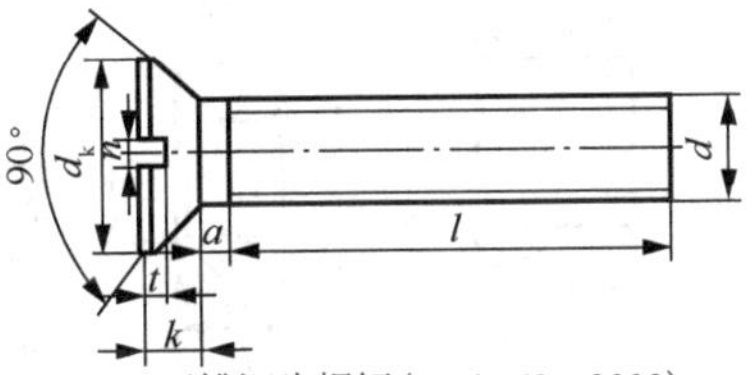 开槽沉头螺钉(GB/T 68—2000)	螺钉头部形状种类很多，有圆柱头、沉头、盘头等，其中头部槽形有一字槽、十字槽和内六角。内六角螺钉拧紧力矩大，可代替六角头螺栓，用于要求结构紧凑的场合。十字槽螺钉头部强度高，对中性好，便于自动装配
紧定螺钉	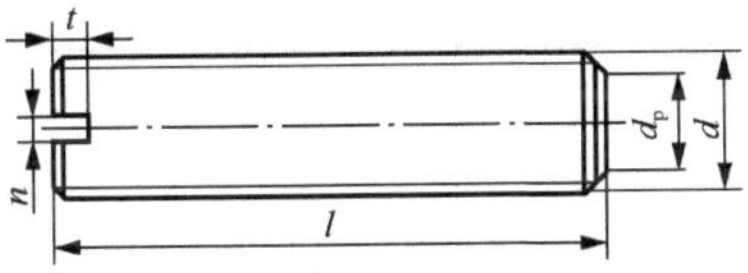 开槽平端紧定螺钉(GB/T 73—1985) 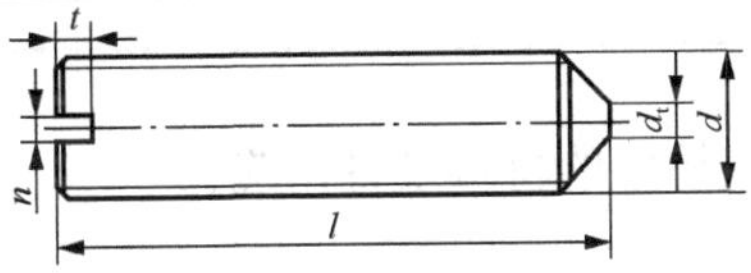 开槽锥端紧定螺钉(GB/T 71—1985) 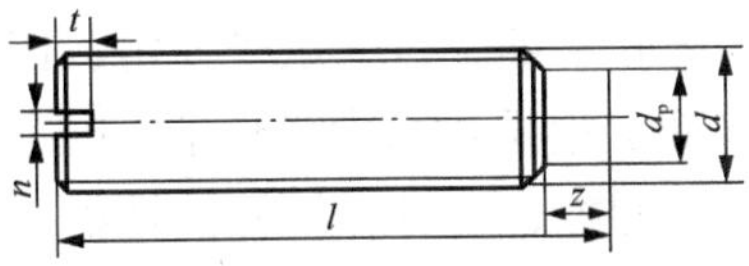 开槽长圆柱端紧定螺钉(GB/T 75—1985) 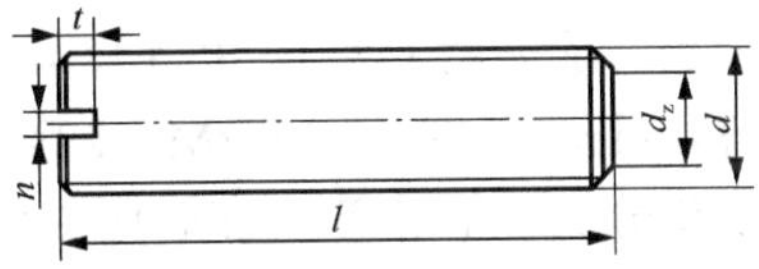 开槽凹端紧定螺钉(GB/T 74—1985) 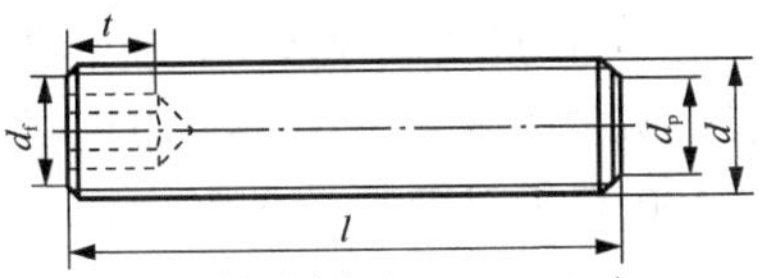 内六角平端紧定螺钉(GB/T 77—2007) 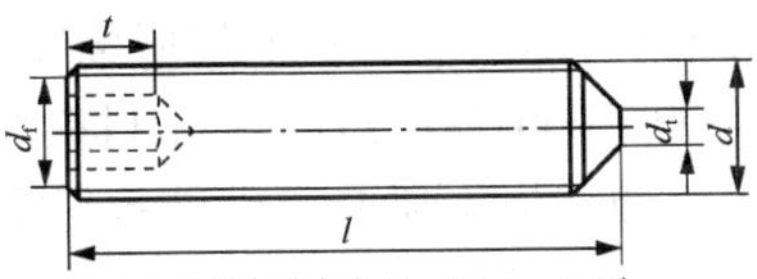 内六角锥端紧定螺钉(GB/T 78—2007) 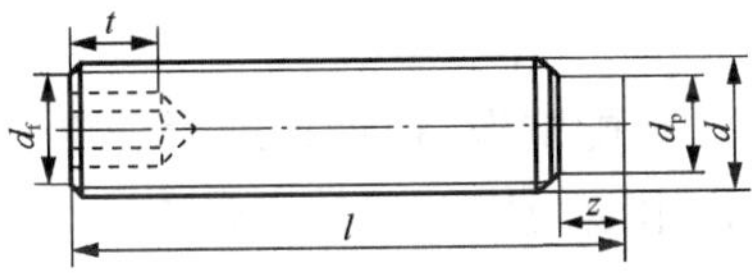 内六角圆柱端紧定螺钉(GB/T 79—2007) 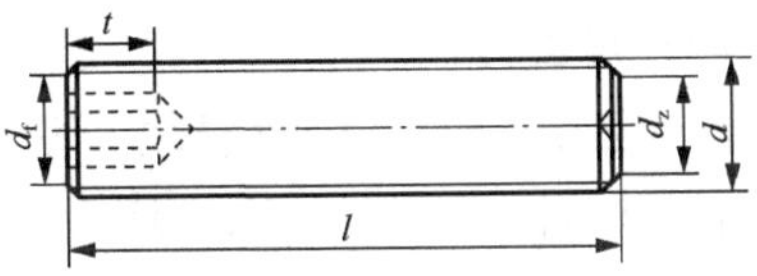 内六角凹端紧定螺钉(GB/T 78—2000)	紧定螺钉头部有开槽和内六角两种形式，端部有平端、锥端、圆柱端和凹端四种形式

续表

类型	图例	特点与应用
垫圈	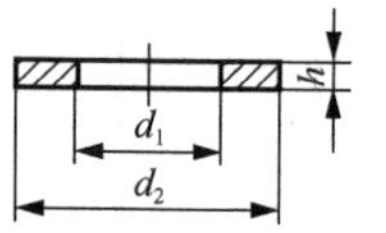 平垫圈（GB/T 97—2002） 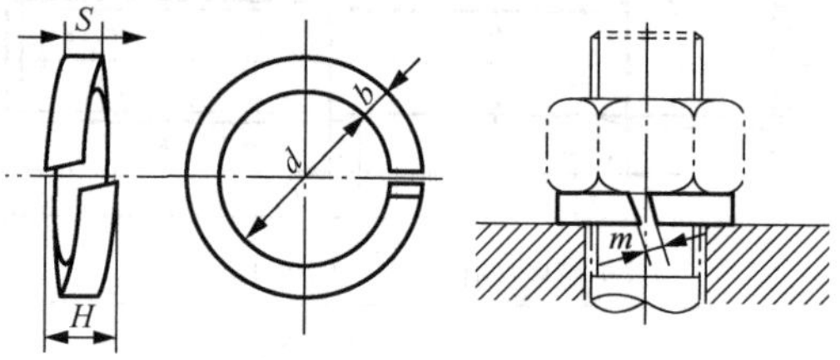 弹簧垫圈（GB/T 93—1987）	平垫圈用于保护被连接件表面，弹簧垫圈起防松作用
螺母	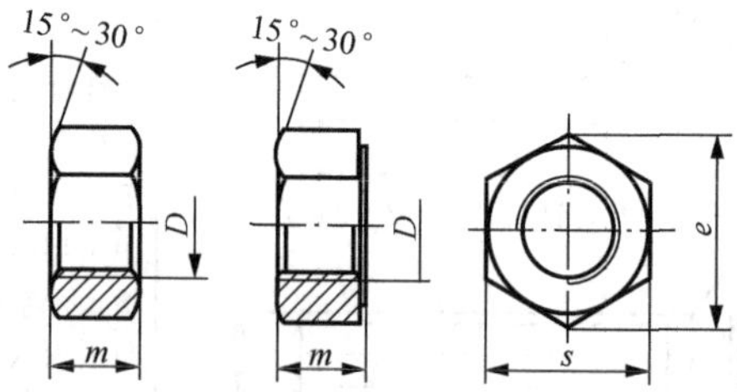 六角螺母（GB/T 6170—2000） 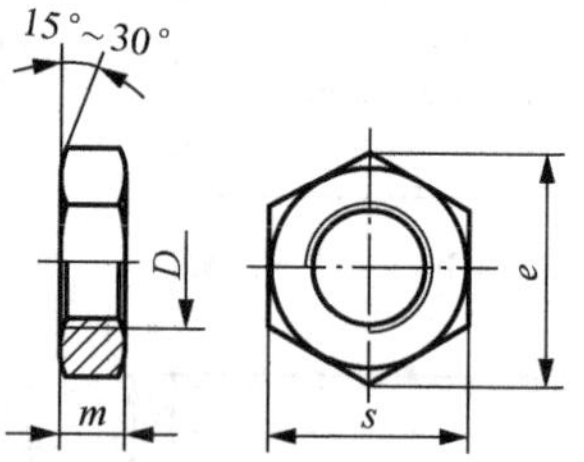 六角薄螺母（GB/T 6172.1—2000） 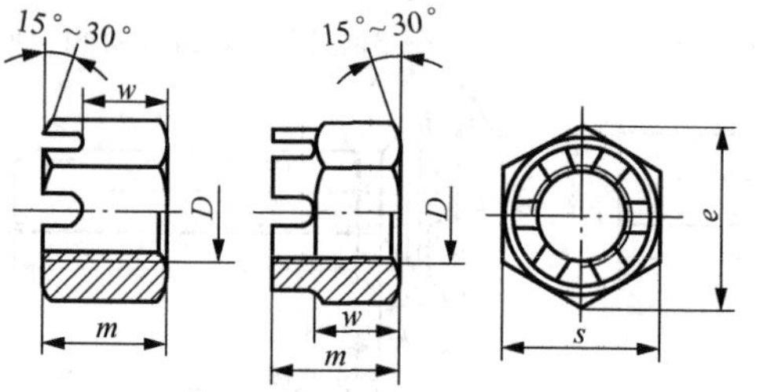 开槽六角螺母（GB/T 6178—1986）	螺母按厚度不同可分为六角螺母和六角薄型螺母。为防松需要，还有开槽六角螺母，与开口销和螺栓杆带孔的螺栓配合使用

10.2.3　螺纹连接件的材料及许用应力

1. 螺纹连接件的材料

螺纹连接件的材料一般采用 Q235、35 钢、45 钢等碳素钢。对于承受冲击、振动和变载荷的重要螺纹连接件，可采用 40Cr、30CrMnSi 等合金钢。根据材料力学性能，国家标准将螺栓、螺钉、螺柱和螺母分成若干等级，如表 10-3 所示。螺栓、螺钉和螺柱的性能等级由符号“.”及前后两部分数字组成，前面部分的数字乘以 100 等于材料的抗拉强度 σ_b，抗拉强度乘以后面部分的数字再除以 10 等于材料的屈服强度 σ_s。例如性能等级 6.8：6 表示材料的抗拉强度极限为 $\sigma_b = 6 \times 100 = 600$(MPa)，8 表示材料的屈服极限为 $\sigma_s = 600 \times 8 / 10 = 480$(MPa)。螺母的性能等级分为 7 级，从 4 到 12，性能等级乘以 100 等于材料的抗拉强度 σ_b。标准规定 8.8 及以上级别的碳钢及合金钢螺纹连接件都必须经淬火并回火处理。

2. 螺纹连接件的许用应力

螺纹连接件的许用应力与载荷性质(静载、变载)、装配情况(松连接或紧连接)以及螺纹连接件的材料、结构尺寸等因素有关。螺纹连接件的许用应力按下列各式确定。

许用拉应力　　$$[\sigma] = \sigma_s / S \tag{10-7}$$

许用切应力　　$$[\tau] = \sigma_s / S_\tau \tag{10-8}$$

表 10-3　螺纹连接件的力学性能

力学性能			性能等级										
			3.6	4.6	4.8	5.6	5.8	6.8	8.8	8.8	9.8	10.9	12.9
螺栓、螺钉、螺柱	抗拉强度 σ_b / MPa	公称值	300	400		500		600	800		900	1000	1200
		最小值	300	400	420	500	520	600	800	830	900	1040	1220
	屈服强度 σ_s / MPa	公称值	180	240	320	300	400	480	640	640	720	900	1080
		最小值	190	240	340	300	420	480	640	620	720	940	1100
	布氏硬度 HBW	最小值	90	114	124	147	152	181	238	242	276	304	366
	推荐材料		10 Q215	15 Q235	15 Q215	25 35	15 Q235	45	35	35	35 45	40Cr 15MnVB	30CrMnSi 15MnVB
相配合螺母	性能等级		4 或 5			5		6	8 或 9		9	10	12
	推荐材料		10 Q215					10 Q215	35			40Cr 15MnVB	30CrMnSi 15MnVB

注：1. 9.8 级仅适用于螺纹大径 $d \leqslant 16$ mm 的螺栓、螺钉和螺柱。

2. 8.8 级及更高性能级别屈服强度为 $\sigma_{0.2}$。

许用挤压应力

对于钢 $$[\sigma_P]=\sigma_s/S_P \tag{10-9}$$

对于铸铁 $$[\sigma_P]=\sigma_b/S_P \tag{10-10}$$

式中，σ_s、σ_b 分别为螺纹连接件材料的屈服强度和抗拉强度，见表 10-3，常用铸铁被连接件的 σ_b 可取 200 ~ 250 MPa；S、S_τ、S_P 为安全系数，见表 10-4。

表 10-4　螺纹连接的安全系数

螺栓类型	受载情况	安全系数 S				
		不控制预紧力				控制预紧力
普通螺栓连接	紧连接	直径 材料	M10 ~ M16	M16 ~ M30	M30 ~ M60	不分直径
		碳钢	5 ~ 4	4 ~ 2.5	2.5 ~ 2	1.2 ~ 1.5
		合金钢	5.7 ~ 5	5 ~ 3.4	3.4 ~ 3	
	松连接	1.2 ~ 1.7				
加强杆螺栓连接	钢	S_τ	2.5			
		S_P	1.25			
	铸铁	S_P	2 ~ 2.5			

10.3　螺纹连接的预紧和防松

10.3.1　螺纹连接的预紧

大多数螺纹连接在装配时都需要拧紧，即预紧。预紧可以提高连接的紧密性和可靠性，防止介质泄漏，如气缸盖、管路凸缘等；可以防止被连接件在轴向载荷作用下出现缝隙和在横向载荷作用下产生相对滑移；还有助于防止螺纹连接的松动。经过预紧的螺栓连接称为紧螺栓连接，通过预紧施加在螺栓和被连接件上的力称为预紧力 F'。预紧力过大可能造成螺纹连接件被拉断或滑扣。为保证螺纹连接具有足够的预紧力，又不发生过载，对于重要的螺纹连接装配时应控制预紧力。

拧紧螺母时，需要克服内、外螺纹之间的螺纹力矩 T_1 和螺母与被连接件之间的承压面摩擦力矩 T_2，因此拧紧力矩 $T = T_1 + T_2$。对 M10 ～ M64 普通粗牙螺栓，取螺母与支承面间的摩擦系数为 $f = 0.15$，则有 $T \approx 0.2F'd$ 。控制拧紧力矩可采用测力矩扳手(图 10-15(a))或定力矩扳手(图 10-15(b))。在机械装配线上，常用的定力矩扳手为图 10-15(c)所示的气动扳手，拧紧效率较高。

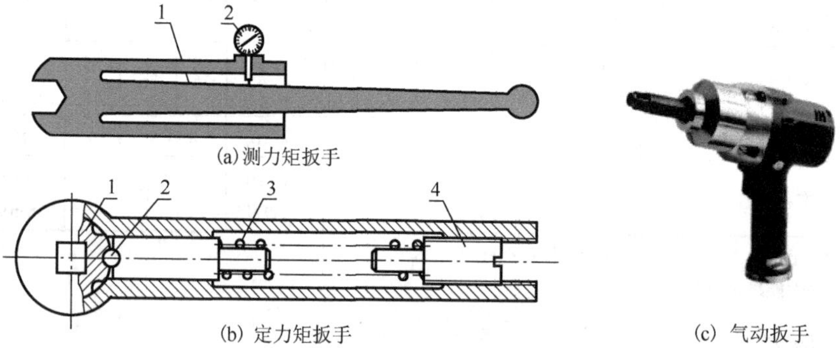

(a) 测力矩扳手　(b) 定力矩扳手　(c) 气动扳手

图 10-15　控制拧紧力矩扳手

10.3.2　螺纹连接的防松

标准螺纹连接件的螺纹升角 ψ 都小于当量摩擦角 ρ_v，因此螺纹连接都能满足自锁条件：$\psi \leqslant \rho_v$。在静载荷和温度变化不大的情况下，螺纹连接不会自行松动。但在冲击、振动或变载荷作用下以及工作温度变化较大时，螺纹副之间的摩擦力可能减小或瞬时消失，破坏自锁条件，从而导致连接的松动。连接一旦松动，将无法满足设计的预紧要求，破坏连接的紧密性和可靠性，影响机械装置的正常运行，甚至引起重大事故。因此，在进行螺纹连接设计时，必须考虑防松。

螺纹连接防松的根本问题是防止内、外螺纹之间的相对转动。常用螺纹连接防松方法按工作原理主要分为摩擦防松、机械防松和破坏螺纹副关系防松三种，具体见表 10-5。近年来，工程上出现了一些新型防松方法，其防松效果十分显著，得到广泛应用，如施必牢防松螺母、唐氏螺纹、Hardlock 螺母等。

表 10-5　螺纹连接的防松方法

摩擦防松	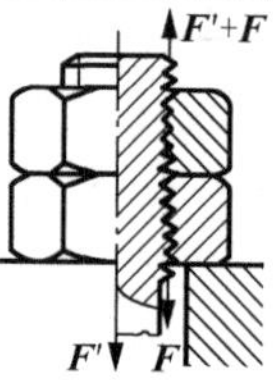 对顶螺母	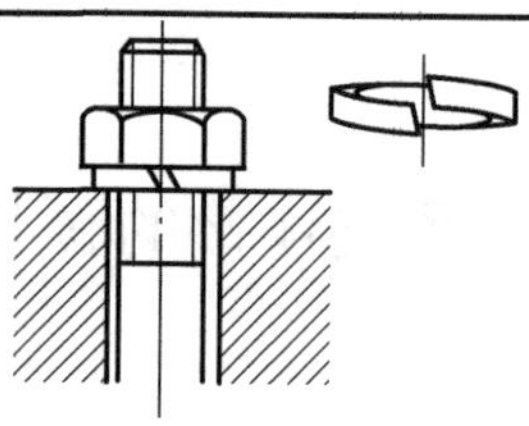 弹簧垫圈	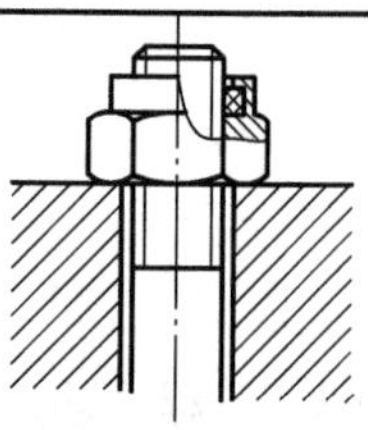 尼龙锁紧螺母
	两螺母对顶拧紧后，使旋合螺纹间始终受到附加的压力和摩擦力作用，防止螺纹连接松脱。结构简单，适用于低速、重载的场合	靠弹簧垫圈压平后产生的弹性力使内外螺纹间保持压紧力和摩擦力。结构简单，使用方便，但在冲击、振动条件下防松不可靠	螺母嵌有尼龙圈，拧紧后尼龙圈内孔被胀大，箍紧螺栓。结构简单，防松可靠

续表

机械防松	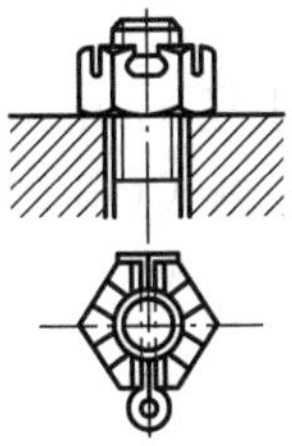 开口销与开槽螺母	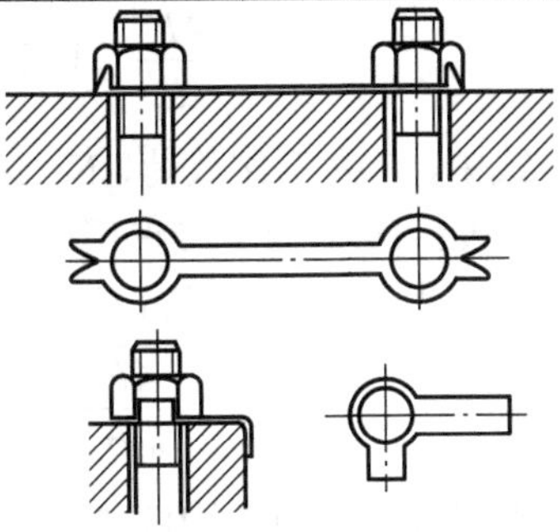 止动垫片	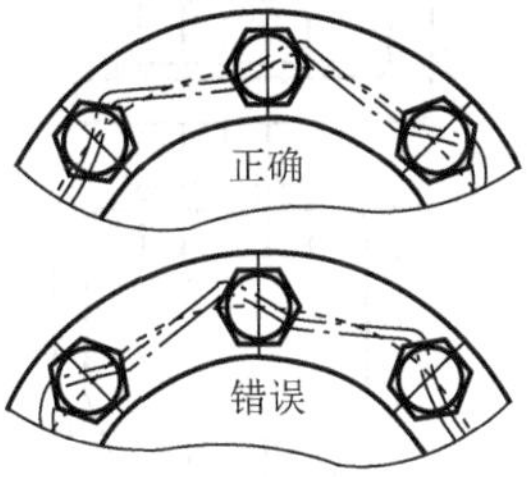 串联钢丝
	开槽螺母拧紧后将开口销插入螺栓尾部小孔和螺母槽中，将开口销尾部掰开紧贴螺母侧面。开口销限制了内、外螺纹之间的转动	螺母拧紧后，将垫片两耳分别向螺母和被连接件侧面折弯贴紧，限制螺母转动。当两个螺栓距离较近时，可采用双联止动垫圈，使两螺母互相止动	拧紧螺钉后，将低碳钢丝穿入螺钉头部的孔中，使各螺钉串联起来，互相止动。使用时必须注意钢丝穿入的方向
破坏螺纹副关系防松	 焊住	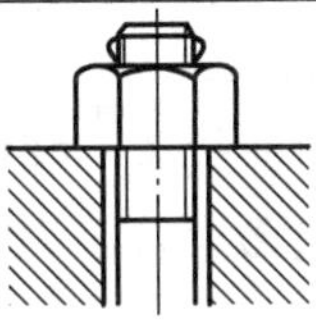 铆粗 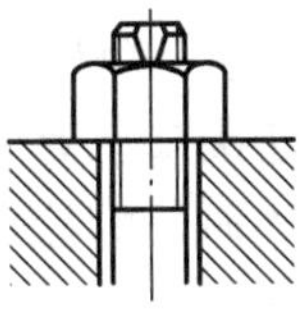 冲点	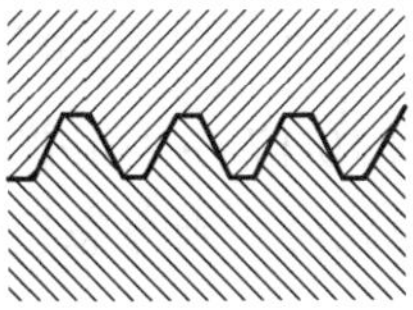 胶接
	螺母拧紧后，将螺栓杆末端外露部分与螺母焊住，使螺纹无法旋转	螺母拧紧后，将螺栓杆末端外露部分铆粗，或用冲头在螺栓杆末端与螺母的旋合缝处打冲，利用冲点防松	在旋合螺纹间涂以液体胶黏剂，拧紧螺母后，胶黏剂硬化、固着，防止螺纹副的相对运动

10.4　螺栓连接的强度计算

螺栓连接、螺钉连接和双头螺柱连接的强度计算方法是类似的，下面的强度计算中以螺栓连接为例进行讨论。螺栓连接通常成组使用，强度计算时需首先对螺栓组进行受力分析，得到螺栓组中受载最大的螺栓的受力情况，再计算该螺栓的强度。为便于制造和装配，一般在螺栓组中，其他的螺栓都采用与受力最大螺栓相同尺寸规格。

10.4.1　普通螺栓连接的强度计算

1. 失效分析

普通螺栓连接的主要失效形式是在轴向载荷下螺栓杆和螺纹部分发生塑性变形或断裂，以及经常装拆时因磨损而发生的滑扣。大多数螺纹连接的破坏为长期工作下的疲劳断裂，其中最容易被拉断的位置是连接的第一圈螺纹处。螺纹连接件对整个机器来说是很小的零件，但一旦发生失效可能导致大的灾难。因此，机器中的重要螺栓需进行强度计算。

根据强度计算确定螺纹连接件时，首先考虑连接的类型、预紧情况、载荷状态等条件，分析螺栓的受力；然后按相应的强度条件计算螺栓危险截面的直径(螺纹小径 d_1)，再根据国家标准确定螺纹公称直径，选择螺纹连接件。

2. 松螺栓连接

图 10-16 所示的定滑轮螺栓连接，工作前螺栓不需预紧，故为松螺栓连接。工作中螺栓

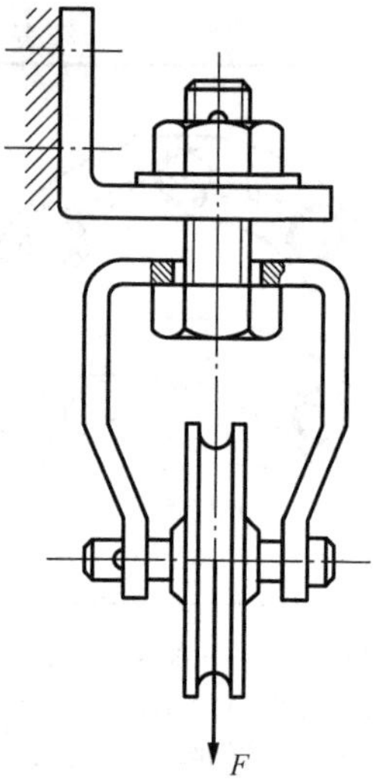

图 10-16　定滑轮松螺栓连接

仅承受作用于滑轮上的轴向载荷 F，螺纹危险截面强度条件为

$$\sigma = \frac{4F}{\pi d_1^2} \leqslant [\sigma] \tag{10-11}$$

式中，F 为工作载荷，N；d_1 为螺纹小径，mm；σ 为计算应力，MPa；$[\sigma]$为松连接许用应力，MPa，见式(10-7)。

当设计该螺栓连接时，可用设计公式

$$d_1 \geqslant \sqrt{\frac{4F}{\pi[\sigma]}} \tag{10-12}$$

求出 d_1 后，根据国家标准选择螺纹公称直径 d。

3. 仅受预紧力的紧螺栓连接

对于大多数螺纹连接，螺母需拧紧，在拧紧力矩下螺栓除受到预紧力的拉伸而产生拉应力外，还受到螺纹摩擦力矩的扭转而产生扭转切应力，使螺栓处于拉伸与扭转的复合应力状态下。因此，紧螺栓连接应综合考虑拉伸应力和扭转切应力的复合作用。

图 10-17 中采用普通螺栓连接来承受横向外载荷，螺栓除受到预紧力 F' 作用外，没有其他轴向载荷。未考虑扭转切应力时，螺栓危险截面拉应力为

$$\sigma = \frac{4F'}{\pi d_1^2}$$

而危险截面扭转切应力为

$$\tau = \frac{F'\tan(\psi+\rho_v)\dfrac{d_2}{2}}{\pi d_1^3/16} = \frac{2d_2}{d_1}\tan(\psi+\rho_v)\frac{F'}{\pi d_1^2/4}$$

对于 M10 ～ M64 的钢制普通螺栓，将 d_1、d_2 和 ψ 的平均值代入上式，并取 $\rho_v = \arctan 0.15$，得 $\tau \approx 0.5\sigma$。根据第四强度理论，螺栓危险截面计算应力为

$$\sigma_c = \sqrt{\sigma^2 + 3\tau^2} = \sqrt{\sigma^2 + 3(0.5\sigma)^2} \approx 1.3\sigma$$

紧螺栓连接在预紧过程中螺栓受拉伸和扭转复合作用，计算时可简化为将拉力增大 30 %来考虑扭转的影响。故螺栓连接的强度条件为

$$\sigma_c = \frac{1.3F'}{\pi d_1^2/4} \leqslant [\sigma] \tag{10-13}$$

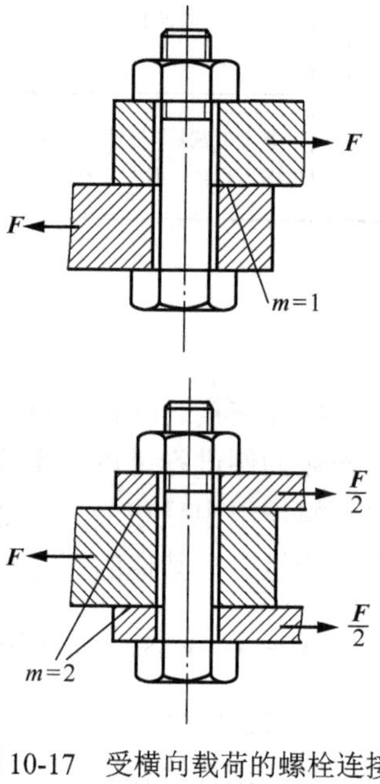

图 10-17　受横向载荷的螺栓连接

式中，$[\sigma]$为紧螺栓连接的许用应力，MPa，见式(10-7)。

设计式为

$$d_1 \geqslant \sqrt{\frac{4\times1.3F'}{\pi[\sigma]}} \tag{10-14}$$

在图 10-17 中，为保证在横向载荷作用下被连接件之间不产生相对滑移，其结合面间需要产生足够大的摩擦力来平衡外载荷 F，即

$$fF'zm \geqslant K_f F \quad 或 \quad F' \geqslant \frac{K_f F}{fzm} \tag{10-15}$$

式中，f 为结合面间摩擦系数，对于干燥的钢或铸铁表面，可取 $f = 0.1 \sim 0.15$；F'为螺栓预紧

力，N；z 为螺栓个数；m 为结合面数目；K_f为可靠性系数，通常 $K_f = 1.1 \sim 1.3$。

受横向载荷的紧螺栓连接中，依靠预紧力产生的摩擦力来承担横向载荷。当横向载荷较大时，则需要很大的预紧力，增大了螺栓直径。为此可以在被连接件之间增加套筒、销、键等零件承担横向载荷(图 10-18)，或改用加强杆螺栓连接。

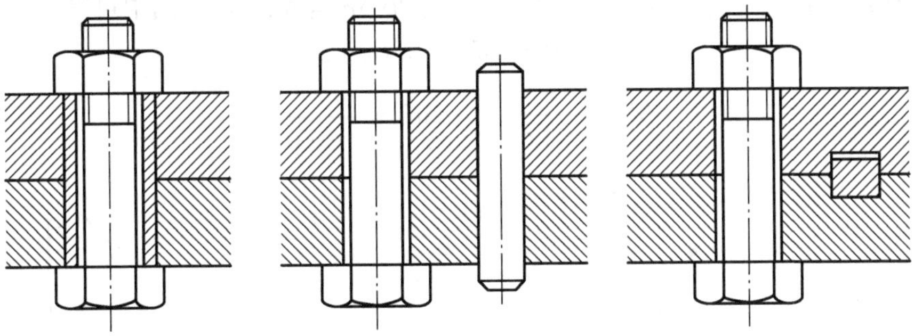

(a)减载套筒　　(b)减载销　　(c)减载键

图 10-18　减载装置

4. 受预紧力和工作载荷的紧螺栓连接

图 10-19 所示的气缸盖连接中，螺栓除受到预紧力 F'作用外，还有轴向工作载荷 F。设缸内压强为 p，气缸直径为 D，螺栓个数为 z，则有 $F = p\pi D^2/(4z)$。然而，在受到预紧力 $\boldsymbol{F}'$ 和工作载荷 $\boldsymbol{F}$ 后，螺栓实际承受的总拉力 $\boldsymbol{F}_0$ 并不等于 $\boldsymbol{F}'$与 $\boldsymbol{F}$ 之和，而需要从螺栓连接受力与变形之间的关系进行分析。

图 10-20(a)为螺纹连接预紧前的情况，螺栓长度和被连接件厚度均为原始尺寸。预紧后螺栓受到预紧拉力 $\boldsymbol{F}'$ 而伸长了 λ_1，被连接件受到预紧压力 $\boldsymbol{F}'$ 而被压缩了 λ_2，如图 10-20(b)所示。

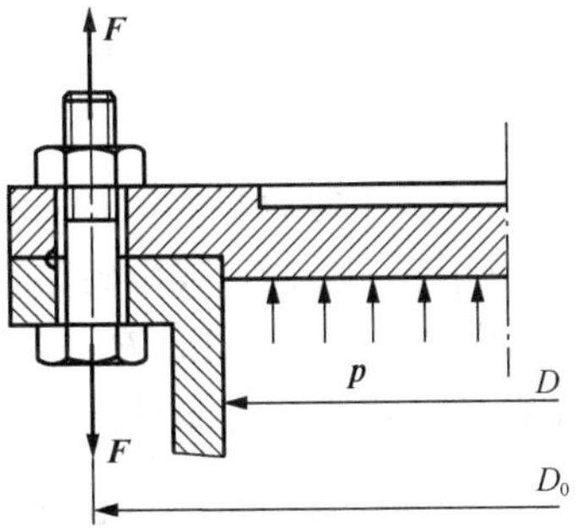

图 10-19　气缸盖螺栓连接

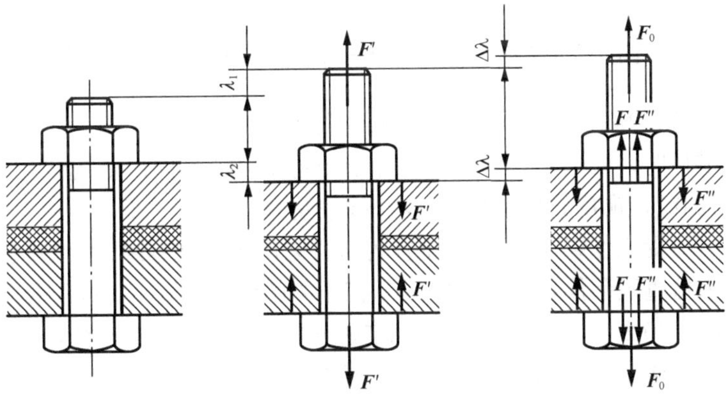

(a)预紧前　　(b)预紧后　　(c)受工作载荷时

图 10-20　螺栓连接受力变形图

在承受工作载荷 $\boldsymbol{F}$ 之后，如图 10-20(c)所示，螺栓继续伸长，其伸长量为 $\lambda_1 + \Delta\lambda$。螺栓继续伸长 $\Delta\lambda$ 后，被连接件将协调回弹，其压缩变形量也减小 $\Delta\lambda$，则残余的变形量为 $\lambda_2 - \Delta\lambda$，相应地被连接件所受的压力减小为 $\boldsymbol{F}''$，称为残余预紧力。由于预紧力的变化，螺栓所受总拉力 $\boldsymbol{F}_0$ 就等于残余预紧力 $\boldsymbol{F}''$ 与工作载荷 $\boldsymbol{F}$ 之和，即

$$F_0 = F + F'' \tag{10-16}$$

螺栓和被连接件的受力与变形关系还可以用图 10-21 所示的线图表示。图 10-21(a)为拧紧后螺栓和被连接件的力—变形线图，图中 $\tan\theta_1 = F'/\lambda_1 = c_1$， $\tan\theta_2 = F'/\lambda_2 = c_2$。显然，$c_1$ 和 c_2 分别为螺栓和被连接件的刚度。由于螺栓、被连接件的变形协调关系，可将二者的力—变形线图合并，如图 10-21(b)所示。作用工作载荷后的力—变形线图如图 10-21(c)所示。螺栓所受拉力增大 $\Delta F_1 = \Delta\lambda c_1$，被连接件所受压力减小 $\Delta F_2 = \Delta\lambda c_2$，从图中可得

$$F = \Delta F_1 + \Delta F_2 = \Delta\lambda(c_1 + c_2)$$

于是

$$\Delta F_1 = \frac{c_1}{c_1 + c_2}F \text{，} \quad \Delta F_2 = \frac{c_2}{c_1 + c_2}F$$

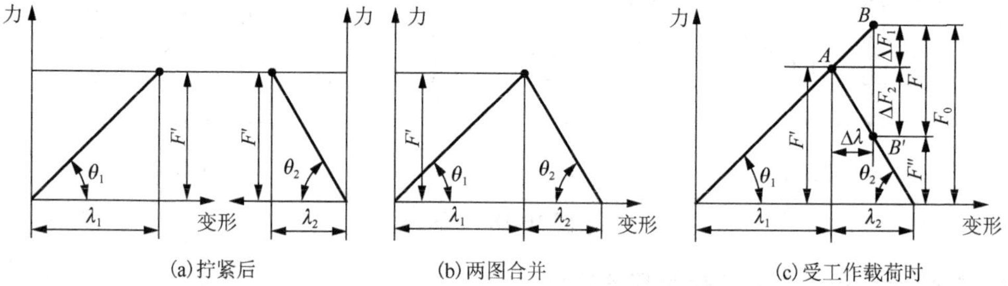

图 10-21　螺栓与被连接件力-变形线图

在预紧力和工作载荷作用下，被连接件所受残余预紧力 F''为

$$F'' = F' - \Delta F_2 = F' - \frac{c_2}{c_1 + c_2}F \tag{10-17}$$

在预紧力和工作载荷作用下，螺栓所受总拉力 F_0 为

$$F_0 = F' + \Delta F_1 = F' + \frac{c_1}{c_1 + c_2}F \tag{10-18}$$

式(10-18)表明螺栓总拉力还等于预紧力加上部分工作载荷。式中 $\frac{c_1}{c_1 + c_2}$ 称为螺栓的相对刚度系数，其值在 0 ～ 1 之间，与螺栓及被连接件的材料、结构和尺寸等有关。被连接件为钢铁零件时，若采用不同材料垫片则相对刚度值不同：金属垫片或无垫片为 0.2 ～ 0.3，皮革垫片为 0.7，铜皮石棉垫片为 0.8，橡胶垫片为 0.9。

受工作载荷后，应保证被连接件之间不出现缝隙，因此残余预紧力应大于零。可用式(10-17)来检查残余预紧力 F'' 的大小。在不同的连接情况下，对残余预紧力有不同的要求：载荷稳定时 $F''=(0.2 \sim 0.6)F$；载荷不稳定时 $F''=(0.6 \sim 1.0)F$；有紧密性要求时 $F''=(1.5 \sim 1.8)F$。

确定螺栓总拉力 F_0 后，考虑拧紧时螺纹力矩的综合作用，螺栓危险截面强度条件为

$$\sigma_c = \frac{1.3F_0}{\pi d_1^2/4} \leqslant [\sigma] \tag{10-19}$$

设计式为

$$d_1 \geqslant \sqrt{\frac{4 \times 1.3F_0}{\pi[\sigma]}} \tag{10-20}$$

对于受变载荷的紧螺栓连接(如内燃机气缸盖螺栓连接等)，除按式(10-19)作静强度计算外，还应进行疲劳强度校核。

10.4.2　加强杆螺栓连接的强度计算

加强杆螺栓连接依靠螺栓杆剪切以及螺栓杆与孔壁的挤压来承受横向载荷(图 10-22)，其主要失效形式为螺栓杆被剪断和螺栓杆与孔壁中的弱者被压溃，螺栓杆的剪切强度条件为

$$\tau=\frac{F}{zm\pi d_0^2/4}\leqslant[\tau] \tag{10-21}$$

式中，F 为横向外载荷，N；d_0 为铰制孔直径，mm；$[\tau]$为螺栓材料的许用切应力，MPa，见式(10-8)；m 为螺栓剪切面数目；z 为螺栓个数。

螺栓杆与孔壁的挤压强度条件为

$$\sigma_p=\frac{F}{zd_0\delta_{min}}\leqslant[\sigma_p] \tag{10-22}$$

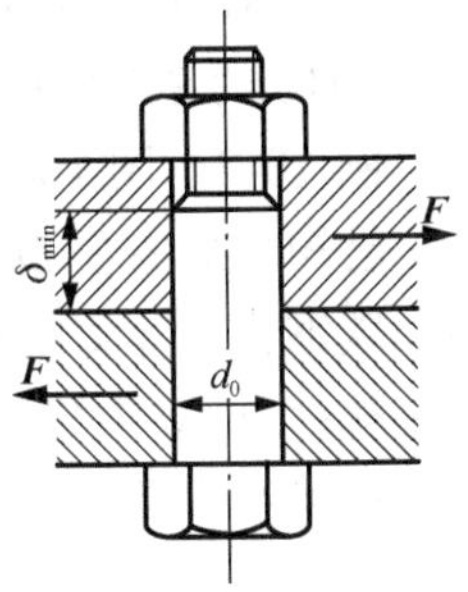

图 10-22　加强杆螺栓连接

式中，$[\sigma_p]$为螺栓或孔壁材料的许用挤压应力，MPa，见式(10-9)和式(10-10)；δ_{min} 为螺栓杆与孔壁的最小接触长度，mm。挤压强度校核应选被挤压件中的最弱者进行，即 $\delta\times[\sigma_p]$值最小的零件。

例 10-1　图 10-23 所示为一凸缘联轴器，用 6 只不严格控制预紧力的普通螺栓连接，螺栓性能等级为 8.8 级。已知螺栓均匀分布在直径为 155 mm 的圆周上，轴的转速 $n_1=120$ r/min，传递的功率 $P=10$ kW，试确定螺栓的直径。

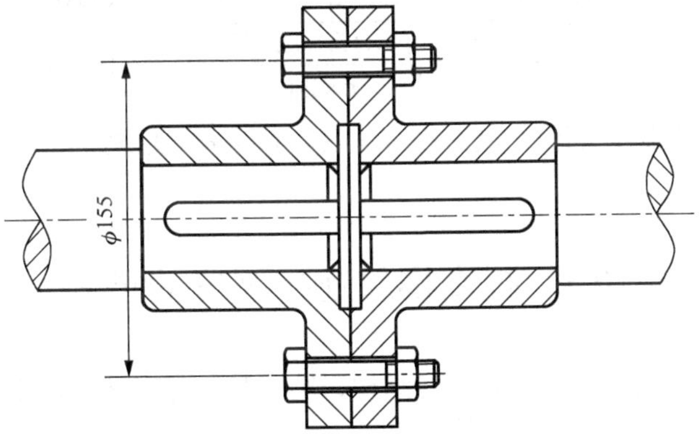

图 10-23　凸缘联轴器

解：(1) 螺栓受力分析。

凸缘联轴器传递的转矩为

$$T=9.55\times10^6\frac{P}{n}=9.55\times10^6\times\frac{10}{120}=795833\ (\text{N}\cdot\text{mm})$$

该转矩依靠螺栓预紧产生的摩擦力矩来传递，因此螺栓只受到预紧力 $\boldsymbol{F}'$的作用。取摩擦系数 $f=0.12$，可靠性系数 $K_f=1.2$，于是有

$$F'\geqslant\frac{K_fF}{fzm}=\frac{K_fT}{fzmD/2}=\frac{1.2\times795833}{0.12\times6\times1\times155/2}=17115\ (\text{N})$$

(2) 计算螺栓直径。

根据螺栓的性能等级 8.8 级，查表 10-3 可得材料屈服强度为 $\sigma_s=640$MPa，则许用应力为

$[\sigma]=\sigma_s/S$。由于为不严格控制预紧力，根据表 10-4，安全系数与螺栓直径有关。假设螺栓直径为 $d=16$ mm，则 $S=4$，于是$[\sigma]=640/4=160$(MPa)。按式(10-14)计算螺栓小径为

$$d_1 \geqslant \sqrt{\frac{4\times1.3F'}{\pi[\sigma]}}=\sqrt{\frac{4\times1.3\times17115}{\pi\times160}}=13.306\,(\text{mm})$$

查表 10-1，$d=16$ mm 的粗牙螺纹，其小径 $d_1=13.835$ mm > 13.306 mm，故假定合适，选用 M16 的 8.8 级螺栓。

例 10-2 图 10-19 所示的气缸盖连接中，用 8 个双头螺柱均布连接，螺柱性能等级为 4.8 级。已知气缸内径 $D=180$ mm，缸内压强 $p=1.6$ MPa，载荷平稳，螺柱、缸盖、缸体的材料均为碳钢。试计算螺柱的直径。

解： (1)双头螺柱受力分析。

计算双头螺柱的工作载荷

$$F=p\pi D^2/(4z)=1.6\times\pi\times180^2/(4\times8)=5089\ (\text{N})$$

对于压力容器，可取残余预紧力为

$$F''=1.5F=1.5\times5089=7634\ (\text{N})$$

于是单个螺柱总拉力为 $$F_0=F+F''=12723\ (\text{N})$$

(2)双头螺柱直径计算。

查表 10-3 得 4.8 级螺柱材料的屈服极限为 $\sigma_s=320$ MPa。按控制预紧力，查表 10-4，取安全系数 $S=1.3$，则许用应力$[\sigma]=320/1.3=246$ (MPa)。按式(10-20)计算螺柱小径为

$$d_1 \geqslant \sqrt{\frac{4\times1.3F_0}{\pi[\sigma]}}=\sqrt{\frac{4\times1.3\times12723}{\pi\times246}}=9.252\,(\text{mm})$$

查表 10-1，M12 的粗牙螺纹，其小径 $d_1=10.106$ mm > 9.252 mm，故应选用 8 个 M12 的 4.8 级双头螺柱。

10.5 提高螺纹连接强度的措施

影响螺栓强度的因素很多，如材料、结构、制造和装配工艺等，下面分析各种因素对螺栓强度的影响以及提高强度的相应措施。

10.5.1 改善螺纹牙间载荷分布不均的现象

螺栓上的载荷是通过螺栓和螺母的螺纹牙面相接触来传递的。螺纹连接拧紧后，螺栓和螺母受力过程的变形性质不同，传力时旋合各圈螺纹牙的受力也是不均匀的。由图 10-24(a)可知，从螺母支承面算起第一圈螺纹受载最大，以后各圈递减，第 8 ～ 10 圈以后螺纹牙几乎不受力。旋合圈数越多，各圈受载不均匀越明显，故通过加高螺母增加旋合圈数不能提高连接强度。

螺纹牙间载荷分布不均的现象是由于内、外螺纹在载荷作用下的变形方向不一致引起的，为此，可采用悬置螺母(图 10-24(b))和环槽螺母(图 10-24(c))等受拉螺母，则螺母悬置段或内环段与螺栓的螺纹牙均为拉伸变形，有助于减小螺纹牙各圈变形的不均匀性，使各圈承载更均匀。内斜螺母(图 10-24(d))可减小原来受载大的螺纹牙的刚度，而把载荷转移到原来承

载较小的螺纹牙上，使载荷分布更均匀。

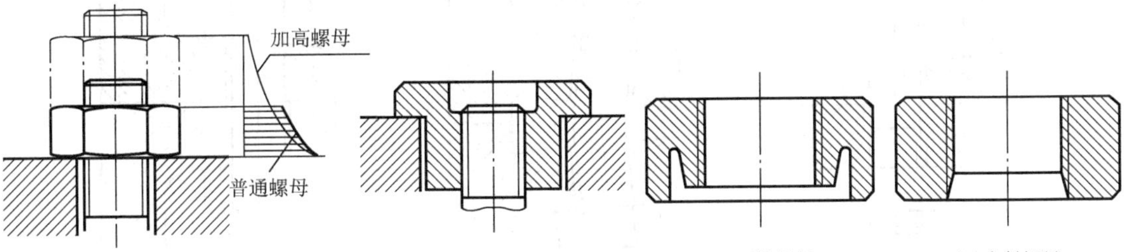

图 10-24　螺纹牙受力

10.5.2　减小影响螺栓疲劳强度的应力幅

对于受预紧力和工作载荷的紧螺栓连接，当工作拉力为变载荷时，在螺栓最大应力一定的条件下，应力变化幅度越小，疲劳强度越高。当螺栓工作载荷在 0 ～ F 之间变化时，螺栓总拉力 F_0 的变化范围为 $F' \sim \left(F' + \dfrac{c_1}{c_1 + c_2}F\right)$。显然，减小螺栓刚度 c_1 和增大被连接件刚度 c_2 都可以减小 F_0 的变化幅度，从而提高螺栓疲劳强度。

减小螺栓刚度的措施有：适当增大螺栓长度；减小螺栓杆非危险截面直径(图 10-25)。为增大被连接件的刚度，不宜采用刚度小的垫片，如可用密封环密封代替软垫片密封(图 10-26)。

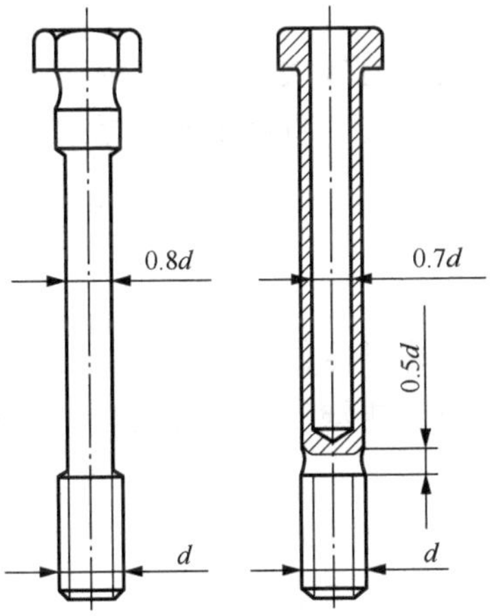

图 10-25　减小螺栓截面

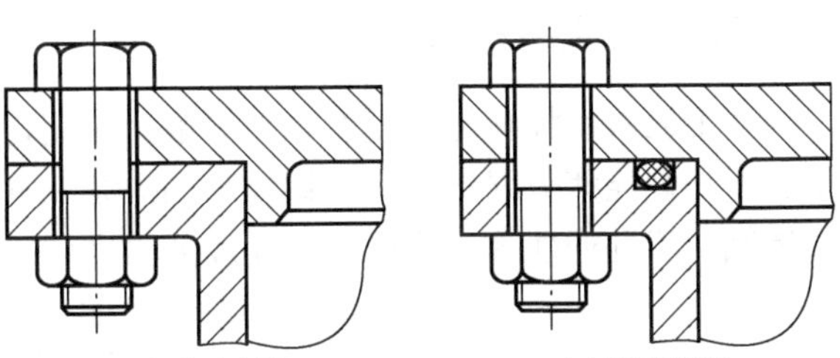

图 10-26　两种密封方案比较

10.5.3　避免附加应力

由于结构原因，螺纹连接有时会受到附加弯曲应力。螺纹牙根对弯曲应力很敏感，在大的拉应力作用下弯曲应力对螺栓断裂起关键作用。如图 10-27 所示，采用钩头螺栓、被连接件支承面不平整、被连接件刚度不够、螺纹孔不正等都能导致螺栓受到附加弯曲应力。

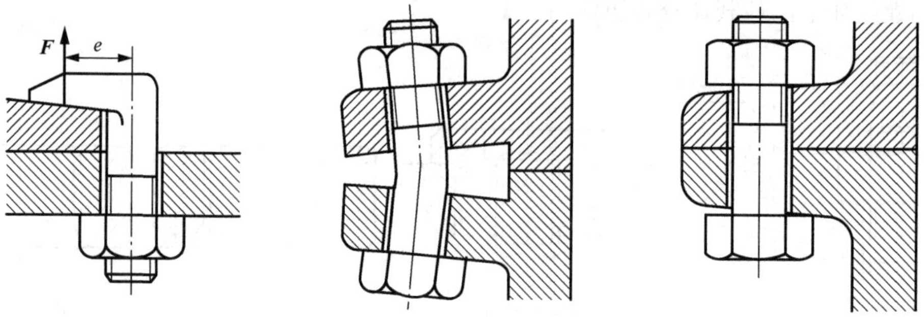

(a) 钩头螺栓　　(b) 被连接件刚度不够　　(c) 支承面不平

图 10-27　螺栓受到附加弯曲应力的原因

为减小或避免螺栓受附加弯曲应力，可采用图 10-28 所示的措施。

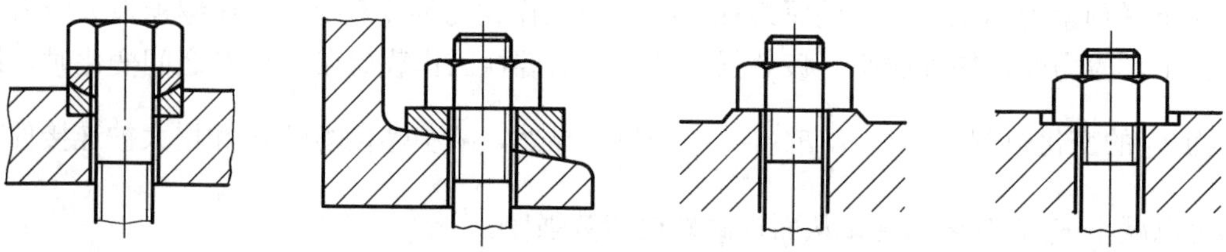

(a) 球面垫圈　　(b) 斜垫圈　　(c) 凸台　　(d) 沉头座

图 10-28　避免螺栓受附加弯曲应力的措施

10.5.4　减小应力集中

螺栓零件形状复杂，螺栓杆与螺栓头之间以及螺纹收尾处都有较大的应力集中。为减小应力集中，可以采用加大螺纹牙根的过渡圆角半径、采用卸载结构、将螺纹的收尾改为退刀槽结构等措施。

10.5.5　采用合理的制造工艺

制造工艺对螺栓疲劳强度有重要影响。采用碾制螺纹时，由于冷作硬化作用，表层有残余压应力，螺栓疲劳强度较车制螺纹高 30 % ～ 40 %；热处理后再滚压的效果更好。碳氮共渗、渗氮、喷丸处理等都能提高螺栓疲劳强度。

10.6　螺 旋 传 动

螺旋传动是利用螺杆和螺母组成的螺旋副来实现传动，主要用于将旋转运动转换为直线运动，并传递运动和动力。

10.6.1　螺旋传动类型与特点

1. 螺旋传动的类型

螺旋传动在机械中的用途主要有以下三类。

(1) 传力螺旋。以传递动力为主要目的，要求通过较小的转矩获得较大的轴向力，通常载荷大、速度低，工作时间短，有自锁要求。如螺旋千斤顶(图 10-29)、螺旋压力机、螺旋升降机等。

(2) 传导螺旋。以传递运动为主要目的，要求有较高的运动精度，有时也承受较大的轴向载荷，通常转速较高，在较长时间内连续工作。

(3) 调整螺旋。用于调整或固定零件之间的相对位置，通常在空载下调整，一般要求自锁，如台钳(图 10-30)、带传动调整中心距的张紧螺旋装置等。

按螺旋副之间的摩擦状态，可将螺旋传动分为三种类型。

(1) 滑动螺旋。内、外螺纹之间直接接触，摩擦状态为滑动摩擦。滑动螺旋的优点为：结构简单，加工方便；容易实现自锁；运转平稳。缺点为：摩擦阻力大，传动效率低(通常为 30 % ～ 40 %)；螺纹有侧向间隙，定位精度和轴向刚度较差；磨损快。常用于螺旋千斤顶、螺旋测微仪、台钳、机床进给装置等。

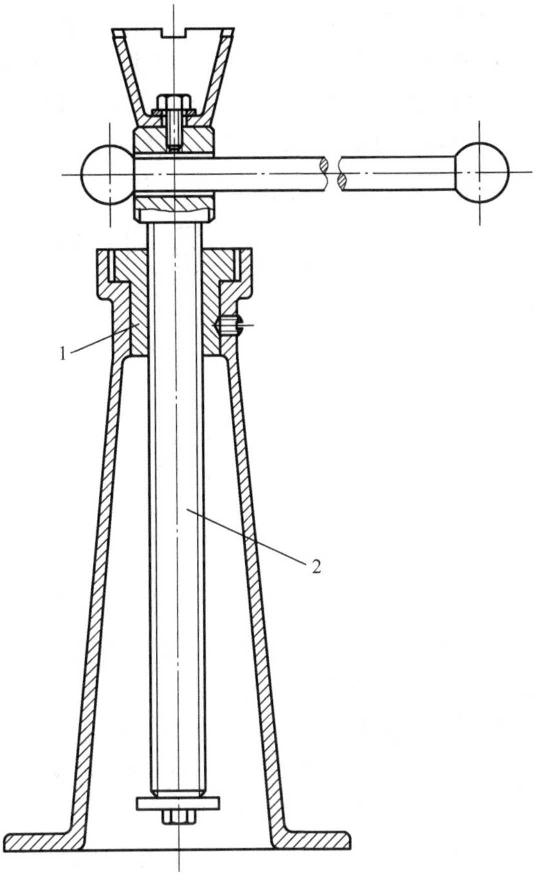

图 10-29 螺旋千斤顶

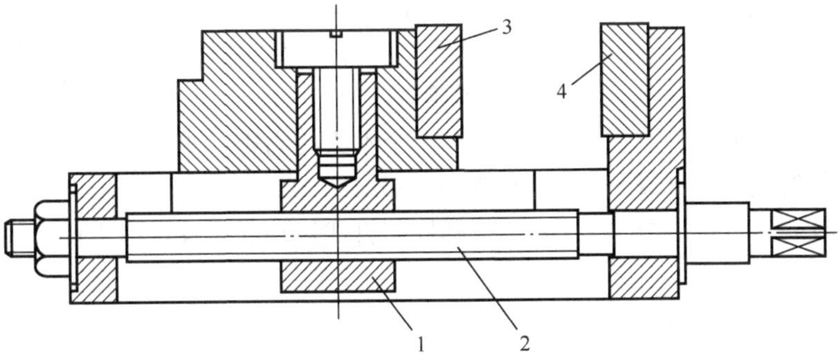

图 10-30 台钳

1-螺母；2-螺杆；3-活动钳口；4-固定钳口

(2) 滚动螺旋。在内、外螺纹副之间加入滚动体，使螺纹副之间形成滚动摩擦。滚动螺旋的优点为：摩擦阻力小，传动效率高(一般大于 90 %)；定位精度高；运转平稳；具有传动可逆性；工作寿命长。缺点为：抗冲击能力差；结构复杂，成本高。

(3) 静压螺旋。将液体静压润滑原理用于螺旋传动，在螺纹副中通入高压油，用高压油将内外螺纹隔开，则螺旋副的滑动摩擦变为流体的内摩擦。静压螺旋的优点为：摩擦系数小，传动效率高(可达 99 %)；磨损小，寿命长；工作平稳；定位精度高；传动具有可逆性。缺点为：螺母结构复杂，需要专门提供液压供油系统。

根据螺杆与螺母相对运动的组合，螺旋传动可分为四种基本的运动形式：

(1)螺母固定，螺杆转动并移动，如图 10-31(a)所示。螺杆的运动以螺母为支承，不需要轴承和导轨，结构简单，应用广泛，如螺旋千斤顶、螺旋测微仪、螺旋升降机、水龙头等。

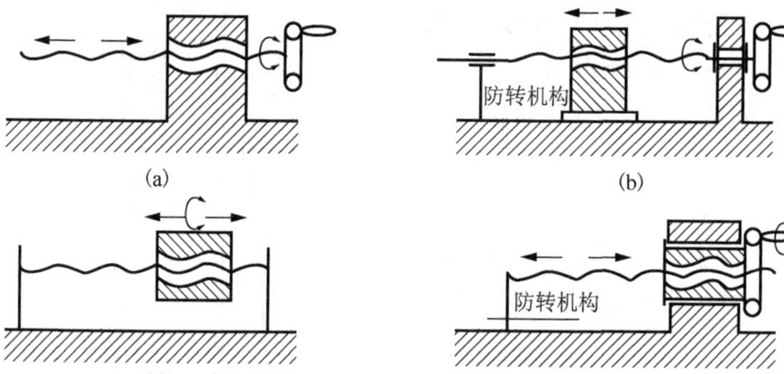

图 10-31　螺旋传动的类型图

(2)螺杆转动，螺母移动，如图 10-31(b)所示。螺杆两端用轴承支承，并限制其轴向移动；螺母的移动需要导轨引导，以防止其转动。这种传动方式占用空间小，结构复杂，常用于轴向位移较大的场合，如机床刀具进给驱动。

(3)螺杆固定，螺母转动并移动，如图 10-31(c)所示。这种传动结构简单，但运动精度低，常用于工作台上下位置的粗调整。

(4)螺母转动，螺杆移动，如图 10-31(d)所示。螺母的旋转运动需要轴承支承，螺杆的移动需导轨引导，以防止其转动。该传动形式结构复杂，占用空间大，应用较少。

2. 螺旋传动的特点

如上所述，螺旋传动类型很多，但具有如下共同特点：

(1)可实现大的传动比。螺母(或螺杆)转一圈，螺杆(或螺母)只移动一个导程，可将高速旋转运动转换为低速直线运动，并且结构紧凑。

(2)可获得大的轴向力。对螺旋传动施加一个不大的力矩，即可获得一个大的轴向力，可用于起重、卡紧等场合，如螺旋千斤顶(图 10-29)。

(3)传动精度高。可以通过旋转运动精确控制直线运动的位移，用于位置调整、测量、机床进给等场合。

(4)传动平稳，无噪声。

(5)滑动螺旋很容易实现自锁，在起重、卡紧、调整、进给等应用中可使机器保持精确的工作位置。

10.6.2　滑动螺旋传动设计

1. 滑动螺旋传动的失效形式和设计准则

滑动螺旋副的主要失效形式为螺纹的磨损，因此螺杆直径和螺母高度通常是根据耐磨性计算确定的；传力螺旋工作中承受较大的轴向载荷，螺杆可能被拉断；长径比大的螺杆在轴向压力作用下容易失稳，应校核其稳定性；要求自锁的螺杆应校核其自锁性。

滑动螺旋的设计应首先根据耐磨性条件确定螺纹的直径、螺距等主要参数，然后根据应用情况分别校核强度、稳定性和自锁性。

2. 滑动螺旋副的材料

螺杆材料应具有高的强度和良好的加工性。不经热处理的螺杆可选 Q235、Q275、45、50 等钢材。对于重要传动，要求耐磨性高，可选 40Cr、65Mn 等合金钢，并进行淬火或选 20CrMnTi 经过渗碳淬火等热处理，以提高耐磨性。

螺母材料除要有足够的强度外，和螺杆配合有较低的摩擦系数和较高的耐磨性。一般螺母可选铸锡青铜 ZCuSn10P1、ZCuSn5Pb5Zn5 等，轻载低速时可选用耐磨铸铁。

3. 滑动螺旋传动的设计计算

由于滑动螺旋的主要失效形式为磨损，故设计计算中通常根据耐磨性条件确定螺旋的主要尺寸，然后根据需要校核其他条件。

1)耐磨性计算

滑动螺旋的磨损与旋合螺纹接触面上的压强 p、滑动速度 v、表面粗糙度及润滑状态等因素有关，其中最主要因素是表面压强。因此，耐磨性计算主要就是限制螺旋副工作面上的压强 p，使其不超过螺旋副材料的许用压强$[p]$。由于螺旋副中螺母材料相对较弱，磨损通常发生在螺母上，耐磨计算主要针对螺母。若作用在螺杆上的轴向载荷为 $\boldsymbol{F}$(图 10-32)，旋合段螺纹承压面积为 A，则螺纹表面耐磨性条件为

$$p=\frac{F}{A}=\frac{F}{\pi d_2 hz}=\frac{FP}{\pi d_2 hH}\leqslant[p] \tag{10-23}$$

式中，d_2 为螺纹中径，mm；h 为牙型高度，mm；z 为旋合螺纹圈数，$z=H/P$；P 为螺距，mm；H 为螺母高度，mm；$[p]$为许用压强，MPa，见表 10-6。

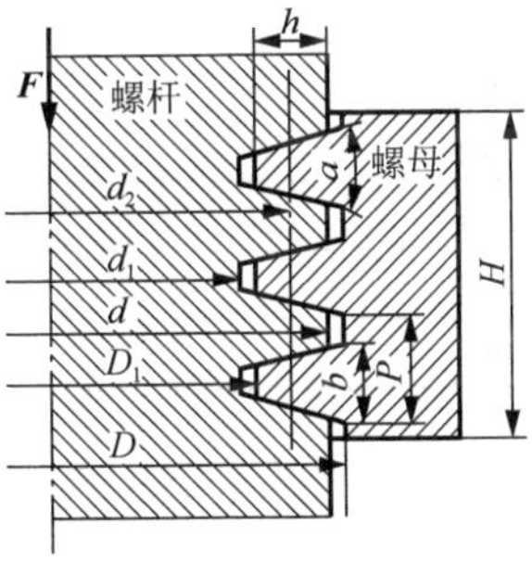

图 10-32　螺旋副受力

式(10-23)为校核公式，为推导设计公式，引入螺母高度系数 ϕ，$\phi=H/d_2$，则

$$d_2\geqslant\sqrt{\frac{FP}{\pi h\phi[p]}} \tag{10-24}$$

ϕ 的取值根据螺母形式而定：对于整体式螺母，磨损后不能调整间隙，为使螺纹牙受载分布均匀，螺纹旋合圈数不宜过多，一般取 $\phi=1.2\sim2.5$；剖分式螺母取 $\phi=2.5\sim3.5$；对于传动精度要求较高，载荷大，要求工作寿命长的螺母，可取 $\phi=4$。

对于矩形螺纹和梯形螺纹，$h=0.5P$；对于锯齿形螺纹，$h=0.75P$。根据式(10-24)计算 d_2 后应根据国家标准选择满足要求的螺纹公称直径 d 和螺距 P。

表 10-6　滑动螺旋副材料的许用压强$[p]$

螺杆—螺母材料	滑动速度 / (m/min)	许用压强 / MPa
淬火钢—青铜	6 ～ 12	10 ～ 13
钢—青铜	低速	18 ～ 25
	≤ 3	11 ～ 18
	6 ～ 12	7 ～ 10
	> 15	1 ～ 2

续表

螺杆—螺母材料	滑动速度 / (m/min)	许用压强 / MPa
钢—耐磨铸铁	低速	15 ～ 22
	≤3	14 ～ 19
	6 ～ 12	6 ～ 8
钢—灰铸铁	≤3	12 ～ 16
	6 ～ 12	4 ～ 7
钢—钢	低速	7.5 ～ 13

注：ϕ 值小时[p]取大值，ϕ 值大时[p]取小值。

2)螺杆强度计算

受力较大的螺杆(如传力螺旋)需进行强度计算。螺旋传动工作时，螺杆承受轴向载荷作用而产生拉(压)应力，同时因螺纹力矩作用而产生切应力，根据第四强度理论，螺杆危险截面强度条件为

$$\sigma=\sqrt{\left(\frac{4F}{\pi d_1^2}\right)^2+3\left(\frac{T}{0.2d_1^3}\right)^2}\leqslant[\sigma] \tag{10-25}$$

式中，F 为螺杆所受轴向拉(压)力，N；T 为螺杆所受转矩，N·mm；d_1 为螺杆螺纹小径，mm；[σ]为螺杆材料的许用应力，MPa，见表 10-7。

表 10-7　滑动螺旋副材料的许用应力

	许用应力 / MPa	
螺杆强度	$[\sigma]=\sigma_s/(3\sim5)$，$\sigma_s$ 为螺杆材料的屈服强度	
螺纹牙强度	材料	切应力$[\tau]$ / MPa
	钢	$0.6[\sigma]$
	青铜	30 ～ 40
	灰铸铁	40
	耐磨铸铁	40

注：静载时许用应力取大值。

3)螺母螺纹牙强度计算

螺纹牙可能发生剪切失效，一般螺母材料强度低于螺杆材料，故只需要校核螺母螺纹牙根的强度。

螺母受轴向载荷 F，螺旋副旋合段圈数为 z，假设载荷由各圈均匀承担，则单圈螺纹所受载荷为 F/z，并作用在以螺纹中径 D_2 为直径的圆周上。将单圈螺纹展开，则螺纹牙可看作宽度为 πD 的悬臂梁，梁根部厚度为 b，危险截面面积为 πDb，如图 10-33 所示。剪切强度条件为

$$\tau=\frac{F}{z\pi Db}\leqslant[\tau] \tag{10-26}$$

式中，$[\tau]$ 为许用切应力，MPa，见表 10-7；b 为螺纹牙根部厚度，mm，梯形螺纹 $b=0.65P$，矩形螺纹 $b=0.5P$，锯齿形螺纹 $b=0.75P$。

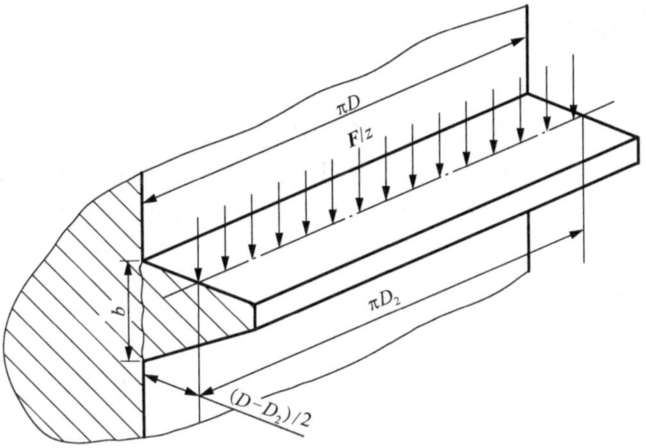

图 10-33　螺母螺纹牙受力

4) 螺杆的稳定性计算

长径比大的受压螺杆在工作载荷过大时可能失稳，需要校核其稳定性。因此，工作中螺杆所受的轴向力 F 必须小于一个临界值。螺杆的稳定性条件为

$$S_{ca}=\frac{F_{cr}}{F}\geqslant[S] \tag{10-27}$$

式中，S_{ca} 为螺杆稳定性的计算安全系数；$[S]$为螺杆稳定性许用安全系数，$[S]=2.5\sim5$；F_{cr} 为螺杆的临界载荷，N。F_{cr} 的计算公式根据螺杆的柔度 λ 值而确定，$\lambda=\mu l/i$，其中 l 为螺杆的计算长度，mm；μ 为螺杆的长度系数，见表 10-8；i 为螺杆危险截面的惯性半径，若将危险截面看作直径为 d_1 的圆，则有 $i=d_1/4$。

表 10-8　长度系数 μ

螺杆端部结构	长度系数	螺杆端部结构	长度系数
两端固定	0.5	两端铰支	1.0
一端固定，一端不完全固定	0.6	一端固定，一端自由	2.0
一端固定，一端铰支	0.7		

根据 λ 值的大小，临界载荷计算公式如下：

(1) 当 $\lambda>80\sim90$ 时，临界载荷按欧拉公式计算

$$F_{cr}=\frac{\pi^2EI_a}{(\mu l)^2} \tag{10-28}$$

式中，E 为螺杆材料的弹性模量；I_a 为螺杆危险截面的惯性矩，$I_a=\pi d_1^4/64$，mm^4。

(2) 当 $\lambda<80\sim90$ 时，按下列公式计算

对未淬火钢，$\lambda<90$ 时

$$F_{cr}=\frac{340}{1+0.00013\lambda^2}\cdot\frac{\pi d_1^2}{4} \tag{10-29}$$

对淬火钢，$\lambda<85$ 时

$$F_{cr}=\frac{490}{1+0.0002\lambda^2}\cdot\frac{\pi d_1^2}{4} \tag{10-30}$$

(3) 对 Q275 钢，当 $\lambda<40$ 时，以及对优质碳素钢、合金钢；当 $\lambda<60$ 时，不必进行稳定性校核。

当稳定性校核不满足要求时，可以增大螺杆直径、减小工作载荷或减小螺杆长度。

10.6.3　其他螺旋传动简介

1. 滚动螺旋传动

滚动螺旋根据其用途可分为定位滚动螺旋(P 型)和传动滚动螺旋(T 型)。定位滚动螺旋是指用于精确定位且能够根据旋转角度和导程间接测量轴向行程的滚动螺旋；传动滚动螺旋是指用于传递动力的滚动螺旋。根据具体应用情况，滚动螺旋副可以设计成有间隙和无间隙(预紧)两种形式。

在螺旋传动的螺杆和螺母的螺纹滚道间置入滚动体(大多数情况下滚动体为钢球，少数情况下也采用圆柱、圆锥等形状的滚子)，当螺杆或螺母转动时，滚动体在螺纹滚道内滚动，变滑动摩擦为滚动摩擦，就构成了滚动螺旋传动。滚动螺旋传动摩擦阻力小，传动效率高，正、反方向传动效率相近，寿命长，精度高，但不能实现自锁。它广泛用于汽车与拖拉机的转向器、数控机床进给、升降机构等装置中。

滚动螺旋的螺母(或螺杆)上有滚动体的循环通道，与螺纹滚道形成循环回路，使滚动体在螺纹滚道内循环。如图 10-34 所示，滚动体的引导有外循环式和内循环式两种。外循环式在靠近螺母端部处通过引导器将滚动体引入导路，通过导路将滚动体引导到螺母另一端的滚道内。内循环式在每圈螺纹端部设置反向器，使滚动体只在本圈内循环。外循环式结构简单，但径向尺寸较大。螺母螺纹圈数不宜过多，否则会引起各圈螺纹之间载荷分布不均。

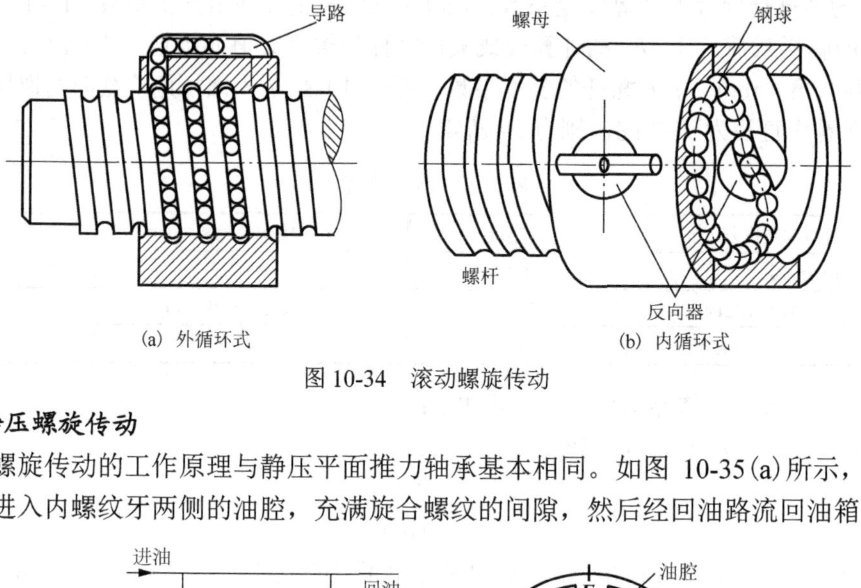

(a) 外循环式　　(b) 内循环式

图 10-34　滚动螺旋传动

2. 静压螺旋传动

静压螺旋传动的工作原理与静压平面推力轴承基本相同。如图 10-35(a)所示，压力油通过节流阀进入内螺纹牙两侧的油腔，充满旋合螺纹的间隙，然后经回油路流回油箱。

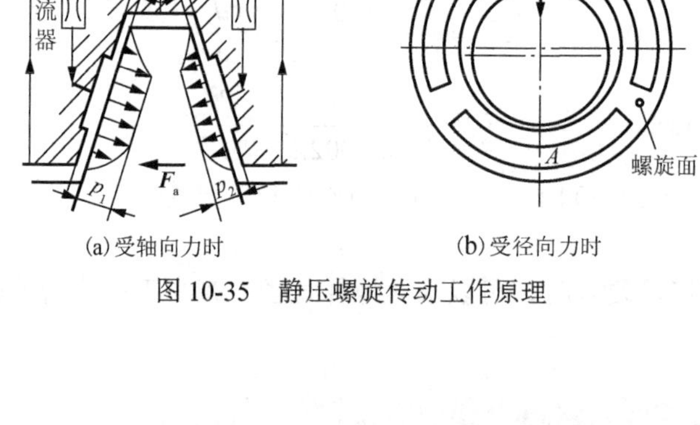

(a)受轴向力时　　(b)受径向力时

图 10-35　静压螺旋传动工作原理

当螺杆受到轴向力 $\boldsymbol{F}_a$ 左移时，间隙 h_1 减小，h_2 增大，由于节流阀的作用使左侧压力 p_1 大于右侧压力 p_2，产生平衡轴向载荷 $\boldsymbol{F}_a$ 的液压力。

每个螺纹牙的一侧开有 3 个以上的油腔，如图 10-35(b)所示。若螺杆受径向载荷 $\boldsymbol{F}_r$ 时，螺杆沿载荷方向发生位移，油腔 A 侧间隙减小，油腔 B、C 侧间隙增大。同样由于节流阀的作用，使 A 侧油压增高，B、C 侧油压降低，形成压差与 $\boldsymbol{F}_r$ 相平衡。

静压螺旋传动的设计通常是初选螺纹的尺寸参数和节流阀的形式，然后根据多环平面推力静压轴承的计算方法进行设计计算。静压螺旋的螺纹通常采用梯形螺纹，但其牙型高应取标准梯形螺纹的 1.5 ～ 2 倍，螺距也选大一些，以增大螺旋的承载面积和封油性。在满足承载能力与传动精度的条件下，应选取较少的旋合圈数，以减少制造上的困难。传动螺旋的侧隙值一般取螺母全长螺距的累积误差的 2 ～ 3 倍，减小间隙，可增大油膜的承载能力，减少耗油，但制造困难。

习　　题

10-1　分析比较各种牙型螺纹的特点及应用场合。

10-2　避免螺栓连接松脱的措施有哪些？如何选择？

10-3　三段管子采用螺纹连接，若其两处螺纹分别为左旋螺纹和右旋螺纹，同时拧紧是否方便？还是都采用右旋螺纹更好？

10-4　受横向载荷的普通螺栓连接与加强杆螺栓连接在结构上有什么区别？在失效形式及强度方面又有何不同？

10-5　主动件为回转运动，从动件为直线运动。实现上述要求的机构可以有：齿轮齿条、螺旋传动、凸轮、曲柄滑块、钢丝绳卷筒等。请分析以上几种机构各适用于什么场合？

10-6　找出图中所示螺纹连接结构中的错误并改正之。

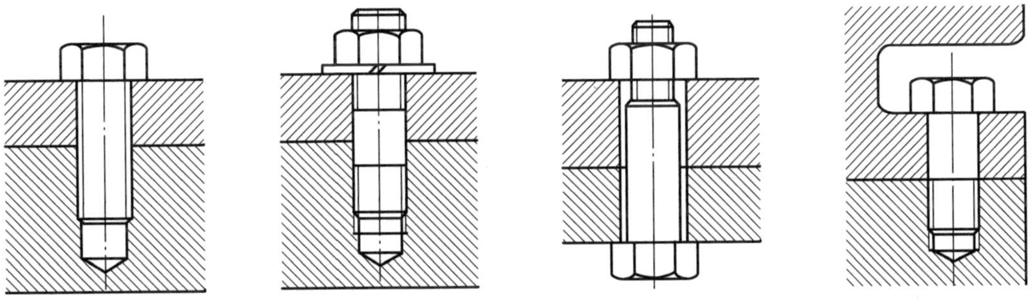

(a)螺钉连接　(b)双头螺柱连接　(c)加强杆螺栓连接　(d)螺钉连接

题 10-6 图　螺纹连接错误结构

10-7　如图所示滑板由差动螺旋带动在导轨上移动，螺纹 1 为 M12 × 1.25，螺纹 2 为 M10 × 0.75。试问：(1)若螺纹 1 和 2 均为右旋，手柄按图中所示方向旋转 1 周时，滑板向哪个方向移动？移动距离是多少？(2)若螺纹 1 为左旋，螺纹 2 为右旋，手柄按图中所示方向旋转 1 周时，滑板向哪个方向移动？移动距离是多少？

10-8　如图所示两根梁用 8 个 4.6 级普通螺栓与两块钢盖板相连接，梁受到的拉力 $F = 28$ kN，摩擦系数 $f = 0.2$，控制预紧力，试确定所需螺栓的直径。

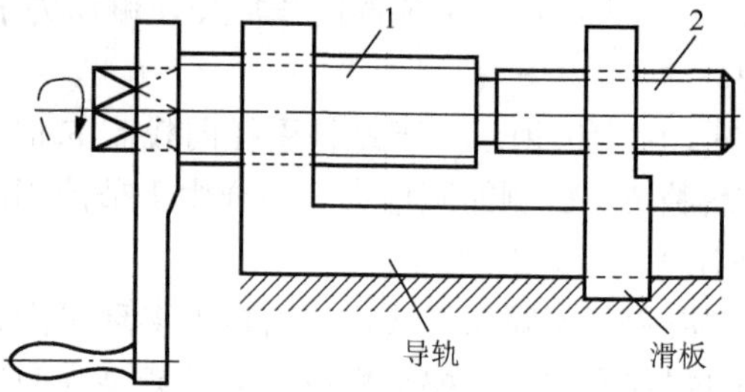

题 10-7 图　差动螺旋

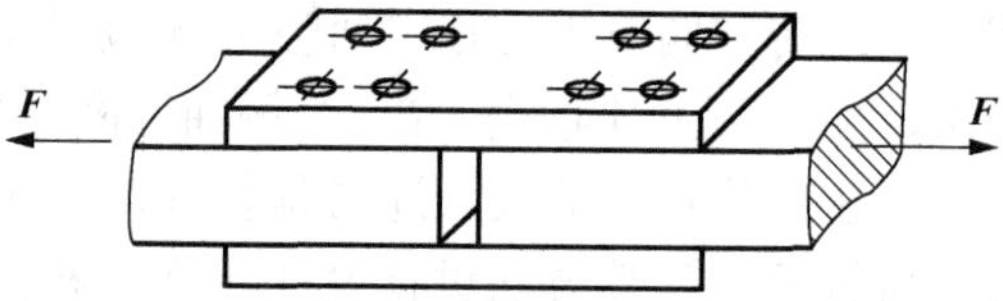

题 10-8 图　横梁螺栓组连接

10-9　受轴向载荷的紧螺栓连接，被连接钢板间采用橡胶垫片。已知预紧力为 1500 N，当轴向工作载荷为 1000 N 时，求螺栓所受的总拉力及被连接件之间的残余预紧力。

10-10　图 10-23 所示凸缘联轴器用 M16 普通螺栓连接，靠两个半联轴器结合面间产生的摩擦力来传递扭矩，螺栓材料为 45 钢，接合面间的摩擦系数 $f = 0.16$，安装时不控制预紧力，设联轴器的最大扭矩 $T = 1.5$ kN·m(设为静载荷)，试确定螺栓个数(螺栓个数宜取双数)。

10-11　题 10-10 中，改用 4 个 M16 加强杆螺栓实现两半凸缘联轴器的连接，螺栓材料为 45 钢，螺栓受剪面处的直径为 17 mm。联轴器材料为 HT250，半联轴器的法兰厚度为 23 mm。试校核螺栓连接的强度。

10-12　图 10-19 所示气缸盖螺栓组连接，缸内压力 $p = 1.2$ MPa，气缸内径 $D = 500$ mm，螺栓分布圆直径 $D_0 = 640$ mm。为保证气密性要求，螺栓间距不得大于 150 mm。试设计此气缸盖螺栓组连接。

第 11 章　轴与轴毂连接

11.1　轴 的 概 述

11.1.1　轴的功用与分类

轴是机器中的重要零件，其主要功用为：支承传动零件(如齿轮、带轮、链轮等)，传递运动和动力。

根据所承受载荷的不同，轴可以分为三类：转轴、心轴和传动轴。转轴既传递转矩又承受弯矩，如图 11-1 所示减速器中的轴。传动轴只传递传矩，不承受弯矩或弯矩很小，如图 11-2 所示汽车中的传动轴。心轴不传递转矩，只承受弯矩。根据机器工作时轴是否转动，心轴可分为固定心轴(图 11-3 所示的自行车前轮轴)和转动心轴(图 11-4 所示火车拖车的车轮轴)。

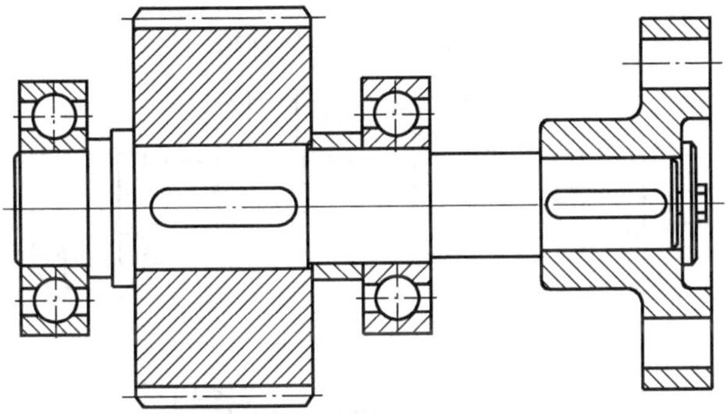

图 11-1　减速器中的轴

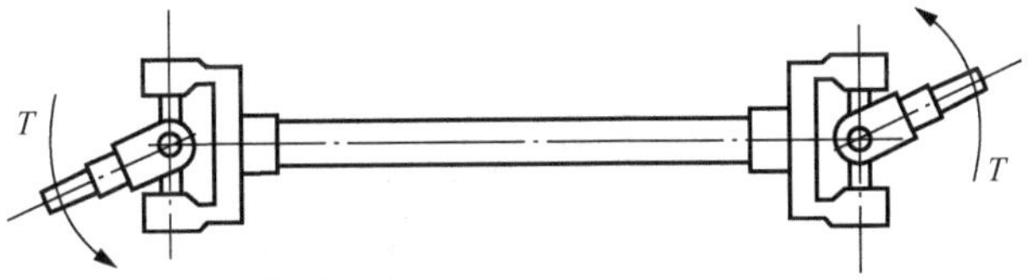

图 11-2　汽车中的传动轴

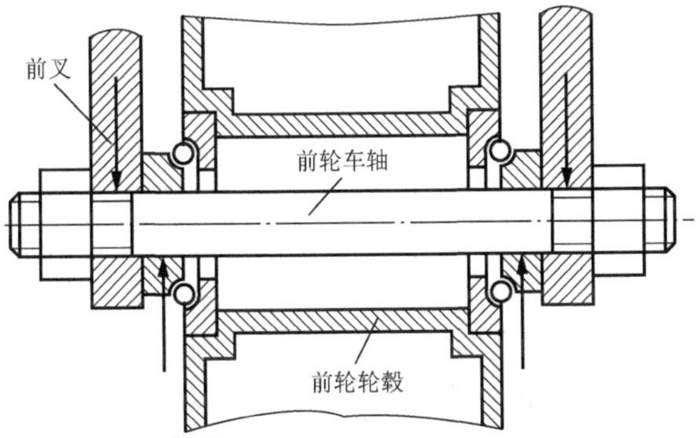

图 11-3　自行车前轮轴

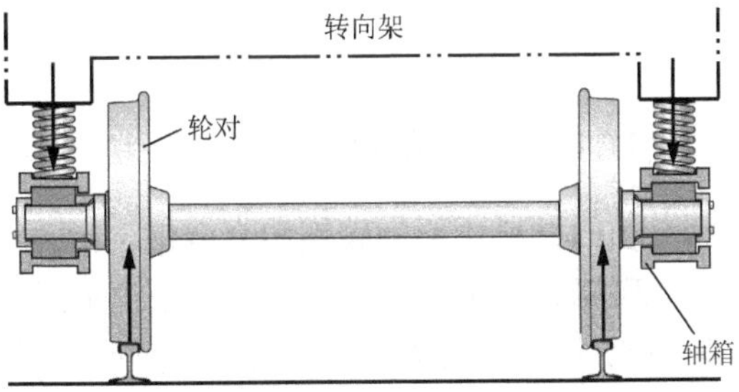

图 11-4　火车的车轮轴

根据轴线的形状，轴可以分为直轴、曲轴和挠性钢丝软轴。根据其外形，直轴可分为光轴和阶梯轴(图 11-5)，或实心轴和空心轴。光轴多用于传动轴，而转轴和心轴则通常为阶梯轴，以便于轴上零件的定位。机器中的轴普遍为实心轴，但在下列情形会采用空心轴：①机器结构复杂，空间受限，需要在一根轴中间穿过另一根轴，或油管、气管、电线等；②根据材料力学知识，在轴受弯曲或扭转时靠近轴线的材料所受应力较小，直径特别大的轴采用空心结构可节省材料、减轻机器重量。曲轴(图 11-6)主要用于往复式内燃机中。挠性钢丝软轴(图 11-7)由紧贴在一起的几层钢丝层构成，可以把转矩和旋转运动灵活地传递到任何位置，常用于振捣器和医疗设备中。

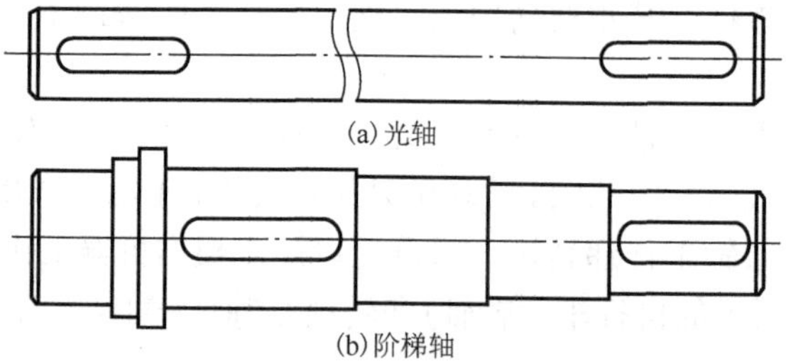

图 11-5　光轴与阶梯轴

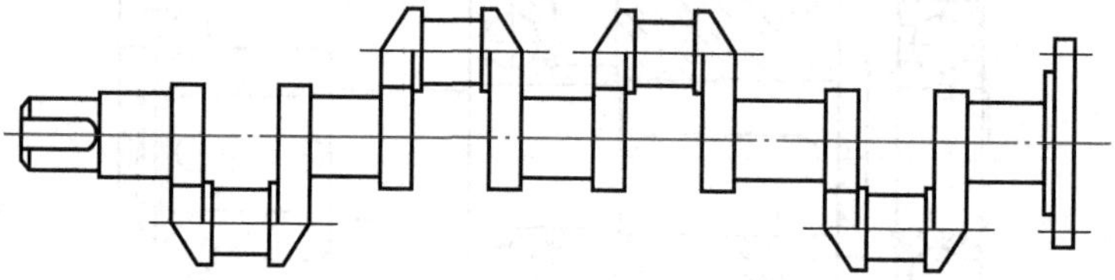

图 11-6　曲轴

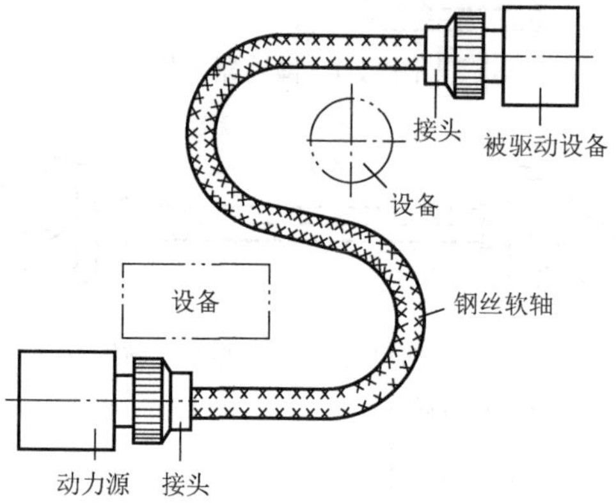

图 11-7　钢丝软轴

11.1.2　轴的材料

轴的材料主要为碳钢和合金钢。

碳钢比合金钢价廉，对应力集中敏感性较低，具有较高的综合机械性能，因此应用广泛，其中 45 钢应用尤为普遍。为了改善碳钢的机械性能，应进行正火或调质处理。对于不重要或受载较小的轴，也可以采用 Q235 等普通碳素钢。

合金钢具有较好的机械性能和热处理性能，但价格较贵，且对应力集中较为敏感。合金钢多用于有特殊要求的轴：重载或重要场合；尺寸受限，要求重量轻；要求高耐磨性；在高温、高速条件下工作。常用的合金钢有 20Cr、40Cr、40MnB、38CrMoAlA、1Cr18Ni9Ti 等。设计合金钢轴时，应从结构上减小应力集中，并减小表面粗糙度。在选材时需要注意：钢材的种类和热处理对弹性模量的影响甚小，因此采用合金钢或通过热处理不能有效提高轴的刚度。当轴的刚度不足时，应从结构设计方面采取措施。

轴的毛坯一般为圆钢或锻件，有时也采用铸钢或球墨铸铁。球墨铸铁具有成本低、吸振性和耐磨性好、对应力集中不敏感、强度较高等优点，常用于制造曲轴、凸轮轴等结构形状复杂的轴。

表 11-1 列出了轴常用材料及其主要机械性能。

表 11-1　轴的常用材料及其主要机械性能

材料及热处理	毛坯直径 / mm	硬度 / HBW	强度极限 σ_b / MPa	屈服极限 σ_s / MPa	弯曲疲劳极限 σ_{-1} / MPa	备注
Q235			400	240	170	用于不重要或载荷不大的轴
45 正火	≤ 100	170 ～ 217	600	300	275	用于较重要的轴，应用最为广泛
45 调质	≤ 200	217 ～ 255	650	360	300	
40Cr 调质	≤ 100	241 ～ 286	735	540	355	用于载荷较大而无很大冲击的重要轴
	> 100 ～ 300		685	490	335	
40MnB 调质	≤ 200	241 ～ 286	735	490	335	性能接近 40Cr，用于重要轴
40CrNi 调质	≤ 100	270 ～ 300	900	735	430	用于很重要的轴
	> 100 ～ 300	240 ～ 270	785	570	370	
20Cr 渗碳淬火回火	≤ 60	56 ～ 62HRC	640	390	305	用于要求强度和韧性均较高的轴
38CrMoAlA 调质	≤ 60	293 ～ 321	930	785	440	用于要求高耐磨性、高强度且热处理变形很小的轴
	> 60 ～ 100	277 ～ 302	835	685	410	
	> 100 ～ 160	241 ～ 277	785	590	375	
QT600-3		190 ～ 270	600	370	215	用于制造复杂外形的轴
QT800-2		245 ～ 335	800	480	290	

11.1.3　轴设计的主要内容

轴的设计主要包括结构设计和工作能力计算两方面的内容。

轴的结构设计就是在满足强度和刚度要求的基础上，综合考虑轴上零件的拆装、定位、固定以及轴的加工工艺性，合理确定轴的结构形状和尺寸。

轴的工作能力计算是指轴的强度、刚度和振动稳定性等方面的计算。一般情况下轴的工作能力主要取决于轴的强度，需要进行疲劳强度和静强度计算以防止疲劳断裂和塑性变形。对刚度要求高的轴(如机床主轴)和受力大的细长轴，还应进行刚度计算，以防止工作时产生过大的弹性变形。对高速运转的轴，还应进行振动稳定性计算，以防止产生共振而破坏。

11.2　轴的结构设计

轴的结构设计包括确定轴的合理外形和全部结构尺寸。具体包括：轴应便于加工，轴上零件应便于装拆；轴和轴上零件应具有准确的工作位置；轴上零件在轴上应可靠地固定；使轴的受力合理，具有较小的应力集中和较高的疲劳强度。

11.2.1　轴上零件的装配方案

为了便于轴上零件的装拆和定位，轴通常设计为阶梯形，如图 11-8 所示，由轴头、轴颈和轴身组成。与轴上传动零件配合的轴段(如图中安装齿轮和带轮的轴段)称为轴头；与轴承相配合的轴段称为轴颈；连接轴头和轴颈的部分称为轴身。阶梯轴上截面尺寸变化处称为轴肩。阶梯轴的直径从两端向中间逐渐增大，可以方便轴上零件从两端依次进行装拆。

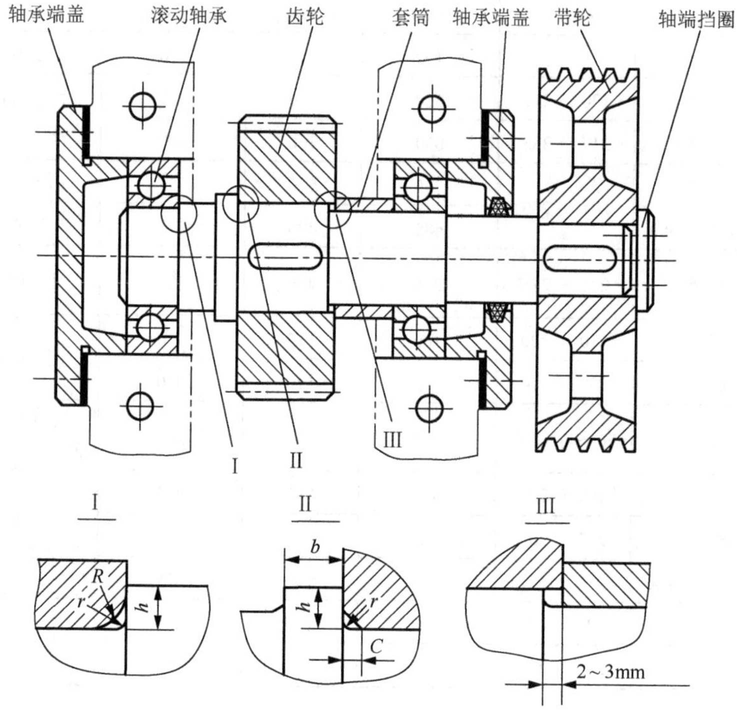

图 11-8　轴的结构

采用不同的装入方向和定位形式，轴上零件的装配方案往往有多种，不同的装配方案可得出不同的轴的结构形式。在进行轴的结构设计时首先需要拟定轴上零件的装配方案，从零件数量、加工工艺、轴系质量等方面对多个方案进行比较，选择较为合理的方案。

11.2.2　轴上零件的定位

为了防止轴上零件受力时发生沿轴向或周向的相对运动，轴上零件都必须进行轴向和周向定位，以确保有准确的工作位置。

1. 轴向定位

轴上零件的轴向定位可用轴肩、套筒、轴端挡圈、圆螺母和轴承端盖等来实现。

轴肩分为定位轴肩和非定位轴肩两类。定位轴肩的高度一般取与零件相配处轴径的(0.07 ～ 0.1)倍。轴肩处因截面变化存在应力集中，为此需要在轴肩处设计过渡圆角。轴肩处的过渡圆角半径 r 必须小于与之相配零件毂孔端部的圆角半径 R 或倒角尺寸 C(图 11-8)，以使零件能贴紧轴肩而得到准确可靠的定位。非定位轴肩是为了加工和装配方便而设置的，其高度一般取 1 ～ 2 mm。

套筒定位结构简单，定位可靠。图 11-8 中右端的滚动轴承就利用了套筒作轴向定位，套筒左侧则依靠已定位的齿轮端面进行定位，必须顶在齿轮端面上。因此，齿轮宽度应比相配轴段的长度大 2 ～ 3 mm。若两零件之间的间距较大或轴的转速较高时，不宜采用套筒定位。

当零件位于轴端时，可以用圆螺母(图 11-9(a))或轴端挡圈进行轴向定位(图 11-9(b))。其中，圆螺母定位有双圆螺母或止动垫片两种常见的防松方式。

当零件上的轴向力不大时，可以用紧定螺钉(图 11-9(c))、锁紧挡圈(图 11-9(d))或弹性挡圈(图 11-9(e))等轴向定位方法。其中紧定螺钉和锁紧挡圈常用于光轴上零件的定位，同时可起周向定位作用。弹性挡圈结构简单、紧凑，装拆方便，但需要在轴上开环形槽而削弱了轴的强度，常用于定位滚动轴承。

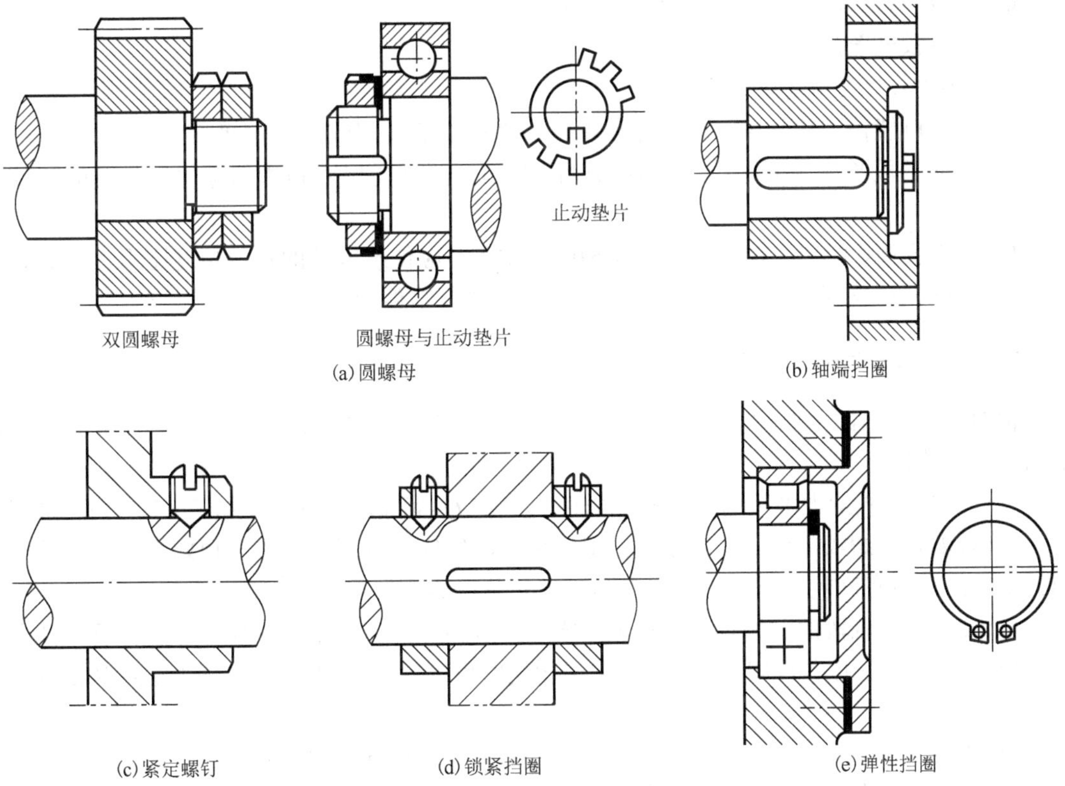

图 11-9　轴上零件的轴向定位

2. 周向定位

周向定位的目的是限制轴上零件与轴发生相对转动。常用的周向定位方式有键、花键、销、成形、弹性环、过盈及紧定螺钉等连接，通称轴毂连接，详细内容参见 11.4 节。

11.2.3　各轴段直径和长度的确定

1. 各轴段的直径

各轴段所需直径与轴上的载荷大小有关，但在进行轴的结构设计前，由于不知道支反力和轴上零件载荷的作用点，不能求得弯矩的大小与分布情况，因而不能按弯矩来确定轴的直径。通常的做法是：按轴所受转矩初步估算轴所需的直径，并将该直径作为承受转矩轴段的最小直径；然后按轴上零件的装配和定位要求，从最小直径处开始逐一确定各轴段的直径。应注意以下几点：

(1) 安装标准件(如滚动轴承、联轴器、密封圈等)部位的轴段，其直径应取相应的标准值及所选配合的公差。

(2) 与一般零件(如齿轮、带轮等)相配合的轴段，其直径应与相配合零件的轮毂孔直径相一致。

(3) 不与零件相配合的轴段(如轴环、轴身等)，其直径应根据相邻轴段的直径和轴肩(定位轴肩或非定位轴肩)高度要求来确定。

(4) 为了使齿轮、轴承等有配合要求的零件装拆方便，并减少配合表面的擦伤，在配合轴段之前应设计有直径略小的另一轴段。

2. 各轴段的长度

轴的各段长度应满足如下要求：

(1) 应尽可能使结构紧凑，同时还要保证零件所需的装配或调整空间。

(2) 轴的各段长度主要根据各零件与轴配合部分的轴向尺寸和相邻零件间必要的间隙来确定。

(3) 采用套筒、螺母、轴端挡圈等作轴向固定时，应使装零件的轴段长度比零件轮毂长度短 2 ～ 3 mm，以确保套筒、螺母、轴端挡圈等能靠紧零件的端面。

11.2.4　轴的结构工艺性

轴的结构工艺性主要体现在装配工艺性和加工工艺性两方面。可以从以下几方面来改善轴的结构工艺性。

(1) 为便于装配，大多采用阶梯轴，但轴的阶梯应尽可能小，以减少加工工时和节约材料。

(2) 对需要车螺纹的轴段，应设螺纹退刀槽，以保证螺纹牙均能达到预期高度；对需要磨削的轴段，应留有砂轮越程槽，以便磨削时砂轮可以磨到轴肩的端部。

(3) 轴上不同轴段的键槽(如图 11-8 中轴上安装齿轮和带轮的键槽)应沿轴的同一母线布置，当各轴段直径相差不大时，尽可能采用相同宽度的键槽，以减少加工时装夹次数和更换刀具的时间。

(4) 如要求轴的各轴段具有较高的同轴度，可在轴的两端开设中心孔。

(5) 为便于轴上零件的装配和去除毛刺，轴及轴肩端部一般均应制出 45° 倒角。

(6) 轴上各过渡圆角、倒角、键槽、越程槽、退刀槽及中心孔等尺寸应尽可能分别相同，以便于加工和检验。

11.2.5　提高轴的承载能力的常用措施

为了提高轴的承载能力，可以从结构和工艺两方面采取措施。轴的尺寸若能减小，整个机器的尺寸也会随之减小。

1. 合理布置轴上零件，减小轴所受转矩

当转矩由一个传动件输入而由几个传动件输出时，为了减小轴上的转矩，应将输入件布置在中间。例如将图 11-10(a) 中的输入轮 1 的位置改为布置在输出轮 2 和 3 之间(图 11-10(b))，则轴所受的最大转矩将由 $T_2+T_3+T_4$ 减小到 T_3+T_4。

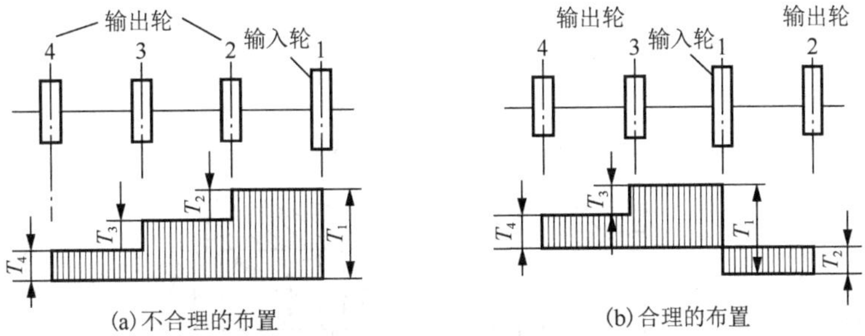

图 11-10　轴上零件的合理布置

2. 改进轴上零件结构，减小轴所受弯矩

图 11-11(a) 中的卷筒轮毂较长，轴的弯矩较大，若将轮毂分成两段(图 11-11(b))，不仅可以减小轴的弯矩，而且能得到良好的轴孔配合。又如图 11-12(a) 中轴上的两个分装齿轮，动力由齿轮 A 传入，通过轴传到齿轮 B，轴既受弯矩又受转矩，为转轴。若将两个齿轮做成双联齿(图 11-12(b))，转矩直接由齿轮 A 传给齿轮 B，则轴只受弯矩不受转矩，为心轴。

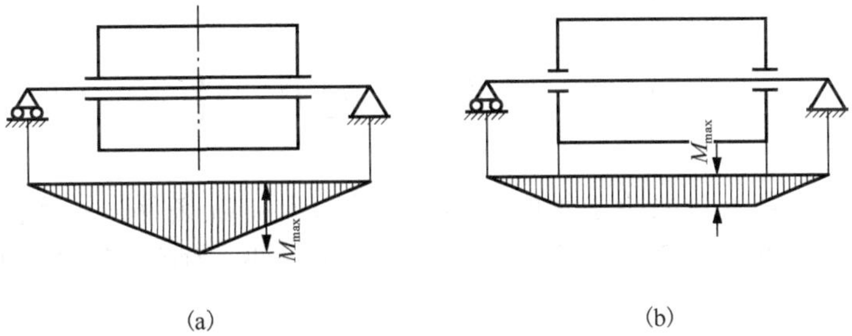

图 11-11　卷筒的轮毂结构

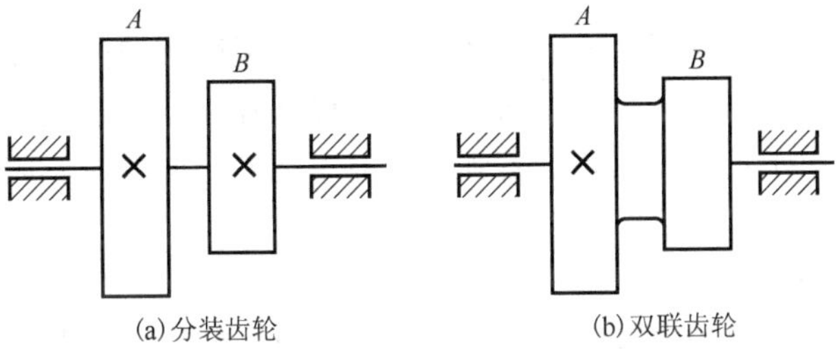

图 11-12　转轴改为心轴

3. 改进轴的结构，减小应力集中

对阶梯轴来说，相邻轴段直径不宜相差太大。为了避免形状的突然变化，尽量采用较大的过渡圆角。若圆角半径受到限制，可以改用内凹圆角(图 11-13(a))或加装隔离环(图 11-13(b))。当轴与轮毂为过盈配合时，为了减小应力集中，可在轴或轮毂上开减载槽，或者加大配合部分的直径(图 11-14)。

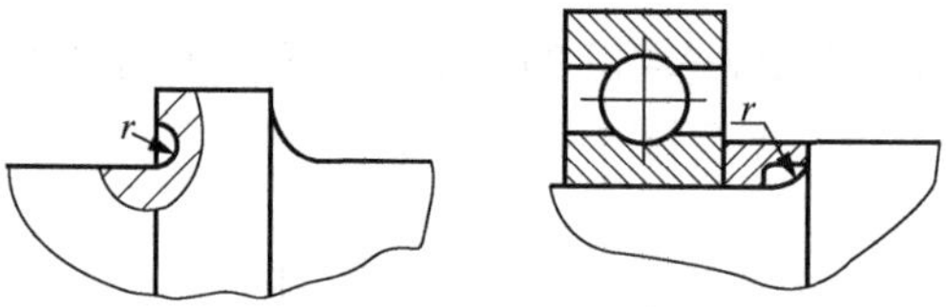

(a)　　(b)

图 11-13　轴肩过渡结构

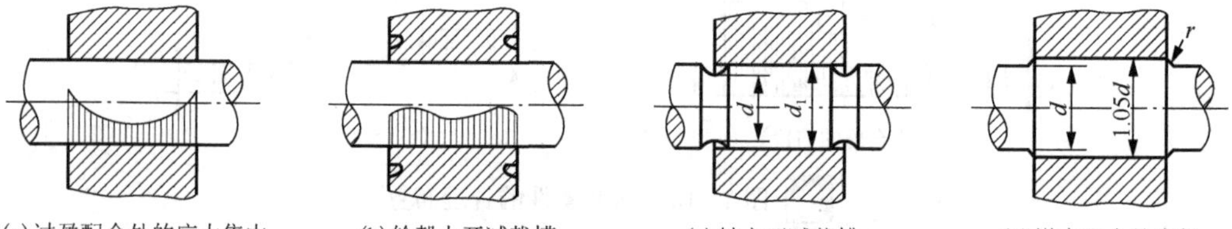

(a) 过盈配合处的应力集中　(b) 轮毂上开减载槽　(c) 轴上开减载槽　(d) 增大配合处直径

图 11-14　轴或轮毂上的减载结构

4. 改进轴的表面质量，提高轴的疲劳强度

表面粗糙度和表面强化处理方法对轴的疲劳强度有较大的影响。试验表明，表面愈粗糙，轴的疲劳强度愈低。减小轴的表面粗糙度，尤其是对应力集中非常敏感的优质高强度合金钢，能发挥其抗疲劳性能。对轴表面进行强化处理(如辗压、喷丸、渗碳、渗氮、氰化、表面淬火等)，可以显著提高轴的承载能力。

11.3 轴的工作能力计算

轴的工作能力计算主要取决于轴的材料、结构以及工况条件，具体计算内容包括轴的强度计算、刚度计算和振动稳定性计算。在大多数情况下，轴的工作能力主要取决于轴的强度。

11.3.1 轴的强度计算

进行轴的强度计算时，应根据轴的具体受载情况，采取相应的计算方法。轴的强度计算主要有三种方法：按扭转强度计算、按弯扭合成强度计算和安全系数校核计算。其中，安全系数法计算复杂，只用于较重要的轴。若强度计算不能满足要求时，应修改结构设计，两者常相互配合、交叉进行。

1. 按扭转强度计算

按扭转强度计算只需要知道转矩的大小，方法简单。此方法主要用于：①仅承受转矩或主要承受转矩作用的传动轴；②对同时承受转矩和弯矩的转轴，可初步估算轴的直径以便进行结构设计；③不太重要的轴。计算时可适当降低许用切应力来考虑弯矩等的影响。

设 T(N·mm) 为轴传递的转矩，则轴的扭转强度条件为

$$\tau_T = \frac{T}{W_T} = \frac{9.55\times10^6 P/n}{0.2d^3} \leqslant [\tau_T] \tag{11-1}$$

由上式可得轴的直径

$$d \geqslant \sqrt[3]{\frac{9.55\times10^6 P}{0.2[\tau_T]n}} = C\sqrt[3]{\frac{P}{n}} \tag{11-2}$$

式中，τ_T 为轴的扭转切应力，MPa；W_T 为轴的抗扭截面系数，mm^3；n 为轴的转速，r/min；P 为轴传递的功率，kW；d 为轴的直径，mm；$[\tau_T]$ 为扭转许用切应力，MPa。C 为与轴材料有关的系数。$[\tau_T]$ 和 C 值可查表 11-2。

表 11-2　轴常用材料的 $[\tau_T]$ 和 C 值

轴的材料	Q235，20	Q255，Q275，35	45	40Cr，35SiMn，2Cr13，38SiMnMo，42SiMn
$[\tau_T]$ / MPa	12 ～ 20	20 ～ 30	30 ～ 40	40 ～ 52
C	160 ～ 135	135 ～ 118	118 ～ 107	107 ～ 98

注：1. 当弯矩相对转矩很小或只受转矩时，$[\tau_T]$ 取较大值，C 取较小值。

2. 当用 Q235 及 35SiMn 钢时，$[\tau_T]$ 取较小值，C 取较大值。

当轴上有键槽时，应适当增大轴径以考虑键槽对轴强度的削弱。当直径 $d \leqslant 100$ mm 时，单键增大 5 % ～ 7 %，双键增大 10 % ～ 15 %；当直径 $d > 100$ mm 时，单键增大 3 %，双键增大 7 %；然后将轴径圆整为标准直径。

必须注意，该方法求得的转轴直径只能作为仅承受转矩轴段的最小直径。

2. 按弯扭合成强度计算

对于同时承受弯矩和转矩的转轴，通常首先按扭转强度初估轴的最小直径，然后进行结构设计。当轴结构设计完成后，轴上零件相对于轴的位置便已确定，即支点位置及轴上零件所受载荷的大小、方向和作用点已定，这样就可求出支承反力，画出弯矩图和转矩图，从而按弯扭合成强度校核危险截面的强度。它主要用于计算一般重要的、弯扭复合的轴，计算精度中等。具体计算步骤如下：

1) 作出轴的空间受力简图

将轴上作用力分解为水平面受力图和垂直面受力图，求出水平面和垂直面上支承点反作用力。计算时，通常将轴上零件载荷的作用点取为轮毂宽度的中点。

2) 作出轴的弯矩图

根据轴的空间受力简图计算各力产生的弯矩，分别作出水平面上的弯矩 M_H 图和垂直面上的弯矩 M_V 图，然后作出合成弯矩 M 图。

$$M = \sqrt{M_H^2 + M_V^2} \tag{11-3}$$

3) 作出轴的转矩 T 图

4) 根据合成弯矩 M 和转矩 T，作出轴的当量弯矩 M_e 图。

$$M_e = \sqrt{M^2 + (\alpha T)^2} \tag{11-4}$$

式中，α 为根据转矩性质而定的应力校正系数。弯矩 M 产生的弯曲应力为对称循环变应力，

转矩 T 产生的剪应力则取决于机器的工况。对于不变的转矩，$\alpha=[\sigma_{-1b}]/[\sigma_{+1b}]\approx 0.3$；对于脉动的转矩，$\alpha=[\sigma_{-1b}]/[\sigma_{0b}]\approx 0.6$；对于对称循环的转矩，$\alpha=1$。$[\sigma_{+1b}]$、$[\sigma_{0b}]$ 和 $[\sigma_{-1b}]$ 分别为材料在静应力、脉动循环应力和对称循环应力状态下的许用弯曲应力，其值可根据表 11-3 选取。

表 11-3　轴的许用弯曲应力　（单位：MPa）

材料	σ_b	$[\sigma_{+1b}]$	$[\sigma_{0b}]$	$[\sigma_{-1b}]$
碳素钢	400	130	70	40
	500	170	75	45
	600	200	95	55
	700	230	110	65
合金钢	800	270	130	75
	1000	330	150	90
铸钢	400	100	50	30
	500	120	70	40

必须说明，不变的转矩只是理论上可以这样认为，实际上考虑到起动、停车等的影响，机器运转不可能完全均匀，且有扭转振动的存在，故常按脉动转矩进行计算。

5）校核轴的强度

危险截面应满足以下强度条件：

$$\sigma_b=\frac{M_e}{W}=\frac{\sqrt{M^2+(\alpha T)^2}}{0.1d^3}\leqslant[\sigma_{-1b}] \tag{11-5}$$

式中，σ_b 为轴的当量弯曲应力，MPa；W 为轴的抗弯截面系数，mm^3，对于直径为 d 的实心圆轴，$W\approx 0.1d^3$。

当计算只承受弯矩的心轴时，也可利用式(11-5)进行计算，但此时 $T=0$。对于一般用途的轴，按上述方法计算已足够可靠。对于重要的轴，尚需要用安全系数法作进一步的强度校核，其计算方法可查阅相关文献。

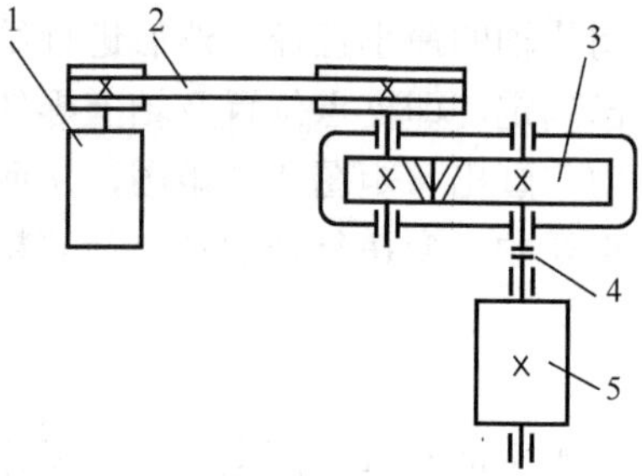

图 11-15　带式运输机

例 11-1　图 11-15 所示的带式运输机中采用了一单级斜齿圆柱齿轮减速器。已知减速器输出轴的材料为 45 钢调质，其结构如图 11-16(a)所示，大齿轮分度圆直径为 $d_2=155$ mm，啮合点受力为 $F_t=3800$ N、$F_r=1432$ N、$F_a=1018$ N，两轴承之间的距离 $L=130$ mm，齿轮对称布置。试按弯扭合成强度校核轴危险截面的直径。

解：(1)根据带式运输机的布置，画出减速器输出轴的空间受力图，如图 11-16(b)所示。

(2)计算轴承支反力。

水平面(图 11-16(c))：

$$R_{IH}=\frac{F_a\cdot\frac{d_2}{2}+F_r\cdot\frac{L}{2}}{L}=\frac{1018\times\frac{155}{2}+1432\times\frac{130}{2}}{130}=1322.9\,(N)$$

$$R_{IIH}=F_r-R_{IH}=1432-1322.9=109.1\,(N)$$

垂直面(图 11-16(e))：

$$R_{IV}=R_{IIV}=\frac{F_t}{2}=\frac{3800}{2}=1900\,(\text{N})$$

(3)绘制弯矩图。

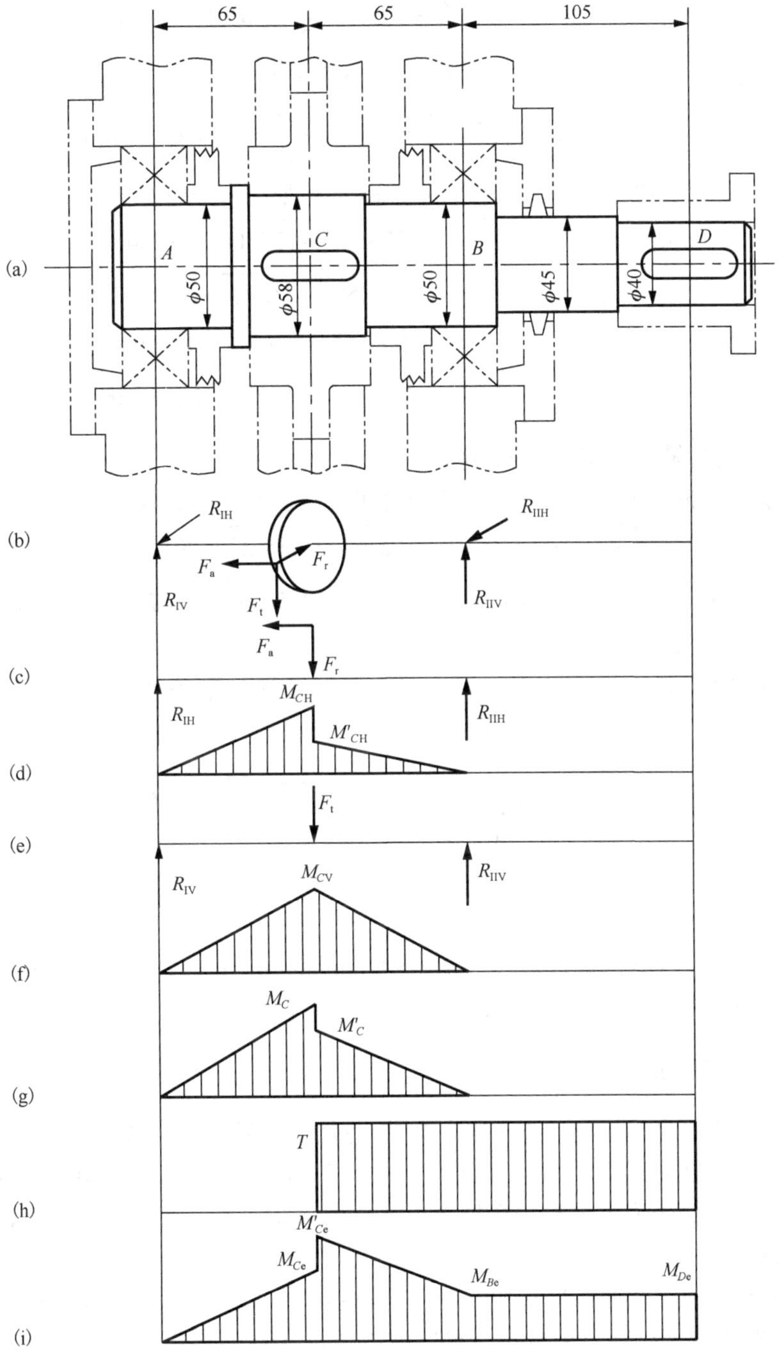

图 11-16　轴的受力分析

水平面弯矩图见图 11-16(d)。

截面 C 处的弯矩为

$$M_{CH} = R_{IH} \cdot \frac{L}{2} = 1322.9 \times \frac{130}{2} = 85988.5\ (\text{N} \cdot \text{mm})$$

$$M'_{CH} = R_{IIH} \cdot \frac{L}{2} = 109.1 \times \frac{130}{2} = 7091.5\ (\text{N} \cdot \text{mm})$$

垂直面弯矩图见图 11-16(f)，截面 C 处的弯矩为

$$M_{CV} = R_{IV} \cdot \frac{L}{2} = 1900 \times \frac{130}{2} = 123500\ (\text{N} \cdot \text{mm})$$

(4)绘制合成弯矩图见图 11-16(g)，截面 C 处的合成弯矩为

$$M_C = \sqrt{M_{CH}^2 + M_{CV}^2} = \sqrt{85988.5^2 + 123500^2} = 150486.8\ (\text{N} \cdot \text{mm})$$

$$M'_C = \sqrt{M'^2_{CH} + M_{CV}^2} = \sqrt{7091.5^2 + 123500^2} = 123703.4\ (\text{N} \cdot \text{mm})$$

(5)绘制扭矩图见图 11-16(h)，轴受扭部分为齿轮与联轴器之间的轴段，即 CD 段。

$$T = F_t \cdot \frac{d_2}{2} = 3800 \times \frac{155}{2} = 294500\ (\text{N} \cdot \text{mm})$$

(6)绘制当量弯矩图见图 11-16(i)。

对于一般轴，转矩产生的扭转切应力可看作脉动循环，取 $\alpha = 0.6$。C、D 截面当量弯矩为

$$M'_{Ce} = \sqrt{M_C^2 + (\alpha T)^2} = \sqrt{123703.4^2 + (0.6 \times 294500)^2} = 215697.52\ (\text{N} \cdot \text{mm})$$

$$M_{De} = \sqrt{{M_D}^2 + (\alpha T)^2} = \sqrt{0^2 + (0.6 \times 294500)^2} = 176700\ (\text{N} \cdot \text{mm})$$

(7)危险截面强度校核。

根据图 11-16(i)，轴的危险截面为 C、D 面。查表 11-1，45 钢调质抗拉强度为 $\sigma_b = 650$ MPa，查表 11-3，$[\sigma_{-1b}] \approx 60\ \text{MPa}$。于是

$$d_C = \sqrt[3]{\frac{M'_{Ce}}{0.1[\sigma_{-1b}]}} = \sqrt[3]{\frac{215697.52}{0.1 \times 60}} = 33.00\ (\text{mm})$$

$$d_D = \sqrt[3]{\frac{M_{De}}{0.1[\sigma_{-1b}]}} = \sqrt[3]{\frac{176700}{0.1 \times 60}} = 30.88\ (\text{mm})$$

截面为 C、D 处的设计直径分别为 58 mm 和 40 mm，考虑键槽对轴强度的削弱，设计直径仍能满足强度要求。

11.3.2　轴的刚度计算

轴的刚度不足时，在载荷作用下会产生过大的弹性变形，影响轴上零件正常工作。例如，电动机转子的挠度过大，则会改变转子与定子之间的间隙而影响电动机性能；非对称布置齿轮的轴，在弯曲变形过大时，会导致齿宽方向载荷严重分布不均。因此，对于需要控制变形的轴，必须进行刚度计算。

轴的刚度包括弯曲刚度和扭转刚度，前者以挠度 y 或偏转角 θ 度量，后者以扭转角 φ 来度量。轴的刚度校核计算通常是计算出轴在受载时的变形量(具体计算方法可参考材料力学教材)，并使其小于许用值，即

挠度　　$y \leqslant [y]$

偏转角　　$\theta \leqslant [\theta]$　　(11-6)

转角　　　　　　　　$$\varphi \leqslant [\varphi]$$

式中，$[y]$、$[\theta]$、$[\varphi]$分别为轴变形量挠度、偏转角和扭转角的许用值，具体见表 11-4。

表 11-4　轴的许用挠度、许用偏转角和许用扭转角

<table>
<tr><th>变形类型</th><th>应用场合</th><th>许用值</th><th>变形类型</th><th>应用场合</th><th>许用值</th></tr>
<tr><td rowspan="9">挠度$[y]$
/mm</td><td>一般用途的轴</td><td>$(0.0003 \sim 0.0005)l$</td><td rowspan="6">偏转角$[\theta]$
/ rad</td><td>滑动轴承</td><td>$\leqslant 0.001$</td></tr>
<tr><td>刚度要求较高的轴</td><td>$\leqslant 0.0002l$</td><td>向心球轴承</td><td>$\leqslant 0.005$</td></tr>
<tr><td>感应电动机轴</td><td>$\leqslant 0.1\varDelta$</td><td>调心球轴承</td><td>$\leqslant 0.05$</td></tr>
<tr><td>安装齿轮的轴</td><td>$(0.01 \sim 0.03)m_n$</td><td>圆柱滚子轴承</td><td>$\leqslant 0.0025$</td></tr>
<tr><td>安装蜗轮的轴</td><td>$(0.02 \sim 0.05)m_t$</td><td>圆锥滚子轴承</td><td>$\leqslant 0.0016$</td></tr>
<tr><td colspan="2" rowspan="4">l——支承间跨距，mm；
$\varDelta$——电动机定子与转子间的气隙，mm；
m_n——齿轮法面模数，mm；
m_t——蜗轮端面模数，mm。</td><td>安装齿轮处</td><td>$0.001 \sim 0.002$</td></tr>
<tr><td rowspan="3">扭转角$[\varphi]$
/(°/m)</td><td>一般传动</td><td>$0.5 \sim 1$</td></tr>
<tr><td>较精密的传动</td><td>$0.25 \sim 0.5$</td></tr>
<tr><td>重要传动</td><td>$\leqslant 0.25$</td></tr>
</table>

常见的轴大多可视为简支梁。若是光轴，可直接用材料力学中的公式计算其挠度或偏转角；若是阶梯轴，如果对计算精度要求不高，则可用当量直径法作近似计算，即把阶梯轴看作当量直径为 d_v 的光轴，然后再按材料力学中的公式计算。当量直径 d_v 的计算公式为

$$d_v = \frac{\sum d_i L_i}{L} \tag{11-7}$$

式中，L 为支点间的距离；L_i、d_i 分别为轴上第 i 段的长度和直径。

11.3.3　轴的临界转速

轴是一个弹性体。当其回转时，一方面由于本身的重量和弹性产生自然振动；另一方面由于轴和轴上零件的材料组织不均匀、制造误差或安装误差等原因，轴的质心与几何轴线之间存在一微小偏心距，当轴旋转时就会产生离心力，使轴受到周期性干扰力，从而引起强迫振动。如果这种强迫振动的频率与轴的自振频率相同或接近时，便会引起共振，轴的振幅将会急剧增大，从而使得机器不能正常工作，严重时会还造成轴和整台机器的破坏。

轴的振动可分为横向振动、扭转振动和纵向振动三类。在轴的工作转速范围内，最常见的是横向振动，其次是扭转振动，而轴的纵向自振频率很高，常予以忽略。

轴发生共振时的转速称为轴的临界转速，它是轴系结构本身所固有的。因此，对于重要的轴和高速轴，以及跨度较大而刚性较小和外伸端较长的轴，应计算其临界转速 n_{cr}，使其工作转速 n 避开 n_{cr}。轴的临界转速可以有多个，其中最低的称为一阶临界转速。其余为二阶、三阶等。在一阶临界转速下工作时，轴振动激烈，最为危险。轴的临界转速的计算方法可参看有关文献。

工作转速低于一阶临界转速的轴称为刚性轴，超过一阶临界转速的轴称为挠性轴。对于刚性轴，应使工作转速 $n \leqslant (0.75 \sim 0.8)n_{cr1}$；对于挠性轴，应使 $1.4n_{cr1} \leqslant n \leqslant 0.7n_{cr2}$（$n_{cr1}$ 和 n_{cr2} 分别为轴的一阶、二阶临界转速）。

11.4 轴 毂 连 接

在机器中，传动零件(如带轮、链轮、齿轮等)一般都需要轴进行支承，并且和轴固连在一起，随轴转动。将轴与传动零件轮毂进行连接的方式通常统称为轴毂连接。常见的轴毂连接形式包括键连接、花键连接、销连接、成形连接、过盈连接和胀套连接等。

11.4.1 键连接

1. 键连接的类型和特点

1)平键连接

平键的特点是靠侧面接触传递转矩，而键的顶面和轮毂槽底面之间有间隙(图 11-17(a))。平键具有结构简单、装拆方便、定心性较好等优点，应用广泛。平键连接只能进行轴与轮毂的周向固定，不能实现轴上零件的轴向固定。平键连接有三种结构：普通平键、导键和滑键。

(1)普通平键。

普通平键分为 A 型(圆头，图 11-17(b))、B 型(方头，图 11-17(c))和 C 型(单圆头，图 11-17(d))三种。A 型键轴上的键槽用指状铣刀加工，键在键槽中固定良好，但键槽引起的应力集中较大。B 型键轴上的键槽用盘形铣刀加工，轴的应力集中较小，但对于尺寸较大的键，需要用紧定螺钉固定在轴的键槽中。C 型键常用于轴端。

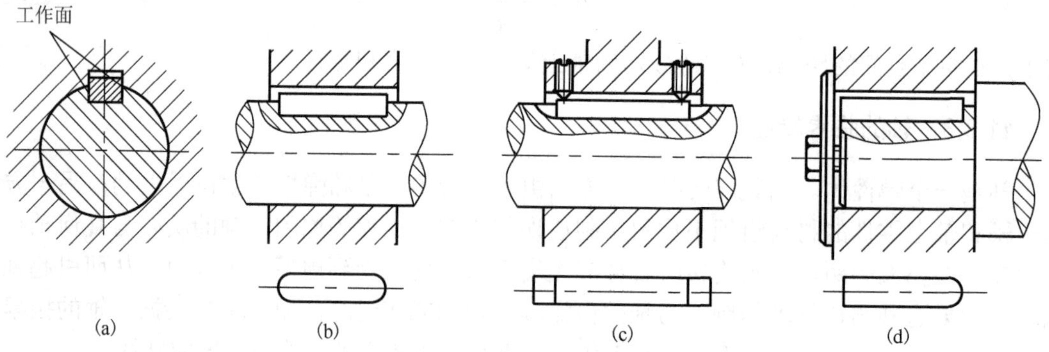

图 11-17　普通平键

(2)导向平键和滑键。

这两种键连接都是动连接，允许轴上零件做轴向移动。

导向平键(图 11-18(a))用螺钉固定在轴的键槽中，键与轮毂为间隙配合，导向平键适用于轴上零件沿轴滑移距离不大的场合。

滑键(图 11-18(b))被固定在轮毂上，轴上零件带着键做轴向移动。滑键用于轴上零件移动范围较大的场合。

2)半圆键连接

半圆键(图 11-19)用于静连接，键的两个侧面为工作面，其传力方式与平键相同。它能够在键槽中摆动以适应轮毂上面的槽底面，装配方便。它的缺点是键槽较深，对轴的强度削弱较大，为了避免削弱过大，故适用于轻载或轴端，特别是锥形轴端的连接。

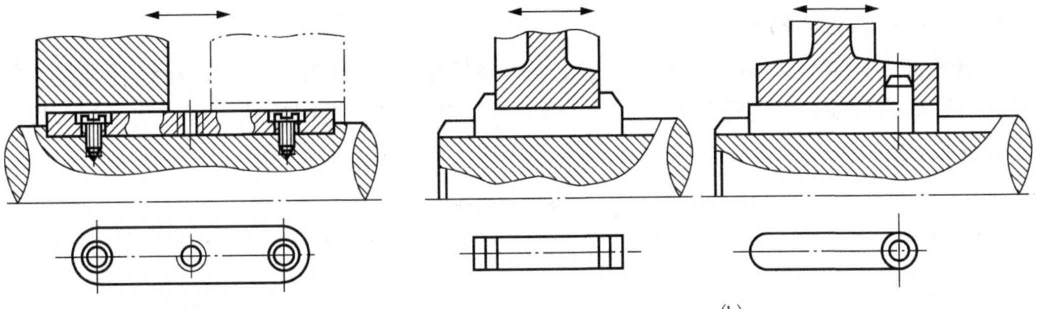

图 11-18　导向平键与滑键

3) 楔键连接和切向键连接

楔键的工作面是上、下两面，分别与轴和轮毂键槽的底面贴合(图 11-20(a))。楔键的上表面和轮毂键槽的底面均有 1∶100 的斜度。装配后，键楔紧在轴与轮毂之间，有一定预紧力，工作时靠预紧力产生的摩擦力传递转矩，并能承受单向轴向力。其缺点是键楔紧时会使轮毂与轴产生偏心，因此只用于对定心精度要求不高、载荷平稳的低速场合。楔键分为圆头（图 11-20(b)）、方头（图 11-20(c)）和钩头(图 11-20(d))三种，钩头方便拆键使用。

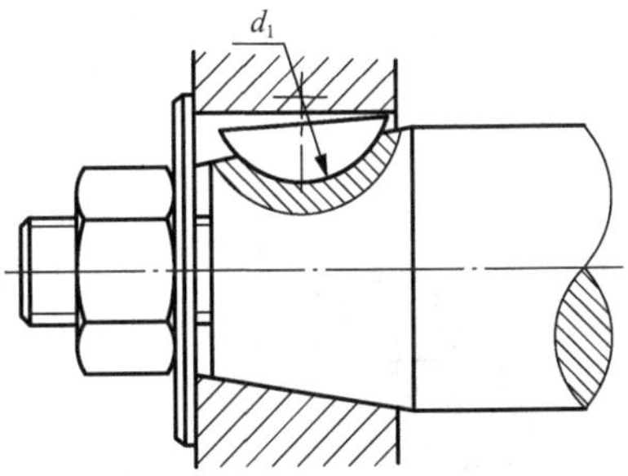

图 11-19　半圆键连接

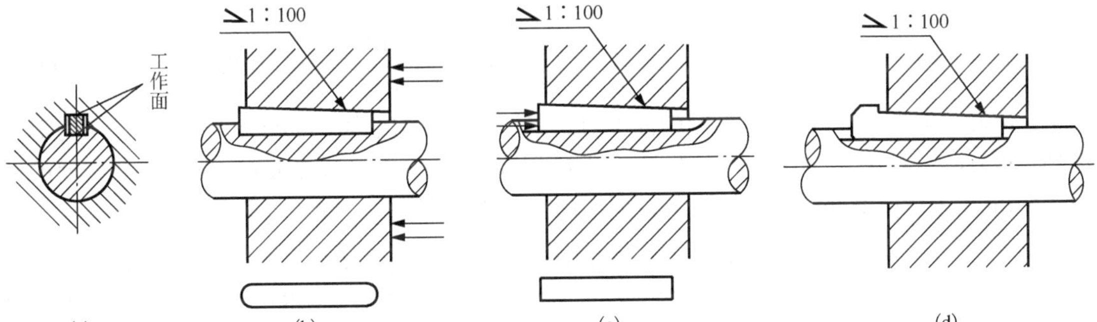

图 11-20　楔键

切向键由一对楔键组成(图 11-21(a))，装配后楔紧在轴和轮毂之间，其上、下两面为工作面。装配时，使一个工作面处于包含轴心线的平面内(图 11-21(b))，工作面的压力沿轴的切线方向作用，能传递很大的转矩。用一个切向键时，只能传递单向转矩；若要传递双向转矩，则需要使用两个切向键，两者间的夹角为 120°(图 11-21(c))。

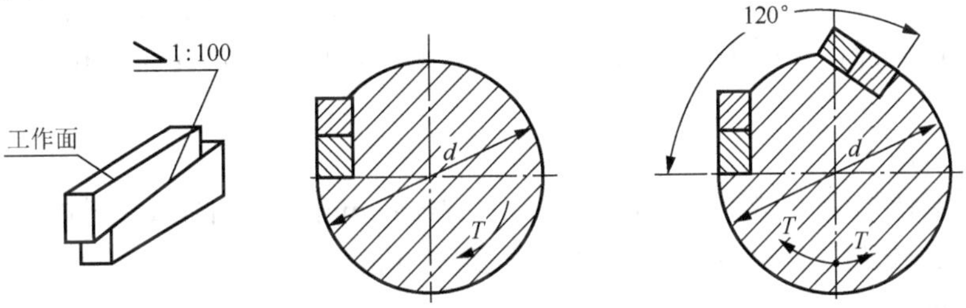

图 11-21　切向键

2. 平键连接的选择计算

普通平键为标准件，其设计为选择设计，即根据结构选择键的尺寸，再进行强度校核。通常，按照轴的直径，确定键的截面尺寸(键宽 $b\times$ 键高 h)；根据轮毂宽度，从键的长度系列中选择键长(表 11-5)。

表 11-5　普通平键主要尺寸　　(单位：mm)

轴的直径 d	6 ～ 8	> 8 ～ 10	> 10 ～ 12	> 12 ～ 17	> 17 ～ 22	> 22 ～ 30	> 30 ～ 38	> 38 ～ 44
键宽 $b\times$ 键高 h	2 × 2	3 × 3	4 × 4	5 × 5	6 × 6	8 × 7	10 × 8	12 × 8
轴的直径 d	> 44 ～ 50	> 50 ～ 58	> 58 ～ 65	> 65 ～ 75	> 75 ～ 85	> 85 ～ 95	> 95 ～ 110	> 110 ～ 130
键宽 $b\times$ 键高 h	14 × 9	16 × 10	18 × 11	20 × 12	22 × 14	25 × 14	28 × 16	32 × 18
键的长度 L	6, 8, 10, 12, 14, 16, 18, 20, 22, 25, 28, 36, 40, 45, 50, 56, 63, 70, 80, 90, 100, 110, 125, 140, 160							

注：2003 年修订的国家标准，对于键的截面尺寸，没有推荐相应的适用轴直径范围。表格中的轴直径范围依据的是旧国家标准，以方便设计者参考。

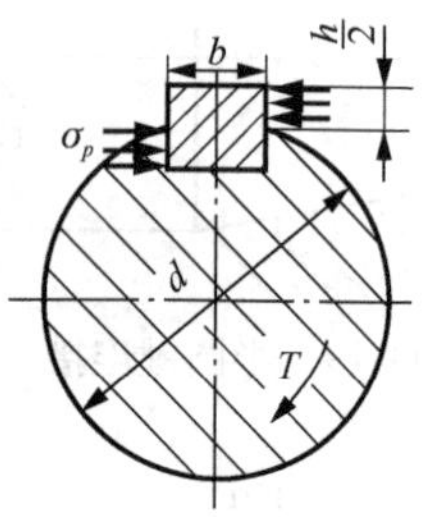

图 11-22　平键受力情况

平键的失效形式，对于静连接为工作面挤压(压溃)失效，严重过载时出现键的剪切失效；对于动连接是工作表面的磨损。

由图 11-22 可得普通平键连接的挤压强度条件为

$$\sigma_p=\frac{2T/d}{l\cdot h/2}=\frac{4T}{lhd}\leqslant[\sigma_p],\ \text{MPa} \tag{11-8}$$

对于导向平键连接和滑键连接，应限制接触区的压强以免发生过度磨损，即

$$p=\frac{2T/d}{l\cdot h/2}=\frac{4T}{lhd}\leqslant[p],\ \text{MPa} \tag{11-9}$$

式中，d 为轴的直径，mm；h 为键的高度(近似认为接触高度为键高的一半)，mm；l 为键的接触长度(A 型键：$l=L-b$；B 型键：$l=L$；C 型键：$l=L-b/2$)，mm；T 为键连接传递的转矩，N·mm；$[\sigma_p]$、$[p]$分别为键连接许用挤压应力和许用压强，MPa，见表 11-6。

表 11-6　键连接许用挤压应力和许用压强　　(单位：MPa)

许用值	轮毂材料	载荷性质		
		静载荷	轻微冲击	冲击
$[\sigma_p]$	钢	125 ～ 150	100 ～ 120	60 ～ 90
	铸铁	70 ～ 80	50 ～ 60	30 ～ 45
$[p]$	钢	50	40	30

若平键连接强度不够，可适当增大轮毂长度，使键相应加长，也可采用相隔 180° 布置的双键。考虑到双键载荷分配不均，强度计算时只按单个平键强度的 1.5 倍计算。

例 11-2　试选择计算例 11-1 中齿轮和轴的普通平键连接，齿轮轮毂孔长 $B=62$ mm，齿轮材料为 45 钢正火。

解：(1) 键的选择。

选用 A 型普通平键，材料为 45 钢。根据轴径 $d=58$ mm，查表 11-5，选键的宽度 $b=16$ mm，高度 $h=10$ mm，长度 $L=56$ mm(小于轮毂孔长 62 mm)。

(2) 键连接的强度校核。

静连接按挤压强度校核。键、轴、轮毂均为 45 钢，按静载荷由表 11-6 查得$[\sigma_p]=125$ ～

150 MPa。由例 11-1，轴齿轮传递的转矩为 $T = 294500\ \text{N·mm}$。键的接触长度为 $l = L - b = 56 - 16 = 40(\text{mm})$。根据式(11-8)得

$$\sigma_p = \frac{4T}{lhd} = \frac{4\times294500}{40\times10\times58} = 50.8(\text{MPa}) \leqslant [\sigma_p]$$

故所选键连接满足强度要求。

11.4.2 花键连接

花键连接由周向均匀分布多个键齿的花键轴和带有相应键齿槽的轮毂孔组成(图 11-23(a))，它靠花键齿的侧面传递转矩。由于承载齿数较多，花键连接的承载能力比平键连接高很多。花键连接对轴削弱程度小(齿浅、应力集中小)，定心和导向性好，常用于定心精度要求高、载荷大的场合。

花键按齿形分为矩形花键(图 11-23(b))和渐开线花键(图 11-23(c))两种。矩形花键加工方便，应用广泛，依靠小径定心；渐开线花键，依靠齿廓定心，其齿根较厚，承载能力高。

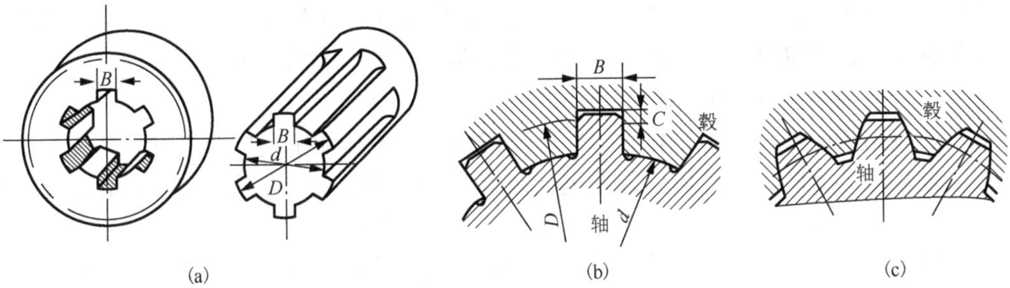

图 11-23 花键连接

11.4.3 销连接

销主要用于确定连接件之间的相对位置，并可传递不大的载荷，也可用于过载保护。销的基本形式为圆柱销(图 11-24(a))和圆锥销(图 11-24(b))。圆柱销靠过盈配合固定在销孔中，多次装拆后，定位精度降低。圆锥销有 1∶50 的锥度，安装方便，定位精度受装拆影响小。

为了便于装拆或防松，销还有一些特殊形式。图 11-24(c)为大端有外螺纹的圆锥销，便于拆卸，可用于盲孔；图 11-24(d)和图 11-24(e)分别为小端有外螺纹的圆锥销和开尾圆锥销，可防止销在机器运行过程中松脱，适合有冲击、振动的场合。

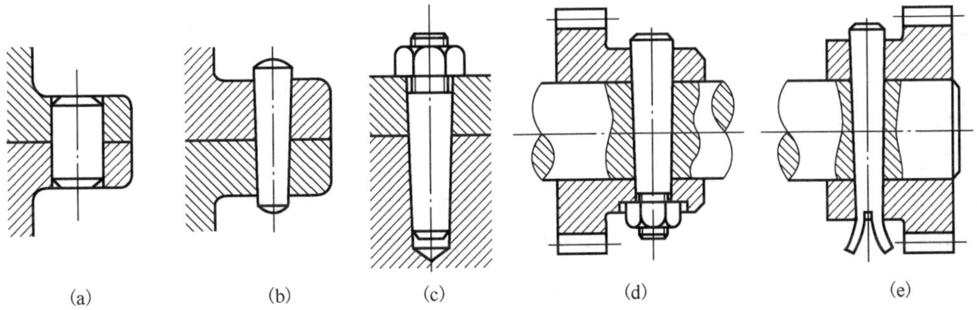

图 11-24 销连接

11.4.4　成形连接

成形连接利用非圆截面的轴和相应形状轮毂孔构成连接，如图 11-25 所示。这种连接应力集中小、承载能力高、装拆方便，但加工复杂，需专用设备，故应用并不普遍。

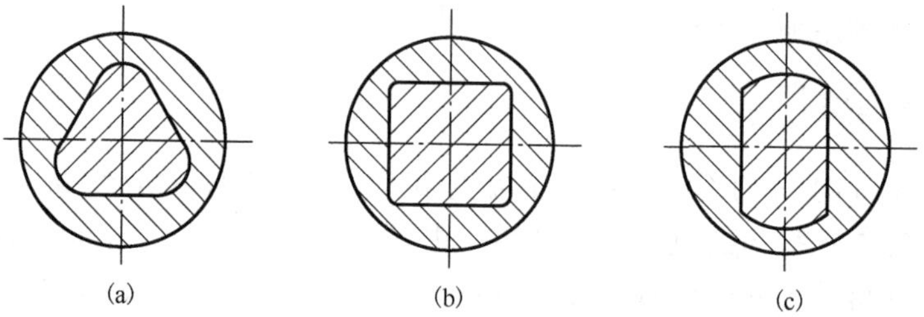

图 11-25　成形连接

11.4.5　过盈连接

过盈连接是利用两个被连接件间的过盈配合来实现连接(图 11-26(a))。由于轴的直径稍大于孔的直径，在把轴装入孔以后，二者接触表面间产生很大的压紧力，因而产生足够的摩擦力，用以传递轴向力或转矩(图 11-26(b))。

过盈连接结构简单，轴与轮毂对中性好，但是过盈连接加工精度要求高，装配和拆卸都很困难。过盈量不大时，一般用压入法进行装配，为便于装配需在轴端和轮毂孔上加工倒角(图 11-26(c))。在过盈量较大时，若采用压入法，则会使配合面擦伤，影响承载能力。因此，对过盈量较大的连接，常采用温差法进行装配，即加热轮毂孔零件或冷却轴类零件，以形成配合间隙，再回到常温后即可实现牢固连接。

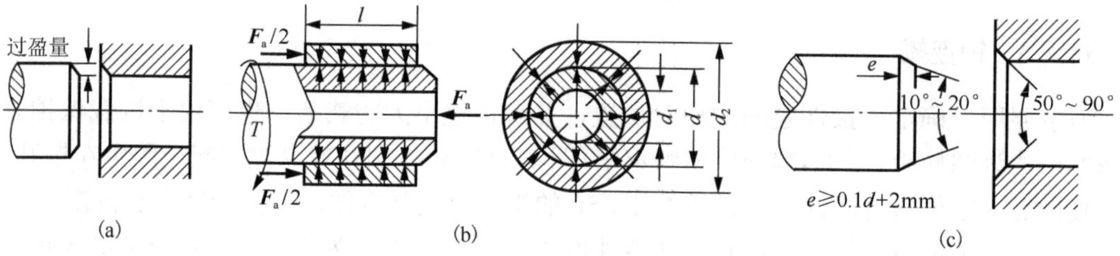

图 11-26　过盈连接

11.4.6　胀套连接

胀套连接是在轴和轮毂孔之间装入胀套进行连接，胀套由具有相同锥度的内套和外套组成(图 11-27(a))，靠螺纹连接施加的轴向压紧力，使内套径向收缩压紧轴，外套向外胀大压紧轮毂孔而产生摩擦力，可以传递轴向力或转矩(图 11-27(b))。胀套已经标准化，有多种型号，具体信息可查阅国家标准。

胀套连接定心性好，应力集中小，承载能力强。与过盈连接相比，装拆方便。但由于要在轴和轮毂孔之间安装胀套，它的应用有时会受到结构限制。

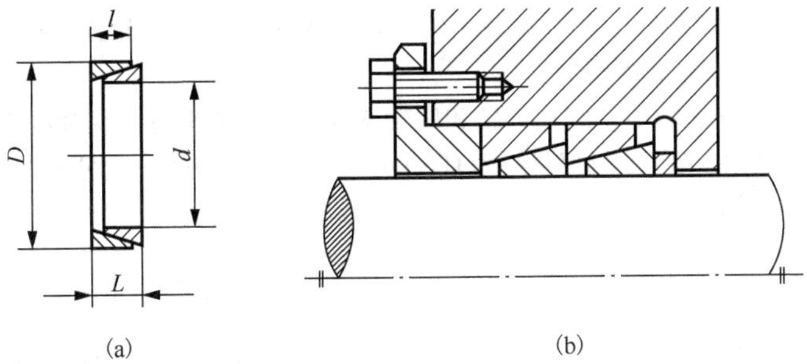

图 11-27　胀套连接

习　　题

11-1　合金钢比碳钢强度高，为什么各类机器中的轴碳钢应用更普遍？

11-2　从抗弯和抗扭角度，空心轴都比实心轴更能发挥材料效能，为什么机器中的大多数轴不采用空心结构？

11-3　为什么大多数轴常制成阶梯轴？确定阶梯轴各个轴段的长度和直径时应该考虑哪些主要因素？

11-4　轴上零件的轴向定位和周向定位有哪些常见方式？

11-5　轴的强度计算有哪三种方法？分别用于哪种场合？

11-6　试述转轴的设计过程。

11-7　常用的轴毂连接方法有哪些？试述它们各自的优缺点以及应用场合。

11-8　图示为卷扬机卷筒轴与齿轮、卷筒连接的三种结构方案，其中方案(a)和(b)中，轴与轮毂采用键连接，方案(c)中轴与轮毂无周向固定。试按承载情况分类确定三个方案中卷筒轴的类型。

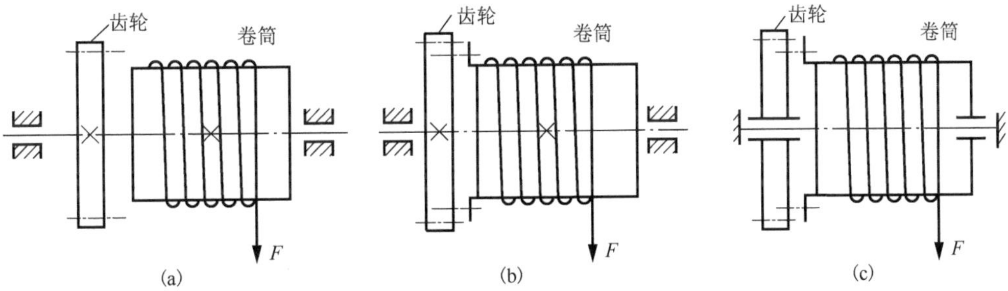

题 11-8 图

11-9　图示轴结构设计中有多个不合理之处，试指出图中 1、2、3、4 处应该如何改进？

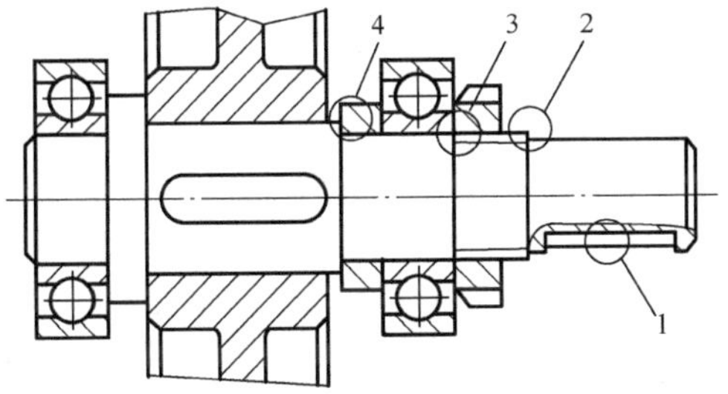

题 11-9 图

11-10　试完成图示单级斜齿轮减速器输出轴的结构设计，并校核危险截面的强度。已知：电动机额定功

率为 $P = 4$ kW，齿轮传动的传动比 $i = 4.5$，低速轴转速 $n_2 = 150$ r/min，大齿轮分度圆直径 $d_2 = 249$ mm，大齿轮齿宽 $b_2 = 83$ mm，分度圆螺旋角 $\beta = 13°$。

11-11　图示减速器的低速轴中，圆柱齿轮和联轴器都采用普通平键实现轴毂连接。已知传递的转矩 $T = 1500$ N·m，齿轮材料为 45 钢，联轴器材料为 HT200，工作时载荷平稳，尺寸如图所示。试选择两轴毂连接处键的类型和尺寸，并校核强度。

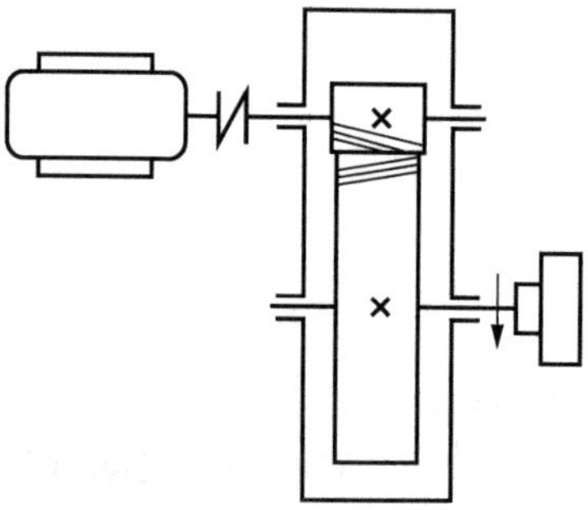

题 11-10 图

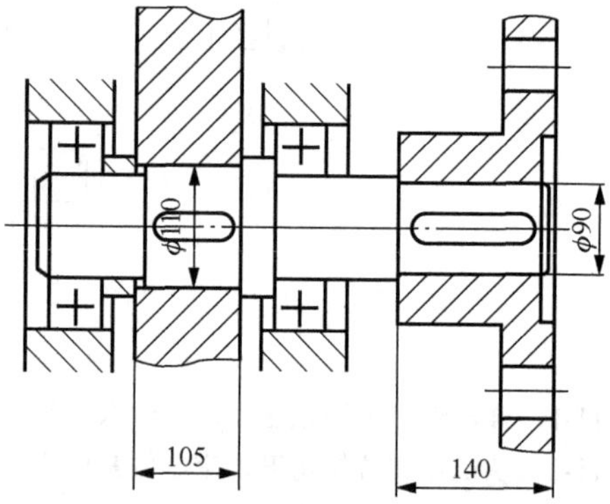

题 11-11 图

第 12 章　滑 动 轴 承

12.1　滑动轴承概述

轴及轴上的各类传动零件需要通过轴承支承在箱体或机架上，轴承在起支承作用的同时，需要保证轴的旋转精度，并减小摩擦和磨损。按摩擦性质，轴承分为滑动摩擦轴承(滑动轴承)和滚动摩擦轴承(滚动轴承)两大类。本章只讨论滑动轴承。

12.1.1　摩擦状态

滑动轴承摩擦副的运动形式为相对滑动，故考虑摩擦、磨损为滑动轴承设计的主要问题。根据轴与轴承表面间的润滑情况，可将摩擦分为以下四种状态。

1.　干摩擦

两表面间无任何润滑剂而直接接触的摩擦称为干摩擦(图 12-1(a))。干摩擦的摩擦功耗大，表面磨损严重，温升很高，会导致轴与轴瓦间产生胶合。所以，在滑动轴承中不允许出现干摩擦。

2.　边界摩擦

由于润滑油中的极性分子在金属表面的吸附作用，在两个相对运动的表面上形成了极薄的边界油膜(图 12-1(b))。边界膜不足以将微观不平的两接触表面分隔开，两表面仍有凸峰接触，但摩擦和磨损情况比干摩擦大为改善，其摩擦系数约为 0.1 ～ 0.3。

3.　流体摩擦

当轴与滑动轴承表面间的润滑膜厚度大到足以将两个表面的轮廓凸峰完全隔开时，形成流体摩擦(图 12-1(c))。此时，摩擦性质取决于流体内部分子间的黏性阻力，摩擦系数极小(约为 0.001 ～ 0.01)，是理想的摩擦状态。

4.　混合摩擦

混合摩擦是干摩擦、边界摩擦和流体摩擦处于混合共存的摩擦状态(图 12-1(d))。在机器的启动阶段，轴与滑动轴承表面间多处于边界摩擦与流体摩擦的混合状态(或称非液体摩擦)。

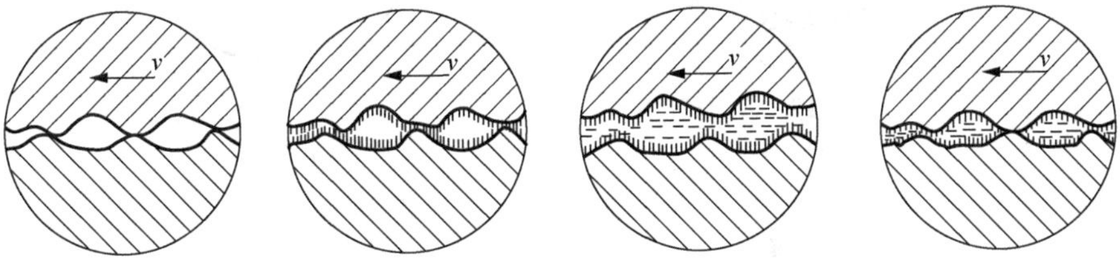

(a)干摩擦　(b)边界摩擦　(c)流体摩擦　(d)混合摩擦

图 12-1　摩擦状态

12.1.2　滑动轴承特点

滚动轴承由于具有摩擦系数低、启动阻力小的优点，并已标准化，因此在一般机器中应用广泛。但由于滑动轴承具有下述特点，使它在某些特殊场合占有重要地位。

(1) 适合于高转速、高载荷。对于极高的转速，由于滚动轴承的寿命与轴的转速成反比，若采用滚动轴承寿命会很短。而采用流体润滑滑动轴承，避免了金属表面间的直接接触，且滑动轴承内无离心运动元件，高速运转下寿命长。因此，滑动轴承被广泛应用于轧钢机、汽轮机、机床等设备中。

(2) 能承受较大的冲击和振动。流体润滑滑动轴承中润滑油膜具有很好的缓冲和吸振作用。

(3) 可设计为剖分结构。滚动轴承为标准件，没有剖分结构，而一些特殊形状的轴(如内燃机中的曲轴)，必须采用剖分式轴承进行支承。

(4) 径向尺寸小。滑动轴承在径向上的尺寸比滚动轴承小，故安装轴承的径向空间尺寸受到限制时，可采用滑动轴承。

12.1.3 滑动轴承的分类

1. 按承受载荷的方向

根据滑动轴承所能承受载荷方向的不同，可将滑动轴承分为径向滑动轴承(只承受径向载荷)和止推滑动轴承(只承受轴向载荷)。

2. 按流体润滑承载机理

滑动轴承的理想摩擦状态为流体摩擦，根据滑动轴承形成流体润滑的方法可分为流体静力润滑轴承(流体静压轴承)和流体动力润滑轴承(流体动压轴承)。

流体静压轴承是靠油泵将一定压力的油送入轴与轴承表面间，依靠流体静压力来平衡轴上外载荷，其工作原理如图 12-2 (a) 所示。由于压力油是通过油泵输送的，油膜压力的建立与轴的转速无关，在机器启动、工作、停止过程中，始终不会发生金属表面间的直接接触，故轴承寿命高。同时由于节流器的作用，油膜刚度大，故运转精度高，抗振性能好。其主要缺点为需要一套复杂的供油装置，设备费用增加。

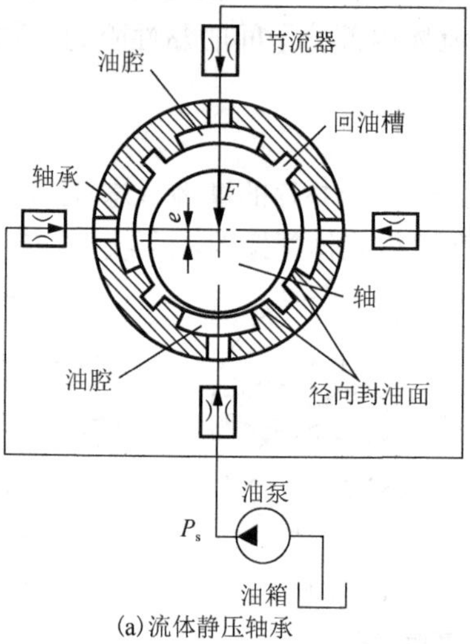

(a) 流体静压轴承

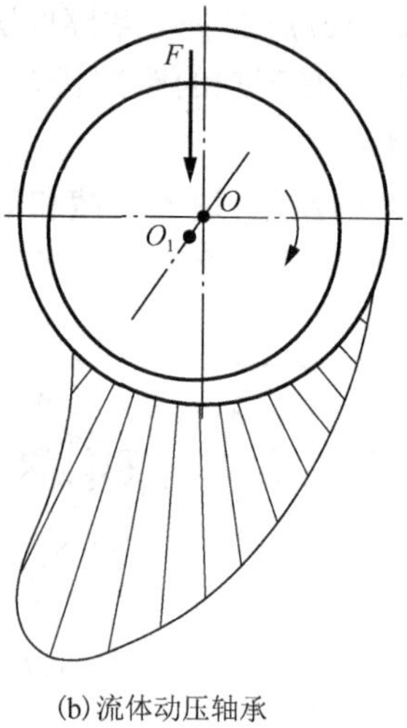

(b) 流体动压轴承

图 12-2　流体润滑滑动轴承承载机理

流体动压轴承通过运动表面将润滑油带入轴与轴承表面之间，从而形成油膜使两个摩擦表面完全隔开，由油膜产生的压力来平衡外载荷(图 12-2(b))。轴与轴承间能否形成具有一定承载能力的油膜，取决于轴的转速、润滑油黏度、供油连续性等因素。流体动压轴承在机器启动和停止时，轴的转速较低而不能形成流体润滑，轴承处于混合摩擦状态。

12.2 滑动轴承的结构

12.2.1 径向滑动轴承

1. 整体式径向滑动轴承

整体式径向滑动轴承的结构如图 12-3 所示。它由轴承座和减摩材料制成的整体轴套组成。轴承座上设有安装润滑油杯的螺纹孔。在轴套上开有油孔，并在轴套的内表面上开有油沟。

整体式滑动轴承结构简单、成本低，但轴承磨损后轴颈与轴套之间的间隙无法调整，且轴承的装拆必须经过轴端，装拆不便。因此，整体式径向滑动轴承一般用于低速、轻载或间歇工作的机器中。

2. 剖分式径向滑动轴承

剖分式径向滑动轴承的结构如图 12-4 所示。主要由轴承座、轴承盖、剖分的上下轴瓦和螺纹连接件组成。

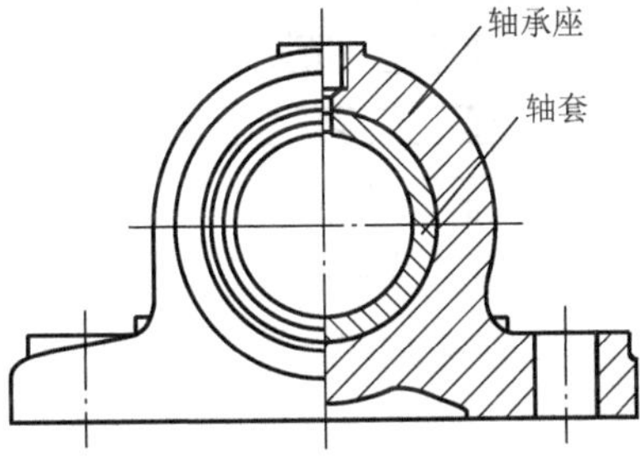

图 12-3 整体式径向滑动轴承

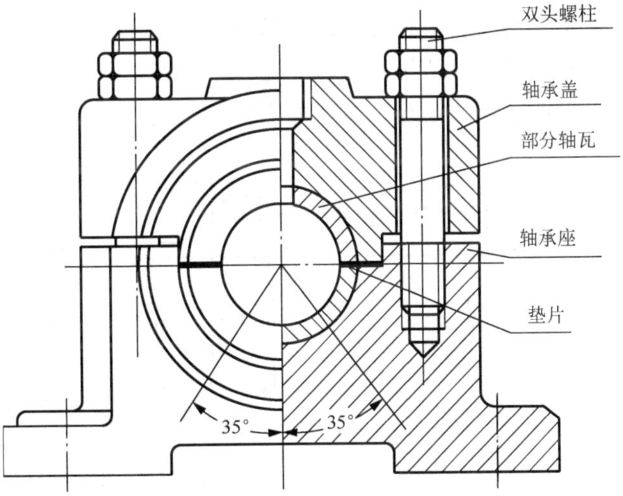

图 12-4 剖分式径向滑动轴承

在轴承盖和轴承座的剖分面处常设置有止口，以便安装定位和承担横向载荷。由于采用了剖分式结构，轴可从径向进行装拆，装拆较为方便。在轴瓦磨损后，可通过减少上下轴瓦剖分面间的调整垫片来调整轴颈与轴瓦之间的间隙。剖分式径向滑动轴承的剖分面通常是水平的，轴承所承受径向载荷的方向与竖直面间的夹角不应超过 35° 左右的范围，否则应采用剖分式斜滑动轴承(图 12-5)。

剖分式径向滑动轴承便于装拆和调整间隙，应用广泛。

3. 调心式径向滑动轴承

因安装误差或轴的弯曲变形，轴承两端会产生边缘接触和载荷集中，造成局部磨损。轴

承宽度 B 与轴颈直径 d 的比值(宽径比)越大，这种局部磨损越严重，一般取 $B/d=0.5\sim1.5$。当 $B/d>1.5$ 时，常采用调心式径向滑动轴承(图 12-6)。

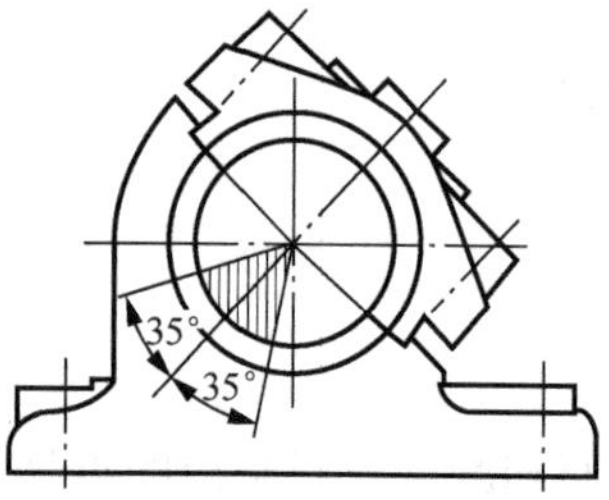

图 12-5　剖分式斜滑动轴承

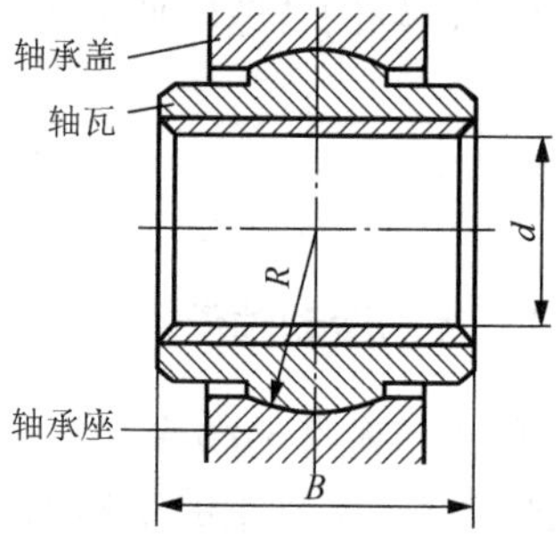

图 12-6　调心式径向滑动轴承

它的轴瓦外表面做成球面形状，与轴承盖和轴承座的球形内表面相配合，轴瓦可以自动调位以适应轴颈在轴弯曲时所产生的偏斜。

12.2.2　止推滑动轴承

止推滑动轴承由轴承座和止推轴颈组成。轴颈的止推面可以是轴端或轴肩，常见的结构有空心式(图 12-7(a))、单环式(图 12-7(b)、(c))和多环式(图 12-7(d))。当轴端为止推面时，通常不采用实心式轴颈，因其端面边缘处圆周速度大，磨损快，造成中心区域压强过大。采用空心轴颈和环状轴颈可以克服这一缺点。单环式利用轴颈的环形轴肩止推，结构简单，广泛用于低速轻载场合。多环式不仅能承受较大的轴向载荷，还可以承受双向轴向载荷。

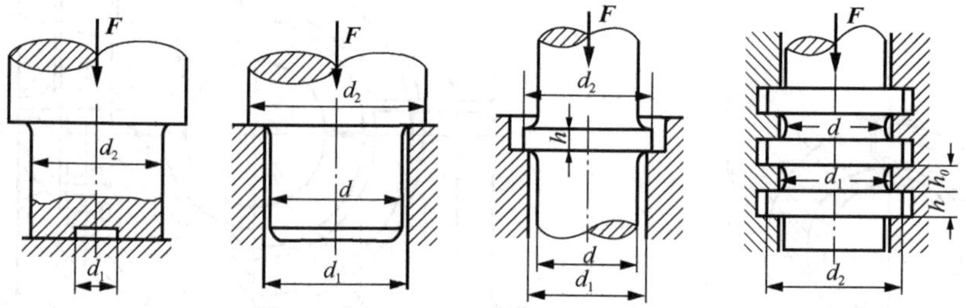

(a)空心式　(b)单环式　(c)单环式　(d)多环式

图 12-7　止推滑动轴承

12.3　轴瓦结构与材料

轴瓦是滑动轴承的重要零件。它既起着承载作用，又是摩擦面，故其结构设计和材料选取将直接影响滑动轴承的工作性能。

12.3.1　轴瓦结构

根据径向滑动轴承的结构，轴瓦也有整体式和剖分式两种类型。整体式轴瓦按加工方法可分为铸造轴套(图 12-8(a))和卷制轴套(图 12-8(b))。

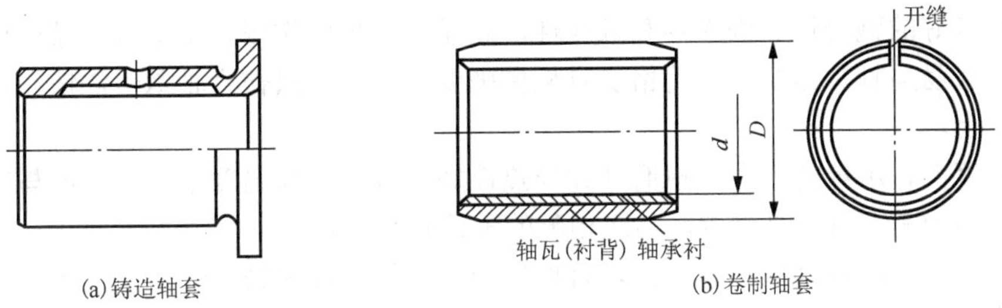

图 12-8 整体式轴瓦

剖分式轴瓦结构如图 12-9 所示。通常在其两端设有凸肩，用以防止轴瓦出现轴向窜动，并能承受一定轴向力。

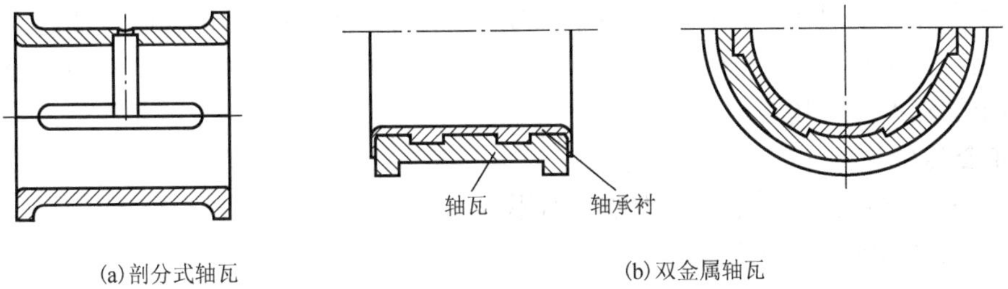

图 12-9 剖分式轴瓦

对于重要轴承，为提高其承载能力，改善轴瓦的摩擦性能，常采用双金属轴瓦，即在轴瓦基体的内表面用减摩性能好的材料制作一层轴承衬，如图 12-8(b)和图 12-9(b)所示。

为了使润滑油能流到轴瓦的整个工作表面上，轴瓦上需要加工出油孔和油沟，油孔用于供应润滑油，油沟用于输送和分布润滑油。常见的油沟形式如图 12-10 所示。油孔和油沟应开设在轴承的非承载区，如上轴瓦或剖分面上(图 12-9(a))，否则会降低轴承的承载能力。油沟在轴向上不应开通，一般为轴瓦宽度的 0.8 倍，以免润滑油沿油沟从两端泄漏。

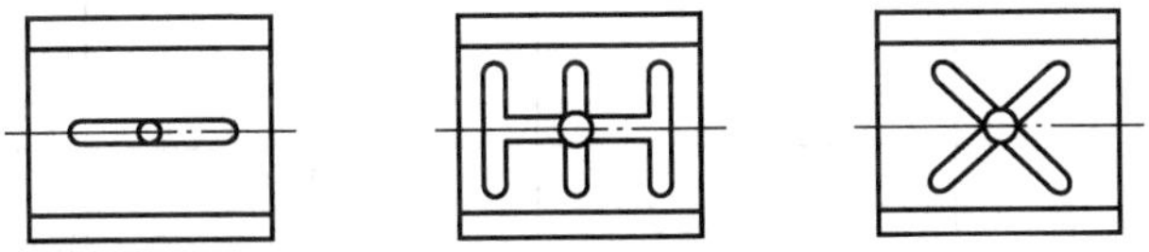

图 12-10 油沟形式

12.3.2 轴瓦材料

轴瓦的主要失效形式为磨损和胶合，此外还有疲劳破坏和腐蚀等。为保证轴承正常工作，轴瓦材料应满足下列要求：①足够的强度；②减摩性和耐磨性好；③导热性好，热膨胀系数小；④耐腐蚀，抗胶合能力强；⑤良好的塑性、顺应性和嵌入性。很少有材料能同时满足上述要求，设计时应根据具体情况，满足主要使用要求。

常用的轴瓦材料有金属材料、粉末冶金材料和非金属材料。

1. 金属材料

金属材料包括轴承合金、青铜、铸铁等。

轴承合金(又称白合金、巴氏合金)是在锡或铅的软基体金属中加入锑锡或铜锡的硬晶粒。

软基体具有良好的跑合性、嵌入性和顺应性，硬晶粒起抗磨作用。轴承合金减摩性能、抗胶合性能好，且易与轴颈跑合，但价格贵且机械强度低，通常只作为轴承衬浇铸在青铜、铸铁或软钢轴瓦上。

青铜强度高、承载能力大、耐磨性和导热性好，可在较高温度下工作，但与轴承合金相比，抗胶合能力差，且不易跑合，与之相配的轴颈必须淬硬。

铸铁具有一定的减摩性和耐磨性，且价格低廉，但塑性和磨合性差，仅用于低速轻载和无冲击场合。

2. 粉末冶金材料

粉末冶金材料是将铁或青铜粉末与石墨等均匀混合后高压成型，再经过高温烧结而成，形成的多孔组织结构。使用前将轴瓦浸在润滑油中，使孔隙中充满润滑油，故通常把这种材料做的轴承称作含油轴承。工作时，由于轴颈转动的抽吸作用及受热膨胀，油进入摩擦表面起润滑作用；不工作时，由于毛细作用，油又回到孔隙中。含油轴承加一次油可使用较长时间，常用于加油不方便场合。

3. 非金属材料

非金属轴瓦材料主要有塑料、橡胶、石墨、木材等。

常用轴瓦材料的性能见表 12-1。

表 12-1　常用轴瓦材料性能

材料	牌号	许用值			最高工作温度 / ℃	最小轴颈硬度 / HBW	特性及用途
		$[p]$ / MPa	$[v]$ / $(m \cdot s^{-1})$	$[pv]$ / $(MPa \cdot m \cdot s^{-1})$			
锡基轴承合金	ZSnSb11Cu6 ZSnSb4Cu4	平稳载荷			150	150	变载荷下易于疲劳，价高。用于高速、重载下工作的重要轴承
		25	80	20			
		冲击载荷					
		20	60	15			
铅基轴承合金	ZPbSb16Sn16Cu2	12	12	10	150	150	用于无剧烈变载荷工作条件下的电动机、离心泵、轧机等机器的轴承
	ZPbSb15Sn10	20	15	15			用于载荷较小的内燃机主轴和连杆轴承、凸轮轴套
青铜	ZCuSn10P1	15	10	15	280	200	用于中速、重载及变载荷的轴承
	ZCuSn5Pb5Zn5	8	3	15			用于中速、中等载荷轴承
	ZCuAl10Fe3	15	4	12			用于润滑充分的低速重载轴承
灰铸铁	HT150	4	0.5		150	250	用于不受冲击的低速轻载轴承
	HT200	2	1				

12.4　滑动轴承的润滑

轴承润滑的目的在于降低摩擦功耗，减少磨损，同时还起到冷却、吸振、防锈和密封等作用。润滑剂和润滑方法的选用直接影响轴承的润滑效果。

12.4.1　润滑剂

滑动轴承常用的润滑剂有润滑油、润滑脂、固体润滑剂等。

1. 润滑油

绝大多数滑动轴承使用的润滑剂为润滑油，它包括矿物油、动植物油和合成油。润滑油最重要的性能指标为黏度。黏度是流体抗剪切变形的能力，表征流体内摩擦阻力的大小。如图 12-11 所示，有两块被润滑油隔开的平行金属平板 *A*、*B*，板 *B* 静止不动，板 *A* 以速度 v 沿 x 轴运动。由于液体与金属表面间的吸附作用，吸附于 *A* 板表面的油层随 *A* 板以同样的速度 v 运动，吸附于 *B* 板表面的油层静止不动。其他各油层的流速 u 沿 y 方向按线性依次减小，各油层之间产生相对滑移，在各油层的界面上存在抵抗滑移的内摩擦切应力 τ。油中任一点的切应力 τ 与该处油的速度梯度 $\mathrm{d}u/\mathrm{d}y$ 成正比，即

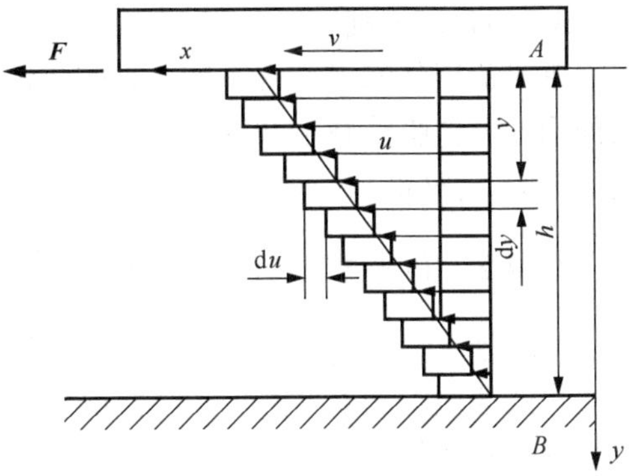

图 12-11　平行平板间油的层流

$$\tau = -\eta \frac{\mathrm{d}u}{\mathrm{d}y} \tag{12-1}$$

式中，η 为比例常数，称为流体的动力黏度。图中速度 u 随坐标 y 值增大而减小，故式(12-1)中引入“−”号。式(12-1)称为牛顿黏性定律，服从该黏性定律的流体都称作牛顿液体。

在国际单位制中，动力黏度单位为 Pa·s，而在绝对单位制中，动力黏度单位为 P(泊)或 cP(厘泊)。换算关系为 1 Pa·s = 10 P = 1000 cP。

工程中常采用动力黏度 η 与同温度下该液体的密度 ρ 的比值表示黏度，称为运动黏度 v(单位 m^2/s)，即

$$v = \frac{\eta}{\rho} \tag{12-2}$$

在绝对单位制中，运动黏度单位为 St(斯)或 cSt(厘斯)。换算关系为 $1\ St = 1\ cm^2/s = 100\ cSt = 10^{-4}\ m^2/s$。

GB/T 3141—1994 规定采用 40 ℃时的运动黏度作为润滑油的黏度等级牌号，牌号数字越大，黏度越高。例如牌号为 L—AN32 的全损耗系统用油表示在 40 ℃时油的运动黏度为 32cSt 左右。

润滑油的黏度随温度和压力变化。随着温度升高，润滑油黏度下降。随着压力增大，润滑油黏度增大。当压力低于 100 MPa 时，黏度随压力变化较小，通常可忽略。

除黏度指标外，润滑油还有油性、极压性、闪点、凝点等指标。

2. 润滑脂

润滑脂是用矿物油与各种稠化剂(如钙、钠、铝、锂等金属皂)混合制成的半固体物质。润滑脂密封简单，不需经常添加，不易流失。但其物理和化学性质不如润滑油稳定，摩擦功耗大，无冷却效果，不宜在温度变化大或高速下使用。主要用在低速、重载或有冲击的工况。润滑脂的主要性能指标为针入度和滴点。

工业上应用最广的是钙基润滑脂，它具有耐水性，但只能在 60 ℃以下使用。钠基润滑脂比钙基耐热，一般用在 120 ℃以下，但怕水。锂基润滑脂具有较好的耐水性和热稳定性，适用于-20 ～ 150 ℃范围。

3. 固体润滑剂

常见的固体润滑剂有石墨、二硫化钼、聚四氟乙烯、软金属等。固体润滑剂可以在摩擦表面形成固体膜以减小摩擦阻力，主要用在怕油污染、不易维护的场合和特殊工作环境(如低温、高温、强辐射、真空等)。

12.4.2 润滑方法和润滑装置

滑动轴承给油的方法多种多样，按给油方式可分为间断给油和连续给油。间断给油是利用油壶或油枪，靠手工定时通过轴承油孔加油、加脂，也可采用图 12-12(a)所示的旋盖式油杯。旋盖式油杯的杯盖和杯体通过螺纹连接，定期旋拧杯盖可将贮存于杯体的润滑脂挤压进轴承孔内。

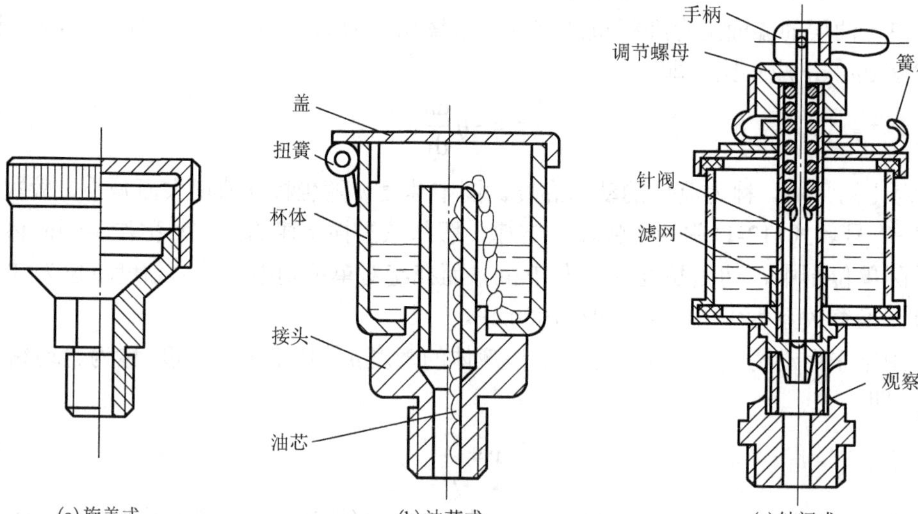

(a)旋盖式　　(b)油芯式　　(c)针阀式

图 12-12　润滑装置

对于比较重要的轴承，应采用连续给油，具体方式如下。

(1)滴油润滑。润滑油通过润滑装置连续滴入轴承间隙中进行润滑。常用的有油芯式油杯(图 12-12(b))和针阀式油杯(图 12-12(c))。油芯式油杯依靠棉线的毛细管作用，将油杯中的油滴入轴承。这种油杯结构简单，但供油量不可调，且停机时仍在供油。针阀式油杯是通过控制针阀来给油的，当手柄直立时，针阀被提起，底部油孔打开，油杯中的油滴入轴承。调节螺母可控制针阀的提升高度，从而调节供油量。当手柄平放时，针阀堵住油孔，停止供油。

(2)油环润滑。如图 12-13 所示，油环套在轴颈上，下部浸在油池里。当轴颈回转时，油环将油带到轴颈与轴瓦的工作表面进行润滑。这种给油方式适合水平而连续运转的轴颈，供油量与转速、油环截面尺寸、润滑油黏度等有关。转速过低，油环不能把油带起；转速过高，环上的油会被甩掉。

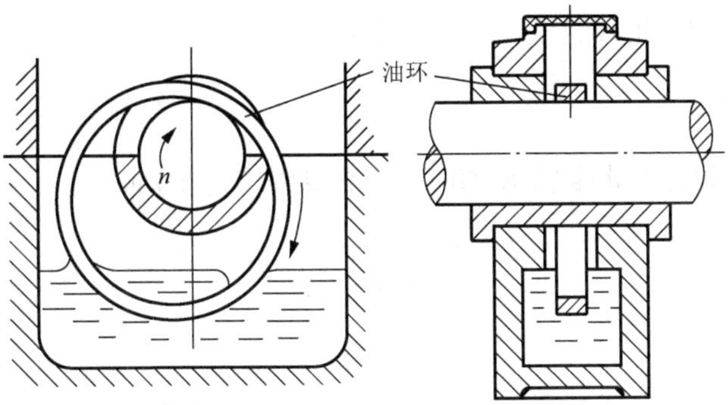

图 12-13　油环润滑

(3) 飞溅润滑。利用浸在油池中的零件(如齿轮)转动，使润滑油飞溅成的油沫沿箱壁和油沟流入轴承。

(4) 压力循环润滑。利用油泵循环给油，可提供充足的油量来润滑和冷却轴承。在重载、振动或交变载荷等工作条件下，能取得良好的润滑效果，但成本较高。

12.5　非液体摩擦滑动轴承的计算

非液体摩擦轴承的计算准则为维持边界油膜不破裂。然而，影响边界油膜强度的因素很复杂，目前只能采用简化的条件性计算方法。

12.5.1　向心轴承

1. 限制轴承的平均压强 p

限制轴承的平均压强 p 以保证润滑油不被过大的压力挤出，避免轴瓦产生过度磨损。

$$p=\frac{F}{Bd}\leqslant[p] \tag{12-3}$$

式中，F 为轴所受径向载荷，N；B 为轴瓦宽度，mm；d 为轴颈直径，mm；$[p]$为轴瓦材料的许用压强，MPa(表 12-1)。

2. 限制轴承的 pv 值

pv 与摩擦功率损耗成正比，可简略地表征轴承的发热因素。pv 值越高，轴承的温升越高，容易引起边界油膜的破裂，导致胶合失效。

$$pv=\frac{F}{Bd}\cdot\frac{\pi dn}{60\times1000}\leqslant[pv] \tag{12-4}$$

式中，n 为轴的转速，r/min；$[pv]$为轴瓦材料的许用值，MPa·m/s(表 12-1)。

3. 限制滑动速度 v

当压强 p 较小时，即使 p 和 pv 都在许用范围内，也可能由于 v 过高而出现加速磨损。

$$v=\frac{\pi dn}{60\times1000}\leqslant[v] \tag{12-5}$$

式中，$[v]$为轴瓦材料的许用线速度，m/s（表 12-1）。

12.5.2　止推轴承

处于非液体摩擦状态的止推轴承（图 12-7）需要校核 p 和 pv。

$$p=\frac{F}{\frac{\pi}{4}(d_2^2-d_1^2)z}\leqslant[p] \tag{12-6}$$

$$pv_m\leqslant[pv] \tag{12-7}$$

式中，d_1、d_2 分别为止推环承载面的内、外径，mm；z 为轴环数；v_m 为轴环的平均速度，$v_m=\frac{\pi d_m n}{60\times1000}$，而 d_m 为轴环平均直径 $d_m=\frac{d_1+d_2}{2}$。$[p]$和$[pv]$值可从表 12-1 中查取。对于多环止推轴承，考虑各环承载不均，$[p]$和$[pv]$值应减小 20 % ～ 40 %。

12.6　动压润滑的基本原理

12.6.1　流体动力润滑基本方程

流体动力润滑的基本方程是描述流体膜压力分布的微分方程，可以由图 12-14 所示模型在一些假设条件简化的基础上进行推导。假设条件：流体为牛顿流体，且流动为层流；忽略压力对黏度的影响；略去惯性力及重力的影响；流体不可压缩。

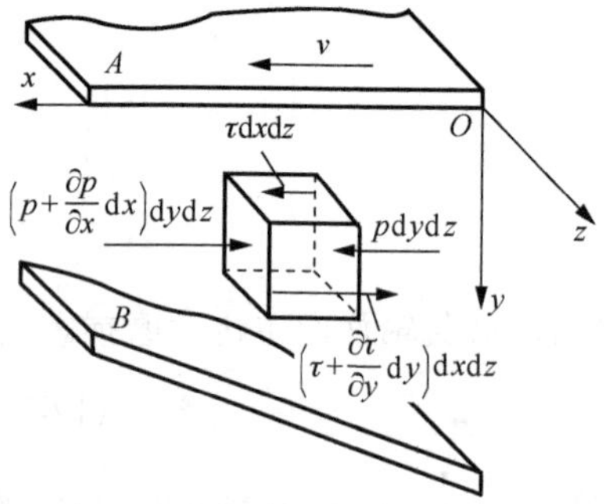

图 12-14　流体动压分析

图 12-14 中，被润滑油隔开的 A、B 两板，板 B 固定不动，板 A 以速度 v 沿图中 x 方向运动，两板间的间隙（y 方向距离）沿板 A 的运动方向由大到小呈收敛的楔形。再假设两板在 z 方向尺寸为无限大，油沿 z 方向没有流动。从两板间流体取一个微单元体进行分析，根据微单元体在 x 方向的力系平衡条件，结合牛顿黏性定律和流量连续性方程，可推导出（推导过程略）油膜压力 p 沿 x 方向变化的微分方程

$$\frac{dp}{dx}=6\eta v\frac{h-h_0}{h^3} \tag{12-8}$$

式中，h 为沿 x 方向任意截面的油膜厚度（间隙大小）；h_0 为两板间油膜压力为极值的截面的油膜厚度。式（12-8）为一维雷诺方程，是计算流体动力润滑滑动轴承的基本方程。

12.6.2　油楔承载机理

图 12-15（a）中，在截面 h_0 右边，$h>h_0$，由式（12-8），$dp/dx>0$，即压力 p 沿 x 方向逐渐增大；在截面 h_0 左边，$h<h_0$，由式（12-8），$dp/dx<0$，即压力 p 沿 x 方向逐渐减小；当 $h=h_0$ 时，由式（12-8），$dp/dx=0$，p 有极大值 p_{max}。因此，在收敛形油楔的两板之间，各处油压都大于入口和出口的压力，产生了正压力以支承外载荷。

若两板平行（图 12-15（b）），则任意截面的油膜厚度均为 $h=h_0$，即 $dp/dx=0$。两平行板

间各处油压都等于入口和出口处的压力，因此不能产生高于外部压力的油压以支承外载荷。

若两板呈扩散楔形——移动板带动润滑油从小口流向大口，则两板间各处油压都低于入口和出口处的压力，不仅不能承载，而且会产生使两板相吸的力。

由上可知，形成流体动压润滑的必要条件为：①相对滑动的两表面间必须形成收敛的楔形间隙；②被润滑的两表面间必须连续充满具有一定黏度的润滑油；③被润滑的两表面间必须具有一定的相对滑动速度，其运动方向必须使润滑油由大口流进，从小口流出。

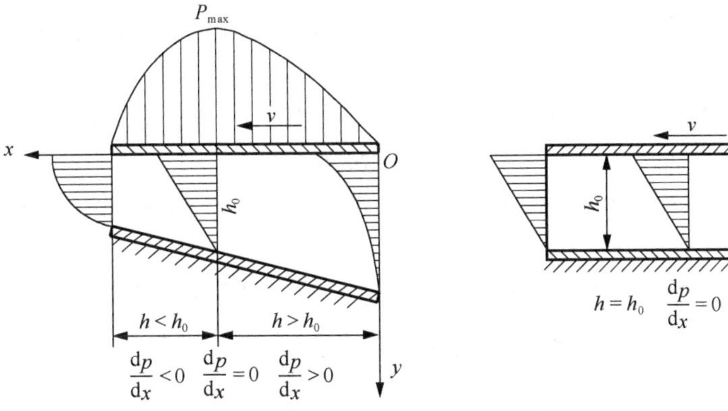

(a) 两板收敛形　　(b) 两板平行

图 12-15　油楔承载机理

12.6.3　径向滑动轴承形成流体动压润滑的过程

径向滑动轴承轴颈与轴承孔配合时具有一定间隙，如图 12-16(a)所示，当轴颈静止时，轴颈处于轴孔的最低位置，并与轴瓦接触。此时，两表面间自然形成一收敛的楔形空间。当轴颈开始转动时，速度较低，带入轴承间隙中的油量较少，这时轴瓦对轴颈摩擦力的方向与轴颈表面圆周速度方向相反，迫使轴颈在摩擦力作用下沿孔壁向右爬升(图 12-16(b))。随着转速的增大，轴颈表面的圆周速度增大，带入楔形空间的油量也逐渐增多。这时，右侧楔形油膜产生了一定的油膜压力，将轴颈向左浮起。当轴颈达到工作转速时，各点油膜压力在竖直方向的合力与外载荷相平衡，轴颈便稳定在一定偏心位置上(图 12-16(c))。轴颈中心 O_1 与轴承孔中心 O 不重合，$\overline{OO_1}=e$，称为偏心距。

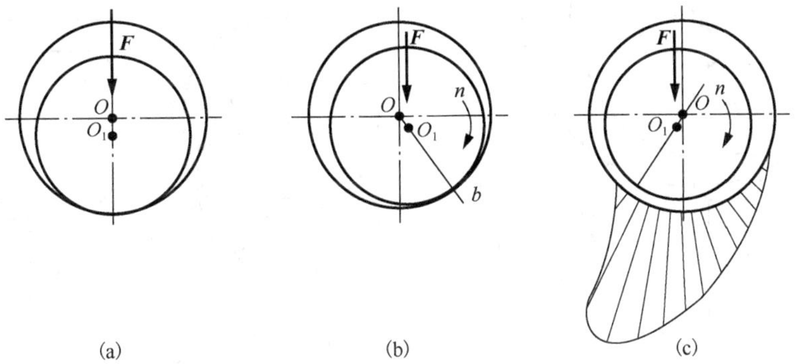

(a)　　(b)　　(c)

图 12-16　径向滑动轴承形成流体动压润滑的过程

12.7　流体动压向心滑动轴承的计算

12.7.1　承载量计算

轴承工作时轴颈的位置如图 12-17 所示。R、r 分别为轴承孔和轴颈的半径，二者之差称为半径间隙 δ，即 $\delta = R - r$。半径间隙 δ 与轴颈半径 r 的比值，称为相对间隙 ψ，即 $\psi = \delta / r$。偏心距 e 与半径间隙 δ 的比值，称为偏心率 χ，即 $\chi = e / \delta$。由图 12-17 可知，最小油膜厚度为

$$h_{\min} = \delta - e = \delta(1-\chi) = r\psi(1-\chi) \tag{12-9}$$

取轴颈中心 O_1 为坐标原点，连心线 OO_1 为极坐标轴，任意 ϕ 角处的油膜厚度为

$$h = r\psi(1-\chi\cos\phi) \tag{12-10}$$

轴承和轴颈连心线 OO_1 与外载荷 $\boldsymbol{F}$ 的方向所形成的夹角 θ 称为偏位角。ϕ_1 和 ϕ_2 分别为油膜起始角和终止角。

将式(12-8)转换为极坐标形式，令 $\mathrm{d}x = r\mathrm{d}\phi$，$v = r\omega$，并将式(12-9)和式(12-10)代入，则

$$\frac{\mathrm{d}p}{\mathrm{d}\phi} = \frac{6\eta\omega}{\psi^2}\frac{\chi(\cos\phi - \cos\phi_0)}{(1+\chi\cos\phi)^3} \tag{12-11}$$

将上式从油膜起始角 ϕ_1 到任意角 ϕ 进行积分，可得在任意 ϕ 角处的油膜压力

$$p_\phi = \frac{6\eta\omega}{\psi^2}\int_{\phi_1}^{\phi}\frac{\chi(\cos\phi - \cos\phi_0)}{(1+\chi\cos\phi)^3}\mathrm{d}\phi \tag{12-12}$$

将 p_ϕ 在载荷方向的分量从油膜起始角 ϕ_1 到油膜终止角 ϕ_2 进行积分，可得单位宽度的油膜承载能力。再乘以轴承宽度 B，即得到有限宽轴承在不考虑端泄时的承载能力 F。对于有限宽轴承，两端有端泄，端部油压为零，油压沿宽度方向呈抛物线分布。宽径比 B/d 对油压分布的影响如图 12-18 所示。

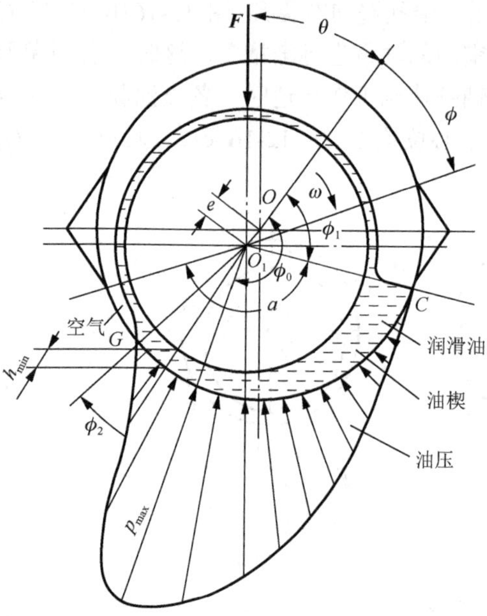

图 12-17　径向滑动轴承的几何参数与油压分布

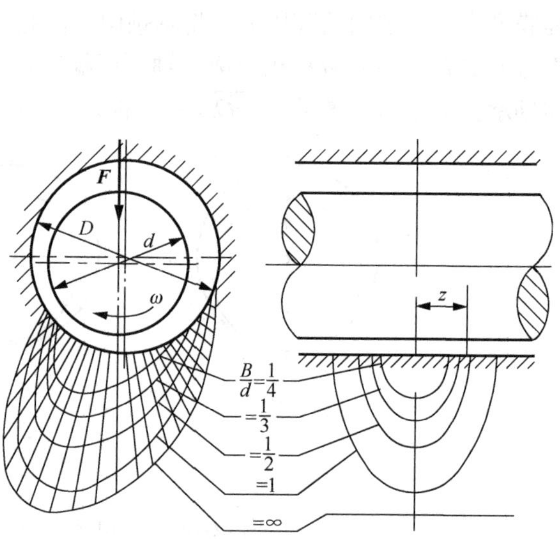

图 12-18　不同宽径比下的油压分布

$$F=\frac{\eta\omega dB}{\psi^2}C_\text{p} \tag{12-13}$$

式中，η 为润滑油黏度，Pa·s；B 为轴承宽度，m；d 为轴颈直径，m；F 为轴承承载能力，N；C_p 为承载量系数，为双重积分的结果，其值与 χ、B/d、轴承包角 α（指轴承表面上连续光滑部分包围轴颈的角度）等参数有关，由于积分较为困难，可采用数值法求解。轴承包角 $\alpha=180°$，在非承载区进行无压供油的 C_p 值见表 12-2。

表 12-2　有限宽轴承的承载量系数 C_p

B/d	χ													
	0.3	0.4	0.5	0.6	0.65	0.7	0.75	0.8	0.85	0.9	0.925	0.95	0.975	0.99
	C_p													
0.3	0.0522	0.083	0.128	0.203	0.259	0.347	0.475	0.699	1.122	2.074	3.352	5.73	15.15	50.52
0.4	0.0893	0.141	0.216	0.339	0.431	0.573	0.776	1.079	1.775	3.195	5.055	8.393	21.00	65.26
0.5	0.133	0.209	0.317	0.493	0.622	0.819	1.098	1.572	2.428	4.261	6.615	10.706	25.62	75.86
0.6	0.182	0.238	0.427	0.655	0.819	1.070	1.418	2.001	3.036	5.214	7.956	12.64	29.17	83.21
0.7	0.234	0.361	0.538	0.816	1.014	1.312	1.720	2.399	3.580	6.029	9.072	14.14	31.88	88.90
0.8	0.287	0.439	0.647	0.972	1.199	1.538	1.965	2.754	4.053	6.721	9.992	15.37	33.99	92.89
0.9	0.339	0.515	0.754	1.118	1.371	1.745	2.248	3.067	4.459	7.294	10.753	16.37	35.66	96.35
1.0	0.391	0.589	0.853	1.253	1.528	1.929	2.469	3.372	4.808	7.772	11.38	17.18	37.00	98.95
1.1	0.440	0.658	0.947	1.377	1.669	2.097	2.664	3.580	5.106	8.186	11.91	17.86	38.12	101.15
1.2	0.487	0.723	1.033	1.489	1.796	2.247	2.838	3.787	5.364	8.533	12.35	18.43	39.04	102.90
1.3	0.529	0.784	1.111	1.590	1.912	2.379	2.990	3.968	5.586	8.831	12.73	18.91	39.81	104.42
1.5	0.610	0.891	1.248	1.763	2.099	2.600	3.242	4.266	5.947	9.304	13.34	19.68	41.07	106.84

注：$\alpha=180°$。

12.7.2　最小油膜厚度

由式(12-9)和表 12-2 可知，在其他条件不变的情况下，h_min 越小，χ 越大，C_p 越大，轴承的承载能力 F 就越大。然而，若 h_min 过小，则可能导致轴颈与轴瓦表面局部接触，从而不能形成流体润滑。因此，最小油膜厚度 h_min 必须大于或等于许用最小油膜厚度$[h_\text{min}]$，即

$$h_\text{min}=r\psi(1-\chi)\geqslant[h_\text{min}] \tag{12-14}$$

而

$$[h_\text{min}]=S(R_{z1}+R_{z2}) \tag{12-15}$$

式中，R_{z1}、R_{z2} 分别为轴颈和轴瓦表面微观不平度的十点平均高度；S 为安全系数，常取 $S\geqslant 2$。

流体动压轴承除计算承载能力外，设计时还需要进行热平衡计算，验算润滑油的工作温度，具体计算方法请参考相关机械设计教材。

习　　题

12-1　滑动轴承有哪些优缺点？适用于哪些场合？

12-2　滑动轴承的摩擦状态有几种？各有什么特点？

12-3　滑动轴承有哪些结构形式？各有什么特点？

12-4　对轴瓦材料有哪些基本要求？常用的轴瓦材料有哪些类型？各适用于什么场合？

12-5　轴承合金具有优良的摩擦学性能，为什么不能直接用作轴瓦？

12-6　为什么要在轴瓦上开设油孔和油沟？应如何开设？

12-7　什么是润滑油的黏度？黏度受哪些因素影响？

12-8　非液体摩擦轴承验算 p、pv 和 v 的目的是什么？

12-9　形成流体动压润滑的必要条件是什么？

12-10　简述径向滑动轴承形成流体动压润滑的过程。

12-11　有一非液体摩擦径向滑动轴承，已知轴颈直径 $d = 100$ mm，轴承宽度 $B = 100$ mm，轴颈转速 $n = 600$ r/min，轴瓦材料为 ZCuSn5Pb5Zn5，试计算该轴承所能承受的最大径向载荷。

12-12　某径向滑动轴承，承受径向载荷 $F = 12$ kN，转速 $n = 1500$ r/min，轴颈直径 $d = 100$ mm，宽径比 $B / d = 1$，半径间隙 $\delta = 0.15$ mm，轴承包角 $\alpha = 180°$，采用无压供油，工作温度下润滑油的黏度 $\eta = 0.02$ Pa·s。轴颈和轴瓦表面粗糙度分别为 $R_{z1} = 1.6$ μm、$R_{z2} = 3.2$ μm。试判定该轴承能否形成流体动压润滑。

第13章 滚动轴承

13.1 滚动轴承的构造、类型和选择

滚动轴承是标准件，由专门的轴承工厂成批生产，制造成本较低。在机械设计中，只需要根据工作条件选用合适的轴承类型和型号，并进行组合结构设计。

13.1.1 滚动轴承的构造

典型滚动轴承的基本构造如图13-1所示，由内圈1、外圈2、滚动体3和保持架4组成。内圈、外圈分别与轴颈、轴承座孔装配在一起。通常是内圈随轴颈回转，外圈固定不动。内圈和外圈上都有凹槽滚道，当内圈与外圈相对转动时，滚动体沿滚道滚动。滚动体是滚动轴承的核心元件，它使相对运动表面间的滑动摩擦变为滚动摩擦。常见的滚动体形状有球形、圆柱滚子、圆锥滚子、球面滚子、滚针等几种，如图13-2所示。滚动体为球形的轴承称为球轴承，滚动体为其他形状的轴承称为滚子轴承。保持架的作用是使各滚动体沿圆周均匀分隔开，从而避免相邻的滚动体直接接触产生摩擦和磨损。

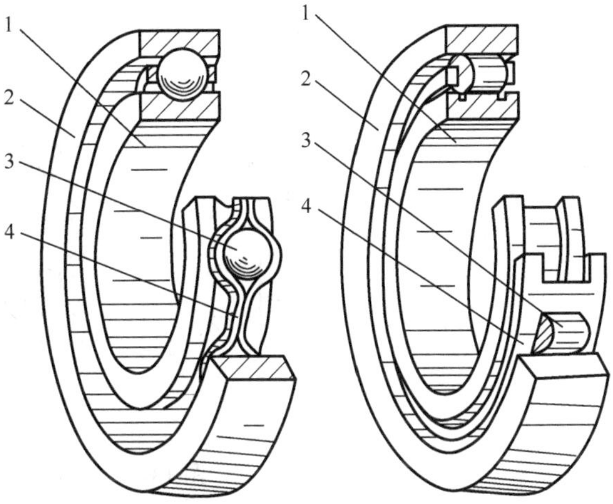

图13-1 滚动轴承的构造

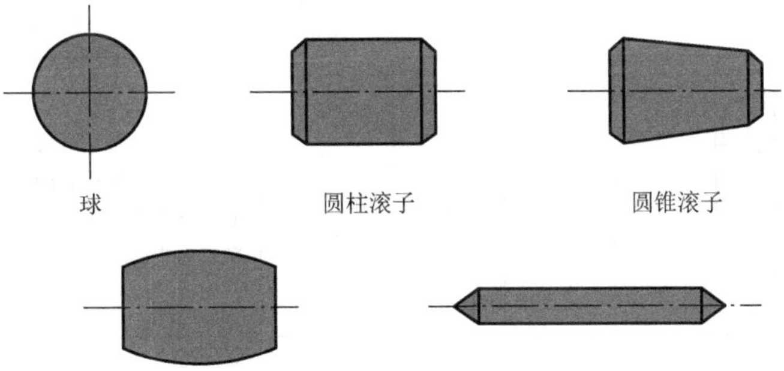

图13-2 滚动体类型

滚动轴承的内、外圈和滚动体一般用强度高、耐磨性好的铬锰高碳钢制造，如GCr15等，淬火硬度不低于 61～65 HRC，工作表面需要经过磨削或抛光。保持架常用软钢冲压后铆接或焊接而成，有时也采用铜合金、铝合金、塑料等制造。

13.1.2　滚动轴承的主要类型

滚动轴承中套圈与滚动体接触处的法线与垂直于轴承轴心线的平面间的夹角 α，称为公称接触角。公称接触角的大小反映了轴承承受轴向载荷的能力。公称接触角越大，轴承承受轴向载荷的能力越强。

按承受载荷的方向和公称接触角的不同，滚动轴承可概括地分为向心轴承、推力轴承和向心推力轴承。向心轴承，主要承受径向载荷(图 13-3(a))，公称接触角 $\alpha=0°$，如深沟球轴承、调心球轴承、圆柱滚子轴承等。推力轴承，主要承受轴向载荷(图 13-3(b))，$\alpha=90°$，如推力球轴承和推力圆柱滚子轴承。推力轴承与轴颈和轴承座孔配合的两个套圈分别称为轴圈和座圈。能同时承受径向载荷和轴向载荷(图 13-3(c))的轴承为向心推力轴承，$0°<\alpha<90°$，如角接触轴承、圆锥滚子轴承等。

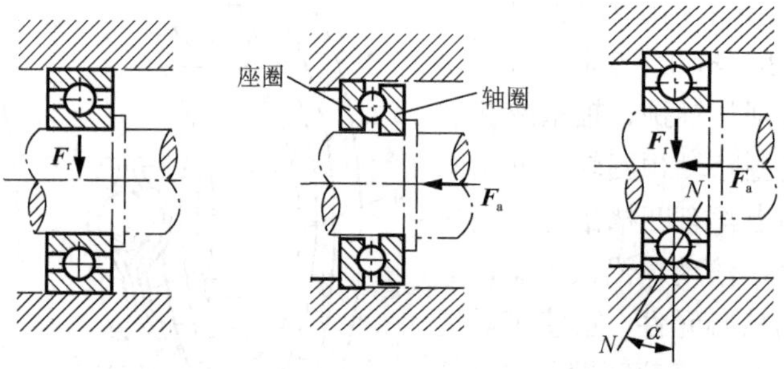

(a) 向心轴承　　(b) 推力轴承　　(c) 向心推力轴承

图 13-3　不同类型轴承的承载情况

滚动轴承的种类很多，常用滚动轴承的类型和性能特点见表 13-1。

表 13-1　常用滚动轴承的类型和性能特点

轴承名称	结构简图	类型代号	极限转速	允许偏转角	性能和特点
调心球轴承	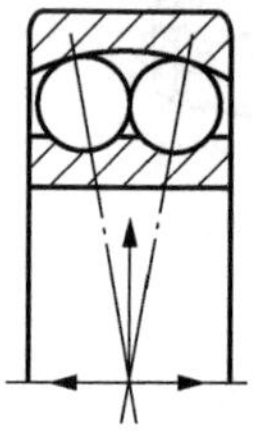	1	中	3°	主要承受径向载荷，也可承受不大的双向轴向载荷。外圈滚道表面是内球面，故能实现自动调心。适用于多支点轴、弯曲刚度小的轴以及难于精确对中的支承
调心滚子轴承	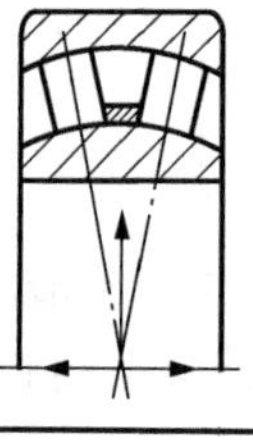	2	低	1°～2.5°	承受径向载荷能力较大，同时也可承受一定的双向轴向载荷，抗振动、冲击。外圈滚道为球面，能自动调心。适用于多支点轴、弯曲刚度小的轴及难于精确对中的支承

续表

轴承名称	结构简图	类型代号	极限转速	允许偏转角	性能和特点
圆锥滚子轴承	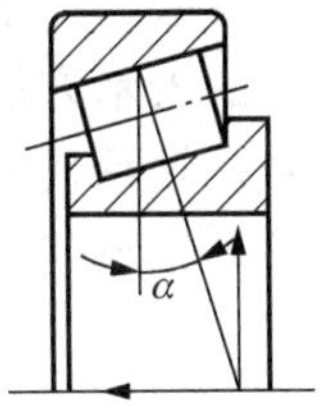	3	中	2'	能同时承受较大的径向载荷和单向的轴向载荷，承载能力大。内、外圈可分离，安装时可调整游隙，成对使用。公称接触角 α 有小锥角(30000型) $\alpha=10°\sim18°$ 和大锥角(30000B 型) $\alpha=27°\sim30°$ 两种
推力球轴承	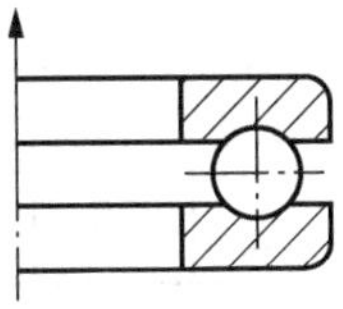 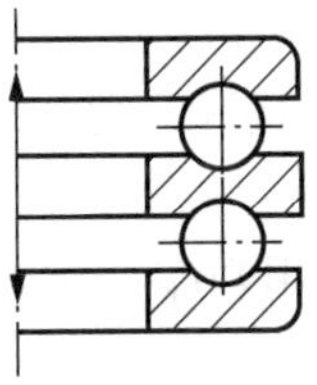	5	低	不允许	只能承受轴向载荷。有单列(51000 型，承受单向轴向载荷)和双列(52000 型，承受双向轴向载荷)等类型。 回转时，离心力大，钢球与保持架摩擦发热严重，极限转速较低。套圈可分离
深沟球轴承	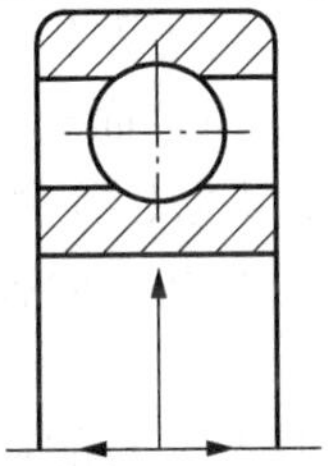	6	高	8'～16'	结构简单。$\alpha=0°$，主要承受径向载荷，因内外圈滚道较深，故也能承受较小的双向轴向载荷。高速时可代替推力轴承承受纯轴向载荷。摩擦系数小，极限转速高，价廉，应用范围广
角接触球轴承	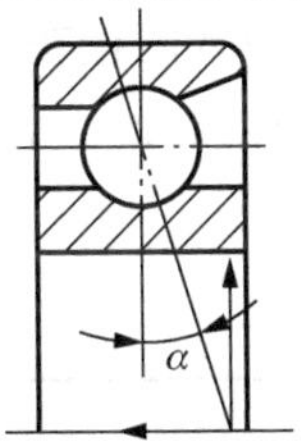	7	高	2'～10'	能同时承受径向载荷、轴向载荷。α 有 15°(70000C 型)、25°(70000AC 型)、40°(70000B 型)三种，承受轴向载荷的能力随公称接触角的增大而增大。通常成对使用
圆柱滚子轴承	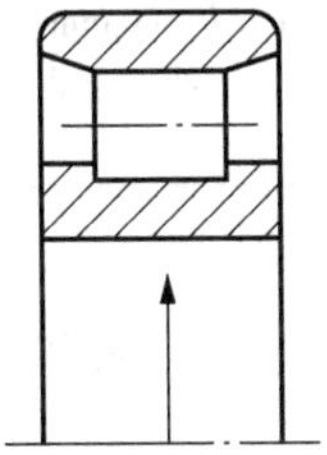	N	高	2'～4'	能承受较大径向载荷。内、外圈沿轴向可自由移动，不能承受轴向载荷。滚子和套圈之间是线接触，只允许很小角位移
滚针轴承	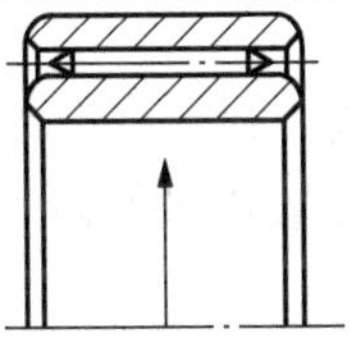	NA	低	不允许	内圈或外圈可以分离，只能承受径向载荷。承载能力大，径向尺寸小。一般无保持架，因此滚针间有较大摩擦，极限转速低

13.1.3 滚动轴承的代号

滚动轴承类型很多，而每一种类型又有不同的尺寸、结构和公差等级，为了统一表征各类轴承的特点，便于组织生产和选用，国家标准规定了滚动轴承代号的表示方法。滚动轴承代号由基本代号、前置代号和后置代号三部分组成。其中，基本代号是轴承代号的核心。前置代号和后置代号是对基本代号的补充，当有特殊要求时才使用。滚动轴承代号的构成和排列顺序见表 13-2。

表 13-2 滚动轴承代号的构成

前置代号	基本代号			后置代号							
成套轴承分部件	类型代号	尺寸系列代号	内径代号	内部结构	密封与防尘结构	保持架及其材料	轴承材料	公差等级	游隙	配置	其他

1. 基本代号

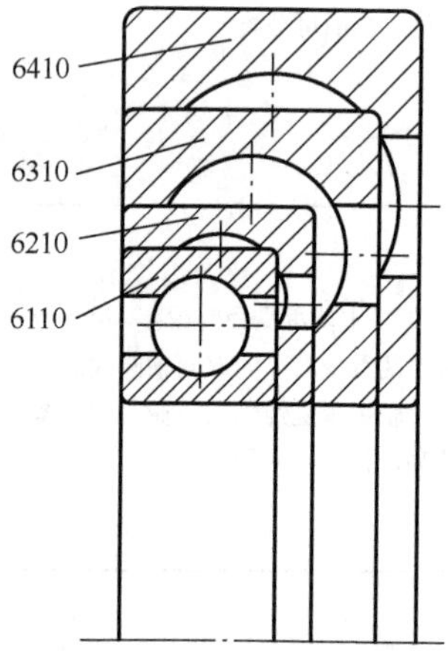

图 13-4 直径系列对比

基本代号表示轴承的基本类型、结构和尺寸，由类型代号、尺寸系列代号和内径代号组成。

基本代号左边第一位为类型代号，用数字或字母表示，反映轴承的类型，见表 13-1 第三列。

尺寸系列代号由轴承宽(高)度系列代号(基本代号左边第二位)与直径系列代号(基本代号左边第三位)组合而成。宽(高)度系列代号表示结构、内径、外径相同的轴承其宽(高)度方面的变化，有时可省略。直径系列代号表示轴承结构相同、内径相同时，外径的变化(图 13-4)。

内径代号表示轴承的内径尺寸，用基本代号的后两位数字表示。内径代号与内径的关系见表 13-3。当轴承内径在 20 ～ 480 mm 范围内时，内径代号乘以 5 即为轴承公称内径；对于内径不在此范围的轴承，内径表示方法另有规定，见表 13-3。

表 13-3 轴承内径代号

内径代号	00	01	02	03	04 ～ 96	/××
轴承内径 d/mm	10	12	15	17	内径代号×5	d=22 mm、28 mm、32 mm 及 500 mm 以上的轴承，内径代号用内径毫米数直接表示，并在尺寸系列代号与内径代号之间用“/”号隔开。

2. 前置代号

轴承前置代号用于表示轴承的分部件，用字母表示。如用 L 表示可分离轴承的可分离套圈；K 表示滚动体与保持架组件。

3. 后置代号

滚动轴承的后置代号用字母和数字表示。表示滚动轴承的结构、材料、公差、游隙等各种特殊要求。后置代号与基本代号之间用空格或“-”“/”分隔。后置代号的内容很多，其排列顺序见表 13-2。其中，常用的轴承内部结构代号见表 13-4。

轴承的公差等级代号有/P0、/P6、/P6x、/P5、/P4、/P2，分别表示精度由低到高的六个公差等级：0 级、6 级、6x 级、5 级、4 级、2 级。其中 0 级为普通级，在代号中可以省略不标。代号示例：6210、6210/P6。

轴承的游隙代号有/C1、/C2、–、/C3、/C4、/C5，分别表示游隙由小到大的 6 个组别：1、2、0、3、4、5 组。常用游隙组别为 0 组，在轴承代号中不标注。代号示例：6210、6210/C4。

表 13-4　轴承内部结构代号

轴承类型	代号	含义	示例
角接触球轴承	C	$\alpha=15°$	7210C
	AC	$\alpha=25°$	7210AC
	B	$\alpha=40°$	7210B
圆锥滚子轴承	B	接触角 α 加大	32310B
	E	加强型	N207E

轴承代号举例：

6310——内径为 50 mm 的深沟球轴承，尺寸系列代号为(0)3，0 级公差，0 组游隙；

7213AC/P62——内径为 65 mm 的角接触球轴承，尺寸系列代号为(0)2，接触角 25°，6 级公差，2 组游隙(当公差和游隙同时标注时，符号“C”可省略)。

13.1.4　滚动轴承类型的选择

选择轴承类型时，必须了解轴承的工作载荷、转速及其他使用要求，滚动轴承的主要选择原则如下。

1. 工作载荷

工作载荷的大小、方向和性质是选择轴承类型的主要依据。在相同外形尺寸下，滚子轴承(主要元件间为线接触)的承载能力比球轴承(主要元件间为点接触)高。因此，在载荷较大的场合，应优先选用滚子轴承。

当承受纯轴向载荷时，通常选用推力轴承；当承受纯径向载荷时，通常选用深沟球轴承、圆柱滚子轴承、滚针轴承等；同时承受径向载荷和轴向载荷时，应根据径向载荷和轴向载荷的比值大小来确定。若径向载荷相对于轴向载荷较大时，可选用深沟球轴承、公称接触角不大的角接触球轴承或圆锥滚子轴承；当轴向载荷相对于径向载荷较大时，可选用公称接触角较大的角接触球轴承以及圆锥滚子轴承，或将向心轴承与推力轴承组合使用，分别承受径向载荷和轴向载荷。

2. 转速

球轴承具有较高的极限转速。高转速或要求旋转精度高时，应优先选用球轴承。转速较低、载荷较大或有冲击时应选用滚子轴承。

高速回转的轴承，为减小滚动体施加于外圈滚道的离心力，宜选用同一直径系列中外径较小的轴承。

推力轴承允许的极限转速很低。当工作转速较高，而轴向载荷不大时，可选用角接触球轴承或深沟球轴承。

极限转速主要受工作时温升的限制。若工作转速超过轴承的极限转速，可通过提高轴承的精度等级、适当加大轴承的径向游隙、选用循环润滑或油雾润滑以及加强对循环油的冷却等措施来改善轴承的高速性能。

3. 调心性能

当两轴承座孔轴线不对中或由于加工、安装误差和轴受载挠曲变形大等原因，使轴承内、外圈间倾斜角较大时，会产生附加载荷，降低轴承寿命。此时，宜选用调心轴承，如图 13-5 所示。

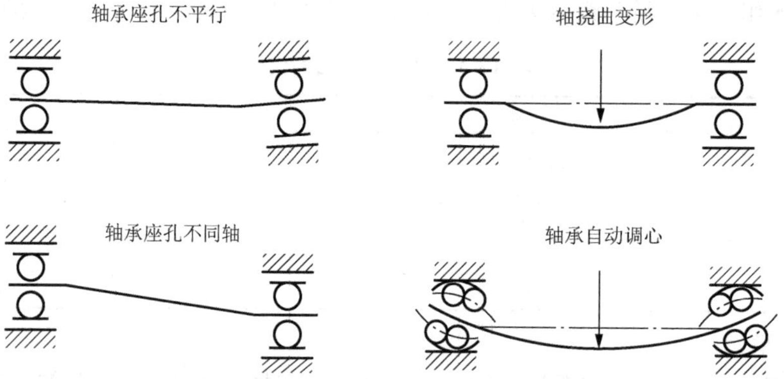

图 13-5　轴线偏斜的几种情况

4. 经济性

通常外廓尺寸接近时，球轴承价格低于滚子轴承。同型号不同公差等级的轴承价格比为 P0∶P6∶P5∶P4∶P2≈1∶1.5∶2∶7∶10。

13.2　滚动轴承的失效形式和选择计算

13.2.1　滚动轴承的失效形式

如图 13-6 所示，滚动轴承在径向载荷 $\boldsymbol{F}_r$ 作用下，假设内、外圈不变形，由于滚动体的弹性变形，内圈沿 $\boldsymbol{F}_r$ 方向移动一距离 δ。此时，上半圈的滚动体不受载，而下半圈各滚动体受力大小不同。处于正对 $\boldsymbol{F}_r$ 作用线方向上的滚动体弹性变形最大，其所受的载荷也最大，而远离作用线的各滚动体，其载荷逐渐减小。根据力的平衡条件，各滚动体所受载荷在竖直方向分力的合力必定等于径向载荷 $\boldsymbol{F}_r$。

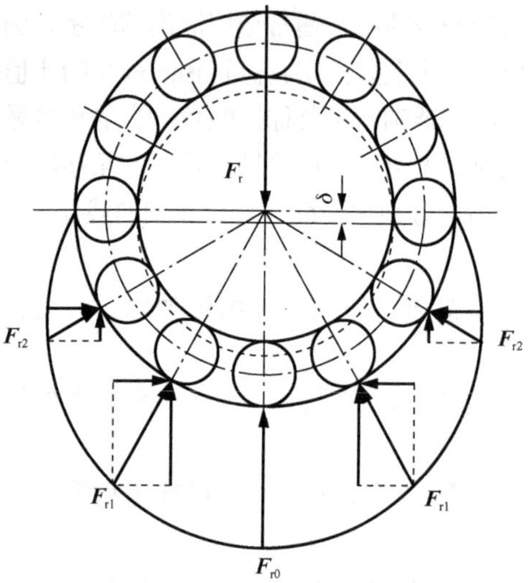

图 13-6　滚动轴承上径向载荷的分布

轴承工作时，滚动体相对内、外圈不断地转动，因此滚动体与滚道在不同位置接触时，其所受接触应力是变化的。当接触应力足够大，且循环次数达到一定值后，接触表面将发生疲劳点蚀。在过大的静载荷或冲击载荷下，也可能使滚动体和滚道接触区应力超过材料屈服极限而产生塑性变形。此外，由于使用维护不当或密封润滑不良等也可能引起轴承早期磨损、胶合、套圈和保持架破裂等失效形式。

对于一般工作条件下运转的轴承，疲劳点蚀是主要失效形式，应进行寿命计算；对于低速运转($n \leqslant 10$ r/min)或摆动的重载轴承，塑性变形是主要失效形式，应进行静强度计算。

13.2.2　轴承的寿命

滚动轴承寿命是指轴承中任一元件表面出现疲劳点蚀之前，轴承运转的总转数或在一定转速下的工作小时数。

由于材料、热处理和加工工艺等诸多因素的影响，一批同型号的轴承，即使在完全相同的条件下运转，轴承的寿命也不相同，甚至相差几十倍，因此，滚动轴承的寿命具有很大的离散性。对于一个具体的轴承，很难预知其确切的寿命，但一批轴承的寿命服从一定的概率分布规律，故引入基本额定寿命概念。

一批同型号轴承，在相同条件下运转，其中 10 %的轴承发生点蚀破坏(轴承可靠度为 90 %)时，轴承运转的总转数或工作小时数，称为轴承的基本额定寿命，以 L_{10}(单位为 10^6 r)或 L_{10h}(单位为小时)表示。不同可靠度、特殊轴承性能和运转条件时，其寿命可对基本额定寿命进行修正，称为修正额定寿命。

由于基本额定寿命与失效概率有关，所以按基本额定寿命计算和选择出的一批轴承中，可能有 10 %的轴承提前失效，而 90 %的轴承在超过基本额定寿命后还能正常工作。对单个轴承来讲，能够达到或超过基本额定寿命的概率为 90 %。

当轴承的基本额定寿命为一百万转(10^6 r)时，轴承所能承受的载荷，称为基本额定动载荷，用 C 表示。对于向心轴承，C 为纯径向载荷，称为径向基本额定动载荷，用 C_r 表示；对于推力轴承，C 为纯轴向载荷，称为轴向基本额定动载荷，用 C_a 表示。轴承在实际工作时，可能同时受到径向载荷和轴向载荷的复合作用，两者对轴承寿命的影响是不同的。进行寿命计算时，必须把实际载荷转化为与基本额定动载荷 C 性质相同的载荷，即当量动载荷 P。

根据上面的定义可知：当轴承所受的当量载荷 P 恰好为 C 时，显然该轴承的寿命就等于它的基本额定寿命，即 $L_{10} = 10^6$ r。当轴承所受的当量载荷 $P \neq C$ 时，其寿命 L_{10} 为多少呢？大量试验表明，滚动轴承的寿命随所受载荷的增大而降低，且 P 与 L_{10} 之间满足图 13-7 所示的曲线关系。该曲线的方程为

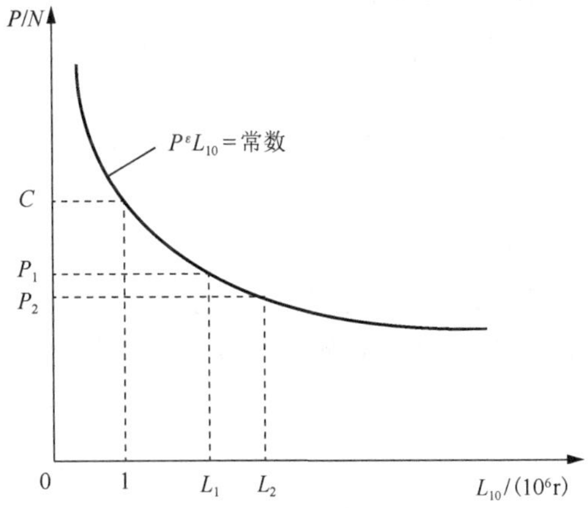

图 13-7　滚动轴承的载荷—寿命曲线

$$P^{\varepsilon} L_{10} = 常数 \tag{13-1}$$

即 $P^{\varepsilon} \times L_{10} = C^{\varepsilon} \times 1$，于是

$$L_{10} = \left(\frac{C}{P}\right)^{\varepsilon}，10^6\ \text{r} \tag{13-2}$$

式中，ε 为寿命指数，对球轴承 $\varepsilon = 3$，对滚子轴承 $\varepsilon = 10/3$。

实际计算时，用一定转速下的工作小时数表示的寿命 L_{10h} 更为直观和方便。设轴承的工作转速为 n(r/min)，则 L_{10h} 的计算式为

$$L_{10h}=\frac{10^6}{60n}\left(\frac{C}{P}\right)^{\varepsilon}=\frac{16667}{n}\left(\frac{C}{P}\right)^{\varepsilon}，\ \mathrm{h} \tag{13-3}$$

如果当量动载荷 P 和转速 n 均为已知，则可按预期的设计寿命 L'_{10h} 计算轴承所需的基本额定动载荷的 C'

$$C' \geqslant P\sqrt[\varepsilon]{\frac{60nL'_{10h}}{10^6}}，\ \mathrm{N} \tag{13-4}$$

按式(13-4)计算的 C'值在设计手册中选用所需的轴承型号。

在轴承手册中所列出的基本额定动载荷 C 值，仅适用于工作温度低于 120 ℃的场合；温度过高，将使金属组织、硬度和润滑条件发生变化，导致 C 值降低，需用温度系数 f_t(表 13-5)加以修正，即 $f_t \cdot C$。

表 13-5　温度系数 f_t

轴承工作温度 / ℃	≤ 120	125	150	175	200	225	250	300	350
温度系数 f_t	1.00	0.95	0.90	0.85	0.80	0.75	0.70	0.60	0.50

13.2.3　当量动载荷的计算

当量动载荷的计算公式为

$$P = XF_r + YF_a \tag{13-5}$$

式中，F_r、F_a 分别为轴承承受的径向载荷和轴向载荷；X、Y 分别为径向动载荷系数及轴向动载荷系数，由表 13-6 查取。当 $F_a / F_r \leqslant e$ 时，F_a 的影响可以忽略不计(即 $X=1$，$Y=0$)。e 值与轴承类型和 F_a / C_{0r} 的比值相关，C_{0r} 为轴承的基本额定静载荷。

对于只能承受径向载荷的轴承(如 N、NA 类轴承)

$$P = F_r \tag{13-6}$$

对于只能承受轴向载荷的轴承(如 5 类轴承)

$$P = F_a \tag{13-7}$$

机器在实际运转过程中还会产生一些附加载荷，如冲击力、不平衡作用力、惯性力以及轴挠曲或轴承座变形产生的附加力等。为了考虑这些因素的影响，引入一个载荷系数 f_p(见表 13-7)。因此，轴承的当量动载荷计算公式为

$$P = f_p\,(XF_r + YF_a) \tag{13-8}$$

表 13-6　径向动载荷系数 X 和轴向动载荷系数 Y

轴承类型	$\frac{F_a}{C_{0r}}$	判断系数 e	$F_a/F_r \leqslant e$		$F_a/F_r > e$	
			X	Y	X	Y
深沟球轴承	0.014	0.19	1	0	0.56	2.30
	0.028	0.22				1.99
	0.056	0.26				1.71
	0.084	0.28				1.55
	0.11	0.30				1.45
	0.17	0.34				1.31
	0.28	0.38				1.15
	0.42	0.42				1.04
	0.56	0.44				1.00

续表

轴承类型		$\frac{F_a}{C_{0r}}$	判断系数 e	$F_a/F_r \le e$		$F_a/F_r > e$	
				X	Y	X	Y
角接触球轴承	70000C $\alpha=15°$	0.015	0.38	1	0	0.44	1.47
		0.029	0.40				1.40
		0.058	0.43				1.30
		0.087	0.46				1.23
		0.120	0.47				1.19
		0.170	0.50				1.12
		0.290	0.55				1.02
		0.440	0.56				1.00
		0.580	0.56				1.00
	70000AC $\alpha=25°$	—	0.68	1	0	0.41	0.87
	70000B $\alpha=40°$	—	1.14	1	0	0.35	0.57
圆锥滚子轴承		—	$1.5\tan\alpha$	1	0	0.4	$0.4\cot\alpha$

表 13-7　载荷系数 f_p

载荷性质	无冲击或轻微冲击	中等冲击	强烈冲击
载荷系数 f_p	1.0 ~ 1.2	1.2 ~ 1.8	1.8 ~ 3.0

13.2.4　向心推力轴承轴向载荷的计算

向心推力轴承在承受径向载荷 $\boldsymbol{F}_r$ 时，会产生附加轴向力 $\boldsymbol{F}_s$。现以角接触球轴承为例进行分析，如图 13-8 所示。当受到径向载荷 $\boldsymbol{F}_r$ 作用时，由于存在公称接触角 α，承载区内各滚动体与内外圈的作用力 $\boldsymbol{F}_i$ 并不指向半径方向，而是沿滚动体与套圈接触点的法线方向传递(图 13-8(a))。$\boldsymbol{F}_i$ 可分解为径向分力 $\boldsymbol{F}_{ri}$ 和轴向分力 $\boldsymbol{F}_{si}$。各滚动体径向分力 $\boldsymbol{F}_{ri}$ 的合力与径向载荷 $\boldsymbol{F}_r$ 相平衡(图 13-8(b))。各滚动体轴向分力 $\boldsymbol{F}_{si}$ 的合力，即为轴承的附加轴向力 $\boldsymbol{F}_s$。$\boldsymbol{F}_s$ 的计算公式可从表 13-8 中查取。

表 13-8　附加轴向力 F_s

轴承类型	角接触球轴承			圆锥滚子轴承 30000 型
	70000C($\alpha=15°$)	70000AC($\alpha=25°$)	70000B($\alpha=40°$)	
F_s	eF_r	$0.68F_r$	$1.14F_r$	$F_r/(2Y)$ (Y 为 $F_a/F_r>e$ 时的轴向动载系数)

$\boldsymbol{F}_s$ 的方向由轴承外圈的宽边指向窄边，通过内圈作用于轴上。图 13-8(a)中轴承轴心线以及上下两侧滚动体与套圈接触点的法线刚好构成一个“箭头”，$\boldsymbol{F}_s$ 的方向就是该“箭头”的指向。

为了使向心推力轴承的附加轴向力得到平衡，以免轴向窜动，通常这类轴承都要成对使用，且对称安装。安装方式有两种：图 13-9(a)为正安装(也称面对面安装或 X 型安装)，轴承外圈窄边相对。图 13-9(b)为反安装(也称背靠背安装或 O 型安装)，轴承外圈宽边相对。

对于向心推力轴承，其支反力作用点是滚动体和套圈滚道接触点处公法线和轴心线的交点，称为轴承的载荷作用中心。该点到轴承外圈宽边的距离 a(图 13-9) 可从手册上查出。为了简化计算，通常可认为支反力作用在轴承宽度的中点位置。

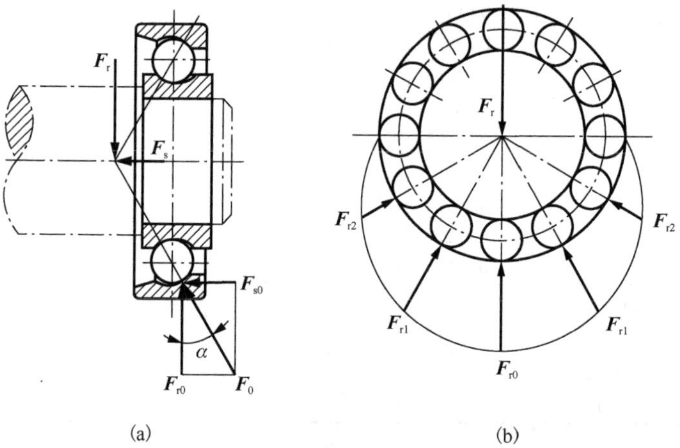

图 13-8　角接触球轴承中径向载荷产生的附加轴向力 $\boldsymbol{F}_s$

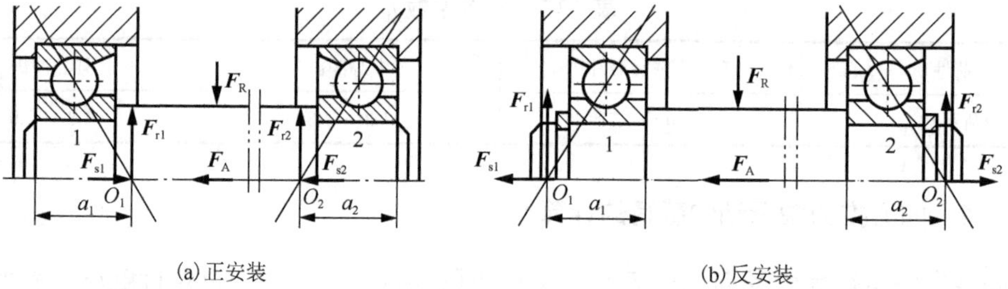

图 13-9　角接触球轴承轴向载荷分析

当已知作用到轴上的径向力 $\boldsymbol{F}_R$ 的大小及作用位置时，根据力的平衡条件，很容易计算出两个轴承上的径向载荷 $\boldsymbol{F}_{r1}$ 和 $\boldsymbol{F}_{r2}$，并可由此计算出附加轴向力 $\boldsymbol{F}_{s1}$、$\boldsymbol{F}_{s2}$。综合考虑轴上的轴向力 $\boldsymbol{F}_A$ 以及附加轴向力 $\boldsymbol{F}_{s1}$、$\boldsymbol{F}_{s2}$，该如何计算两个轴承的轴向载荷呢？下面以图 13-9 所示的两种情况为例，分析向心推力轴承轴向载荷的计算方法。把轴和轴承内圈视为一体，并以它为分离体考虑轴系的轴向平衡。

在图 13-9(a) 中，若 $F_A + F_{s2} > F_{s1}$，轴有向左移动的趋势，轴承 1 将阻止轴向左移动而被“压紧”，于是 $F_{a1} = F_A + F_{s2}$；轴承 2 被“放松”，在轴向它只受到自身附加轴向力的作用，故 $F_{a2} = F_{s2}$。若 $F_A + F_{s2} < F_{s1}$，轴有向右移动的趋势，轴承 2 将阻止轴向右移动而被“压紧”，有 $F_{a2} = F_{s1} - F_A$；轴承 1 被“放松”，$F_{a1} = F_{s1}$。因此，对于正安装，合力指向端为“压紧”端，另一端为“放松”端。“压紧”端的轴向力为除自身附加轴向力外的其他轴向力的合力；“放松”端的轴向力为自身附加轴向力。

在图 13-9(b) 中，若 $F_A + F_{s1} > F_{s2}$，轴有向左移动的趋势，轴承 2 将阻止轴向左移动而被“压紧”，轴承 1 被“放松”。因此，对于反安装，合力指向端为“放松”端，另一端为“压紧”端。

向心推力轴承轴向力的计算方法归纳如下：

(1) 首先根据轴承的安装方式和轴上轴向合力的指向，判定“压紧”端和“放松”端；

(2) “压紧”端的轴向力为除自身附加轴向力外的其他轴向力的合力；

(3) “放松”端的轴向力为自身附加轴向力。

13.2.5　滚动轴承的静强度计算

对于转速极低或缓慢摆动的轴承，一般不会发生疲劳点蚀，为了防止滚动体和内外圈产生过大的塑性变形，需进行静强度校核。

GB/T 4662—2012 规定，轴承受载最大的滚动体与滚道接触中心处的接触应力达到一定值时的载荷，称为基本额定静载荷，用 C_0 表示，其值可查设计手册。

当轴承上同时作用径向载荷 F_r 和轴向载荷 F_a 时，应将实际载荷折合成当量静载荷 P_0 进行分析计算，即

$$P_0 = X_0 F_r + Y_0 F_a \tag{13-9}$$

式中，X_0、Y_0 分别为当量静载荷的径向载荷系数和轴向载荷系数，其值可查轴承手册。若计算结果 $P_0 < F_r$，则应取 $P_0 = F_r$。

按基本额定静载荷选择轴承时，应满足

$$C_0 \geqslant S_0 P_0 \tag{13-10}$$

式中，S_0 为轴承静强度安全系数，一般情况下 $S_0 = 0.8 \sim 1.2$；对于旋转精度与平稳性要求高或受大冲击载荷时取 $S_0 = 1.2 \sim 2.5$，反之 $S_0 = 0.5 \sim 0.8$。

例 13-1　试求圆柱滚子轴承 N207E 允许的最大径向载荷。已知工作转速 $n = 200$ r/min、工作温度 $t < 100$ ℃、预期寿命 $L_h = 10000$ h，载荷有轻微冲击。

解：根据题意，该轴承的寿命为

$$L_{10h} = \frac{10^6}{60n}\left(\frac{f_t \cdot C_r}{P}\right)^{\varepsilon} \geqslant 10000\ \text{h}$$

由机械设计手册查得，圆柱滚子轴承 N207E 的径向基本额定动载荷 $C_r = 48800$ N，由表 13-5 查得 $f_t = 1$，对滚子轴承取 $\varepsilon = 10/3$。将以上有关数据代入上式，得

$$\frac{10^6}{60\times 200}\left(\frac{1\times 48800}{P_{max}}\right)^{\frac{10}{3}} = 10000 \Rightarrow P_{max} = 11606\ (\text{N})$$

对于向心轴承：$P = f_p \cdot F_r$，由表 13-7 查得 $f_p = 1.2$，于是 $F_r = 9671$ N。故在本题的条件下，轴承 N207E 可承受的最大径向载荷为 9671 N。

例 13-2　某单级斜齿圆柱齿轮减速器的高速轴选用深沟球轴承进行支承，已知轴的转速 $n = 1500$ r/min，传动中有轻微冲击，工作温度低于 100℃，轴颈直径 $d = 30$ mm，轴承所受径向载荷为 $F_r = 1600$ N，轴向载荷为 $F_a = 500$ N，要求轴承寿命不低于 5000 h，试选择轴承型号。

解：(1) 初选轴承型号。

根据 $d = 30$ mm，初选 6206 轴承。查手册可知，$C_r = 19500$ N，$C_{0r} = 11500$ N。

(2) 求当量动载荷 P。

根据 $F_a / C_{0r} = 500 / 11500 = 0.0435$，查表 13-6 知 $e = 0.242$。

因 $F_a / F_r = 500 / 1600 = 0.3125 > e$，由表 13-6 查得 $X = 0.56$，$Y = 1.836$。传动中有轻微冲

击，由表 13-7 查得 $f_p = 1.2$。于是

$$P = f_p(XF_r + YF_a) = 1.2 \times (0.56 \times 1600 + 1.836 \times 500) = 2177\,(\text{N})$$

(3) 计算所需的基本额定动载荷。

由式(13-4)

$$C' \geqslant P\sqrt[\varepsilon]{\frac{60nL'_{10h}}{10^6}} = 2177 \times \sqrt[3]{\frac{60 \times 1500 \times 5000}{10^6}} = 16683\,(\text{N}) < 19500\ \text{N}$$

故选用 6206 轴承可满足寿命要求。

例 13-3　图 13-10 所示传动装置的齿轮轴采用一对 7207AC 角接触球轴承支承。已知轴承 1、2 的径向载荷分别为 $F_{r1} = 1500$ N，$F_{r2} = 2000$ N，轴上的轴向外载荷 $F_A = 900$ N，轴的转速 $n = 1440$ r/min，传动中受中等冲击，试计算该对轴承的寿命。

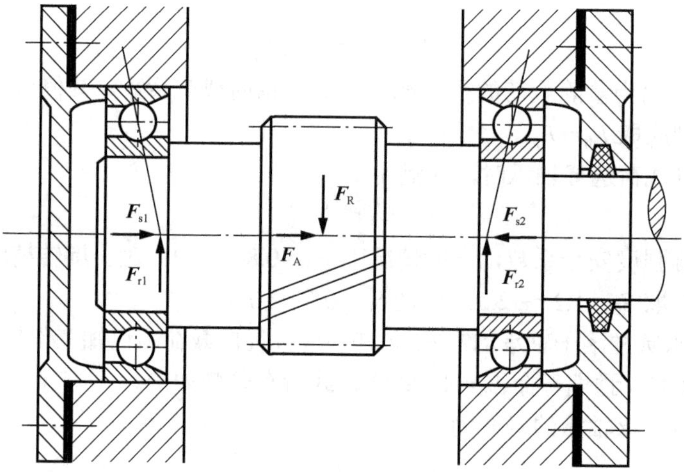

图 13-10

解：(1) 计算轴承 1、2 的附加轴向力 F_{s1}、F_{s2}。

由表 13-6 查得轴承的附加轴向力为

$$F_{s1} = 0.68F_{r1} = 0.68 \times 1500 = 1020\,(\text{N})\ (方向向右)$$

$$F_{s2} = 0.68F_{r2} = 0.68 \times 2000 = 1360\,(\text{N})\ (方向向左)$$

(2) 计算轴承 1、2 的轴向力 F_{a1}、F_{a2}。

因为 $F_{s1} + F_A = 1020 + 900 = 1920\,(\text{N}) > F_{s2} = 1360\ \text{N}$，所以轴承 1 被“放松”，轴承 2 被“压紧”，于是

$$F_{a1} = F_{s1} = 1020\,(\text{N}),\quad F_{a2} = F_{s1} + F_A = 1020 + 900 = 1920\,(\text{N})$$

(3) 计算轴承 1、2 的当量动载荷。

由表 13-6 查得 $e = 0.68$，而

$$\frac{F_{a1}}{F_{r1}} = \frac{1020}{1500} = 0.68 = e,\quad \frac{F_{a2}}{F_{r2}} = \frac{1920}{2000} = 0.96 > e$$

查表 13-6 可得 $X_1 = 1$，$Y_1 = 0$；$X_2 = 0.41$，$Y_2 = 0.87$。由于传动中受中等冲击，由表 13-7 取 $f_p = 1.5$，故当量动载荷为

$$P_1 = f_p(X_1F_{r1} + Y_1F_{a1}) = 1.5 \times 1500 = 2250\,(\text{N})$$

$$P_2 = f_p(X_2F_{r2}+Y_2F_{a2}) = 1.5\times(0.41\times2000+0.87\times1920) = 3735.6\,(\mathrm{N})$$

(4) 计算轴承寿命。

由于两个轴承型号相同，且 $P_1 < P_2$，故应针对轴承 2 进行寿命计算，取 $P = P_2 = 3735.6$ N。查手册知 7207AC 轴承的基本额定动载荷 $C_r = 29000$ N。由式(13-3)得

$$L_{10h} = \frac{10^6}{60n}\left(\frac{C}{P}\right)^{\varepsilon} = \frac{10^6}{60\times1440}\left(\frac{29000}{3735.6}\right)^3 = 5415\,(\mathrm{h})$$

即该对滚动轴承的寿命为 5415 h。

13.3　滚动轴承的组合设计

为了保证轴承在机器中正常工作，除了合理选择轴承类型、尺寸和进行寿命计算外，还应正确进行轴承的组合设计，主要包括：轴承的固定，轴承组合的调整，轴承的配合与拆装、润滑和密封等。

13.3.1　滚动轴承的固定

为了保证滚动轴承轴系在轴向载荷作用下不发生窜动，必须合理地设计轴系支点的轴向固定结构。常见的固定结构有以下两种。

1. 两端单向固定

如图 13-11(a)所示，两个支点均为固定端，每个轴承分别承受一个方向的轴向力，各限制一个方向的轴向移动。它适用于工作温度变化不大的短轴(跨距小于 400 mm)。考虑轴因受热伸长，安装时在外圈与端盖之间应预留出 $c\approx0.25\sim0.4$ mm 的轴向补偿间隙(图 13-11(b))，由于间隙很小，在实际的结构图上不必画出)，间隙量可用垫片或调节螺钉调整。

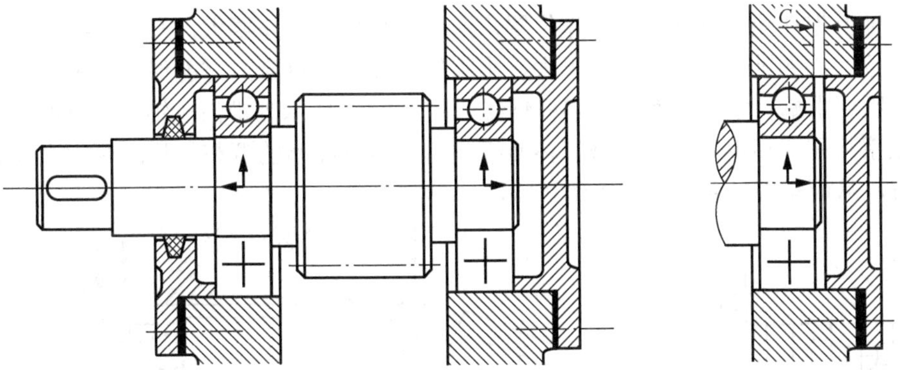

(a)　　(b)

图 13-11　两端单向固定

2. 一端双向固定，一端游动支承

如图 13-12(a)所示，左端深沟球轴承为双向固定端，其内外圈两侧均被固定，可承受双向轴向力，限制了轴系的双向移动。右端深沟球轴承为游动端，它只有内圈两侧被固定，外圈两侧均不固定，轴承能沿座孔做轴向游动，从而避免轴因受热伸长时发生游隙减小。这种

固定方式适用于工作温度变化较大的长轴。游动端也可选用圆柱滚子轴承，此时其内外圈两侧都应被固定，游动是通过滚动体与外圈之间的相对移动来实现的(图 13-12(b))。

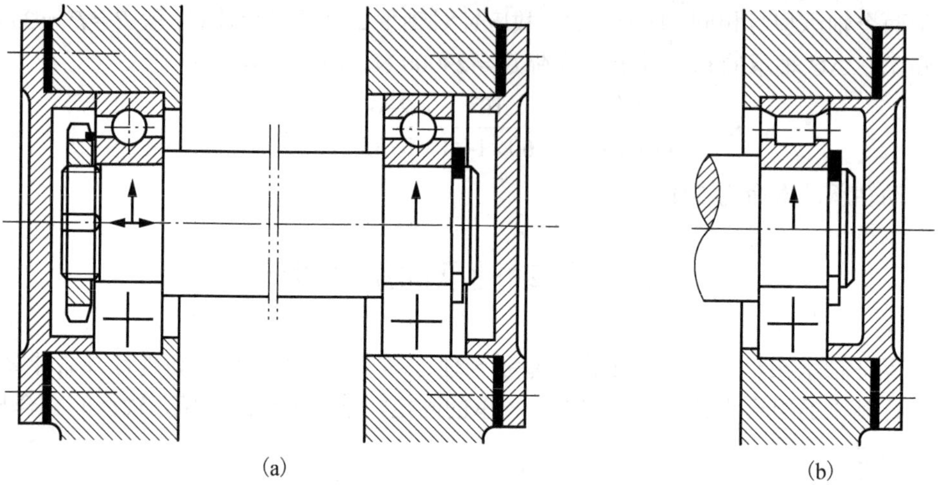

图 13-12　一端双向固定、一端游动

13.3.2　滚动轴承组合的调整

1. 滚动轴承间隙的调整

为保证滚动轴承正常运转，一般要留有适当的轴承间隙(游隙)。常用的轴承间隙调整方法有两种：一种是靠增减调整垫片(图 13-11 中轴承端盖与机座间的垫片)的厚度来调整轴承间隙；另一种是利用调整螺钉 1 通过轴承外圈压盖 3 来移动轴承外圈位置，以调整轴承间隙(图 13-13)。调整之后，用螺母 2 锁紧防松。

2. 轴系轴向位置的调整

为使轴上零件能得到准确的工作位置，从而满足机器工作要求，有时会要求轴系轴向位置可以调整。比如锥齿轮传动，要求大、小齿轮锥顶必须重合，方能保证正确啮合；又如蜗杆传动，则要求蜗轮中间平面通过蜗杆轴线。图 13-14 所示为锥齿轮轴系位置的调整，将小齿轮的轴系装在套杯中，通过增减套杯凸缘与机座接触面间的调整垫片的厚度来控制套杯的轴向位置，从而实现轴系轴向位置的调整。

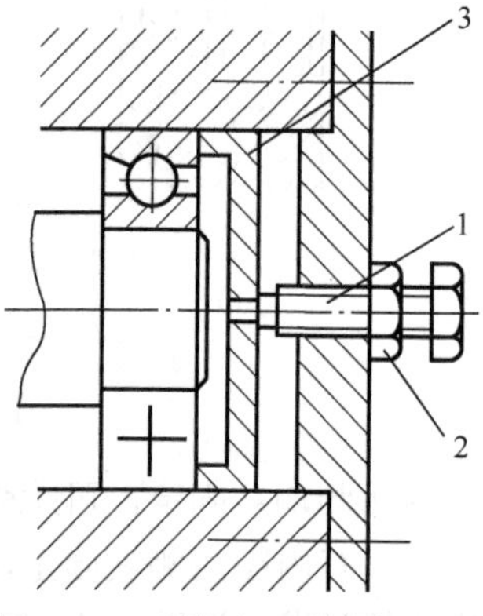

图 13-13　用螺钉调整轴承间隙

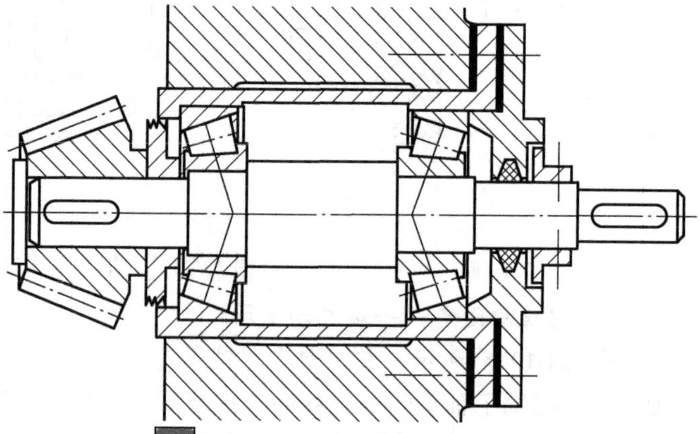

图 13-14　锥齿轮轴系位置调整

13.3.3　滚动轴承的配合与装拆

1. 滚动轴承的配合

滚动轴承的配合是指内圈与轴颈、外圈与轴承座孔的配合。滚动轴承是标准件，选择配合时通常将它作为基准件。轴承内圈与轴颈的配合应采用基孔制，外圈与轴承座孔的配合则采用基轴制。

滚动轴承配合的松紧程度将直接影响轴承的工作状态。配合过紧，将使内圈膨胀或外圈收缩，套圈与滚动体之间的游隙减小甚至消失，导致轴承运转不畅，同时也使得装拆困难；而配合太松，旋转时配合表面会因松动而引起擦伤和磨损。选择具体配合时，应考虑载荷的方向、大小和性质，以及轴承类型、转速和使用条件等因素。

(1) 当工作载荷的方向不变时，转动套圈应比固定套圈的配合紧一些。一般内圈随轴一起转动，外圈固定不动，故内圈与轴常采用有过盈的配合，如轴的公差带采用 k6、m6、n6、js6 等；外圈与座孔常采用较松的过渡配合，如座孔的公差带常选用 H7、J7、JS7 等。

(2) 转速越高，载荷和振动越大，旋转精度越高时，应采用较紧的配合。

(3) 游动的套圈和经常拆卸的轴承应选用较松的配合。

2. 滚动轴承的装拆

设计轴承组合时，应考虑有利于轴承的装拆。滚动轴承常用的装拆方法为压力法和温差法。采用压力法进行装拆时不允许通过滚动体来传递装拆压力，以免造成轴承损伤。在图 13-15(a) 中，内圈和轴颈过盈配合，将装配管直接顶在内圈上将轴承压入；在图 13-15(b) 中，内、外圈分别和轴颈、轴承座孔过盈配合，则将装配管同时顶在内、外圈上将轴承压入。

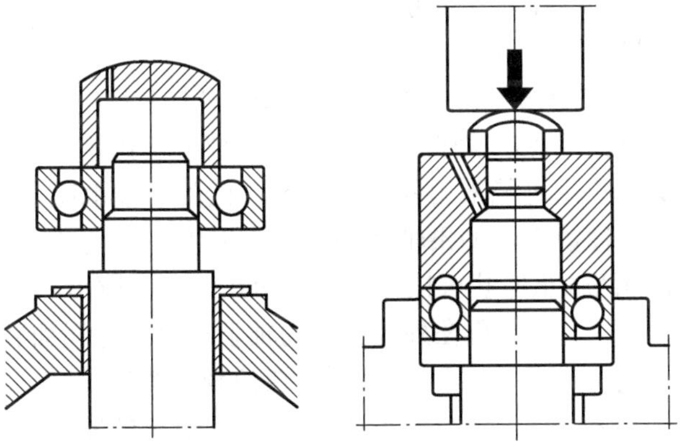

(a)　　(b)

图 13-15　滚动轴承的压力法装配

拆卸轴承可采用压力机(图 13-16(a))或拉拔专用工具(图 13-16(b))。为便于将轴承从轴颈拆卸下来，轴肩高度不宜大于轴承内圈高度的 3/4，即需留出拆卸高度 h(图 13-17(a))，否则不便于放置轴承拆卸器的钩头。外圈拆卸也应留出拆卸高度 h(图 13-17(b)、(c))，或在机体上加工出拆卸用螺纹孔(图 13-17(d))。

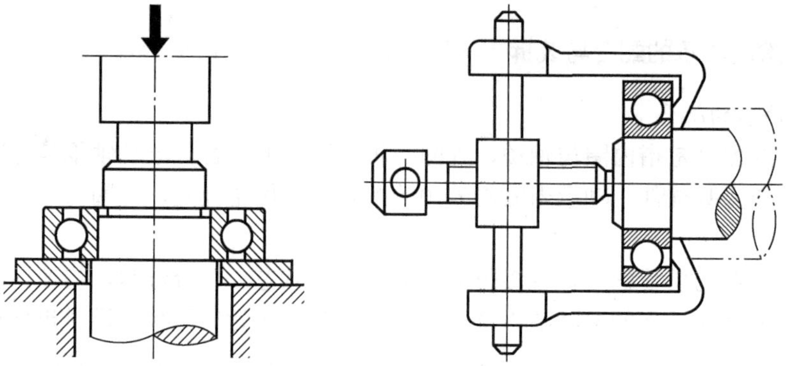

(a)　　　　(b)

图 13-16　滚动轴承的拆卸

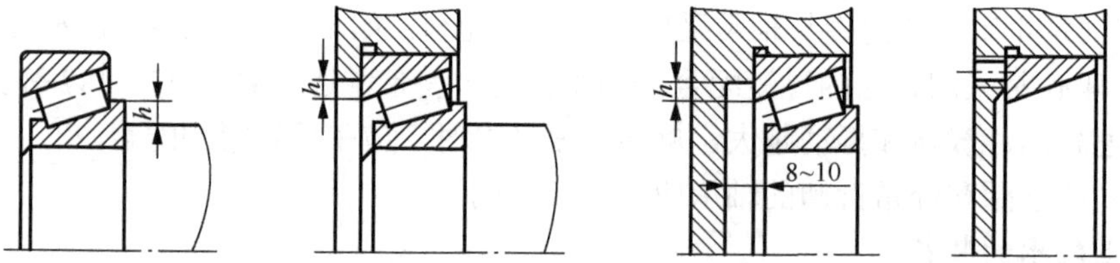

(a)　　(b)　　(c)　　(d)

图 13-17　拆卸高度和拆卸用螺纹孔

13.3.4　提高轴系支承刚度

增加轴系支承刚度有利于提高轴的旋转精度、减少振动噪声和保证轴承寿命，具体可从以下几个方面考虑。

1. 提高轴承座的刚度

首先应保证箱体有一定的壁厚 δ，并且可在轴承座的上、下方设置加强肋来增加其刚度(图 13-18)。为保证同一轴系的轴承座孔具有良好的同轴度，两端支承应尽可能采用同型号轴承，使两个轴承座孔孔径相等，以便能一次性镗出。如果轴系两个支承采用外径尺寸不同的轴承时，机座上的两轴承座孔可按尺寸较大的孔一次性镗出，再在外径较小的轴承与座孔之间加装杯套。

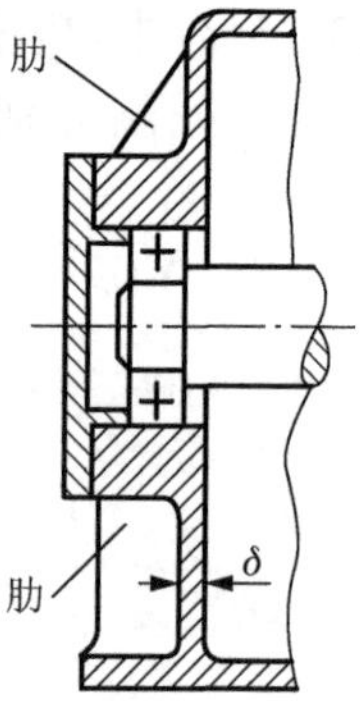

图 13-18　轴承座设加强肋

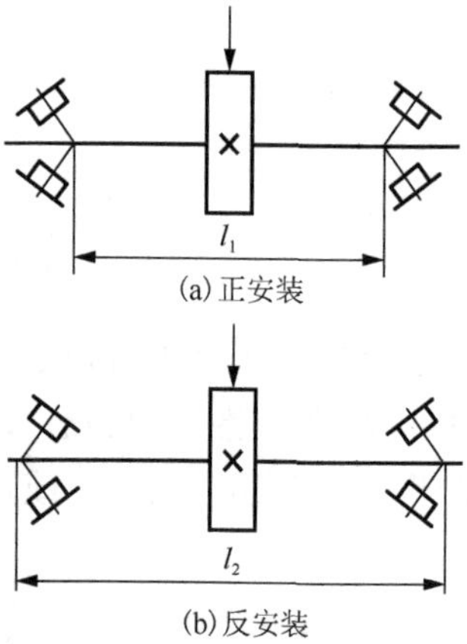

(a) 正安装

(b) 反安装

图 13-19　轴承安装方式对刚度的影响

2. 选用合理的轴承类型

一般来说，滚子轴承的刚度高于球轴承的刚度。对刚度要求较大的轴系，可选用滚子轴承(如圆柱滚子轴承、圆锥滚子轴承等)、双列轴承(即具有两列滚动体的轴承)。

3. 合理安排轴承的安装方式

当轴系两端采用向心推力轴承支承时，两个轴承的安装方式有正安装和反安装。对于简支支承的轴系，显然图 13-19(a)所示的正安装比图 13-19(b)所示的反安装支承刚度更好。

4. 轴承预紧

某些可调游隙式轴承(如 6 类、7 类等)，在安装时施加一定的轴向压紧力，使滚动体和内、外圈之间产生一定预变形，借此提高轴的旋转精度和支承刚度。

13.3.5　滚动轴承的润滑与密封

1. 滚动轴承的润滑

滚动轴承润滑主要目的是为了降低摩擦阻力和减轻磨损，同时也起到吸振、冷却、防锈和密封等作用。合理的润滑对提高轴承性能，延长轴承的使用寿命具有重要意义。

滚动轴承常用的润滑剂主要为润滑脂或润滑油，在一些特殊条件下(例如在高温、真空等环境中)，还可选用固体润滑剂。滚动轴承润滑方式的选择主要参考速度因数 dn 值。d 为轴承内径，mm；n 为轴承转速，r/min，dn 值间接反映了轴颈的圆周速度。

当 $dn < (2 \sim 3)\times10^5$ mm·r/min 时，一般滚动轴承可采用脂润滑，超过此范围宜选用油润滑。脂润滑承载能力大，且结构简单，易于密封。润滑脂装填量一般不超过轴承安装空间的 1/3 ～ 1/2，否则轴承容易过热，影响轴承正常工作。

速度较高的轴承都采用油润滑，其润滑和冷却效果均较好，需要复杂的密封装置。一般闭式齿轮减速器中的轴承常用飞溅润滑，即利用齿轮的转动把润滑油甩到箱体四周的内壁上，然后通过箱体剖分面上的油沟把油引入轴承中。

2. 滚动轴承的密封

密封是为了阻止润滑剂从轴承中流失，也可防止外界灰尘、水分等侵入轴承。滚动轴承密封方法的选择与润滑剂的类型、工作环境、温度、密封表面的圆周速度等有关。密封按照其原理不同可分为接触式密封和非接触式密封两大类。

接触式密封的密封件与轴直接接触，工作时轴旋转，密封件与轴之间有摩擦和磨损，通常用于转速不太高的场合。非接触式密封是利用小的间隙进行密封，转动件与固定件不接触，允许较高转速。各种密封的结构特点和性能见表 13-9。

表 13-9　滚动轴承的密封类型

密封类型		结构图	适用场合	特点
接触式密封	毡圈密封	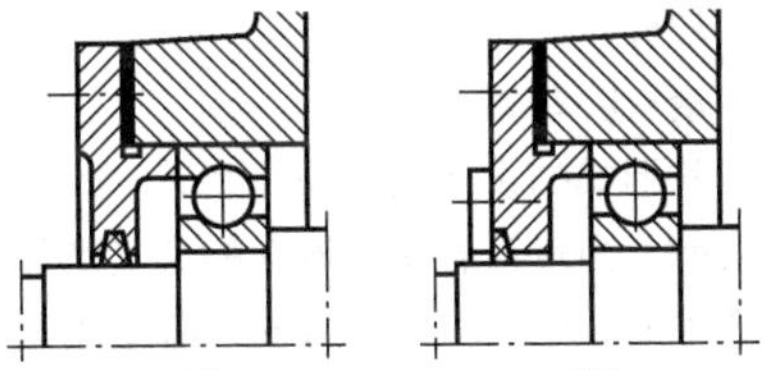 (a)　(b)	用于脂润滑，结构简单，但摩擦较大，仅适合 $v \leqslant 4 \sim 5$ m/s	矩形截面的毡圈安装在梯形槽内，受挤压而紧贴在轴上，起到密封作用。图(a)无轴向压紧力，图(b)用压板压紧，可提高密封效果
	密封圈密封	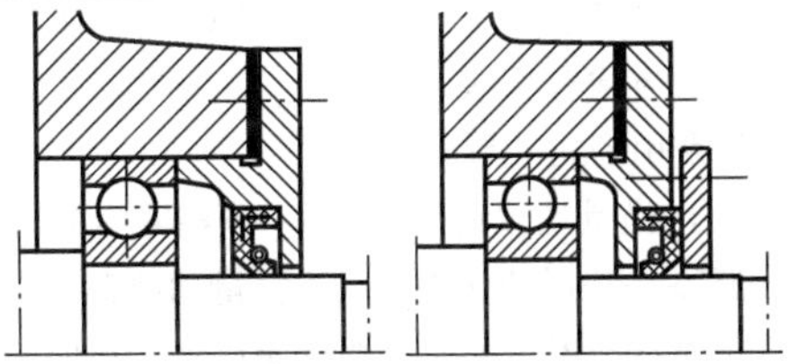 (a)　(b)	用于脂润滑或油润滑，适合 $v \leqslant 10$ m/s	密封圈由皮革、塑料或耐油橡胶制成，有的具有金属骨架。密封唇被弹簧压紧在轴上。图(a)密封唇朝外，防止灰尘；图(b)密封唇朝里，防止漏油，压板可调节轴向压紧力

续表

密封类型		结构图	适用场合	特点
非接触式密封	间隙密封	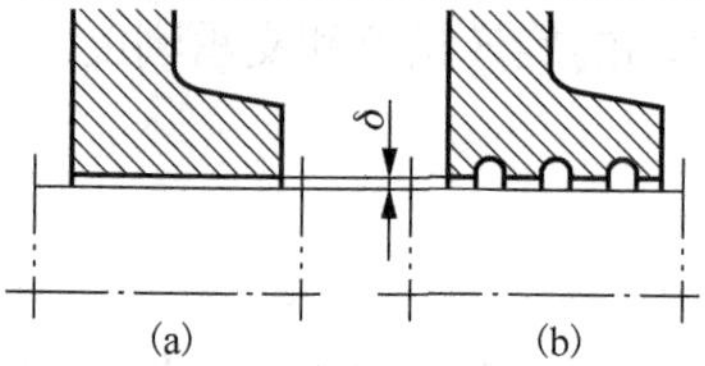	用于脂润滑或低速油润滑	在轴和轴承盖通孔间留有极小缝隙 $\delta=0.1\sim0.3$ mm。如果在轴承盖上车出环槽，在槽内填充润滑脂，可以提高密封效果
	迷宫密封	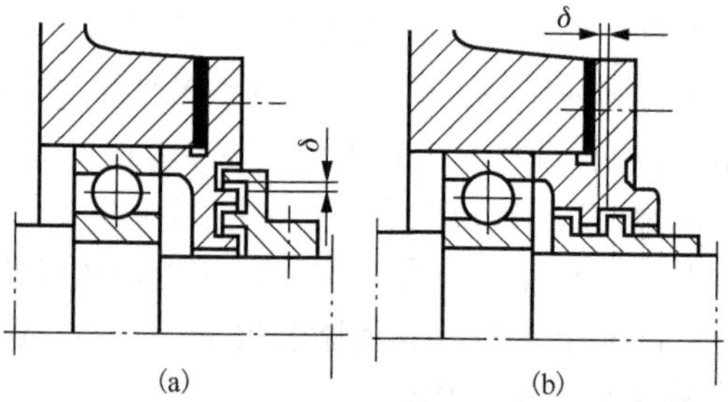	用于脂润滑或油润滑，密封效果可靠	将旋转件与静止件之间的缝隙做成迷宫(曲路)形式，缝隙中填入润滑脂，可增加密封效果。分径向曲路(图(a))和轴向曲路(图(b))两种，轴向曲路只用于剖分结构
组合密封		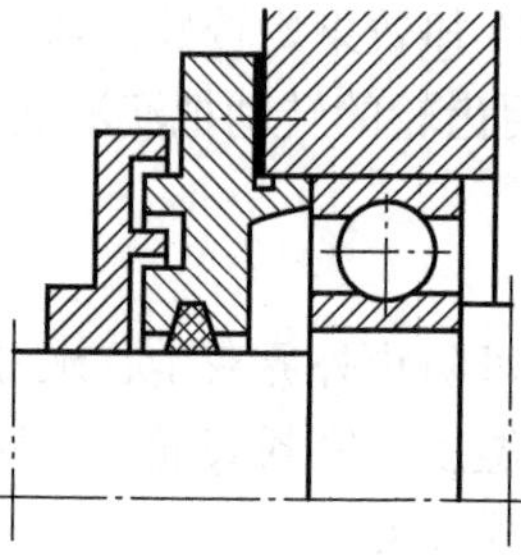	用于脂润滑或油润滑，密封效果比单一密封可靠	将接触式密封与非接触式密封组合起来，充分发挥各自优点，提高密封效果

习　　题

13-1　滚动轴承由哪些元件组成？各元件起什么作用？

13-2　常用滚动轴承的类型有哪些？

13-3　什么是滚动轴承的代号？它包含哪些部分？

13-4　选择滚动轴承类型时应考虑的主要因素有哪些？

13-5　滚动轴承的失效形式有哪些？针对失效形式的设计准则是什么？

13-6　轴承的基本额定寿命、基本额定动载荷、当量动载荷等概念的含义是什么？

13-7　向心推力轴承的附加轴向力是怎样产生的？它的大小和方向与哪些因素有关？

13-8　滚动轴承轴系的固定有哪些方式？各用于什么场合？

13-9　什么是正安装？什么是反安装？这两种安装方式在轴承寿命计算时有何区别？

13-10　滚动轴承为什么需要润滑？常用润滑方式有哪些？

13-11　滚动轴承为何需要采用密封装置？常用密封装置有哪些？

13-12　已知某深沟球轴承的工作转速为 n_1，当量动载荷为 P_1 时，预期寿命为 5000 h，求：(1)转速 n_1 保持不变，若当量动载荷增加到 $P_2=2P_1$，其寿命应为多少小时？(2)当量动载荷 P_1 保持不变，若转速增加到 $n_2=2n_1$ 时，其寿命为多少小时？(3)当转速 n_1 保持不变，欲使预期寿命增加一倍时，当量动载荷有何变化？

13-13　有一型号为 6217 深沟球轴承(基本额定动载荷 $C_r=83.2$ kN)，受径向载荷 16 kN，转速 540 r/min，温度低于 100 ℃，载荷系数 $f_p = 1.2$，求该轴承寿命。

13-14　拟用一对深沟球轴承支承某轴，如图所示。已知轴颈直径 $d = 50$ mm，该轴受到的径向载荷 $F_R = 6000$ N，轴向载荷 $F_A = 1200$ N，轴的转速 $n = 800$ r/min，常温下运转，载荷平稳，要求轴承寿命不低于 10000 h，试确定轴承型号。

13-15　某工程机械传动中轴承安装形式如图所示。已知轴承型号为 30311，其判断系数 $e = 0.35$，基本额定动载荷 $C_r = 160$ kN，当 $F_a / F_r > e$ 时，$X = 0.4$，$Y = 1.7$。两只轴承的径向载荷分别为 $F_{r1} = 4000$ N，$F_{r2} = 5000$ N，轴向外载荷 $F_A = 2000$ N。轴的转速 $n = 600$ r/min，常温下工作，中等冲击。试计算该对轴承的寿命。

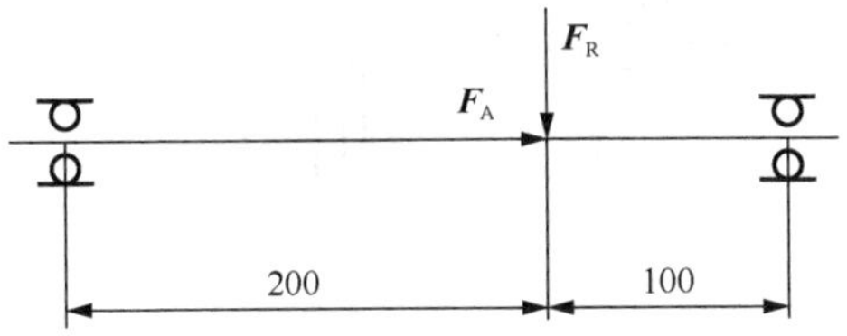

题 13-14 图

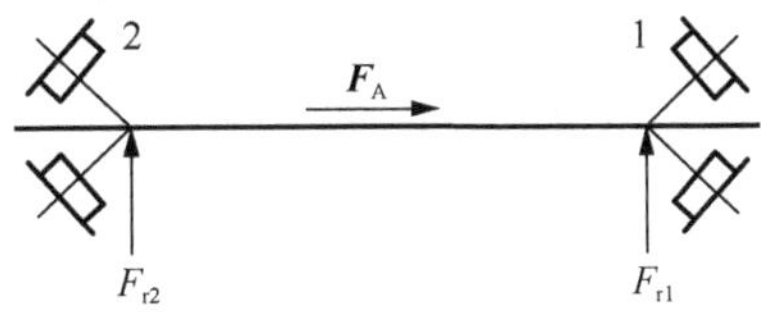

题 13-15 图

13-16　图示为某单级减速器的输出轴设计，动力由齿轮输入，由联轴器输出。已知齿轮和轴承均采用油润滑。试指出图中的结构错误并说明原因。

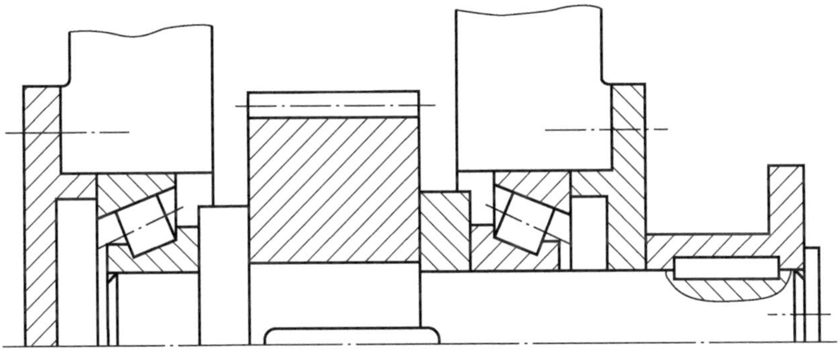
题 13-16 图

13-17　某斜齿轮轴系（轴向分力较大）的结构设计如图所示，已知齿轮为浸油润滑，轴承为脂润滑。试指出图中的结构错误并说明原因。

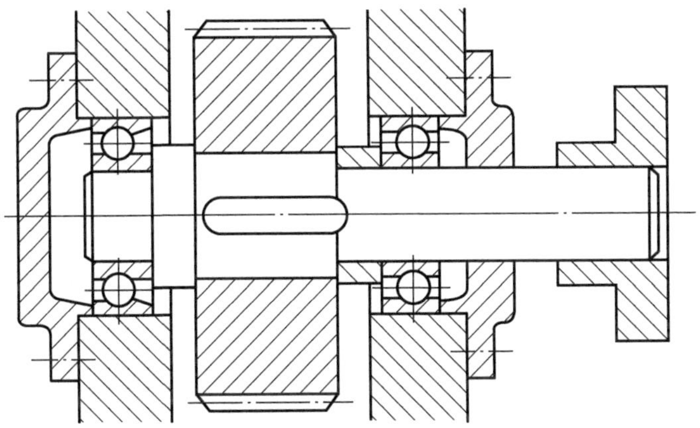
题 13-17 图

13-18　图示为某斜齿轮轴系，轴的左端为凸缘联轴器，齿轮和轴承均为油润滑。试指出图中的结构错误并说明原因。

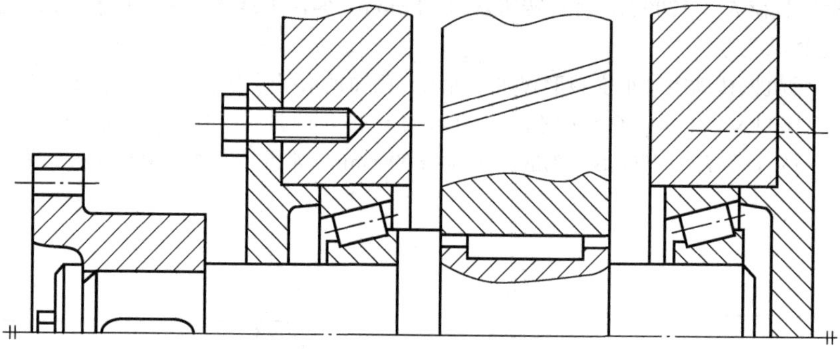

题 13-18 图

第 14 章　联轴器和离合器

联轴器和离合器都是用来连接两轴，使它们一起回转并传递转矩的部件，所连接的两轴的轴线基本在同一直线上。联轴器连接的两轴，在机器运转时不能分离，必须停机通过拆卸的方法才能使两轴分离。在机器运转过程中，可以随时使两轴结合或分离的部件称为离合器。联轴器、离合器已经标准化，进行机械设计时，首先应考虑选择标准的联轴器和离合器。

14.1　联　轴　器

由于制造、安装误差、工作变形等影响，联轴器所连接的两轴往往不能严格对中，存在某种程度的相对位移，如图 14-1 所示。根据联轴器能否补偿两轴间的相对位移，联轴器可分为刚性联轴器(无补偿能力)和挠性联轴器(有补偿能力)两类。挠性联轴器又可分为无弹性元件挠性联轴器和有弹性元件挠性联轴器两类。

14.1.1　刚性联轴器

常见的刚性联轴器类型有套筒联轴器、凸缘联轴器、夹壳联轴器等。这类联轴器结构简单，成本低，对两轴的对中要求高，无缓和冲击的能力，常用于载荷平稳、对中条件好的场合。

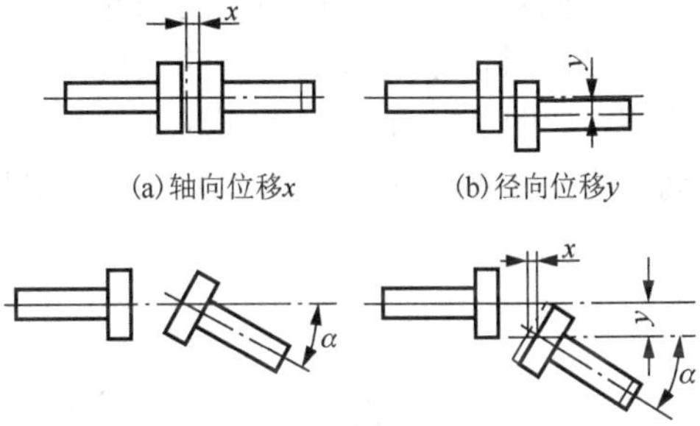

(a) 轴向位移x　(b) 径向位移y　(c) 角位移α　(d) 综合位移x、y、α

图 14-1　两轴轴线的相对位移

1. 套筒联轴器

套筒联轴器由连接两轴轴端的套筒和套筒与轴的连接零件(键或圆锥销)所组成，如图 14-2 所示。圆锥销用于传递转矩较小的场合。这种联轴器结构简单，径向尺寸小，在机床中应用广泛，其缺点是拆卸时轴要做轴向移动。

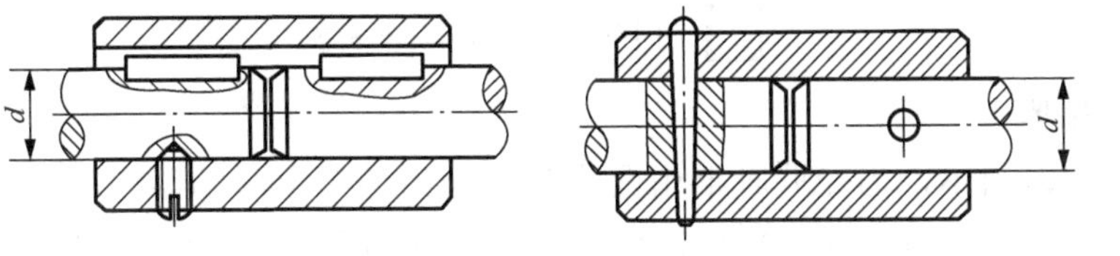

图 14-2　套筒联轴器

2. 凸缘联轴器

凸缘联轴器如图 14-3 所示，由两个带有凸缘的半联轴器组成，两个半联轴器分别用键与两轴固定，同时它们再用螺栓相互连接。为了保证两轴轴线对中，凸缘联轴器有两种结构：图 14-3(a)用两半联轴器的凸肩和凹槽对中，靠拧紧普通螺栓产生的摩擦力传递转矩；图 14-3(b)用加强杆螺栓对中，靠螺栓剪切和挤压传递转矩。凸缘联轴器对中精度可靠，传递转矩较大，但要求两轴同轴度好，主要用于载荷平稳的连接。

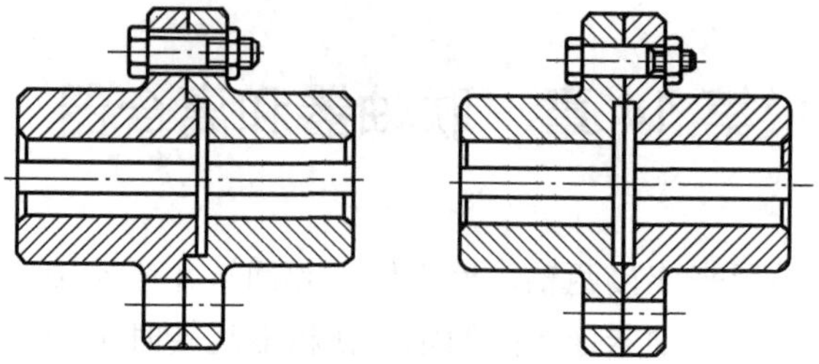
(a)用凸肩和凹槽对中　(b)用铰制孔螺栓对中

图 14-3　凸缘联轴器

14.1.2　挠性联轴器

1. 无弹性元件挠性联轴器

1)十字滑块联轴器

如图 14-4(a)所示，十字滑块联轴器由两个端面上开有凹槽的半联轴器 1、3 和一个两侧都有凸块的中间圆盘 2 组成，圆盘 2 两侧的凸块相互垂直。两个半联轴器分别用键与被连接的两轴固定，中间圆盘两侧的凸起分别嵌入在两个半联轴器的凹槽中构成移动副。当两轴有径向位移时，中间圆盘两侧的凸块分别在两个半联轴器的凹槽中滑动，以补偿两轴间的径向位移，如图 14-4(b)所示。此时，中间圆盘的中心在以径向偏移量为直径的圆上做偏心回转运动，为防止产生过大的离心力，十字滑块联轴器一般用于低速场合。

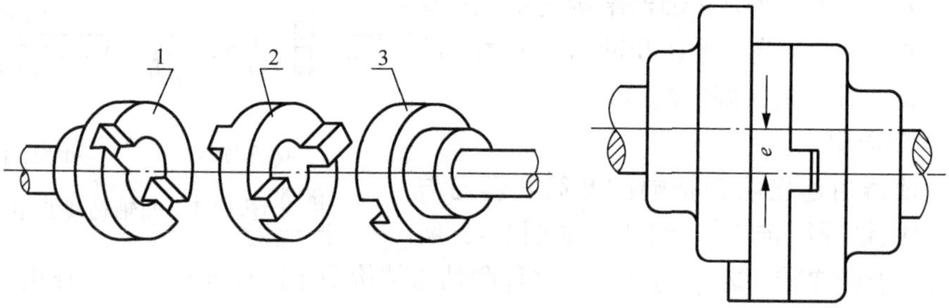

(a)　(b)

图 14-4　十字滑块联轴器

2)齿式联轴器

如图 14-5(a)所示，齿轮联轴器由两个带有外齿环的半联轴器和两个带有内齿环的外壳组成，两个半联轴器通过键分别与主动轴和从动轴相连接，两个外壳用螺栓连接在一起。工作时，靠内、外齿环上的轮齿相互啮合传递转矩。轮齿齿廓为渐开线，压力角为 20°，轮齿形状有直齿和鼓形齿两种，如图 14-5(b)所示。齿轮联轴器内注有润滑油，并设有密封装置。

由于啮合齿间留有较大的齿侧间隙和将齿顶做成球面，齿式联轴器具有很好的补偿综合位移的能力，如图 14-5(c)所示。齿式联轴器能传递较大转矩，适用速度范围广，工作可靠，对安装精度要求不高。但结构复杂，重量大，成本高，主要用于重型机械中。

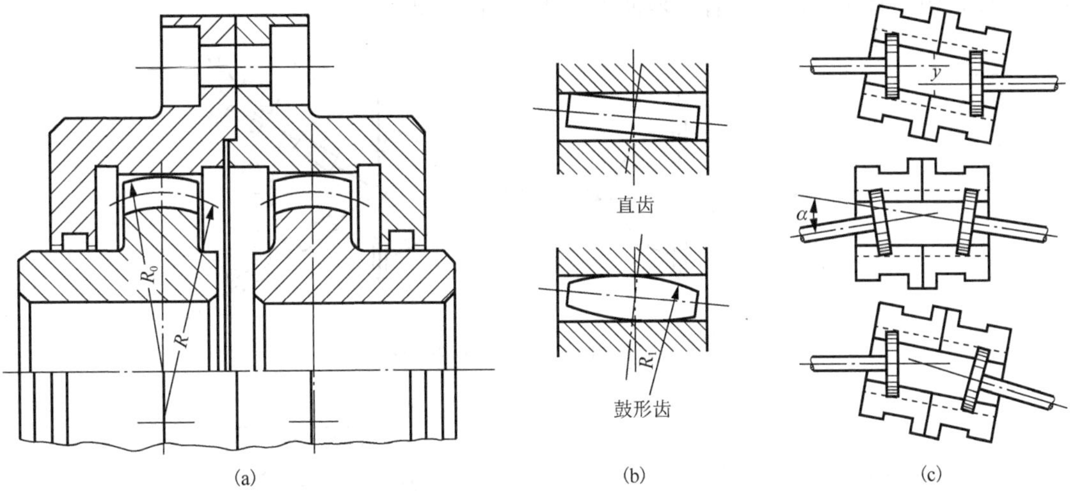

图 14-5　齿轮联轴器

3) 万向联轴器

这种联轴器由两个叉形零件 1 和 2 通过铰链分别与一个十字形零件 3 相连接而成(图 14-6)。当一轴位置固定后，另一轴可以绕铰链偏转，允许两轴在较大的角位移 α(≤ 45°)下工作。但是，单个万向联轴器会导致主、从动轴角速度不相等，当主动轴以恒定角速度 ω_1 回转时，从动轴的角速度将在($\omega_1\cos\alpha \sim \omega_1 / \cos\alpha$)范围周期性变化(图 14-7)，从而引起动载荷。

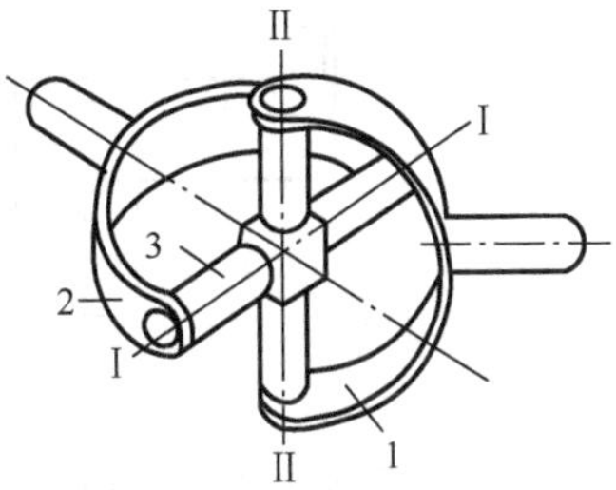

图 14-6　万向联轴器

为了克服上述缺点，可以通过中间轴将两个万向联轴器串联起来，即采用双万向联轴器。欲使从动轴角速度与主动轴角速度相等，双万向联轴器在布置时必须满足下列条件(图 14-8)：

(1) 中间轴上两端的叉形接头应位于同一平面内；

(2) 中间轴与主动轴、从动轴的夹角 α_1、α_2 应相等。

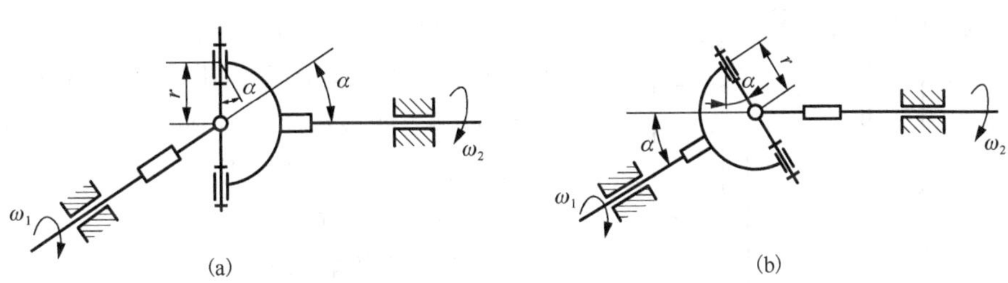

图 14-7　万向联轴器速度分析

4) 滚子链联轴器

图 14-9 所示为滚子链联轴器。该联轴器通过一条双排链将带有相同齿数链轮的左右半联轴器连接起来。为了改善润滑条件，以及防止污染，一般将联轴器密封在罩壳内。链与链轮间的啮合间隙可补偿两轴间的相对位移。

滚子链联轴器结构简单，尺寸紧凑，质量小，只需要将链条接头拆开即可使两轴分离，拆装方便，但不宜用于高速、有剧烈冲击和传递轴向力的场合。

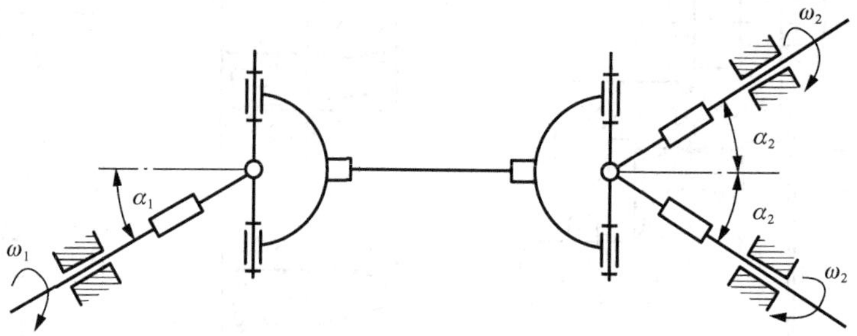

图 14-8　双万向联轴器的布置

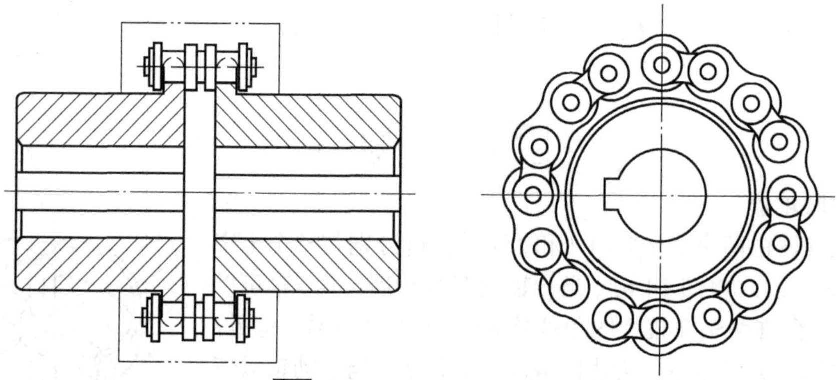

图 14-9　滚子链联轴器

2. 有弹性元件挠性联轴器

1) 弹性套柱销联轴器

如图 14-10 所示，弹性套柱销联轴器的基本结构形式与凸缘联轴器相似，其用装有弹性套的柱销代替了连接螺栓，有较好的缓冲和减振作用。为了补偿轴向位移，安装时需留出轴向间隙 c。通过弹性套的变形，可以补偿少量的径向位移和角位移。为了方便更换弹性套，使拆装时不移动机器，设计时需要留出安装距离 A，适用于启动频繁或在变载荷下工作的传动装置。弹性套柱销联轴器在高速轴上应用十分广泛，缺点是弹性套容易磨损，寿命短。

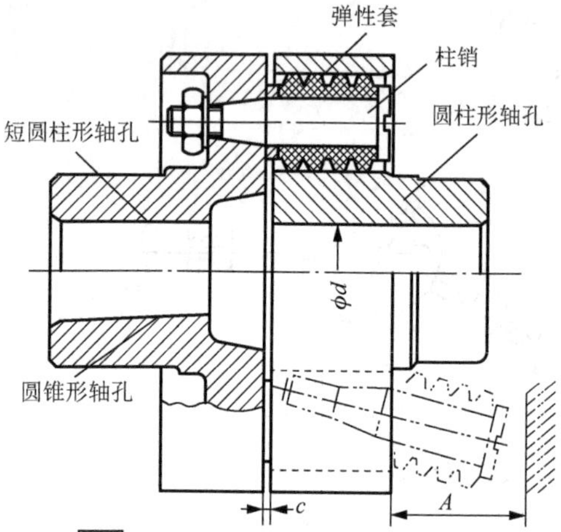

图 14-10　弹性套柱销联轴器

2) 弹性柱销联轴器

弹性柱销联轴器的结构如图 14-11 所示，用尼龙柱销将两个半联轴器连接起来，为防止柱销滑出，在两侧装有挡板。尼龙柱销有弹性，可以缓和冲击。

弹性柱销联轴器结构简单，拆装方便，能传递很大的转矩。允许被连接的两轴有一定的轴向位移以及少量的径向位移和角位移。尼龙柱销对温度较敏感，该联轴器使用温度限制在−20 ～ 70 ℃范围。

3) 梅花形弹性联轴器

梅花形弹性联轴器的结构如图 14-12 所示，两个半联轴器的端面上各有凸齿，梅花形弹性元件的花瓣嵌于两个半联轴器的凸齿之间，在联轴器工作时起到缓冲减振的作用。这种联轴器结构简单，具有良好的补偿和减振能力，使用广泛。其缺点是装拆时需要做轴向移动。

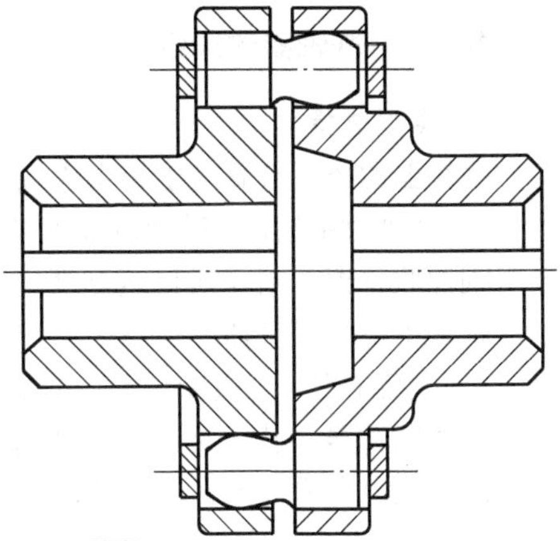

图 14-11　弹性柱销联轴器

4) 轮胎式联轴器

轮胎式联轴器如图 14-13 所示，中间为橡胶制成的轮胎状弹性元件，两端用压板及螺钉分别压在两个半联轴器上。这种联轴器结构简单，工作可靠，轮胎元件富有弹性，易于变形，能有效降低动载荷和补偿相对位移。缺点是径向尺寸大，过载时会产生附加的轴向载荷。

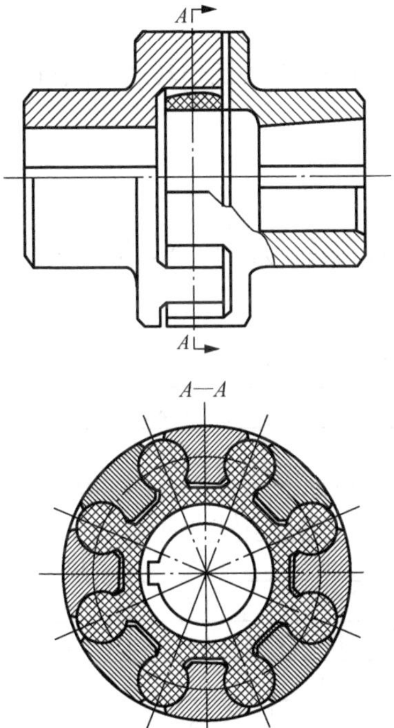

图 14-12　梅花形弹性联轴器

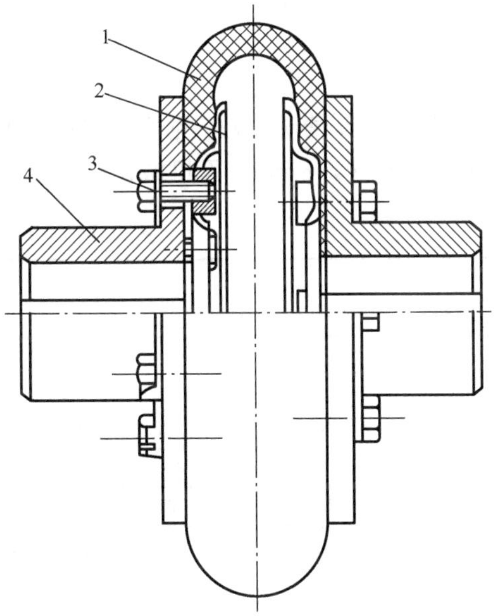

图 14-13　轮胎式联轴器

5) 蛇形弹簧联轴器

蛇形弹簧联轴器由两个有齿的半联轴器和一组蛇形弹簧片组成，如图 14-14 所示，为了安装方便，蛇形弹簧常分为 6 ～ 8 段。弹簧用剖分的外壳罩住，壳中可以储存润滑油。通过蛇形弹簧的变形，联轴器具有良好的补偿相对位移的能力。与前述几种非金属弹性元件的联轴器相比，蛇形弹簧联轴器可用于高温场合。

14.1.3　联轴器的选用

1. 类型选择

联轴器的类型选择应综合考虑以下因素。

(1) 两轴对中情况。若两轴能保证严格对中，可选用刚性联轴器；对于难以达到严格对中要求的两轴，宜采用挠性联轴器。

(2) 载荷情况。当载荷较平稳或变动不大时，可选用刚性联轴器；若经常启动、制动或载荷变化很大时最好选用有弹性元件的挠性联轴器。

(3) 速度情况。低速时选用刚性联轴器；高速时宜选用有弹性元件的挠性联轴器。工作转速不应大于联轴器标准中的许用最高转速。

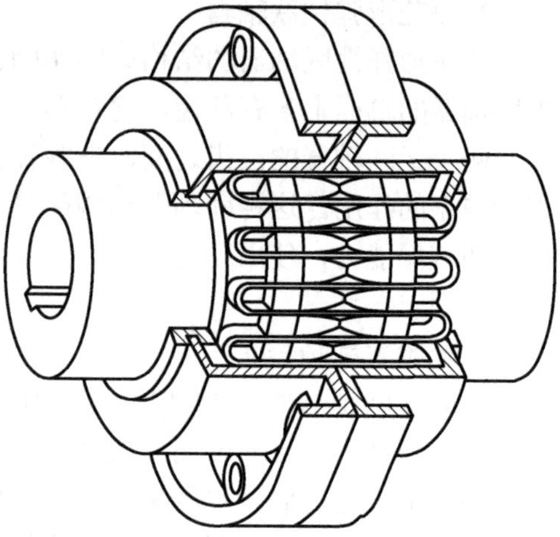

图 14-14　蛇形弹簧联轴器

(4) 环境情况。当工作环境温度较低或较高时，一般不宜选用有非金属弹性元件的联轴器。

2. 型号确定

对于已标准化的联轴器可根据被连接轴的直径、计算转矩 T_c 和工作转速 n 从有关标准中选择合适的型号尺寸，即

$$T_c = K_A \cdot T \leqslant [T],\ \mathrm{N \cdot mm}$$
$$n \leqslant [n],\ \mathrm{r/min}$$

式中，K_A 为工作情况系数，见表 14-1；$[T]$为公称转矩(许用转矩)，N·mm，见机械设计手册；$[n]$为许用转速，r/min，见机械设计手册。

表 14-1　工作情况系数 K_A

工作机		K_A			
		原动机			
载荷变化情况	应用举例	电动机 汽轮机	四缸及四缸 以上内燃机	双缸内 燃机	单缸内 燃机
转矩变化很小	发动机、小型通风机、小型离心泵	1.3	1.5	1.8	2.2
转矩变化小	透平压缩机、木工机械、运输机	1.5	1.7	2.0	2.4
转矩变化中等	搅拌机、增压泵、压缩机、冲床	1.7	1.9	2.2	2.6
转矩变化中等，有冲击	水泥搅拌机、织布机、拖拉机	1.9	2.1	2.4	2.8
转矩变化较大，有较大冲击	挖掘机、起重机、碎石机、造纸机	2.3	2.5	2.8	3.2
转矩变化大，有强烈冲击	压延机、重型初轧机	3.1	3.3	3.6	4.0

14.2　离　合　器

根据工作原理的不同，离合器主要有牙嵌式和摩擦式两类，它们分别用牙齿间的啮合和工作表面间的摩擦力来传递转矩。按照控制离合方法的不同，离合器可分为操纵式和自动式两类，除某些特殊情况下采用自动离合器外，一般采用操纵式离合器。

14.2.1　牙嵌离合器

图 14-15 所示为牙嵌式离合器，它由两个端面上有牙的半离合器组成。其中一个半离合器固定在主动轴上；另一个半离合器用导向平键与从动轴连接，并由操纵机构使其在轴上移动，实现离合器的结合与分离。牙嵌式离合器通过两个半联轴器牙的相互嵌合来传递转矩。为使两个半离合器能够方便对中，在主动轴端的半离合器上固定有一个对中环，从动轴可在对中环内自由转动。

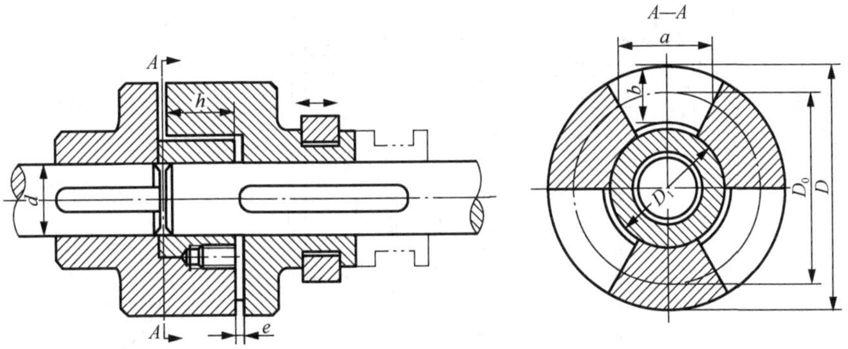

图 14-15　牙嵌离合器

牙嵌式离合器的牙形有三角形、矩形、梯形和锯齿形。三角形牙用于传递中、小转矩的离合器；矩形牙不便离合器的结合与分离，应用较少；梯形牙强度高、能自动补偿磨损与间隙、传递转矩大，所以应用最广；锯齿形牙只能用于传递单向转矩的离合器。

牙嵌离合器的尺寸可以按机械设计手册选取，必要时可验算牙根强度和耐磨性。

14.2.2　圆盘摩擦离合器

圆盘摩擦离合器靠主、从动摩擦盘间的摩擦力矩传递转矩，有单盘式和多盘式两种结构。

1. 单盘摩擦离合器

单盘摩擦式离合器如图 14-16 所示。在主动轴 1 和从动轴 2 上分别安装有摩擦盘 3 和摩擦盘 4，通过操纵环 5 可推动摩擦盘 4 做轴向移动。离合器结合时，通过轴向力 F_Q 使摩擦盘 4 压紧在摩擦盘 3 上。当主动轴转动时，即可通过两个摩擦盘间的压紧力产生摩擦力矩传递转矩，带动从动轴转动。设摩擦力的合力作用在平均半径为 R 的圆周上，则可传递的最大摩擦力矩为

$$T_{max} = f \cdot F_Q \cdot R$$

式中，f 为摩擦系数。

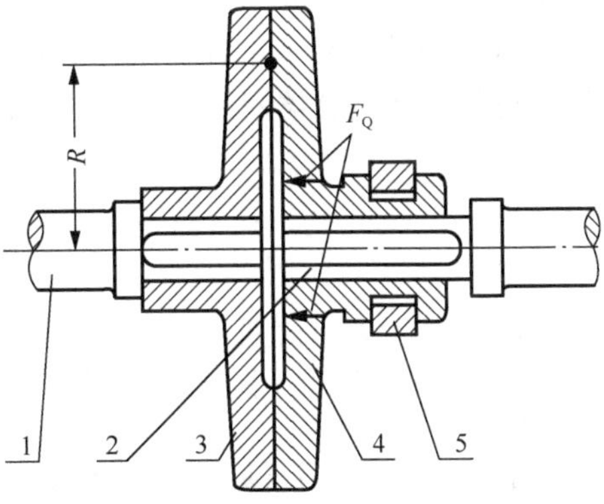

图 14-16　单盘摩擦离合器

2. 多盘摩擦离合器

多盘摩擦离合器如图 14-17(a)所示，有两组摩擦盘，外摩擦盘 5(图 14-17(b))通过花键与固接在主动轴 1 的外毂轮 2 相连，内摩擦盘 6(图 14-17(c))通过花键与固接在从动轴 3 上

的套筒 4 相连，内、外两组摩擦盘交替相互叠合。轴向移动滑环 7 可实现离合器的结合和分离。当滑环处于图示位置时，通过杠杆 8 和压板 9 将内、外摩擦盘组压紧，离合器处于结合状态。当滑环 7 向右移动后，杠杆 8 在弹簧作用下绕支点逆时针摆动，杠杆 8 和压板 9 之间不再压紧，内、外摩擦盘组松开，离合器分离。

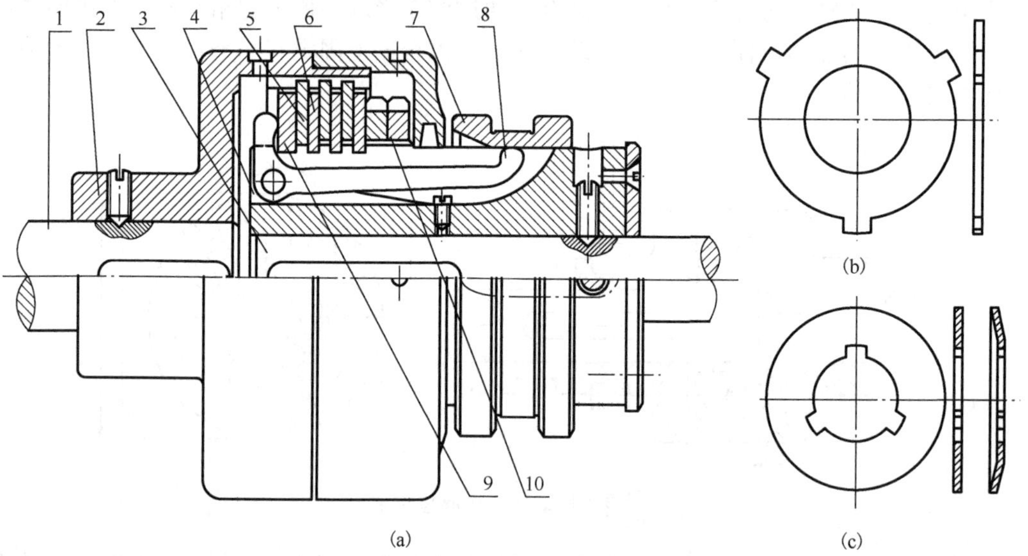

图 14-17　多盘摩擦离合器

多盘摩擦离合器摩擦面多，能传递较大的转矩。与单盘摩擦离合器相比，可减小外径尺寸。多盘摩擦离合器能传递的最大转矩为

$$T_{max} = z \cdot f \cdot F_Q \cdot R$$

式中，z 为摩擦面的数目。摩擦面越多，能传递的转矩越大。

与牙嵌离合器相比，摩擦离合器可在任何速度下结合和分离，结合过程平稳，冲击小；从动轴的加速时间和可传递的最大转矩可调节；过载时可通过打滑保护重要零件。摩擦离合器的缺点为结构复杂，外廓尺寸大；结合和分离时摩擦发热大，易磨损。为了散热和减小磨损，可将摩擦离合器浸入油中，这种离合器称为湿式离合器。

习　题

14-1　图示桥式起重机小车中，用联轴器 A、B、C、D 将电动机 1、减速器 2 和中间轴 3 连接起来，驱动小车的车轮在钢轨 4 上面行驶。要求两个车轮同步转动，否则小车前进时会发生偏斜。试选择 A、B、C、D 四个联轴器的类型。

14-2　使用 Y 系列三相异步电动机 Y160M-4 驱动一台离心式水泵工作，已知电动机功率为 11 kW，转速为 1480 r/min，电动机轴伸直径为 48 mm，水泵轴直径 42 mm。试选择电动机与水泵之间的联轴器类型，并确定具体型号尺寸。

14-3　图示为一个带式运输机传动装置。原动机为 Y 系列三相异步电动机，额定功率为 15 kW，转速为 1440 r/min，电动机轴直径 42 mm，外伸长度 140 mm。减速器总传动比为 24，减速器高速轴输入端直径为 38 mm，低速轴输出端直径为 65 mm。试确定减速器输入、输出端适用的联轴器类型和型号。

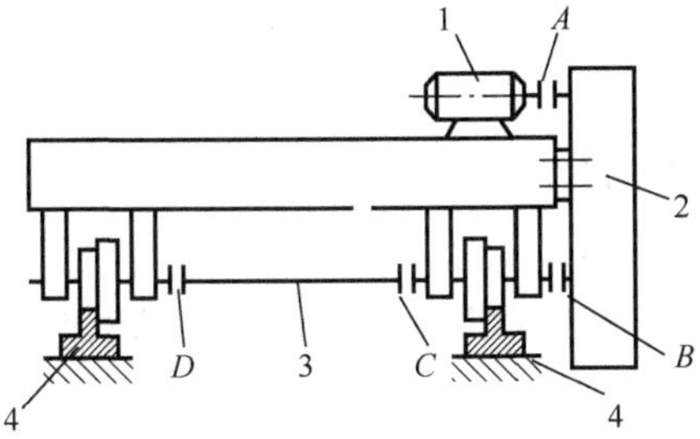

题 14-1 图

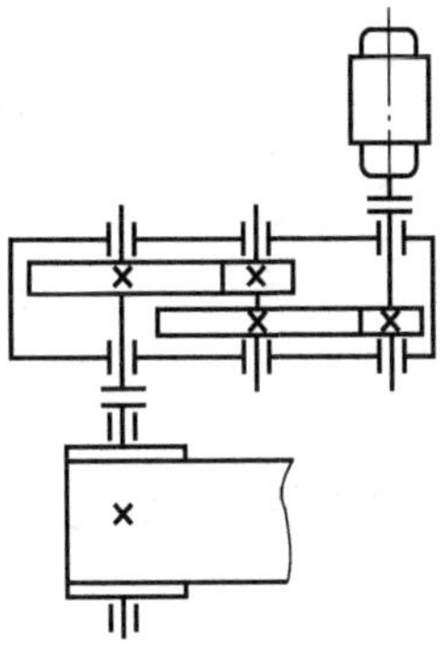

题 14-3 图

14-4　某机器中采用了图 14-17 所示的多盘摩擦离合器，已知外摩擦盘的盘数为 10，内摩擦盘的盘数为 9，结合面内径为 50 mm，外径为 90 mm。机器的功率为 7.5 kW，主动轴转速为 650 r/min。内、外摩擦盘间的摩擦系数为 0.18。试计算使该离合器结合所需的最小轴向压紧力。

第 15 章 弹　　簧

15.1 弹 簧 概 述

弹簧是一种弹性元件，它在外载荷作用下可产生较大的弹性变形，在各类机械设备中被广泛使用。

15.1.1 弹簧的功用

(1) 控制机械的运动。如内燃机中的阀门弹簧、离合器和制动器中的控制弹簧等。

(2) 缓冲与减振。如各种车辆悬挂系统中的减振弹簧、弹性联轴器中的弹簧等。

(3) 储存能量。如机械式钟表的发条、枪栓弹簧等。

(4) 测量力的大小。如测力器和弹簧秤中的弹簧。

15.1.2 弹簧的类型

按照弹簧所受的载荷不同，可以分为拉伸弹簧、压缩弹簧、扭转弹簧和弯曲弹簧。按照弹簧的形状不同，可以分为螺旋弹簧、碟形弹簧、环形弹簧、板弹簧、涡卷弹簧等。按照弹簧所使用的材料不同，可以分为金属弹簧和非金属弹簧。表 15-1 列出了常见的弹簧类型。

螺旋弹簧是由弹簧丝卷制而成，制造方法简便，螺旋弹簧可制成压缩弹簧、拉伸弹簧和扭转弹簧，形状可以是圆柱形或圆锥形。圆柱螺旋弹簧的特性曲线(变形量与载荷之间的关系)为直线，刚度稳定，结构比较简单，在一般机械中应用最为广泛。圆锥螺旋弹簧具有非直线型特性曲线。

碟形弹簧缓冲和减振能力强，主要用在载荷较大和弹簧轴向尺寸受限制的地方。采用不同的组合方式(叠合、对合或复合组合)可以得到不同的特性曲线。

环形弹簧是由一组带锥面的内、外钢环组成的一种压缩弹簧，其阻尼很大，是最强力的缓冲弹簧，常用作车辆和其他重型设备的缓冲元件。

截锥涡卷弹簧比圆锥螺旋弹簧吸收的能量大，但制造困难，只用在空间受限制的地方，以代替圆锥螺旋弹簧。

平面涡卷弹簧(或称盘簧)是由金属丝卷绕成的多圈阿基米德螺旋线形弹簧，该类弹簧具有大变形角，储存的能量大，多用作仪器、钟表中的储能弹簧。

板弹簧是由多块长度不等的钢板叠合而成，工作时主要受弯曲作用，缓冲和减振性能好，主要用于汽车、拖拉机和铁路车辆的悬挂装置。

常用的非金属弹簧有橡胶弹簧和空气弹簧。由于材料内部的阻尼作用，橡胶弹簧在加载、卸载过程中摩擦能耗大，吸振能力强，外形不受限制，可承受多方向的载荷。空气弹簧是在密闭的橡胶柔性容器中充满压缩空气，利用空气的可压缩性实现弹簧功能，可按工作需要设计特性曲线和调节高度，多用于车辆悬挂装置。

表 15-1 弹簧的基本形式

按载荷分 按形状分	拉伸	压缩	扭转	弯曲
螺旋形	圆柱螺旋拉伸弹簧 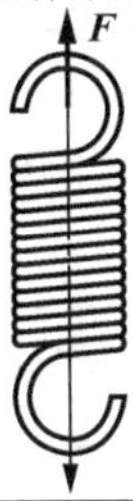	圆柱螺旋压缩弹簧  圆锥螺旋压缩弹簧 	圆柱螺旋扭转弹簧 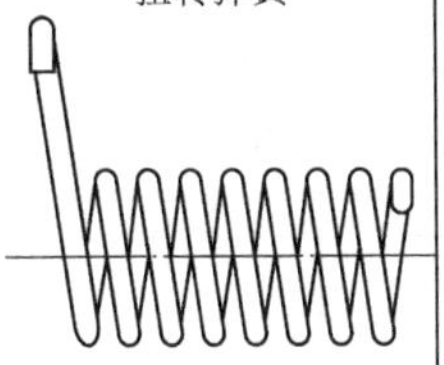	
其他形状		碟形弹簧 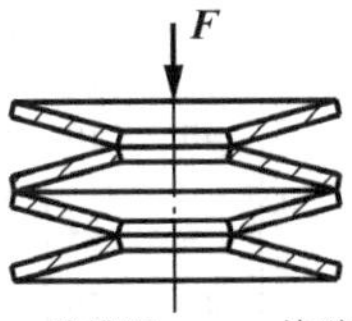 环形弹簧 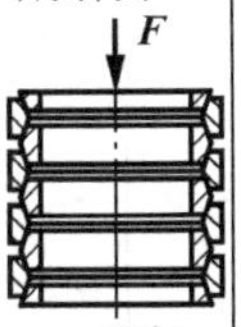 截锥涡卷弹簧 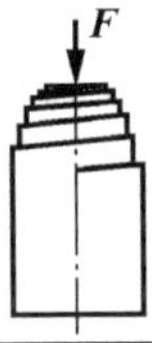 橡胶弹簧 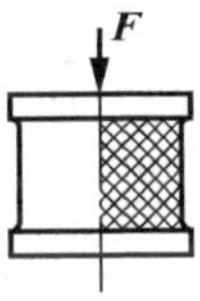 空气弹簧 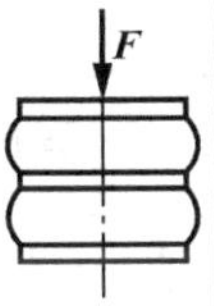	平面涡卷弹簧 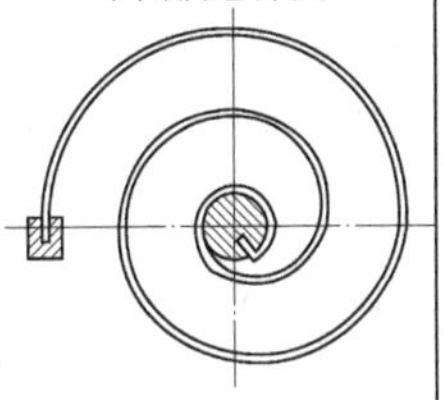	板弹簧 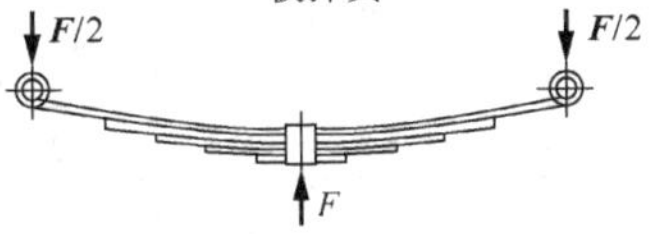

15.2 弹簧的材料和制造方法

15.2.1 弹簧的常用材料

工作中弹簧通常受到较大的变形和交变应力，因此材料应具有较高的弹性极限、疲劳强度、冲击韧性和良好的热处理性能。

常用的弹簧材料有碳素弹簧钢丝、重要用途弹簧钢丝、油淬火—回火弹簧钢丝、合金弹簧钢丝、不锈弹簧钢丝、青铜丝等。常用弹簧材料及其性能见表 15-2。

弹簧按载荷性质可分为三类：

I 类(无限疲劳寿命)——冷卷弹簧负荷循环次数 $N \geqslant 10^7$ 次、热卷弹簧负荷循环次数 $N \geqslant 2\times10^6$ 次的动负荷；

II 类(有限疲劳寿命)——冷卷弹簧负荷循环次数 $N \geqslant 10^4 \sim 10^6$ 次、热卷弹簧负荷循环次数 $N \geqslant 10^4 \sim 10^5$ 次的动负荷；

III 类(静负荷)——恒定不变的负荷或 $N < 10^4$ 次的动负荷。

碳素弹簧钢丝按其力学性能分为五个级别：

SL——静载低抗拉强度；

SM——静载中等抗拉强度；

SH——静载高抗拉强度；

DM——动载中等抗拉强度；

DH——动载高抗拉强度。

不同级别的碳素弹簧钢丝的抗拉强度见表 15-3。

表 15-2　常用弹簧材料及其性能

材料		许用切应力 $[\tau]$ / MPa			许用弯曲应力 $[\sigma]$ / MPa		切变模量 G / GPa	弹性模量 E / GPa	推荐硬度 / HRC	推荐使用温度 / ℃	特性及用途
类别	牌号	Ⅰ类弹簧	Ⅱ类弹簧	Ⅲ类弹簧	Ⅱ类弹簧	Ⅲ类弹簧					
碳素钢丝	65、70	$(0.33\sim0.38)\sigma_b$	$(0.38\sim0.45)\sigma_b$	$0.45\sigma_b$	$(0.58\sim0.66)\sigma_b$	$0.7\sigma_b$	78.5	206	—	-40 ～ 150	强度高、性能好，淬透性差，用于小尺寸弹簧
	65Mn										淬透性好，用于中小尺寸弹簧
合金钢丝	50CrVA	450	600	750	750	940	78.5	206	45 ～ 50	-40 ～ 210	弹性好，回火稳定性好，易脱碳，用于大载荷弹簧
	60Si2Mn 60Si2MnA	480	640	800	800	1000				-40 ～ 250	疲劳强度高，淬透性和回火稳定性好
不锈钢丝	12Cr18Ni9	324	432	533	533	677	70	185	—	-200 ～ 290	耐腐蚀、耐高温，工艺性好
	07Cr17Ni7Al	471	628	785	785	981	73	195			
青铜丝	QSi3-1	265	353	441	441	549	40.2	93.1	90 ～ 100 HBW	-40 ～ 210	耐腐蚀、防磁性，用于各类仪表中
	QBe2	353	441	549	549	735	42.1	129.4	37 ～ 40	-200 ～ 120	

注：1. σ_b 为弹簧材料抗拉强度的下限值，见表 15-3。

2. 对比较重要的弹簧，许用应力应适当降低；经强化处理、喷丸处理能提高疲劳强度。

表 15-3　碳素弹簧钢丝的抗拉强度 σ_b(摘自 GB/T 4357—2009)　　(单位：MPa)

直径/mm	SL	SM、SH	DM、DH	直径/mm	SL	SM、SH	DM、DH
1.00	1720 ～ 1970	1980 ～ 2220	2230 ～ 2470	3.20	1390 ～ 1600	1610 ～ 1810	1820 ～ 2020
1.20	1670 ～ 1910	1920 ～ 2160	2170 ～ 2400	3.40	1370 ～ 1580	1590 ～ 1780	1790 ～ 1990
1.40	1620 ～ 1860	1870 ～ 2100	2110 ～ 2340	3.60	1350 ～ 1560	1570 ～ 1760	1770 ～ 1970
1.60	1590 ～ 1820	1830 ～ 2050	2060 ～ 2290	3.80	1340 ～ 1540	1550 ～ 1740	1750 ～ 1950
1.80	1550 ～ 1780	1790 ～ 2010	2020 ～ 2240	4.00	1320 ～ 1520	1530 ～ 1730	1740 ～ 1940
2.00	1520 ～ 1750	1760 ～ 1970	1980 ～ 2200	4.50	1290 ～ 1490	1500 ～ 1680	1690 ～ 1880
2.50	1460 ～ 1680	1690 ～ 1890	1900 ～ 2110	5.00	1260 ～ 1450	1460 ～ 1650	1660 ～ 1830
3.00	1410 ～ 1620	1630 ～ 1830	1840 ～ 2040	6.00	1210 ～ 1390	1400 ～ 1580	1590 ～ 1770

15.2.2　弹簧的制造方法

螺旋弹簧的制造过程包括：卷制、挂钩制作(拉伸或扭转弹簧)或端面圈磨削(压缩弹簧)、热处理、表面处理和工艺试验及检验等。

弹簧的卷制分冷卷和热卷两种。弹簧丝直径小于 8 mm 时常采用冷卷法，用冷拉的、经预热处理的弹簧钢丝在常温下卷制而成，卷成后一般不再进行淬火处理，只经低温回火以消除内应力。弹簧丝直径较大的弹簧需在加热状态下卷制，卷成后还要进行淬火及中温回火。弹簧在卷制及热处理后，要进行表面检验、尺寸检验及工艺试验，以确保弹簧符合技术要求。

对于重要的压缩弹簧，为保证弹簧两端面与轴线的垂直度，要将弹簧两端面在专门的磨床上磨平。对于拉伸弹簧和扭转弹簧，为了便于安装和加载，两端应制有挂钩或杆臂。

为了提高弹簧的承载能力，可对弹簧进行喷丸处理或强压处理。强压处理是使弹簧在超过极限应力状态下受载 6 ～ 48 h，在弹簧丝表层高应力区产生与工作应力相反的残余预应力，从而降低弹簧在工作状态下的最大应力。为了保持有益的残余预应力，强压处理后不允许再进行热处理。工作在长期振动、高温或腐蚀性介质环境下的弹簧，不宜进行强压处理。

15.3　圆柱螺旋压缩弹簧和拉伸弹簧的设计计算

15.3.1　圆柱螺旋弹簧的结构

1. 圆柱螺旋压缩弹簧

圆柱螺旋压缩弹簧如图 15-1(a)所示，其中 d 为弹簧丝直径，D 为弹簧中径，D_1 为小径，D_2 为大径，t 为节距，H_0 为自由高度。压缩弹簧的两端通常各有 0.75 ～ 1.25 圈并紧，称为支承圈或死圈。死圈只起支承作用，工作时不参与变形，其端面应垂直于弹簧轴线。冷卷圆柱螺旋压缩弹簧有 3 种端部结构形式：两端圈并紧磨平的 YI 型、两端圈并紧不磨的 YII 型和两端圈不并紧的 YIII 型，如图 15-2 所示。

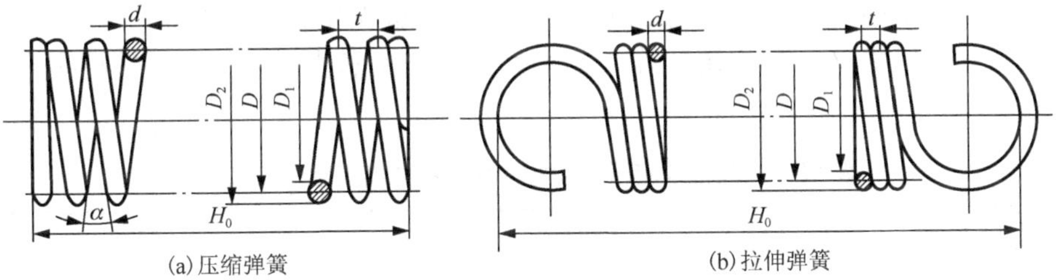

图 15-1　圆柱螺旋弹簧

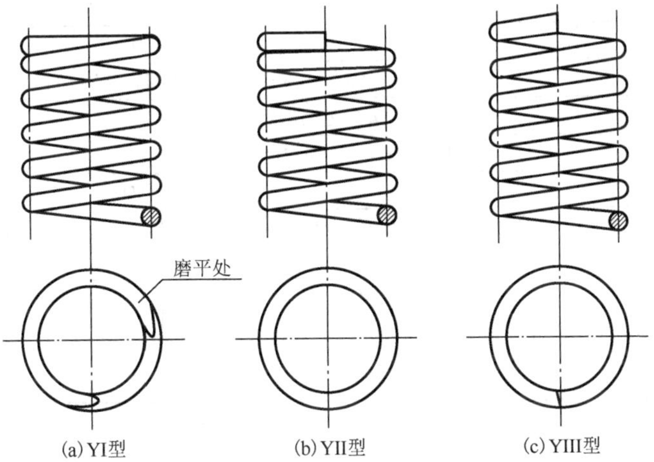

图 15-2　圆柱螺旋压缩弹簧端部结构

2. 圆柱螺旋拉伸弹簧

圆柱螺旋拉伸弹簧在空载时，各圈相互并拢(图 15-1(b))。通过不同绕制过程，可以把拉伸弹簧制成无预应力弹簧或有预应力弹簧。为了便于拉伸弹簧的安装和加载，通常在弹簧的端部制有挂钩。当弹簧与挂钩做成一体时(图 15-3(a)、(b)、(c))，制造方便，但在挂钩过渡处有很大的应力集中，只能适用于中小载荷及不重要场合。当采用挂钩与弹簧丝分开的结构时(图 15-3(d))，挂钩可转到任何方向，便于安装，同时承载能力有所提高，用于载荷较大场合。

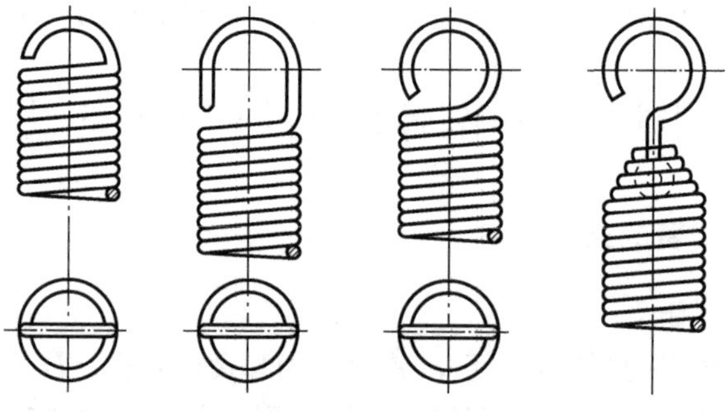

(a) LI型　(b) LII型　(c) LIII型　(d) LVIII型

图 15-3　圆柱螺旋拉伸弹簧常见挂钩形式

15.3.2　圆柱螺旋弹簧的几何尺寸

普通圆柱螺旋弹簧的几何尺寸包括弹簧丝直径 d、弹簧中径 D、弹簧外径 D_2、弹簧内径 D_1、节距 t、自由高度 H_0、螺旋角 α 等，其关系见图 15-1 和表 15-4。普通圆柱螺旋弹簧尺寸见表 15-5。

表 15-4　圆柱螺旋压缩和拉伸弹簧的几何尺寸计算公式

参数名称	压缩弹簧	拉伸弹簧
弹簧丝直径 d	参见表 15-3	
弹簧中径 D	$D=Cd$ (C 称为旋绕比或弹簧指数)	
弹簧外径 D_2	$D_2=D+d=D_1+2d$	
弹簧内径 D_1	$D_1=D-d=D_2-2d$	
有效圈数 n	用于计算弹簧总变形量的簧圈数量，参见式(15-8)和式(15-9)	
总圈数 n_1	$n_1=n+n_z$ (n_z 为支承圈数)	$n_1=n$
节距 t	推荐 $0.28D \leqslant t < 0.5D$	$t=d$
螺旋角 α	$\alpha=\arctan[t/(\pi D)]$	
自由高度 H_0	两端圈并紧磨平：$H_0=nt+(n_z-0.5)d$ 两端圈并紧不磨：$H_0=nt+(n_z-1)d$	$H_0=nd+H_h$ (H_h 为挂钩轴向长度)
展开长度 L	$L=\dfrac{\pi D n_1}{\cos\alpha}$	$L=\dfrac{\pi D n_1}{\cos\alpha}+L_h$ (L_h 为挂钩展开长度)
弹簧质量 m	$m=\dfrac{\pi}{4}d^2 L\cdot\rho$	

表 15-5　普通圆柱螺旋弹簧尺寸系列（摘自 GB/T 1358—2009）

弹簧丝直径 d / mm		1.00	1.20	1.60	2.00	2.50	3.00	3.50	4.00	4.50	5.00	6.00	8.00
		10.0	12.0	15.0	16.0	20.0	25.0	30.0	35.0	40.0	45.0	50.0	
弹簧中径 D / mm		5	5.5	6	6.5	7	7.5	8	8.5	9	10	12	14
		16	18	20	22	25	28	30	32	38	42	45	48
		50	52	55	58	60	65	70	75	80	85	90	95
		100	105	110	115	120	125	130	135	140	145	150	
有效圈数 n / 圈	压缩弹簧	2	2.25	2.5	2.75	3	3.25	3.5	3.75	4	4.25	4.5	4.75
		5	5.5	6	6.5	7	7.5	8	8.5	9	9.5	10	10.5
		11.5	12.5	13.5	14.5	15	16	18	20	22	25	28	30
	拉伸弹簧	2	3	4	5	6	7	8	9	10	11	12	13
		14	15	16	17	18	19	20	22	25	28	30	35
		40	45	50	55	60	65	70	80	90	100		
自由高度 H_0 / mm	压缩弹簧	15	16	17	18	19	20	22	24	26	28	30	32
		35	38	40	42	45	48	50	52	55	58	60	65
		70	75	80	85	90	95	100	105	110	115	120	130
		140	150	160	170	180	190	200					

15.3.3　弹簧特性曲线

图 15-4(a)所示为一圆柱螺旋压缩弹簧，在未受到任何载荷时，弹簧的高度为其自由高度 H_0。在轴向载荷 $\boldsymbol{F}$ 作用下，弹簧产生相应的弹性变形量 f。表示弹簧变形量 f 与载荷 F 之间的关系曲线称为弹簧的特性曲线。

弹簧在安装时，通常会施加一个较小的载荷 F_{min}，使它可靠地稳定在安装位置上。F_{min} 称为弹簧的最小载荷(安装载荷)，在 F_{min} 作用下，弹簧的高度被压缩到 H_1，最小变形量为 f_{min}(图 15-4(a))。当弹簧受到最大工作载荷 F_{max} 时，弹簧最大变形量为 f_{max}，其高度变为 H_2。最大变形量 f_{max} 与最小变形量 f_{min} 之差称为弹簧的工作行程 h，$h = f_{max} - f_{min} = H_1 - H_2$。弹簧丝内的应力达到材料屈服极限时对应的载荷为极限载荷 F_{lim}，其变形量为 f_{lim}。弹簧应该在弹性极限范围内工作，通常 $F_{max} \leqslant 0.8F_{lim}$。

对于等节距的圆柱螺旋弹簧，载荷与变形量之间为线性关系，即：$F_{min}/f_{min} = F_{max}/f_{max} = \cdots =$ 常数，而其他类型弹簧的特性曲线则可能是非直线型。

圆柱螺旋拉伸弹簧分无初拉力和有初拉力两种，如图 15-4(b)所示。无初拉力拉伸弹簧的特性曲线与压缩弹簧完全相同。为使各圈相互压紧，在卷制弹簧的同时让弹簧丝绕自身轴线扭转，这样制成的弹簧各圈之间有一定的压紧力，即初拉力。有初拉力拉伸弹簧在自由状态下就受到初拉力 F_0 作用，只有当施加的拉力超过 F_0 时，弹簧才会产生变形。因此在相同的载荷下，有初拉力拉伸弹簧比无初拉力拉伸弹簧产生的变形更小。若给初拉力 F_0 一个对应的假想变形 x，则其特性曲线与无初拉力拉伸弹簧是相同的。

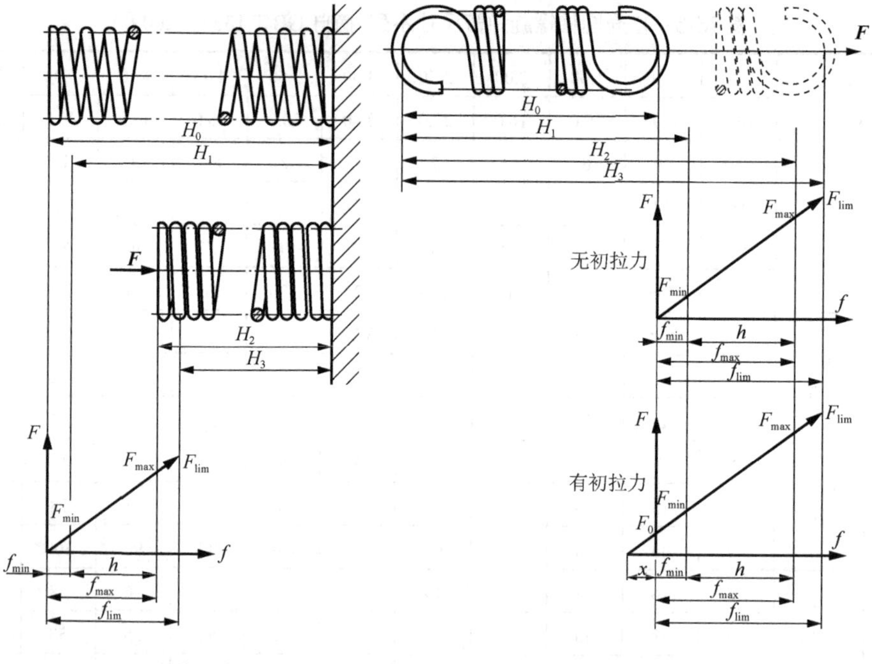

(a) 压缩弹簧　　(b) 拉伸弹簧

图 15-4　圆柱螺旋压缩弹簧和拉伸弹簧的特性曲线

15.3.4　设计计算

1. 强度计算

压缩弹簧和拉伸弹簧受载时，弹簧丝的受力情况基本相同，这里只对压缩弹簧进行分析。图 15-5(a) 所示压缩弹簧受到轴向压力 $\boldsymbol{F}$ 时，在弹簧丝的法向截面上作用有切向力 $F_Q = F\cos\alpha$、轴向力 $F_N = F\sin\alpha$、转矩 $T = F\cos\alpha \cdot D/2$ 及弯矩 $M = F\sin\alpha \cdot D/2$。由于弹簧的螺旋角 α 通常较小，故轴向力 F_N 和弯矩 M 可以忽略不计，并取切向力 $F_Q = F$ 和转矩 $T = F \cdot D/2$（图 15-5(b)）。切向力 F_Q 产生的切应力 τ_F 比转矩 T 产生的切应力 τ_T 小很多，在计算时简化为只考虑转矩 T 产生的切应力 τ_T(MPa)。

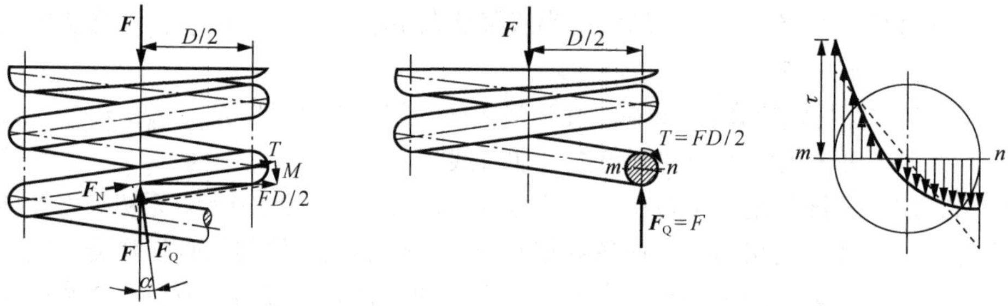

(a)　　(b)　　(c)

图 15-5　压缩螺旋弹簧的受力和应力分析

$$\tau_T = \frac{T}{W_T} = \frac{F \cdot D/2}{\pi d^3/16} = \frac{8FD}{\pi d^3} = \frac{8FC}{\pi d^2} \tag{15-1}$$

当其他条件相同时，旋绕比小的弹簧刚度好，但曲率较大，内、外侧的应力差也较悬殊，故设计弹簧时一般规定 $C \geqslant 4$。不同弹簧丝直径对应的旋绕比推荐值见表 15-6。

表 15-6 圆柱螺旋弹簧旋绕比推荐值

d / mm	0.2 ~ 0.5	> 0.5 ~ 1.1	> 1.1 ~ 2.5	> 2.5 ~ 7.0	> 7.0 ~ 16	> 16
C	7 ~ 14	5 ~ 12	5 ~ 10	4 ~ 9	4 ~ 8	4 ~ 6

由于弹簧丝曲率的影响，同时考虑弹簧丝所受到的弯矩、切向力和法向力对应力的影响，弹簧丝法向截面的实际应力分布如图 15-5(c) 中的粗实线所示。引入曲度系数 K 对计算应力进行修正，则弹簧丝内侧的最大应力及强度条件为

$$\tau = K \cdot \tau_T = K\frac{8FC}{\pi d^2} \leqslant [\tau] \tag{15-2}$$

圆截面弹簧丝的曲度系数 K 可按下式计算

$$K = \frac{4C-1}{4C-4} + \frac{0.615}{C} \tag{15-3}$$

根据式(15-2)，弹簧丝直径为

$$d \geqslant \sqrt{\frac{8KFC}{\pi[\tau]}} \tag{15-4}$$

式中，$[\tau]$为弹簧丝材料的许用切应力，MPa，见表 15-2。由于旋绕比 C 和许用切应力$[\tau]$都和弹簧丝直径 d(mm) 有关，所以需要试算才能确定出直径 d。

2. 刚度计算

根据材料力学中对圆柱螺旋弹簧应力和变形的分析，可知圆柱螺旋弹簧的弹性变形量公式为

$$f = \frac{8FD^3 n}{Gd^4} \tag{15-5}$$

式中，n 为弹簧的有效圈数；G 为弹簧材料的切变模量，MPa，见表 15-2。

将最大工作载荷代入式(15-5)，可得弹簧的最大变形量

$$f_{\max} = \frac{8F_{\max} D^3 n}{Gd^4} \tag{15-6}$$

对于有初拉力的拉伸弹簧，工作时需首先克服初拉力 F_0，弹簧才能开始变形，故有

$$f_{\max} = \frac{8(F_{\max} - F_0)D^3 n}{Gd^4} \tag{15-7}$$

根据式(15-6)和式(15-7)弹簧的有效工作圈数为

$$n = \frac{f_{\max} Gd^4}{8F_{\max} D^3} \tag{15-8}$$

$$n = \frac{f_{\max} Gd^4}{8(F_{\max} - F_0)D^3} \text{（有初拉力）} \tag{15-9}$$

初拉力 F_0 与弹簧丝尺寸、材料和加工方法有关。密卷后的拉伸弹簧若不进行淬火、回火处理，可以具有初拉力，而卷制后经过热处理的弹簧则没有初拉力。F_0 可按下式计算

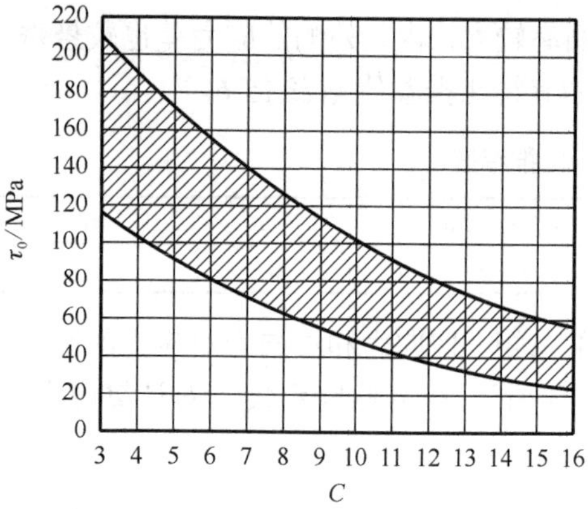

图 15-6　弹簧初应力选择

$$F_0 = \frac{\pi d^3 \tau_0}{8KD}$$

式中，τ_0 为初切应力，MPa。对钢制弹簧，可根据旋绕比 C 在图 15-6 中阴影部分查取 τ_0 值。

弹簧产生单位长度变形量所需的载荷称为弹簧刚度 F'（即 $F' = \mathrm{d}F/\mathrm{d}\lambda$），它表示弹簧特性曲线上某点的斜率。刚度是表征弹簧性能的重要参数，刚度越大，则弹簧越硬，弹力越大。由图 15-4 知，圆柱螺旋弹簧的变形与载荷之间为线性关系，弹簧刚度为常数，称为定刚度弹簧。显然，测力弹簧应选定刚度的，而在受动载荷或冲击载荷的场合中，宜选随载荷增加弹簧刚度增大的变刚度弹簧。圆柱螺旋弹簧的刚度为

$$F' = \frac{F}{f} = \frac{Gd^4}{8D^3 n} = \frac{Gd}{8C^3 n} \tag{15-10}$$

根据式(15-10)，影响弹簧刚度的参数有 G、d、C、n，其中旋绕比 C 对弹簧刚度影响最大，设计弹簧时应根据表 15-6 合理选择 C 值。

3. 稳定性验算

对于压缩弹簧，如果高度过大，则受力后容易失稳(图 15-7(a))。为保证弹簧使用过程中的稳定性，弹簧的高径比 $b = H_0/D$ 应满足一定条件。两端固定：$b \leqslant 5.3$；一端固定，一端回转：$b \leqslant 3.7$；两端回转：$b \leqslant 2.6$。

当高径比不满足上述要求时，则需进行稳定性验算，即最大工作载荷 F_{max} 应小于临界载荷 F_c

$$F_{max} < F_c = C_B F' H_0 \tag{15-11}$$

式中，C_B 为不稳定系数，由图 15-8 查取。

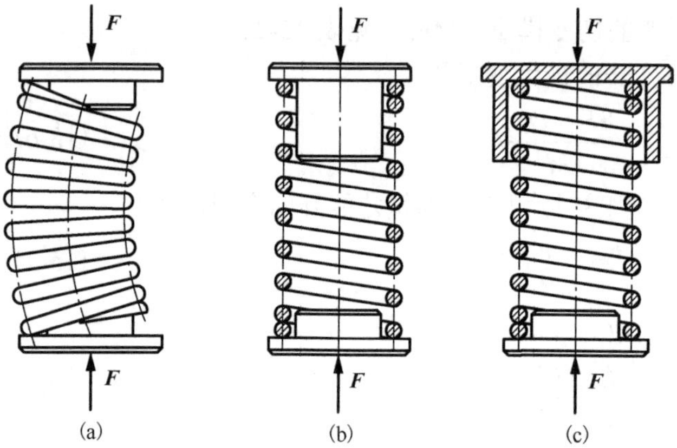

图 15-7　压缩弹簧的失稳及措施

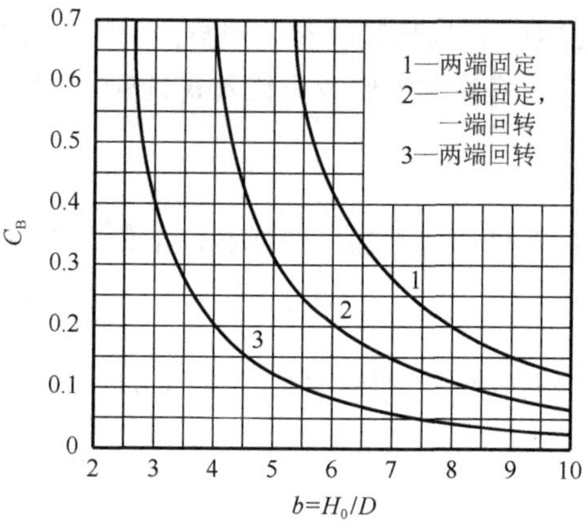

图 15-8　不稳定系数 C_B

如果 $F_{max} > F_c$，则应重新选取参数，增大 F_c 值，以保证弹簧的稳定性。如果受条件限制不能改变参数，可设置导杆(图 15-7(b))或导套(图 15-7(c))。

综上所述，圆柱螺旋弹簧设计的步骤总结如下：

(1) 选择弹簧材料。

(2) 选择旋绕比。

(3) 试算弹簧丝直径。弹簧材料的极限应力与弹簧丝直径有关，所以需要首先假设弹簧丝直径，确定材料极限应力和许用应力，然后再计算。如果试算结果与假设直径相差较大，需要修正假设，重新试算，直至二者一致。

(4) 确定弹簧圈数。

(5) 计算弹簧几何参数，并检验是否符合安装条件。

(6) 校核压缩弹簧的稳定性。

(7) 弹簧结构设计，选择弹簧端部结构或挂钩类型。

(8) 绘制弹簧工作图。

例 15-1 设计一圆柱螺旋压缩弹簧，要求弹簧中径不超过 35 mm，工作载荷在 $F_1 = 200$ N 和 $F_2 = 500$ N 之间变化，对应弹簧高度在 $H_1 = 43$ mm 和 $H_2 = 31$ mm 之间，循环次数 $> 10^7$。

解： (1) 选择弹簧材料。

由工作条件知弹簧受 I 类工作载荷，选用合金钢丝 60Si2MnA，由表 15-2 查得弹簧切变模量为 78.5 GPa，许用切应力$[\tau] = 480$ MPa。

(2) 初选旋绕比 $C = 7$。

(3) 计算弹簧丝直径。

弹簧的曲度系数 $$K = \frac{4C-1}{4C-4} + \frac{0.615}{C} = \frac{4\times7-1}{4\times7-4} + \frac{0.615}{7} = 1.21$$

弹簧丝直径 $$d \geqslant \sqrt{\frac{8KFC}{\pi[\tau]}} = \sqrt{\frac{8\times1.21\times500\times7}{\pi\times480}} = 4.74\ (\text{mm})$$

查表 15-6，选弹簧丝直径 $d = 5$ mm。弹簧中径 $D = C\times d = 7\times5 = 35$ (mm)，满足题目要求。

(4) 弹簧刚度和有效圈数。

弹簧刚度 $$F' = \frac{F}{f} = \frac{F_2 - F_1}{H_1 - H_2} = \frac{500-200}{43-31} = \frac{300}{12} = 25$$

有效圈数 $$n = \frac{f_{\max} G d^4}{8F_{\max} D^3} = \frac{Gd^4}{8F'D^3} = \frac{78.5\times10^3\times5^4}{8\times25\times35^3} = 5.72$$

查表 15-6，取 $n = 6$ 圈。

取支座圈数 $n_z = 2$，则弹簧总圈数为 $n_1 = n + n_z = 6 + 2 = 8$ (圈)。

(5) 计算弹簧几何参数。

弹簧外径 $$D_2 = D + d = 35 + 5 = 40\ (\text{mm})$$

弹簧内径 $$D_2 = D - d = 35 - 5 = 30\ (\text{mm})$$

载荷为 200N 时的变形量 $f_1 = \frac{F_1}{F'} = \frac{200}{25} = 8\ (\text{mm})$，弹簧自由高度

$$H_0 = H_1 + f_1 = 43 + 8 = 51\ (\text{mm})$$

弹簧展开长度 $$L = \pi D n_1 = \pi\times35\times8 = 880\ (\text{mm})$$

(6) 稳定性校核。

弹簧高径比 $b = H_0 / D = 51 / 35 = 1.46$，满足稳定性要求。

(7) 绘制弹簧工作图(略)。

15.4　其他弹簧简介

15.4.1　圆柱螺旋扭转弹簧

在机器中，扭转弹簧常用作压紧弹簧、储能弹簧和传力弹簧，应用广泛，如门窗铰链弹簧、电动机的电刷弹簧等。它的两端带有杆臂或挂钩，以便固定或加载。扭转弹簧共有 NI ～ NVI 六种结构(图 15-9)。在自由状态下，扭转弹簧的各圈之间应留有少量间隙，以免扭转变形时，相邻圈之间相互接触并产生摩擦磨损。

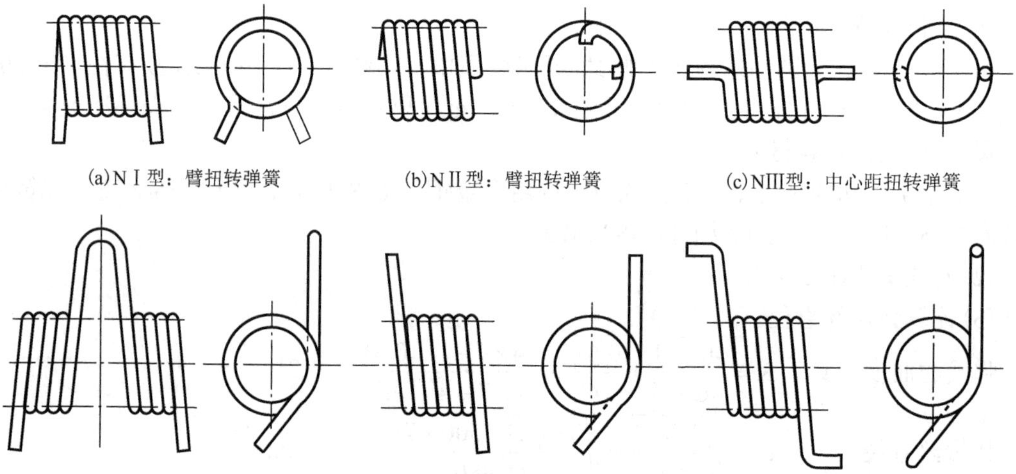

(a) N Ⅰ型：臂扭转弹簧　(b) N Ⅱ型：臂扭转弹簧　(c) NⅢ型：中心距扭转弹簧

(d) NⅣ型：平列双扭转弹簧　(e) N Ⅴ型：直臂扭转弹簧　(f) NⅥ型：单臂弯曲扭转弹簧

图 15-9　圆柱螺旋扭转弹簧的结构

扭转弹簧承载时的变形以其转角来表示。扭转弹簧的工作应力应在材料的弹性极限范围内，其特性曲线与压缩弹簧相同，即扭矩与转角呈线性关系。圆柱螺旋扭转弹簧的设计与压缩、拉伸弹簧类似。

15.4.2　碟形弹簧

碟形弹簧外形为截圆锥形，如图 15-10 所示，根据厚度分为无支承面碟簧和有支承面碟簧两种结构。碟形弹簧在重型机械、车辆和一般机械中得到广泛应用。

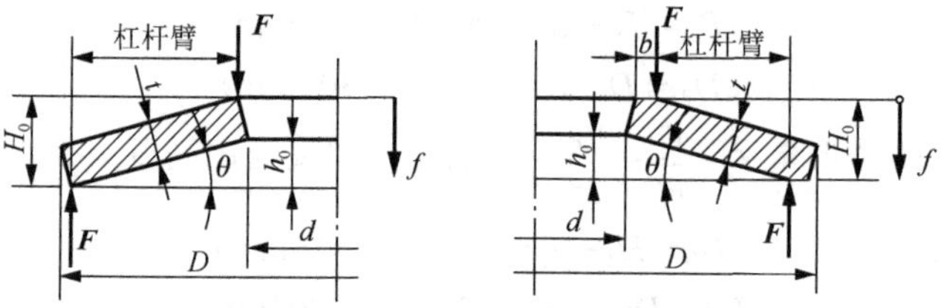

(a) 无支承面　　(b) 有支承面

图 15-10　碟形弹簧

当碟形弹簧受到沿周边均匀分布的轴向载荷 F 时，升角 θ 将变小，相应使弹簧产生轴向

变形量 f。碟形弹簧的特性曲线很复杂，比值 h_0/t 对弹簧工作性能影响很大。根据 D/t 和 h_0/t 的比值不同，碟形弹簧分为 A、B、C 三个系列，在相同外径尺寸下，A 系列承载能力和刚度较大。碟形弹簧的常用材料为 60Si2MnA、55CrVA 等，其综合力学性能较好，强度高，冲击韧性好，高温性能稳定。

碟形弹簧的特点如下。

(1) 在载荷作用方向尺寸小，刚度大，适合于轴向空间要求紧凑的场合。

(2) 改变比值 h_0/t 可以得到不同形状的弹簧特性曲线，如图 15-11 所示。图中 F 为弹簧所受载荷，f 为弹簧变形量，F_c 为弹簧变形量 f 等于内锥高度 h_0 时的载荷。

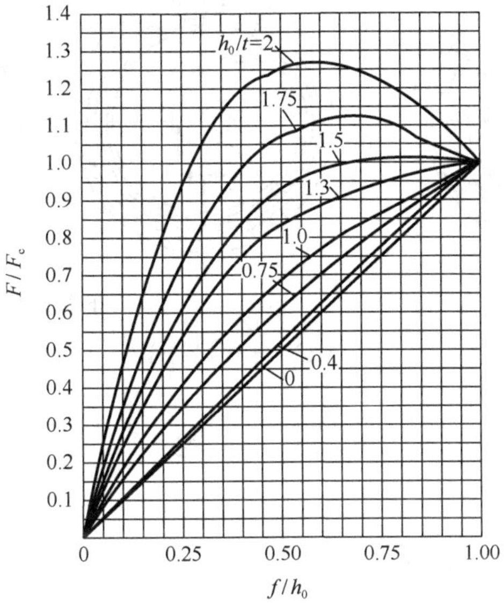

图 15-11　碟形弹簧特性曲线

(3) 按不同的使用要求可以将碟形弹簧组合使用，获得所需要的特性(图 15-12)。若不计摩擦力，采用叠合组合时总载荷能力与碟簧数目成正比，而变形量与一个碟簧相同；采用对合组合时总变形量与碟簧数目成正比，而承载能力与一个碟簧相同；采用复合组合时则变形量和承载能力同时增大。

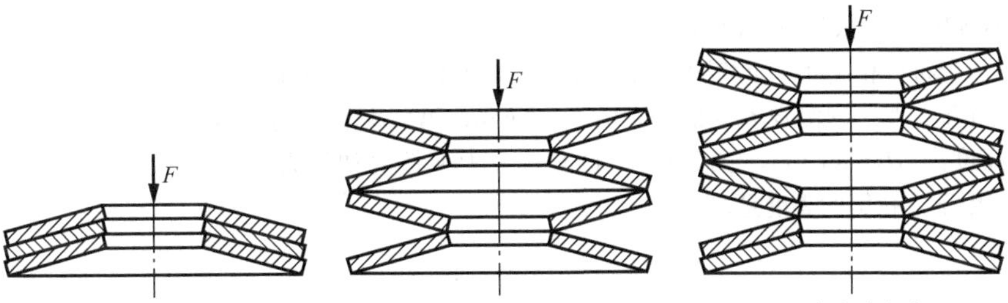

(a) 叠合式组合　(b) 对合式组合　(c) 复合式组合

图 15-12　碟形弹簧的组合方式

(4) 由于支承面及叠合表面之间的摩擦力作用，碟形弹簧具有较好的缓冲和吸振能力。

15.4.3　平面涡卷弹簧

平面涡卷弹簧是将等截面的细长材料在一平面上卷成涡旋状弹簧。弹簧一端固定，另一端施加扭矩，材料受弯矩作用，产生弯曲弹性变形，因而弹簧在自身平面内产生扭转，其变形角的大小与扭矩成正比。涡卷弹簧的卷绕圈数可以很多，变形角大，具有在较小体积内储存较多能量的特点，常用作仪器、钟表中的储能弹簧。

平面涡卷弹簧根据相邻各圈接触与否，分为非接触型和接触型两种，如图 15-13 所示。

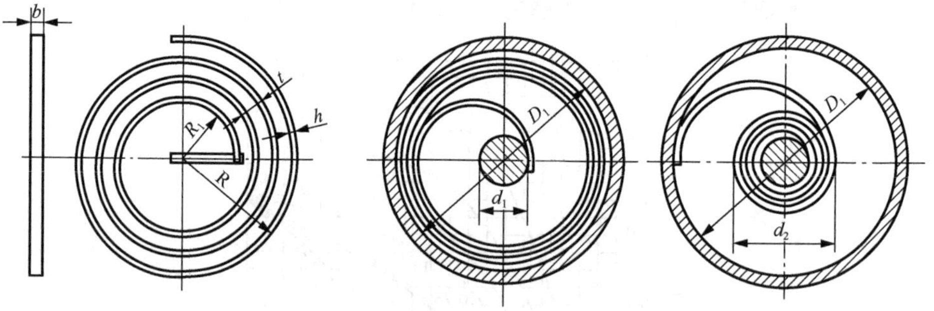

(a) 非接触型　　(b) 接触型

图 15-13　平面涡卷弹簧

习　题

15-1　弹簧的功能有哪些？试各举一例。

15-2　弹簧有哪些基本类型？它们各有什么特点？用在什么场合？

15-3　常用的弹簧材料有哪些？I、II、III 类许用应力的工作条件是什么？

15-4　影响弹簧强度和刚度的主要因素有哪些？

15-5　弹簧的稳定性与哪些因素有关？弹簧的稳定性不满足要求时，可以采取哪些措施来改善？

15-6　试设计一个承受静载荷的圆柱螺旋拉伸弹簧，其最大工作载荷为 $F = 2500$ N，对应的变形量 $f = 60$ mm。

15-7　已知一气门弹簧，$D = 35$ mm，$H_0 = 65$ mm，$d = 5$ mm，$n = 6$ 圈，材料为 60Si2MnA。安装后高度 $H_1 = 54$ mm。气门开到最大时，弹簧被压缩的工作行程为 $h = 10$ mm。试求弹簧所受的最小工作载荷 F_1 和最大工作载荷 F_2（弹簧为无限疲劳寿命）。

15-8　有两个材料和尺寸完全相同的圆柱螺旋拉伸弹簧，其中一个有预应力，另一个无预应力。对有预应力弹簧测量如下：第一次测定 $F_1 = 20$ N，$H_1 = 100$ mm，第二次测定 $F_2 = 30$ N，$H_2 = 120$ mm。若弹簧在自由状态下的高度为 $H_0 = 80$ mm，试计算：(1) 有预应力弹簧的初拉力是多少？(2) 无预应力弹簧在拉力 $F_2 = 30$ N 的作用下，弹簧的高度是多少？

第 16 章　机械的调速与平衡

16.1　机械调速的目的和方法

机械是在外力(驱动力和阻力)作用下运转的。若机器工作过程中，驱动力所做的输入功和阻力所做的输出功始终相等，则机器主轴将保持匀速运转。但实际工况下，驱动力和阻力常常发生变化，导致某段时间内输入功并不等于输出功。当输入功大于输出功时，出现盈功。当输入功小于输出功时，出现亏功。盈功和亏功引起机械动能的增减，从而引起机器主轴运转速度的波动。

运转速度的波动会使运动副中产生附件的作用力，降低机械效率，产生振动，影响机器的质量和可靠性。因此，必须采取措施对速度波动进行调节，使其控制在许可范围内。

机械运转速度的波动分为周期性速度波动和非周期性速度波动两类。

16.1.1　周期性速度波动

当机械动能的增减做周期性变化时，机械主轴的角速度也做周期性变化，如图 16-1 中实线所示。图中，主轴角速度 ω 经过一个周期 T 后又回到了初始状态，即就整个周期而言，输入功和输出功是相等的。但是，在周期中的某段时间内，输入功和输出功是不相等的，因而出现速度波动。这种有规律、周期性的速度变化称为周期性速度波动。变化周期 T 通常对应机器主轴回转一转(如蒸汽机、冲床)、两转(如四冲程内燃机)或若干转(如轧钢机)的时间。

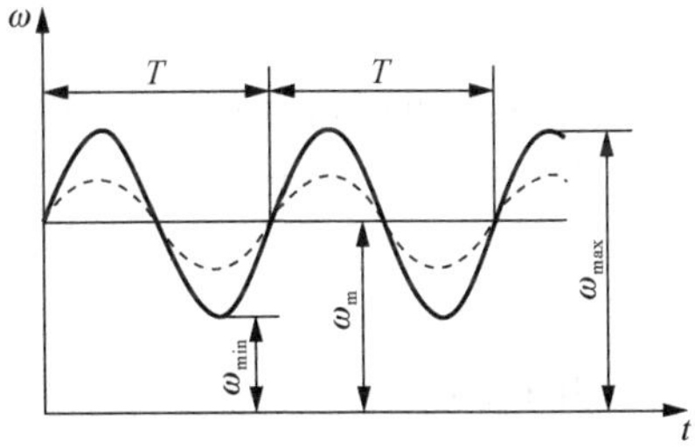

图 16-1　周期性速度波动

周期性速度波动的调节方法是在机器主轴上加装一个转动惯量很大的回转件——飞轮。当主轴以角速度 ω 转动时，飞轮的动能为 $E=\dfrac{1}{2}J\omega^2$，盈功时飞轮动能增加，亏功时飞轮动能减小。由于飞轮的转动惯量 J 很大，在动能变化量 ΔE 相同的条件下，角速度 ω 的波动值将减小。图 16-1 中的实线和虚线分别代表未安装飞轮时和安装飞轮后的速度波动。

16.1.2　非周期性速度波动

如果驱动力或阻力不断增大或减小，使输入功总是大于或小于输出功，则机器主轴的转速持续上升或持续下降，导致机器因速度过高而损坏或因速度持续下降而停机。例如汽轮发电机组在供气量不变而用电量突然增减时就会出现这种情况。这种速度波动是随机的、不规则的，称为非周期性速度波动。这种速度波动不能依靠飞轮来调节，只能使用调速器——一种通过反馈控制、使输入功和输出功趋于平衡的特殊装置。

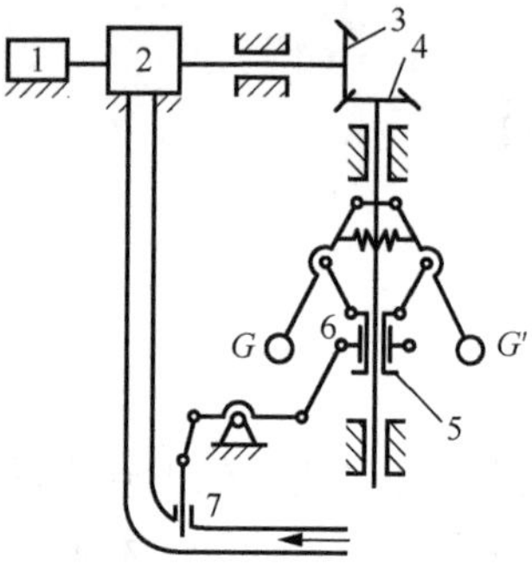

图 16-2　离心调速器

图 16-2 为柴油机的机械式离心调速器工作原理图。当工作机 1 的负荷突然减小时，柴油机 2 的转速升高，通过锥齿轮 3、4 传动，使调速器主轴的转速随之升高。这时重球 G、G'因离心力增大而向外张开，使套筒 5 上移，通过套环 6 和连杆机构将节流阀 7 关小，减小供油量。反之，若工作机 1 的负荷突然增大，柴油机 2 的转速降低，重球 G、G'因离心力减小而向内靠近，套筒 5 下移，使节流阀 7 开大，增大供油量。通过上述调节，可以使输入功和输出功自动趋于平衡，从而保持速度稳定。机械式调制器结构简单，但体积大，灵敏度低，近代机器中已逐步被电子调速器取代。

16.2　飞轮设计的近似方法

16.2.1　机械运转的平均速度和不均匀系数

机械运转时，若主轴角速度随时间变化规律为 $\omega=f(t)$，一个周期内角速度的实际平均值 ω_m 可表示为

$$\omega_m = \frac{1}{T}\int_0^T \omega \mathrm{d}t \tag{16-1}$$

ω 的变化规律很复杂，为简化工程计算，通常用一个周期内的算术平均角速度代替实际平均角速度，即

$$\omega_m = \frac{\omega_{max} + \omega_{min}}{2} \tag{16-2}$$

式中，ω_{max} 和 ω_{min} 分别为主轴的最大角速度和最小角速度。

机械运转速度波动的相对值用机械运转速度不均匀系数 δ 表示，即

$$\delta = \frac{\omega_{max} - \omega_{min}}{\omega_m} \tag{16-3}$$

若已知 ω_m 和 δ，则由式(7-2)和式(7-3)可得

$$\omega_{max} = \omega_m\left(1+\frac{\delta}{2}\right) \tag{16-4}$$

$$\omega_{min} = \omega_m\left(1-\frac{\delta}{2}\right) \tag{16-5}$$

可见，当 ω_m 一定时，δ 愈小，主轴愈接近匀速转动。不同机器许用的机械运转速度不均匀系数[δ]，是根据它们的工作要求确定的。几种常见机械的许用不均匀系数[δ]值见表 16-1。

表 16-1　常见机械的许用不均匀系数[δ]

机器名称	破碎机	冲床和剪床	压缩机和水泵	减速器	交流发电机
[δ]	0.1 ～ 0.2	0.05 ～ 0.15	0.03 ～ 0.05	0.015 ～ 0.02	0.002 ～ 0.003

16.2.2　飞轮设计的基本原理

前已阐明，在机器主轴上安装转动惯量较大的飞轮，可以减小周期性速度波动。飞轮设计的基本问题是确定飞轮的转动惯量 J，使机械运转速度不均匀系数 δ 在许用范围内。

在一般机械中，其他构件所具有的动能与飞轮相比，其值甚小，故在近似计算中可以用飞轮的动能代替整个机械的动能。当主轴处于最大角速度 ω_{max} 和最小角速度 ω_{min} 时，飞轮分别具有最大动能值 E_{max} 和最小动能值 E_{min}。E_{max} 和 E_{min} 之差即为一个周期内动能的最大变化量，通常称为最大盈亏功 W_{max}，即

$$W_{max}=E_{max}-E_{min}=\frac{1}{2}J(\omega_{max}^2-\omega_{min}^2)=J\omega_m^2\delta \tag{16-6}$$

由此得到安装在飞轮上的转动惯量为

$$J=\frac{W_{max}}{\omega_m^2\delta}=\frac{900W_{max}}{\pi^2n^2\delta} \tag{16-7}$$

式中，n 为主轴转速，$n=30\omega_m/\pi$。

由式(16-7)可知：

(1)当 W_{max} 与 n 一定时，飞轮转动惯量 J 越大，δ 越小，机器运转速度越均匀。δ 与 J 的关系曲线如图 16-3 所示。当 δ 很小时，需要飞轮惯量 J 激增，才能略微减小 δ。因此过分追求机械运转速度的均匀性会使飞轮笨重。

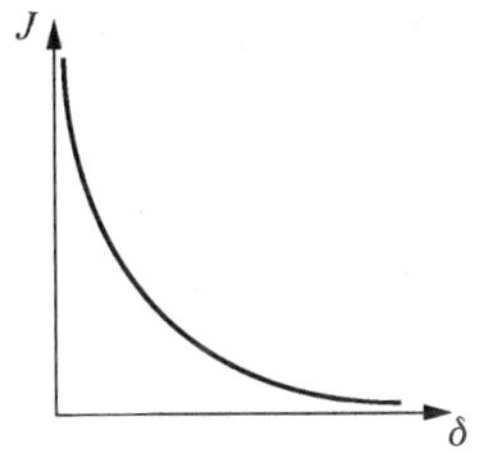

图 16-3　$J-\delta$ 曲线

(2)当 J 与 n 一定时，W_{max} 与 δ 成正比，即最大盈亏功越大，机械运转速度越不均匀。

(3)当 W_{max} 与 δ 一定时，当 J 与 n^2 成反比。从减小飞轮所需转动惯量出发，宜将飞轮安装在高速轴上。考虑到机器主轴具有良好的刚性，故多数机器的飞轮仍安装在主轴上。

16.3　回转件平衡的意义

机器中有许多绕固定轴线旋转的回转件。由于结构形状不对称、制造安装误差或材质不均匀等原因，可使回转件的质心偏离回转轴线，在转动时产生离心惯性力。离心惯性力在回转件内产生附加应力，在回转副中引起附加动压力和摩擦力，同时由于离心惯性力的方向随回转件的转动呈周期性变化，可使机器及其基础产生受迫振动。当振动频率与机械系统的固有频率接近时会引起共振。因此，离心惯性力使得机器的工作精度、可靠性、效率和使用寿命下降，甚至可能导致机器的直接破坏。

离心惯性力 F(N)的大小为

$$F=mr\left(\frac{\pi n}{30}\right)^2 \tag{16-8}$$

式中，m 为回转件的质量，kg；r 为质心到回转轴线的径向距离，即偏距，m；n 为回转件的转速，r/min。

由式(16-8)可知，离心惯性力的大小与转速的平方成正比，当转速提高为 100 倍时，离

心惯性力增大为 10000 倍。因此，对于高速、重载和精密机械，消除惯性力的不良影响极其重要。

消除或部分消除机械中惯性力影响的措施称为回转件的平衡。回转件平衡的基本原理是在回转件上增加或除去一定质量，调整回转件的质量分布，使旋转时离心惯性力系获得平衡。

16.4　回转件的静平衡

16.4.1　回转件静平衡原理

对于轴向尺寸与径向尺寸之比小于 0.2 的盘形零件，如齿轮、带轮、飞轮等，可近似认为它的所有质量都分布在同一个回转平面内。这类回转件的平衡，应使其质心与回转轴线重合，回转件质量对回转轴线的静力矩为零，这样回转件可以在转动时的任何位置保持静止，这种平衡称为静平衡。

当回转件匀速转动时，各个质量所产生的离心力构成一个相交于回转中心的平面汇交力系。如果该力系不平衡，则它们的合力不等于零。为了使力系达到平衡，应在同一平面内加上一个平衡质量 m_B，使之产生的离心惯性力 $\boldsymbol{F}_B$ 与原有各质量 m_i 所产生的离心惯性力的合力的向量和 $\sum \boldsymbol{F}_i$ 等于零，从而使回转件得以平衡。即

$$\boldsymbol{F}_B + \sum \boldsymbol{F}_i = 0 \tag{16-9}$$

将式(16-8)代入，得

$$m_B \boldsymbol{r}_B \left(\frac{\pi n}{30}\right)^2 + \sum m_i \boldsymbol{r}_i \left(\frac{\pi n}{30}\right)^2 = 0$$

于是

$$m_B \boldsymbol{r}_B + \sum m_i \boldsymbol{r}_i = 0 \tag{16-10}$$

式中，$\boldsymbol{r}_B$ 是由旋转轴线到平衡质量 m_B 质心所在位置的向径；$\boldsymbol{r}_i$ 是由旋转轴线到各不平衡质量 m_i 质心所在位置的向径。

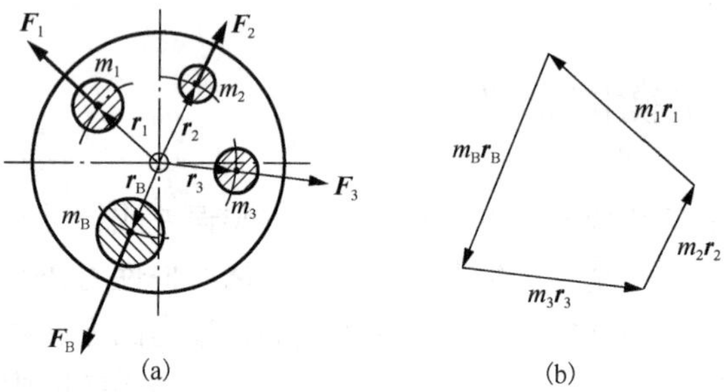

图 16-4　静平衡向量图解法

质量和其质心点向径的乘积称为质径积。由式(16-10)可知，当回转速度一定时，离心力的大小和方向只与质径积有关。

回转件的静平衡可采用图解法进行求解。如图 16-4(a)所示，设 m_1、m_2 和 m_3 是回转件上同一回转平面内的三个质量，回转中心到各质心的向径分别为 $\boldsymbol{r}_1$、$\boldsymbol{r}_2$ 和 $\boldsymbol{r}_3$。为使其静平衡，求在该平面应加的平衡质量 m_B 及其质心向径 $\boldsymbol{r}_B$。

由式(16-10)，得 $m_B\boldsymbol{r}_B + m_1\boldsymbol{r}_1 + m_2\boldsymbol{r}_2 + m_3\boldsymbol{r}_3 = 0$。式中只有 m_B 和 $\boldsymbol{r}_B$ 未知，可用向量多边形求解。如图 16-4(b)所示，选定适当比例尺，依次作质径积向量 $m_1\boldsymbol{r}_1$、$m_2\boldsymbol{r}_2$、$m_3\boldsymbol{r}_3$，最后将 $m_1\boldsymbol{r}_1$ 的头部与 $m_3\boldsymbol{r}_3$ 的尾部连接起来，这个封闭向量即表示 $m_B\boldsymbol{r}_B$。由向量 $m_B\boldsymbol{r}_B$ 的方向即可确定 $\boldsymbol{r}_B$ 的方向，再根据回转件的结构特点选定 $\boldsymbol{r}_B$ 的大小，所需的平衡质量 m_B 随之确定。若回转件的结构允许，也可以不加平衡质量，而是按 $\boldsymbol{r}_B$ 的反方向减去 $m_B\boldsymbol{r}_B$ 相应的材料，回转件也可实现静平衡。

16.4.2　静平衡试验法

按照上述方法，可计算出所需的平衡质量，满足平衡条件。由于制造、安装等误差以及材质不均匀等原因，实际上往往仍达不到预期的静平衡要求，对于重要的回转件，在工程实际中还需进行静平衡试验。

静平衡试验如图 16-5 所示，将待平衡回转件的轴支于静平衡架的两根水平的钢制刀口形导轨 A 上。若回转件的质心 S 与回转轴心 O 不重合，由于偏心质量对轴心 O 产生的静力矩使回转件在导轨上滚动。当滚动停止时，质心必位于轴心的铅垂线下方。然后用适当的橡皮泥粘在质心相反方向作为平衡质量，并逐步调整其大小和径向位置，直到该回转件在任意位置都能保持静止。这时所加的平衡质量与向径的乘积即为该回转件达到静平衡需加的质径积。导轨式静平衡架简单可靠，其精度能满足一般机械生产的需要。

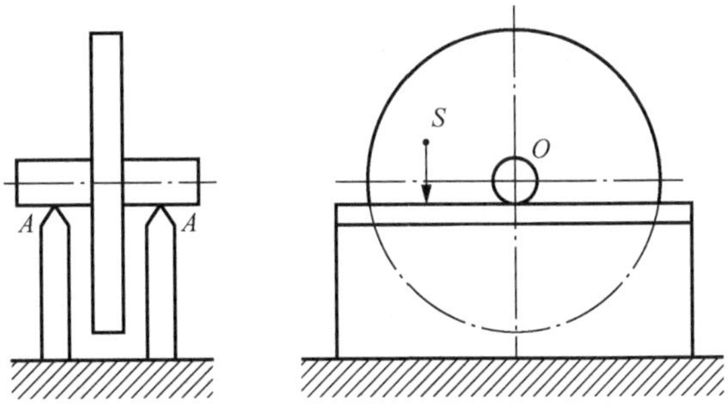

图 16-5　导轨式静平衡架

16.5　回转件的动平衡

16.5.1　回转件动平衡原理

对于轴向尺寸与径向尺寸之比大于 0.2 的回转件，例如汽轮机转子、多缸发动机曲轴等，其质量分布不再近似地位于同一回转面内，而应看作分布在垂直于轴线的许多相互平行的回转面内。这类回转件转动时产生的离心力系不再是平面汇交力系，而是空间力系。因此单靠在某一回转面内添加平衡质量的静平衡方法不能消除这类回转件转动时的不平衡。如图 16-6 所示的回转件，不平衡质量 m_1 和 m_2 分布于相距 l 的两个回转面内，其质心的向径 $\boldsymbol{r}_1=-\boldsymbol{r}_2$。当 $m_1=m_2$ 时，$m_1\boldsymbol{r}_1+m_2\boldsymbol{r}_2=0$，该回转件满足静平衡条件，其总质心落在回转轴线上。但当回转件旋转时，虽然它们所产生的离心惯性力 $\boldsymbol{F}_1=-\boldsymbol{F}_2$，但二者位于相距 l 的两个回转面内，构成了一个大小为 F_1l 的不平衡的惯性力偶矩，回转件仍处于不平衡状态。这种回转件旋转时产生不平衡的惯性力偶矩的现象，被称为动不平衡。因此，对于轴向尺寸较大的回转件，必须使各质量产生的离心惯性力的合力以及合力偶矩都等于零，只有这样才能达到动平衡。

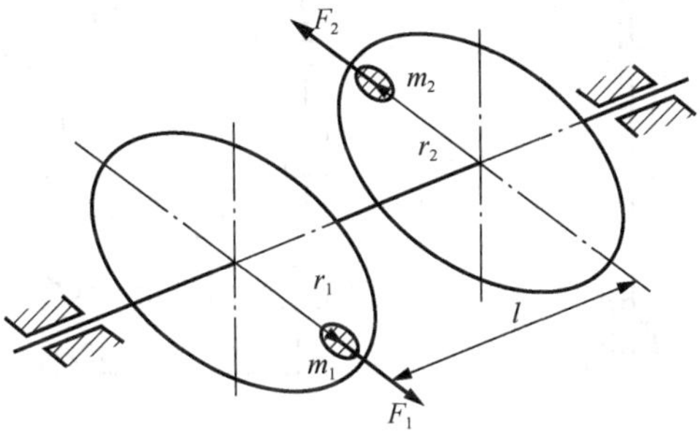

图 16-6　静平衡但动不平衡的回转件

如图 16-7(a)所示的回转件，有分布在垂直于回转轴线的三个平面 1、2、3 内的不平衡质量 m_1、m_2 和 m_3，各质心到回转轴线的向径分别为 $\boldsymbol{r}_1$、$\boldsymbol{r}_2$ 和 $\boldsymbol{r}_3$。为使该回转件动平衡，先任意选定两个垂直于回转轴线的辅助平面Ⅰ和Ⅱ。若向径不变，某平面内的质量 m_i 可用辅助平面Ⅰ和Ⅱ内的另外两个质量 m_{iI} 和 m_{iII} 代替，其大小为

$$m_{i\mathrm{I}}=\frac{l_{i\mathrm{II}}}{l}m_i,\quad m_{i\mathrm{II}}=\frac{l_{i\mathrm{I}}}{l}m_i$$

这样回转件的不平衡质量可以认为完全集中在 I 和 II 两个回转面内，然后通过前述方法分别在 I 和 II 两个平面内进行静平衡求解，即

平面 I　　$m_{\mathrm{BI}}\boldsymbol{r}_{\mathrm{BI}}+m_{1\mathrm{I}}\boldsymbol{r}_{1\mathrm{I}}+m_{2\mathrm{I}}\boldsymbol{r}_{2\mathrm{I}}+m_{3\mathrm{I}}\boldsymbol{r}_{3\mathrm{I}}=0$

平面 II　　$m_{\mathrm{BII}}\boldsymbol{r}_{\mathrm{BII}}+m_{1\mathrm{II}}\boldsymbol{r}_{1\mathrm{II}}+m_{2\mathrm{II}}\boldsymbol{r}_{2\mathrm{II}}+m_{3\mathrm{II}}\boldsymbol{r}_{3\mathrm{II}}=0$

如图 16-7(b)和图 16-7(c)所示，分别作 I 、II 平面内离心惯性力的向量多边形，求出质径积 $m_{\mathrm{BI}}\boldsymbol{r}_{\mathrm{BI}}$ 和 $m_{\mathrm{BII}}\boldsymbol{r}_{\mathrm{BII}}$，选定 $\boldsymbol{r}_{\mathrm{BI}}$ 和 $\boldsymbol{r}_{\mathrm{BII}}$，即可求出平衡质量 m_{IB} 和 m_{IIB}。

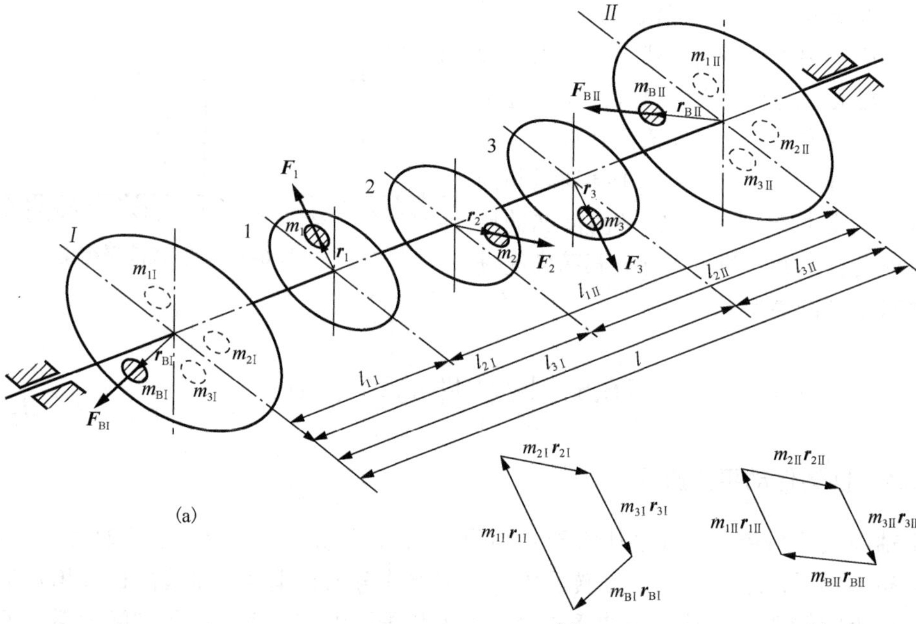

图 16-7　不同回转面内质量的平衡

对于质量分布不在同一平面的回转件，只要分别在任选的两个回转面内加上适当的平衡质量就能达到完全平衡。显然，动平衡的回转件也是静平衡的。

16.5.2　动平衡试验法

动平衡试验机有机械式和电测式两大类，电测式动平衡试验机工作原理如图 16-8 所示。被测试回转件 4 安装在动平衡试验机上，由电动机 1 和带传动 2 驱动。驱动系统与回转件 4 之间用双万向联轴器 3 连接，这样既保证转子与驱动系统同步旋转，又允许转子在弹性支承系统上振动。当回转件 4 旋转时，在离心惯性力作用下，两端浮动支承产生振动。通过测振传感器 5、6 将机械信号变为电信号，再通过校正器 7 进行处理，然后经放大器 8 将信号

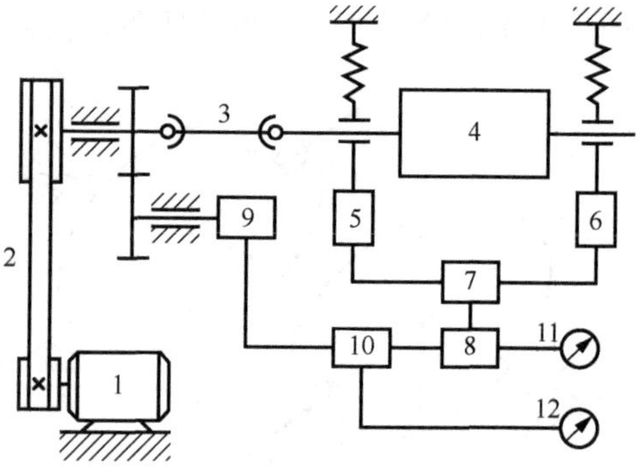

图 16-8　电测式动平衡试验机

放大，由仪表 11 指示出不平衡质径积的大小。驱动系统还通过齿轮传动带动一基准信号发生器 9，经鉴相器 10 与放大器 8 输入信号进行比较，由仪表 12 指示出不平衡质径积的相位。

习　　题

16-1　机械在稳定运转时期为什么会有速度波动？试述调节周期性速度波动和非周期性速度波动的方法。

16-2　何谓回转件的静平衡和动平衡？分别适用于什么情况？

16-3　回转件静平衡和动平衡的原理是什么？

16-4　如图所示，已知某机器稳定运转时，主轴的驱动力矩 M_d 和阻力矩 M_r 按周期为 2π 进行周期性变化。机器主轴的等效转动惯量 $J = 1\ kg·m^2$，机器稳定运转开始时主轴的角速度 $\omega_0 = 25$ rad/s，试确定：(1) 机器主轴的稳定运动规律 $\omega(\varphi)$；(2) 速度不均匀系数 δ；(3) 最大盈亏功 ΔW_{max}；(4) 若要求$[\delta] = 0.05$，求飞轮的等效转动惯量 J'。

16-5　图示盘形回转件中，有四个偏心质量位于同一回转平面内，其大小及回转半径分别为 $m_1 = 5$ kg，$m_2 = 7$ kg，$m_3 = 8$ kg，$m_4 = 6$ kg，$r_1 = r_4 = 100$ mm，$r_2 = 200$ mm，$r_3 = 150$ mm，方位如图所示。设平衡质量 m 的回转半径 $r = 250$ mm，试求平衡质量 m 的大小及方位。

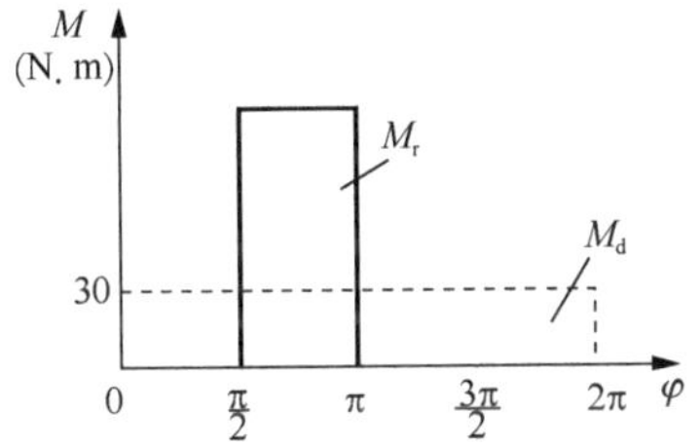

题 16-4 图

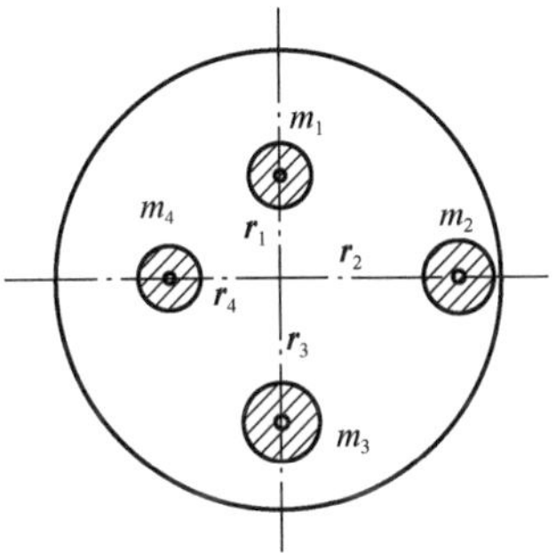

题 16-5 图

16-6　图示回转件中，已知各偏心质量 $m_1 = 10$ kg，$m_2 = 15$ kg，$m_3 = 20$ kg，$m_4 = 10$ kg；它们所在的回转半径分别为 $r_1 = 300$ mm，$r_2 = r_4 = 150$ mm，$r_3 = 100$ mm。若选质量 m_1、m_4 所在平面为平衡辅助面，设需添加在Ⅰ、Ⅱ面上的平衡质量 $m_Ⅰ$ 和 $m_Ⅱ$ 的回转半径均为 400 mm，试求 $m_Ⅰ$ 和 $m_Ⅱ$ 的大小和方位。

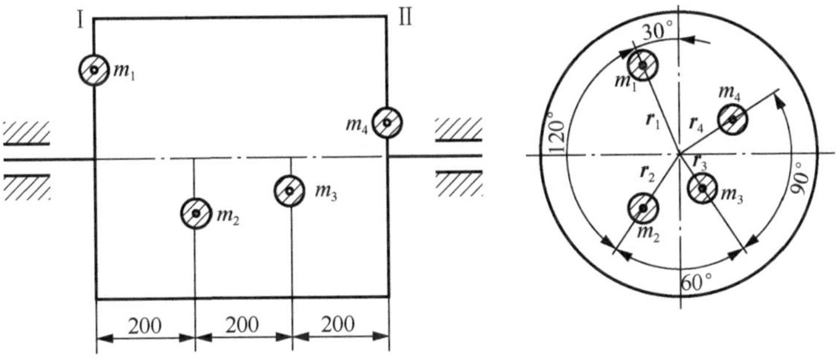

题 16-6 图

参 考 文 献

陈秀宁，2007．机械设计基础．3版．杭州：浙江大学出版社
成大先，2016a．机械设计手册（第2卷）．6版．北京：化学工业出版社
成大先，2016b．机械设计手册（第3卷）．6版．北京：化学工业出版社
郭仁生，2014．机械设计基础．4版．北京：清华大学出版社
黄平，朱文坚，2012．机械设计基础——理论、方法与标准．北京：清华大学出版社
濮良贵，陈国定，等，2013．机械设计．9版．北京：高等教育出版社
邱宣怀，1997．机械设计．4版．北京：高等教育出版社
王大康，2015．机械设计基础．北京：中国铁道出版社
吴宗泽，吴鹿鸣，2016．机械设计．北京：中国铁道出版社
杨可桢，程光蕴，等，2013．机械设计基础．6版．北京：高等教育出版社
张鄂，买买提明·艾尼，2014．现代设计理论与方法．2版．北京：科学出版社